汉译世界学术名著丛书

十五至十八世纪的物质文明、经济和资本主义

第一卷

日常生活的结构：可能和不可能

上 册

〔法〕费尔南·布罗代尔 著

顾良 施康强 译

商务印书馆
The Commercial Press
创于1897

Fernand Braudel

**Civilisation matérielle, économie et capitalisme, XVe-XVIIIe siècle
tome 1 : Les Structures du Quotidien : Le Possible et l'impossible**

© ARMAND COLIN, Paris, 1986, Fourth Edition.
ARMAND COLIN is a trademark of DUNOD Editeur-11,
rue Paul Bert-92240 MALAKOFF.
Simplified Chinese language translation rights arranged through
Divas International, Paris.
巴黎迪法国际版权代理(www.divas-books.com)
中译本根据阿尔芒·科兰出版社1979年版译出
LA DYNAMIQUE DU CAPITALISME
© Editions Flammarion, Paris, 2014 (first published in 1985).
《资本主义的活力》根据弗拉马里翁出版社2014年版翻译

汉译世界学术名著丛书
出 版 说 明

我馆历来重视移译世界各国学术名著。从20世纪50年代起,更致力于翻译出版马克思主义诞生以前的古典学术著作,同时适当介绍当代具有定评的各派代表作品。我们确信只有用人类创造的全部知识财富来丰富自己的头脑,才能够建成现代化的社会主义社会。这些书籍所蕴藏的思想财富和学术价值,为学人所熟悉,毋需赘述。这些译本过去以单行本印行,难见系统,汇编为丛书,才能相得益彰,蔚为大观,既便于研读查考,又利于文化积累。为此,我们从1981年着手分辑刊行,至2016年年底已先后分十五辑印行名著650种。现继续编印第十六辑、十七辑,到2018年年底出版至750种。今后在积累单本著作的基础上仍将陆续以名著版印行。希望海内外读书界、著译界给我们批评、建议,帮助我们把这套丛书出得更好。

商务印书馆编辑部

2018年4月

资本主义的活力(代译序)*

关于物质生活和经济生活的再思考

为了《物质文明、经济和资本主义》这部雄心勃勃的长篇论著，我在1950年就开始了构思，算来距今已经多年了。当时，吕西安·费弗尔正筹备出版一套题为《世界之命运》的通史丛书，是他向我推荐了或毋宁说友好地指定了这个题目。当丛书主编于1956年去世后，我不得不勉为其难，把他撂下的担子挑了起来。吕西安·费弗尔本打算亲自撰写《十五至十八世纪西方的思想和信仰》，他的书和我的书本应互相配合、互相补充和互相呼应；不幸的是，他的书将永远出版不了了。我的书也就永远丧失了伴侣。

虽然本书总的说来仅限于经济领域，但它向我提出了许多问题，因为需要拥有的资料极其庞大，主题本身——经济显然不能单

---

* 此"代译序"内容是作者布罗代尔在美国约翰·霍普金斯大学所作的三次演讲。文章曾以《关于物质文明和资本主义的再思考》为题译成英文；随后又译成意大利文，标题是《资本主义的活力》。该演讲是在阿尔芒·科兰出版社出版《十五至十八世纪物质文明、经济和资本主义》一书(1979年版)前发表的。在该书行将撰写完毕时，作者接到了邀请，要他对该书作概要的介绍。译者认为以它作为这部中译本的序言最为合适不过。

独存在——又惹起众多的争议,正在不断演变中的历史学——历史学势必要兼并其他人文科学,虽然兼并过程相当缓慢和不无阻力——又制造无穷的麻烦。这种尚待分娩的历史学每年都有花样翻新;我们在后面紧紧追赶,打乱习惯的工作程序,尽量去适应不断变化中的要求和怂恿。至于我,听着航船的汽笛鸣叫声,真是感到十分高兴!可是,多少年过去了,航船却迟迟进不了港口,让人等得心焦。撰写《地中海》一书大概花了我25年时间,《物质文明》也将近有20年。真是拖得太久了,实在太久了。

一

所谓经济史至今还处在草创阶段,难免要遇到一些偏见的反对:经济史的身份不高贵。高贵的历史是吕西安·费弗尔建造的那条船,船主不是雅各布·富格尔,而是马丁·路德,还有弗朗索瓦·拉伯雷。无论高贵或不高贵,或不如别的高贵,经济史迟早要提出我们历史行业必定遇到的所有问题。从某个角度看,经济史包括人类的全部历史,它既是雅克·克尔、约翰·劳这类公认的大人物的历史,又是重大事件、机遇和危机的历史,最后还是在长时段中演变的、有结构的深层次历史。我们的困难就在这里:这段历史牵涉到四个世纪和整个世界,怎么可能把如此众多的事实和解释组织起来?不能不有所取舍。我选择了长时段的内在平衡和不平衡。因为,在我看来,前工业化时期经济中最重要的东西,正是迟钝刻板的初级经济与范围狭小、但又生气勃勃的现代化发展同时并存。一方面是村庄中的农民,他们几乎过着自给自足、自由自在的生活;另一方面是如油珠一般向四处扩散的市场经济和资本主义,制造业的逐渐发展开始显现今日世界的雏形。可见,这里至少有两个天地,两种不同的但在总体上又互为解释的生活方式。

我决定先从迟钝的一面着手:乍一看来,混沌的历史还处在人的清醒意识之外,人类行为的被动胜过了主动。本书的第一卷正是试图说明这种状态。当该卷于1967年首次出版时,我曾想用《人在应付日常生活时的可能和不可能》充当标题,后来才改作《日常生活的结构》。标题并不重要。这是一次成败未卜的探索,其中可能存在许多缺点、疏忽和误解,但研究的对象却是最清楚不过的了。这里使用的语汇——无意识、日常生活、结构、深层——本身确实都很含糊。尽管本书会涉及心理分析的无意识,并且需要发现某种集体的无意识——无意识的实在曾使卡尔·古斯塔夫·杨格伤透脑筋,但这里从事的研究却不可能是无意识。从细小的方面去研究一个大题目,至今还是少有的事,这件事正有待历史学家去做。

在我这方面,我遵循了一些具体的准则。我的出发点是日常生活,是我们在生活中不知不觉地遵守的习惯或者例行公事,即不下决心、不加思考就到处风行和自动完成的成千个动作。我相信人类有一半以上的时间都泡在日常生活中。无数流传至今的和杂乱无章、不断重复的动作正帮助、束缚和决定着我们的生活。出人意料的是,这些冲动、激励、榜样、行为或义务往往可以追溯到最古老的时代。亘古至今的生动现实,犹如流入大西洋的亚马孙河一样,滔滔浊浪,千古不尽。

我试图用"物质生活"一词概括所有这一切。正如其他含义过广的词一样,这个词的使用虽然比较方便,但有不够贴切的缺点。无论是创造发明或墨守成规,物质生活当然只占人类生活的一部分。对于这种被动甚于主动的生活,我最初并不想确定它的范围或本质,我只想观察、研究、熟悉和展现它那平凡、宽广和通常被忽视的历史。

只是在进入了历史海洋以后,走出历史的时机方才来到。我从这次海下探索中得出了一个直接而深刻的印象:在某种程度上,历史的古老是无法用年代计算的;二三百年或一千年以前的事,我们今天有时候也能够亲眼目睹。我所说的这种物质生活已在以往的历史过程中被纳入到人类的生活之中,就像腑脏生在人体内一样;对人说来,过去的经验或感受已经变成了生活中屡见不鲜、势在必然的习惯。任何人对此都不加重视。

二

以上是我的第一卷书的基本思路;其目的是为了进行一次探索。各章的内容从小标题就能看出,这些小标题罗列了推动物质生活进步的各种隐蔽力量,人类的全部历史就建筑在这些隐蔽力量的基础之上。

第一章讲的是人口数量。如同所有生物一样,人类的繁殖主要靠生理力量的推动,即乔治·勒费弗尔所说的"春季的向性运动"。但也还存在别的推动力,别的决定因素。不断更替中的人类在很大程度上规定着整个活着的人的命运,虽然具体的个人并不能意识到。在这样或那样的一般条件下,人口有时太多,有时不够多,人口运动趋向平衡,但很少真正达到平衡。欧洲自 1450 年起人口急剧增长,因为黑死病当时已经过去,上个世纪的巨大损失有加以弥补的必要和可能。复原过程将一直延续到下次退潮。这种在历史学家看来似乎可以预测的潮汛运动直到18世纪依然有效地存在。只是到了18世纪后,不可能的界线终于被突破,至此不可逾越的顶点终于被超过。从此,人口数量不断增加,再也没有出现过停滞或倒退。今后是否将会出现倒退呢?

总之,到18世纪为止,人口体系被关在一个几乎密闭的圆圈里。刚要碰到圆圈,马上又出现退缩。恢复平衡的方式和机会真是不少:匮乏、灾荒、饥饿、生活困苦、战争,尤其是一系列的疾病。疾病今天还在危害人类;它在过去曾是可怕的灾难:定期流行的鼠疫只是在18世纪才向欧洲告别;斑疹伤寒在寒冬把拿破仑大军困在俄国;伤寒和天花经常肆虐;原在乡村流行的结核病于19世纪在城市猖獗,成为不折不扣的浪漫症;最后是性病,自从美洲被发现后,由于几种病菌相汇合,梅毒突然又重新冒头。卫生条件差和水质恶劣导致了其他疾病。

人刚出生时抵抗力很弱,难以躲过疾病的袭击。婴儿死亡率很高,某些不发达国家至今仍是如此;那里的一般健康状况也很差。我们拥有16世纪的几十份病历。那简直是做梦也想不到的事。躯体畸形,皮肤坏死,寄生虫在肺部和内脏繁殖,这类情形能使今天的医生惊诧不已。可见,直到不太遥远的过去,不卫生的生活条件仍无情地支配着人类历史。人们不禁要问:当时的人口是多少?生的是什么病?能不能制止疾病的危害?

随后几章提出了其他的问题:当时的人吃什么?喝什么?穿

什么？住什么？为了回答这些棘手的问题，我们必须作一次探险旅行；大家都知道，在传统历史的书本上，人是从来不吃不喝的。虽然有人在很久以前曾说过："什么人吃什么东西。"但这句成语也许主要是利用德语的方便玩一次文字游戏而已。我以为不应该把糖、咖啡、茶、烧酒等许多食品的出现贬低为生活细节。它们分别体现着无休止的重大历史浪潮。当然也不应该夸大在过去食物中占主要地位的谷物的重要性。小麦、稻米和玉米是经过以往无数次试验才终于作出的选择，作为千百年"左右摇摆"（法国伟大的地理学家比埃尔·古鲁的名言）的结果，它们已变成了文明的选择。小麦十分消耗地力，迫使土地定期休息，畜牧业的发展因此成为必要和有了可能：假如没有家畜以及畜拉的犁和车，我们怎能想象欧洲的历史？稻米是一种园田式集约耕作的产物，人不给牲畜留任何草地。玉米种植最为简便，也最容易让人填饱肚皮；由于农闲时间较多，农民就以劳役形式从事美洲的庞大建筑工程。剩余劳动力被社会所吸收。我们还可以讨论当时的粮食消费量及其提供的热量，研究各个时期的食物匮乏以及饥荒的演变。与查理五世皇帝的命运和所谓路易十四的盛世（昙花一现的和很不牢靠的辉煌）相比，这些题材难道不同样令人振奋吗？我们的讨论具有深远的意义：烧酒、烟草是自古已有的毒品，它们的历史，特别是烟草的风行全球，难道不预示着今天出现更危险的毒品吗？

　　在技术问题上，也必定得出类似的认识。这确实是一部美妙的历史，它与人类的劳动，与人在同外界和同自身作斗争中取得的点滴进步不可分割。人类自古以来的一切努力——突飞猛进的和不厌其烦的努力——都是技术，不论是用石、木还是铁制造工具和武器。技术是人类最基本的活动,是一种本质上保守的、变化缓慢的活动;作为技术的上层建筑,科学只是后来才慢慢置于技术之上。大规模的经济集中需要技术手段的集中和技术的发展。例如15世纪威尼斯的兵工厂,17世纪的荷兰和18世纪的英国。科学尽管姗姗来迟,但每次都前来赴约,它是被强力拉来的。

各种技术和各种科学因素历来都周游列国,互相交换,不断传播。但是,舵、搭接式船壳、船载火炮和远洋航行这类组合技术却很难传播,总括种种工艺、技巧、习惯和成就的资本主义也同样如此。欧洲霸权的确立正是由于远洋航行和资本主义没有得到广泛的传播,难道事情不就是这样简单吗?

大家或许会问:为什么你在最后两章写了货币和城市?我确实不想把这两个问题留给下一卷。但单说这个理由显然是不够的。其实,货币和城市的发源地既在遥远的古代,又在不久前的近代。作为促进交换的手段,货币是一种十分古老的发明。没有交换,就没有社会。至于城市,它在史前时期业已存在。货币和城市几千年来始终是日常生活的组成部分,但它们又是能够适应变化和有力地推动变化的加速器。也许可以说,城市和货币制造了近代生活;按照乔治·古尔维奇喜爱的相互性法则,近代的生活浪潮反过来又促进了货币的发展,巩固了城市的专横统治。货币和城市同时是发动机和指示器,是变化的动力和信号,而且也是变化的结果。

三

作为"历史的缺席主角",习惯和常规是个范围不易确定的辽阔王国。习惯侵入整个人类生活的领域，犹如夜色布满整个画景一样。但是，这个无记忆、无意识的阴影同时包含着黑暗程度不一的几个区域。关键在于如何在黑暗和光明之间，在照章办事和清醒决定之间划条界线。有了界线，观察者就能区分上下左右。

不妨假设一个特定地区，它所拥有的初级市场如同成群的细小黑点分布在宽广的地面上，每个市场的营业额往往不大。横在生产和消费两大领域之间的交换（即我们所说的市场经济）正是通过这些众多的渠道进行。在1400至1800年间，旧时代的市场经济尚不完备。至于它最早的起源，在时间的夜幕下显然已不能辨明。市场经济至今也还不能把全部生产和全部消费连接起来，相当一部分产品由生产者及其家庭或本村人直接消费，不进入市场流通。

在正确地看到这种不完备的同时，我们还应该看到，市场经济正在发展，它在城镇之间建立的联系足以开始组织生产，并指导和决定消费。事情当然需要几百年时间才能做成，但在两个世界——生产和消费——之间起着联系和推动作用的市场经济，却将在它那狭窄而又活跃的区域里，造就出种种动力和活力，种种新事物、新觉醒和新主意，进而加速经济的增长和进步。我喜欢卡尔·勃林克曼的说法，虽然并不完全同意他的观点：经济史归根到底是市场经济从产生到将来可能结束的历史。

因此，我长时间地观察、描绘和再现我能接触到的初级市场。初级市场是市场经济的基础和门槛。留在市场之外的一切产品只有使用价值，进入市场大门的一切产品具有交换价值。生产者个人是否进入交换或经济生活的范围，就看他站在初级市场的此岸还是彼岸。我使用了经济生活一词,这是为了把它同物质生活对立起来,为了把它同资本主义相区分。关于这个问题,我们以后再讨论。走街串巷的流动工匠和修椅子、捅烟囱的小手艺人尽管省吃俭用,仍然属于市场的世界,因为他们必须从市场购买每天的食物。他们与农村保持联系,收获季节回乡下去干农活,在这种情况下,他们便走出市场的世界。甚至农民也把部分收获作为商品出售,转而购买用具和衣服,这里又属于市场的范围。去镇上卖掉几个鸡蛋或一只家禽,换得的钱用来纳税或购买犁铧,这只是沾了市场的边,但还留在自给自足的大范围内。在街上或乡下出售零碎商品的小贩应列入交换一栏,他们必须计算盈亏,无论交换和盈亏的数目是何等的微薄。店铺不折不扣地属于市场经济。出售自制产品的铺主叫作工匠主;出售他人产品的铺主进入商人的行列。店铺总敞开大门,有随时都能从事交换的好处,而集市则每星期只交易一两天。尤其,店铺意味着交换加信贷,铺主进货和售货时都行赊欠。这里的交换还掺杂着一系列债务和债权问题。

在市场和初级经纪人之上的交易所和交易会(前者每天开业,后者定期举行,历时数天,会址固定,间隔时间较长)起着更高一级的作用。一般情况下,交易会也对小商人开放;但它毕竟像交易所一样受大商人控制,这些大商人不久被称作批发商,不兼零售业务。

在本书的第二卷(题为《形形色色的交换》)的前几章里,我冗长地描绘了市场经济的这些不同成分,并尽可能把事情解释清楚。我也许过分地乐此不疲,读者大概会觉得我有点啰嗦。历史应着重描绘、观察和分类,而不应先入为主,这样难道是不对的吗?力求观察和展现,在可能条件下,做到亲眼目睹:我的任务也就完成了一半。我敢向诸位保证,在欧洲——我说的不是美国——的城市里,还不难看到以往的店铺或街头集市的外貌,不难听到小贩讲他如何到处兜生意,不难见到交易会或交易所。诸位不妨去巴西内地的巴依亚,去卡比利亚或去黑非洲,那里可以亲眼看到古老的市场。如果愿意阅读,还有成千上万件文献谈到以往的交换:城市档案、公证文书、警察局的卷宗以及众多的游记,画作还不包括在内。

举威尼斯为例:在这个奇迹般得以完好保存的古城市逛上一圈,再在档案馆和博物馆停留一段时间,过去的景象几乎全都再现在你的眼前。威尼斯如今没有交易会,或不再有商品交易会:耶稣升天节的"桑萨会"是个节日,圣马克广场摆满了临时货摊;沿圣尼古拉海滨,人们佩戴面具,奏着音乐,举行总督和大海的传统婚礼。圣马克广场设有几个市场,主要出售珍贵的首饰和裘皮。但是,大商业过去和现在都集中在与"贸易货栈"(今天的威尼斯中心邮局)隔桥相望的里亚托广场。1530年前后,家门面对大运河的阿雷蒂诺以观赏过往船只为乐,这些满载甜瓜、水果的船从近海各岛驶往市中心;里亚托广场(有新旧里亚托广场之分)是市内最活跃的商业中心。广场上摆满了喧闹的货摊;离广场不远处是建于1455年的商会,当地大商人每天上午在这座交易所里洽谈航运保险、运费和各项贸易业务,有时也与外国商人签订合同。往前走两步就到门面很窄的银行,那里随时可用转账方式当场结清货款。菜市和鱼市也在附近,就在今天这个老地方。再往前一点的街区是肉市,附近有肉铺店主光顾的圣马蒂奥教堂,在19世纪末已遭破坏。

我们对17世纪阿姆斯特丹交易所的嘈杂声或许不太习惯,但今天的经纪人如有兴趣阅读霍赛·德拉·维加的《混乱中之混乱》（1688年），我想他会毫不困难地注意到，在当时买空卖空的股票交易中已出现签发期票、溢价贴现等近代的复杂花招。在伦敦交易所街的著名咖啡馆里，也可见到同样的狡诈手腕和侥幸弄险。

我们的罗列就到此为止。为简单起见，我们把市场经济分成两类：低级的一类包括集市、店铺和小贩；高级的一类有交易会和交易所。作为本次演讲的结论，我想回答两个问题。第一个问题：这些交换手段何以能帮助我们概略地说明15至18世纪期间欧洲经济的曲折进程？第二个问题：通过比较它们的相似处或不相似处，这些手段何以能向我们显示至今还不甚了解的非欧洲国家的经济活动方式？

四

首先，关于西方在15、16、17和18这四个世纪里的演变。

在15世纪，尤其在1450年后，由于工业品价格上涨和农产品价格下跌或保持原状，城市经济有了普遍的恢复，城市的恢复比乡村更加迅速。当时，工匠铺和城镇集市，尤其是后者，无疑起了决定性的推动作用。正因为如此，这次经济复苏在经济生活的底层表现得特别突出。

到了下个世纪，由于经济发展恢复了原有速度（黑死病发生前的13和14世纪曾是加速发展的时代），由于大西洋经济的扩张，经济结构正变得更加复杂；推进经济发展的原动力那时是国际交易会：安特卫普、贝亨奥普佐姆、法兰克福、坎波城和里昂都有交易会，里昂一度曾是西方的中心。后来，还有1579至1621年间的贝桑松交易会,特别新奇的是这个所谓交易会只做现金、信贷和期票的生意;在这 40 多年里,热那亚人曾是国际货币活动无可匹敌的主宰。生性谨慎的雷蒙·德·罗佛平时很少以个别推断全面,但他毫不犹豫地声称,16 世纪是大交易会的鼎盛时期。16 世纪的经济高涨,说到底,意味着交易会和交易所的生意兴隆;美洲贵金属的来到,汇兑体系的建立,更促进了这一上层建筑的繁荣和发达,推动了大量信贷证券的流通。热那亚银行家的这一杰出成功十分脆弱,后由于种种原因于 17 世纪 20 年代土崩瓦解。

17 世纪的经济生活在摆脱了地中海的诱惑后,开始向广阔的大西洋地区发展。人们往往把这个世纪说成是经济停滞或倒退的时期。这个说法显然必须加以修正。毫无疑问,16 世纪的突飞猛进虽然在意大利和其他地方已经停止,但阿姆斯特丹的惊人高涨毕竟不是经济萧条的表现。历史学家无论如何在以下问题上的意见是一致的:经济生活仍然活跃,只是市场经济又回到了商品和商品交换的原有基地;从这一决定性转变中,荷兰及其船队和阿姆斯特丹交易所得益匪浅。交易会的地位被交易所和商埠所替代;交易所和商埠与交易会的不同正如普通店铺与市镇集市的不同一样,换句话说,前者具有连续性,后者则是间隔的会面。这是众所周知、极其普通的历史常识。但是,问题并不仅仅涉及交易所。阿姆斯特丹的光辉很可能使我们看不到较为平凡的成果。17 世纪实际上也是店铺繁荣兴旺的时期。作为连续性的另一次胜利,店铺在欧洲成倍增加,形成了密集的购销网。洛普·德·维加(1607 年)在谈到黄金时代的马德里时说:"那里的一切都变成了店铺。"

资本主义的活力(代译序)

到了经济全面高涨的18世纪,所有交换手段理所当然都被派上用场:交易所正扩大活动范围,后起的伦敦交易所力图取代阿姆斯特丹交易所,并逐渐变成专营国际信贷的金融中心;日内瓦和热那亚参与这些担风险的活动,巴黎也积极响应,金钱和信贷的流通因此变得愈加自由。在这种情况下,交易会自然就日趋没落:交易会的产生便于利用税收等有利条件活跃传统交换,当交换和信贷变得十分方便的时候,交易会也就丧失其存在的理由。然而,交易会在经济生活活跃的地区虽然开始没落,但在传统经济迟迟得不到改变的地区,就不但能继续维持,而且相当兴旺。历数18世纪各交易会的名称,等于是指出欧洲经济中的次等地区:法国的博盖尔地区,意大利的阿尔卑斯地区(博尔扎诺)和南部地区;此外还有巴尔干、波兰、俄罗斯以及大西洋彼岸的新大陆。

在消费和交换均有增长的这个时期,市镇的初级市场和店铺无疑比任何时候都更加活跃:村庄里开始开设店铺,小贩的生意也成倍增加。总之,英国历史学家所说的"私下交易"正发展起来;公开交易要受当局的严密监督,相对而言,所谓私下交易则不受市镇当局的监督。早在18世纪前,私下交易已在整个英国直接收购产品,商人往往以预订的方式在市场外向农民收购羊毛、小麦、布匹等,这是违背市场传统规范而建立的一系列独立的和长距离的商业网络,他们肆无忌惮地利用商品的这种自由流通谋取利益。他们之所以能够建立这些网络,既由于自身的效率,也借助于军队和大资本需要大宗货物的供应。作为大商业中心的伦敦和巴黎在这方面起了巨大的变革作用。总之,在18世纪的欧洲,各种经济形式都得到了发展，包括"非市场交易"在内。

这一切在欧洲都是事实。我们至今仅仅谈到欧洲，并非因为我们为贪图方便，想用欧洲中心论的观点，硬把一切向欧洲的特殊生活靠拢。原因仅仅在于历史科学在欧洲比较发达，而历史学家又都着重研究本国的历史。近几十年来，这种情况有所改变：印度、日本、土耳其等国的文献资料已得到系统的利用，我们开始不再依靠游记或欧洲史学家的著作去了解这些国家的历史。有关的知识已允许我们提出以下的问题：我们以上仅就欧洲情形所讲的交换各环节在欧洲以外的中国、印度、日本和整个伊斯兰地区是否也同样存在？我们是否能作一次比较分析的尝试？如果能够的话，我们的目的是：通过同欧洲的比较，大致确定非欧洲的位置，然后再观察二者之间于19世纪逐渐加深的鸿沟在工业革命前是否业已存在，欧洲当时是否已走在世界其余地区的前面。

我们得到的第一个认识：市场到处都已存在，即使在黑非洲刚开化的社会中或在美洲的印第安文明中也无不如此。人口稠密、经济发达的社会更是布满着初级市场。只要作一点努力，这些市场便出现在我们的面前，依然充满活力或不难辨认。在伊斯兰国家，城市几乎剥夺了乡村的市场。如同在欧洲一样，城市吞噬了这些市场。最大的集市设在城市的大门口，城里人和乡下人就在这块既不属城市又不属乡村的中立地带碰头会面。集市甚至还进入城市，设在街头巷尾或狭窄的广场上：顾客在那里可买到当天烤制的新鲜面包，某些小商品以及许多煮好的菜肴（这同欧洲的习惯恰恰相反）：肉丸子、烤羊头、油饼、糕点。大商业中心兼有集市、店铺和欧洲式菜场的职能。一句话，是无所不包的大商场，例如伊斯坦布尔的比赞斯坦商场。

我们注意到印度的一个特点:没有一个村庄不拥有自己的市场,原因是村社必须在市场上通过掮客把实物换成现金,以便向大莫卧儿君主或向后来的王公交纳贡赋。至于大批乡村市场的存在原因,是否应认为印度的城市对乡村控制不够有力?或者相反认为掮客在村庄直接收购产品是一种"私下交易"?这确实是个问题。

在初级市场这个阶梯上,最完善的经济组织当称中国,那里几乎可以根据确定的地理位置量出市场的数量。一个市场就是一个集镇或一个小城市。请在一张白纸上画一个点,在点的四周有六至十个村庄,距离正好够农民在一天内打个来回。这个几何图案——中间一个点,四周十个点——的中心点是我们所说的集镇(或称区),四周则是集镇的延伸地区。市场其实就设在集镇的不同街道和广场上,与杂货铺、高利贷者、代笔先生、小吃店、茶馆和酒店相结合。威·斯基纳说得对:农业中国的缩影是区,而不是村。大家不难看到,几个集镇团团围着一个城市,向城市供应产品,并通过城市与外地贸易,取得当地不生产的产品。一切都安排得有条不紊,这从以下事实可以说明:历书为各城镇确定的集日互相错开;商贩和工匠不停地从一个镇到另一个镇赶集;中国的工匠挑担流动,在集市接活,修锅匠和剃头匠甚至为顾客上门服务。总之,集市网络分布在和活跃在辽阔的中国,互有联系,并受到严密的监视。

店铺和商贩数量也很多,多得简直密密麻麻,但交易会和交易所的高级市场形式却又太少。在蒙古边界有几个交易会,规模不大,广州交易会的对象是外国商人,这也是监视他们的一个手段。

因此,二者必居其一:或者是政府敌视交换的这些高级形式,或者是初级市场的毛细血管足以保证商品畅通,中国经济不再需要有动脉和静脉。无论由于一种原因或两种原因,交换总是只有底层,没有顶层。我们在下一次演讲里将谈到,这一状况对中国资本主义的不发达具有重大的影响。

日本拥有组织健全的大商业网,交换的高级形式显然已经出现。南洋群岛也是如此,在这个古老的商品集散地,没有经常性的交易会或与15至16世纪欧洲相类似的交易所,当地大商人后来甚至天天会面。例如,爪哇的万隆长期是该岛最活跃的城市,甚至在1619年巴达维亚建国以后也是如此,那里的大商人每天在集市结束后就在市内的一个广场会面。

印度是个交易会盛行的国家,这种大型集会兼具商业和宗教的双重性质,因为它们往往在朝圣地举行。交易会能使整个半岛为之震动,规模之大、范围之广令人咋舌,但这种现象不正好表现了传统经济的特征和对过去的恋恋不舍吗?伊斯兰世界则相反,那里虽然曾有交易会存在,但其数量和规模远不如印度。也有一些例外,如麦加朝圣,但这无关宏旨。高度发达、充满朝气的穆斯林城市具有高级交换形式的结构和手段。在直接使用现金的同时,支票也像在印度那样畅通无阻。信贷网沟通着穆斯林城市与远东的关系。一名英国旅行家于1759年从印度返回,准备经巴士拉前往君士坦丁堡,他不愿把钱存在苏拉特的东印度公司,便把二千皮阿斯特现金交给巴士拉的一家银行,后者给他一张用"法语"书写的凭证,据此可前往阿勒颇一家银行取款。从理论上讲,他本该从中得到一笔利息,但他并未得到他所希望的那么多。谁也不能保证每次都有利可图。

概括地说,同世界其他地区相比,欧洲经济发展较快,这似乎应归功于经济手段和经济体制(交易所和各种信贷形式)的优越。但是在欧洲之外,交换的方式和技巧毫无例外地都可找到。只是发展和使用的程度不同而已,人们在这里可以发现一个阶梯:几乎达到最高等级的有日本,也许还有南洋群岛和伊斯兰地区,印度肯定属于最高等级,那里有掮客的信贷网,有向投机事业贷款的惯例和海上保险;下一等级是历来自给自足的中国,再下个等级是许多处在原始阶段的经济。

对世界各种经济加以归类并非没有意义。在下一章里,当我估计市场经济和资本主义各自的地位时,仍将念念不忘这个阶梯。这种排列方法将使分析得出结果。在日常物质生活的广阔基地之上,市场经济铺开了和保持了形形色色的交换网。资本主义一般就在市场经济之上繁荣起来。人们几乎可以说,在一张真正的立体地图上,整个世界就可以看得一清二楚。

形形色色的交换

我在上次演讲里曾指出,15 至 18 世纪期间存在一种与交换没有任何关系的、广阔的自给自足经济。即使在最发达的欧洲,直到 18 世纪乃至以后,也还有一些零星地区很少参与全面的生活,孤独地坚守那种几乎闭关自守的生活。

今天,我想谈谈交换自身的范围,即我们所说的市场经济和资本主义。这两个说法表明,我们打算把两个不可混淆的领域区分开来。让我们重申,直到18世纪,市场经济和资本主义这两类活动尚属少数,人类的多数活动仍停留在或淹没在物质生活的汪洋大海中。市场经济正在发展,正在覆盖广大的地域,并取得可观的成功,但它往往还缺乏深度。至于旧时代存在的所谓资本主义(我用的这个术语是否合理姑且不谈),这种高级经济形式虽然新奇和引人注目,但它的规模还小,控制不了整个经济生活;除个别例外,它不构成独特的"生产方式",而只是自发地普及和推广而已。这种资本主义通常被称作商业资本主义,它远不能操纵和控制整个市场经济,虽然市场经济是它不可缺少的前提条件。然而,资本主义已明显地起着全国性、国际性和世界性的作用。

一

我在第一节里已经谈到,我们对市场经济的状况看得比较清楚。历史学家已赋予它崇高的地位。所有人都对它特别关心。相比之下,生产和消费却是尚未认真勘测的大陆,这方面的计量研究还刚刚开始,认识这些世界殊非易事。相反,市场经济不断被人挂在嘴上。有关的档案材料连篇累牍,如市镇档案、商人家庭的私人档案、司法和警察档案、商会的会议记录、公证人的簿籍等。人们怎么能不注意市场经济呢?它始终占领着舞台。

危险显然是仅仅看到市场经济和过细地去描绘它,这样会给人一个印象,似乎市场经济无孔不入,无处不在。实际上,由其本质所决定,市场经济只是整个经济的一部分,只在生产和消费之间起着联络作用。19世纪前,它只是一个坚实的、厚薄不均(有时很薄)的普通层次,在它的下面有着日常生活的汪洋大海,资本主义过程则间或从上面操纵它。

只有少数历史学家清楚地意识到市场经济的这种局限性,并能认识市场经济的本质和真实作用,维托尔德·库拉就是其中之一。他们不被市场的价格运动牵着鼻子走,不过分看重价格的起伏、危机、相互联系和协调趋势,也就是说,不拘泥于促使成交额正常增长的因素。借用库拉的一个形象说法,关键是要始终看到井底,看到水下的物质生活,市场的价格虽然影响物质生活,但并不始终参与和推动物质生活。因此,经济史如果不记井底和井口这两笔账,就可能很不全面。

这且搁下不谈,在15至18世纪期间,市场经济的活动范围不断在扩大。其征兆和证据是:在世界各地,市场价格正发生连锁性变动。价格在全世界一起变动,不仅在欧洲(有关记载不可胜数),而且在日本、中国、印度、伊斯兰地区(土耳其帝国)以及贵金属开采较早的美洲地区,即新西班牙、巴西和秘鲁。这些价格变动的相互联系有紧有松,衔接有快有慢;在欧洲各国,由于相互的经济联系十分密切,价格差距几乎看不出来;但在16世纪末和17世纪初的印度,价格变动与欧洲相比至少落后二十年。

总之,一条经济纽带把世界各地的市场联结了起来,尽管联系的程度有松有紧;这条纽带仅仅涉及几种特殊的商品,但其中也包括业已在周游世界的、到处受欢迎的贵金属。用美洲白银铸造的西班牙本洋通过地中海或土耳其帝国和波斯来到印度和中国。1572年后,美洲白银又以马尼拉为中转站,渡过太平洋,最后到达中国。

这些至关重要的联系、环节、交易和运输怎能不吸引历史学家的注视？他们对此简直着了迷，就像身临其境一样。任何一名经济学家如果不研究市场的供求关系，还有什么可以研究？城市的经济决策人如果不关心市场以及供应和价格，又有什么可以关心？君主在推行一项经济对策时，难道能不关心如何保护本国的市场和本国船只装载的货物，如何促进与国内外市场相联系的民族工业吗？正是在市场这个敏感的狭小区域内，经济政策才合理地和有可能发挥作用。生活实践表明，市场对经济措施具有反作用。因此，人们终于盲目地相信：交换本身起着决定性的平衡作用；交换通过竞争平抑物价，调整供求关系；市场是隐身行善的上帝，是亚当·斯密所说的"看不见的手"；按照"听之任之"的经济学说，19世纪自动调节的市场已使经济发展到了顶点。

这里，真理、误会和幻想的成分兼而有之。人们不能忘记，市场被绕开或被改变性质，价格被事实上的或法律上的垄断机构所任意确定，这些都是经常发生的事。尤其，在承认市场的竞争效能（"为人类服务的第一台电子计算机"）的同时，我们至少还应该指出，介于生产和消费之间的市场仅起不完全的乃至部分的联系作用。我们要特别强调"部分的"这个词。我确实相信市场经济具有重大效能，但我不认为它真正万能。在离我们不远的过去，经济学家曾经完全从市场模式和市场规律出发去思考问题。杜尔哥认为，流通就等于整个经济生活。过后很久，大卫·李嘉图也同样只看到市场经济这条狭窄而湍急的河流。近五十年来，虽然经济学家在经验的教育下，不再坚持"听之任之"、市场自动调节这类主张，但在今天的公众舆论和政治辩论中，神话仍然没有完全破灭。

二

平心而论,在那个时代,资本主义还立足未稳,我之所以在辩论中最后抛出了"资本主义"一词,原因主要是我需要用另一个词来确指不同于市场经济的一些活动。我的意图当然不是要把狼引到羊群中来。我完全意识到——历史学家曾重复过多少次——该词含义模糊,带有强烈的时事色彩,很有可能被认为颠倒了时序关系。我冒险给它开了大门,理由是很多的。

首先,在15至18世纪期间,某些过程需要有个特殊的名称。仔细观察起来,简单地把它们归入市场经济,这几乎是荒唐的。人们本能地会想到"资本主义"一词。假如你讨厌它,把它逐出门外,它马上又从窗口跳了进来,因为你找不到恰如其分的替身,这是无可奈何的事。一位美国经济学家说,不论"资本主义"一词怎样遭人毁谤,使用该词的最好理由是人们终究找不到其他词可作替代。当然,用了它也有带来种种争论和纠纷的缺点。不论这些争执有无道理,我们确实不能躲开了事,不能置之不理,或只当它们不存在。更糟糕的是"资本主义"一词还有很多含义使人联想到今天的生活。

"资本主义"的广义出现在20世纪初。恕我武断,我认为是在威纳尔·桑巴特于1902年出版的名著《论近代资本主义》中,它才真正出笼。马克思实际上对该词的这种含义一无所知。可见,我们面临的直接危险就是犯下颠倒时序关系这个弥天大罪。有一天,一位还很年轻的历史学家高声喊了起来:工业革命前没有资本主义,"资本是有的,但资本主义绝对没有!"

然而，在过去（即使遥远的过去）和现时之间，绝没有完全的断裂、绝对的不连续或互不干扰。以往的经验不断在现实生活中延伸和扩展。因此，许多有相当名望的历史学家今天发现，工业革命的号角在18世纪前很久已经吹响。为了明白这个道理，最好的办法也许只要看到，今天的一些不发达国家试图按照以往成功的经验从事它们的工业革命，但无不受到挫折。总之，这个不断引起争议的辩证法——过去和现在，现在和过去——很可能就是历史本身的核心和存在理由。

三

为了确定"资本主义"一词的用法和含义，为了把该词用来解释历史，你没有别的办法，除非真正把它置于"资本"和"资本家"之间，这两个词是它的词源和含义的依据。资本是可以捉摸的实体，是不断运动着的和容易辨认的手段；资本家是把资本投入到生产过程中去的主持人，而在所有的社会里，资本注定要投入到生产过程中去；因此，大而化之（但仅仅是大而化之），资本主义就是通常为着利己目的把资本投入到生产过程中去的方式。

关键的词还是资本。在经济学家的研究论文中，资本一词具有"资金"的含义；它不仅指积累的金钱，而且指以往完成的一切可被利用或已被利用的劳动成果：一所房屋是资本；入仓的小麦是资本；一艘船、一条路也都是资本。可是，只有参加再生产过程的资本才是名副其实的资金，存着不用的金钱、不加开发的森林就不再是资本。在此条件下，据我们所知，有哪一个社会不积累或没有积累资金，不把资金正常地用于生产并通过生产收回资金和取得利润？15世纪西方的偏僻村庄也有道路，虽然不铺石子，也耕种土地，经营树林，也有用篱笆围起的菜园和果园，还有磨坊的水轮和存粮的谷仓……据计算，在旧经济体制下，劳动一年的毛收入与原有的资金总额（即法语所说的"本金"）约为一与三或一与四之比，这和凯恩斯计算的当今社会的比例大致相同。可见，每个社会都把相当于三至四年的劳动成果作为资本积累起来，留在今后的生产中使用，这笔"本金"也只是部分地用于生产，显然从不完全用光。

这些问题且搁下不谈。对这些问题，诸位同我一样是清楚的。真正需要我加以说明的只是下面一个问题：怎样确有根据地把资本主义和市场经济区分开来？

当然，大家并不希望我武断地下个结论，说什么一方面是水，水上面是油。经济实体从不是单一的物体。诸位或许可以同意，只要稍加注意，哪怕只看由市场经济建立的人与人关系以及经济和社会关系，就不难分辨出市场经济至少具有两种形式（甲和乙）。

在第一类（甲类）里，我想应该包括正常的集市贸易和地方性的短途贸易，如运往附近城市的小麦和木材。定期的、有计划的、例行的和对大小商人全都开放的贸易，即使距离较远，也属于第一类，例如15世纪但泽经波罗的海运往阿姆斯特丹的粮食，南欧向北欧出售的食油和酒，我还想到每年前往伊斯特拉贩运白葡萄酒的德意志马帮。

这类交换不但公开进行，来龙去脉都很清楚，而且没有大起大落，有限的利润几乎可以推算出来：集镇市场是个很好的例子；光顾集市的人主要是生产者（包括农民、农妇、工匠）和顾客（包括本镇的和附近村庄的）。间或也有两三名商人前来，他们是介于顾客和生产者之间的第三者。这些商人有时能扰乱和控制市场，用囤积手段抬价；即使普通的买卖人也能不顾市场的规定，前往村口截住农民，低价收购他们的产品，然后再卖给顾客：这种初级的欺诈手段在各集镇，特别在城市四周普遍存在，有时能使物价上涨。因此，在我们假设其存在的理想集镇上，除了堂堂正正按市场规定进行的交易（如德语所说："眼睛看着眼睛，手拉着手"）外，也还存在逃避检查的、不公开的交换，即第二类交换（乙类）。活跃于波罗的海的小麦贩运同样属于正规的、堂堂正正的贸易：但泽起运时的价格和到达阿姆斯特丹时的价格同步升降，利润不大，但很可靠。当1590年地中海地区爆发饥荒时，一些国际商人摇身一变成为小麦的大主顾，他们让运麦船改变习惯的航线，把货物运到里窝那或热那亚，使价格提高了两至三倍。这是甲类经济被乙类经济代替的另一个例子。

随着交换登上更高一级，乙类经济也就取得主导地位，并在我们眼前展现一个显然不同的"流通领域"。从15世纪开始，英国历史学家指出，在传统市场的公开交易之外，所谓私下交易的地位正日趋重要；为了突出二者的区别，我主张称之为"市场外的市场"。私下交易不正是要摆脱传统市场种种规定的束缚吗？一些走街串巷、从事收购的商贩来到生产者家里，直接向农民购买毛、麻、活牲畜、皮张、燕麦、小麦、家禽等。他们有时甚至预购羊毛和青苗。在农庄或村内旅馆签一张支票，买卖就算成交。随后，他们用役畜、车辆或船只把产品运往大城市或出口海港。这类事例无论在巴黎和伦敦的四郊或在世界各地都可见到;塞哥维亚的羊毛、那不勒斯附近的小麦、普利亚的油料、南洋群岛的胡椒都属这种情形。如果流动商人不去农庄,他便在市场外另找地方与生产者会面,往往就在旅店里耽着:旅店同时是货运站。这类交换终于脱离了集体市场的正常活动,买卖双方完全根据各自的意愿讨价还价;在英国,销售契约曾引起了众多的诉讼,这无疑是个证据。这类交换显然是不平等的交换,市场经济的基本法则——竞争——在这里不占主要地位,商人拥有两项优越条件:他切断了生产者和消费者之间的直接联系(只是商人分别与链条的两端确定交易的条件,并从中谋取利润),他拥有现金,这是他的主要理由。因此,在生产和消费之间横贯着很长的商业环节;商业环节的确立,原因肯定在于它们的效率,特别对大城市的供应,当局因而闭上眼睛或至少放松检查。

这些中间环节愈是延长,它们就愈是脱离种种习惯的规定和检查,资本主义过程的出现也愈加明朗。这一过程突出地表现在长途贸易中,德国历史学家认为它达到了交换活动的顶点,持这种看法的人还并不仅仅是他们。长途贸易不折不扣地属于自由贸易,路程使贸易得以躲避或逃脱一般的监视。商人可能从科罗曼德尔海岸或孟加拉流域把货物运往阿姆斯特丹,又从阿姆斯特丹转销波斯、中国或日本。在这广阔的活动范围中,商人有选择的可能,而他的选择总是为了获取高额利润:如果安的列斯群岛的贸易利润不大,这并没有关系,因为同时进行的东西印度间的贸易或对华贸易能保证双倍的利润。只要把枪换个肩膀就可以了。

巨额利润导致了巨额资本的积累,尤其因为长途贸易被少数商人所控制，不是任何人都能插手的。相反，地方性贸易由许多商人分散进行。例如，16世纪葡萄牙的国内贸易规模很大，成交额远远超过胡椒、香料和药品的贸易。但这种国内贸易往往停留于物物交换（商品仅具有使用价值）的阶段，而香料贸易则直接进入货币经济的范围。仅有少数大批发商从事香料贸易，并集中掌握巨额的利润。以上情形对笛福时代的英国也同样适用。

在世界各国，一些大批发商已从普通商人中脱颖而出，他们一方面人数不多，另一方面始终同长途贸易有着联系（同时还从事其他活动）；这一现象的出现绝非偶然，而且早有征兆：德意志在14世纪，巴黎在13世纪，意大利各城市在12世纪或者更早。早在西方大批发商出现前，伊斯兰地区的"塔伊尔"是派遣经纪人外出活动、自己在家坐镇指挥的进出口商人。他们与"哈旺迪"（阿拉伯市场的店铺主）已没有任何共同之处。1640年间，在印度的大城市阿格拉，一位旅行家注意到，当地的"索加图尔""在西班牙被称作商人，但某些索加图尔还有一个特别的称号，叫作'卡塔里'，那是这些国家中从事商业活动的拔尖人物，专指信誉卓著的富商巨贾"。西方国家在用词方面也作出类似的区分。卡塔里在法语中即为批发商，该词出现于17世纪。在意大利，零售商与批发商之间有很大的距离；同样，零售商与批发商在英国也大不一样，后者主要在英国港口从事出口贸易和长途贸易；在德意志，一方面是零售商贩，另一方面是富商巨贾。

无论在伊斯兰地区或基督教地区，这些资本家自然都是王公的朋友，与国家结盟或参与国事。他们很早超出本民族的界限，与外国商人合伙谋利。他们操纵信贷和货币交换，用各种手段在金融活动中谋得有利地位,使金银铸币通过大宗贸易积累成资本,而把次等铜币用于日常开支和发放工人的微薄工资。他们拥有信息、智慧、文化等优越条件,对四周的土地、房产、年金等,凡能夺到手的,一律夺过来。他们掌握的雄厚实力和垄断手段足以使竞争不起作用。有谁还会对此产生疑问呢?一名荷兰商人给他驻波尔多的代理人写信,嘱咐后者对他们的计划保守秘密,并说:"无论这件事或其他的事,一旦出现竞争,也就没有油水可捞了!"最后,资本家正是依靠他们的雄厚资本,才能保住优势和独占当时的国际贸易。一方面因为当时运输缓慢,大宗贸易的资本周转期必定很长,需要几个月乃至几年方能连本带利地收回现金。另一方面因为大商人通常不仅使用自己的资本,而且还通过信贷利用别人的金钱。最后,资本能转移地点。佛罗伦萨附近普拉托地方有一位名叫弗朗赛斯科·迪马可·达第尼的商人,他的档案表明,早在14世纪末,意大利各城市与欧洲资本主义的热点——巴塞罗那、蒙彼利埃、阿维尼翁、巴黎、伦敦、布鲁日——之间常有期票往返。但这些活动不为普通百姓所了解,正如今天设在巴塞尔的国际清账银行的业务往来极端秘密一样。

综上所述,商品的世界或交换的世界分成严格的等级,包括从手提肩背到车装船载的低级商贩、普通出纳、小店主、各种名目的经纪人、高利贷者,直到批发商为止。奇怪的是,随着市场经济的发展而迅速加剧的专业化和分工虽然影响到整个商业社会,但高踞商业社会之上的批发商资本家却是个例外。分工日益细密的现代化过程首先和仅仅表现于社会的底层:行业、店铺和商贩正在分门别类，但金字塔的塔顶却并非如此；直到19世纪，大商人从不局限于一种活动。他当然是商人，但也可以说，他从不仅限于经商，根据不同的情况，他同样可以是造船主、保险承包人、借款人、贷款人、金融家、银行家甚至实业家和农场主。18世纪巴塞罗那的小店主总是专营一行，或者卖布，或者销售呢绒，或者经营杂货……一旦因发财而成了批发商，他立即变专营一行为兼营多行。从此，他就搞各种力所能及的赚钱买卖。

这种不正常现象经常被指出，但一般的解释却不能令人满意。有人说，商人同时参与几个部门的活动是为了减少风险：如果颜料买卖亏了本，他可从香料贸易中赚回；一旦经商不利，他可从事期票交易或借钱给农民坐收年金……总之，他听取了法国谚语的劝告："不把所有的鸡蛋放在同一只篮子里。"

依我之见，应该看到以下的事实：

——商人不专营一行，这是因为任何一行都不足以容纳他的全部活动。人们往往认为过去的资本主义由于资本不足而规模很小，必须经过长期积累才能广为发展。可是，商业通信或商会记录往往告诉我们，有的资本竟找不到可以投资的地方。资本家于是就用来购买土地，保住资本的社会价值，有时也经营土地，取得丰厚的收入，这种情形在英国、威尼斯和其他地方都可见到。资本家还用资本从事城市地产投机，或者多次谨慎地侵入工业领域，例如15至16世纪期间的矿产投机。值得注意的是，除了个别例外，资本家并不关心大生产系统，满足于通过家庭劳动系统控制手工业生产，以便更好地保证生产的商业化。由于手工业方式的家庭劳动的存在，制造厂直到19世纪还只占生产中的很小部分。

——大商人经常变换经营活动,这是因为大笔利润不断从一个行业向另一个行业转移。资本主义的巨大力量之一至今仍是它的适应性和可变性。

——一种专业化倾向有时以金钱贸易的形式在商品生活中表现出来。但金钱贸易从来都不那么一帆风顺,似乎经济大厦不能为这种高级经济形式提供充分的财力。一度取得辉煌成功的佛罗伦萨银行于14世纪随同巴迪家族和佩吕齐家族一起破产,又于15世纪随同梅迪契家族一蹶不振。1579年后,热那亚的皮亚琴察交易会几乎成为欧洲所有期票的清偿中心,但热那亚银行业的兴隆维持了不到五十年时间,到1621年即告结束。阿姆斯特丹于17世纪曾在欧洲信贷流通方面独占鳌头,但也于下个世纪以失败而告终。金融资本要等到19世纪的30到60年代后,当银行把工业和商品全都抓到手时,才取得稳定的成功。那时候,整个经济就有足够的力量来支持金融业了。

概括说来,有两种不同的交换:一种是普通的交换,带有竞争性,因为是公开的;另一种是高级的交换,带有欺骗性和独占性。两种交换的活动方式和经纪人各不相同。资本主义不属于第一种交换,而属于第二种。我并不否认,乡村中也可能存在狡猾、残忍和土生土长的资本主义。据达林教授告诉我,列宁认为,在社会主义国家里,一旦开放乡村的自由市场,就有资本主义生长的土壤。我也并不否认,小店主是一种微型资本主义;格尔肯克隆认为真正的资本主义就从那儿产生。为资本主义奠定基础的力量对比可能在社会生活的各个层次形成和起作用。但是,早期资本主义终究要在社会的高层显现自己的存在和力量。只有在巴迪、雅克·克尔、雅各布·富格尔、约翰·劳、奈克尔的上层社会中,才有希望找到早期的资本主义。

人们通常对资本主义和市场经济不加区分,这是因为二者自中世纪以来始终齐步前进,因为人们往往把资本主义当作推动经济进步的动力或经济进步的结果。其实,物质生活是一切的基础:一切进步取决于物质生活的膨胀,市场经济本身也依赖物质生活而迅速膨胀,并扩展与外界的联系。在这一扩展中,得益的始终是资本主义。我认为约瑟夫·熊彼得没有理由把企业主当作"机器神"*。我坚信,整体运动起着决定作用,任何资本主义首先是以其经济基础为尺度的。

四

如果没有社会的积极配合,少数资本家要独占利益,那将是不可思议的事。资本主义势必是一种现实的社会制度,甚至是一种现实的政治制度和文明,因为整个社会必须在一定程度上认识和接受资本主义的价值。但是,情况又并不始终如此。

任何人口密集的社会都分成几个"集合体":经济、政治、文化、社会阶梯。经济只有与其他"集合体"相联系才能被理解,因为它既分散在其他"集合体"之中,又包含着其他的"集合体",形成相辅相成的关系。资本主义作为经济"集合体"的这种特殊的局部的形式只是通过相辅相成的关系才能得到充分的说明,并在这种关系

---

* 在古代戏院里,扮演神的演员由特殊的机器装置送上舞台;由此引申的转义是:突然出现以挽救危局的人。——译者

中显露自己的真相。

现代国家并未创立资本主义,而是继承了这一遗产,国家有时给它提供方便,有时给它制造困难,有时任其发展,有时挫伤它的活力。资本主义的胜利取决于它是否由国家所体现。在资本主义的最初阶段,意大利的威尼斯、热那亚、佛罗伦萨等城邦由金融寡头执掌政权。在17世纪的荷兰,摄政和贵族为了批发商或资本家的利益并根据他们的意志治理国家。英国的1688年革命也标志着商人当政。法国落后了将近一百年:随着1830年七月革命的发生,商业资产阶级终于稳掌政权。

因此,国家根据自己的平衡和抵抗力决定对金钱世界采取赞同或敌对的态度。文化和宗教也是如此。代表传统势力的宗教一般反对市场、金钱、投机、高利贷等新兴力量。但这里也有妥协。宗教虽然不断反对,但它终将接受时代的迫切要求。总之,它将同意实行某种现代化。奥古斯丹·勒诺代曾指出,托马斯·阿奎那(1225—1274)最早提倡现代化,并取得了成功。宗教(以及文化)虽然很早撤除了障碍,但它在原则上仍然强烈反对有息借贷,并斥之为高利贷。有人甚至不无牵强地认为,这些顾忌只是在宗教改革期间才被消除,这是资本主义在北欧国家兴起的内在原因。在马克斯·韦伯看来,现代意义上的资本主义不折不扣地是基督教甚至清教的产物。

所有的历史学家全都反对这个精巧的论断,虽然他们无法彻底抛弃它;它不断改头换面地重现在他们的面前。然而,这个论断毕竟是错误的。北欧国家只是取代了长期由地中海占有的资本主义中心的地位。无论在技术方面或在商业方面,它们没有任何创新。阿姆斯特丹是威尼斯的翻版,正如伦敦是阿姆斯特丹的翻版,纽约又是伦敦的翻版一样。世界经济中心的每次转移都是由于经济方面的原因,并不触及资本主义内在的或隐秘的本质。16世纪末年世界经济中心由地中海向北海的迁移是一个新国家对一个旧国家的胜利。这也是一次级差性变化。随着大西洋的崛起,交换、货币储存等经济领域都有所扩大,市场经济取得了迅猛的发展,这一切汇集到阿姆斯特丹,恰好使它承担起扩大了的资本主义上层建筑。总之,在我看来,马克斯·韦伯的错误主要在于他一开始就夸大了资本主义对现代世界的催化作用。

但根本问题还不在这里。资本主义的真正命运在社会等级面前早已被确定。

任何文明社会都承认几个等级,也就是人们脱离开威纳尔·桑巴特所说的"基本大众"而向上爬的阶梯:宗教等级、政治等级、军事等级和各种金钱等级。根据不同的时代和地点,等级与等级之间的关系表现为对立、妥协或同盟,甚至几种状态的混杂。在13世纪的罗马,政治等级与宗教等级相合流,但在城市四周,土地和畜群正使一个危险的大领主阶级得以产生,而锡耶纳市的银行家已爬上很高的地位。在14世纪末的佛罗伦萨,原有的封建贵族和新兴的大商业资产阶级组成了最有钱的富人集团,并合乎情理地夺得了政权。相反,在其他政治环境下,政治等级能够压倒其他等级:中国明清时代的情况便是如此。旧时代的君主制法国也是如此,虽然没有那么明显和连贯:即使富有的商人也长期扮演无足轻重的角色,而贵族总是出任显赫要职。在路易十三时期的法国,通向权力之路便是向国王和宫廷靠拢。黎塞留原是穷乡僻壤的吕宋主教,他在事业上真正走出的第一步是担任了太后玛丽·德·梅迪契的亲随神甫,从而得以进入宫廷和混迹于权贵的小圈子。

对个人说来,有多少种社会,就有多少条向上爬的道路和多少种成功的类型。在西方,个人的成功虽然并不少见,但历史却反复不断地念同一本经,就是说,个人的成就几乎始终应归功于到处钻营、力图逐渐扩大其财产和影响的家族。这些家族的野心,在耐心的配合下,长时间地延续下去。难道应该为名门世家的代代相传歌功颂德吗?对西方说来,这是为了醒目地展示所谓资产阶级的历史(资产阶级一词很晚才被人们所接受)。孕育着资本主义过程的资产阶级创造了或利用了坚固的等级制,后者将成为资本主义的支柱。为了巩固财富和实力,资本主义同时或先后依靠了贸易、高利贷、长途贸易、行政官职和土地;土地是尤其可靠的价值,土地拥有者在社会享有的声望比人们所能想象的更高。如果注意到了名门世家的代代相传以及祖产的缓慢积累,欧洲从封建制向资本主义的过渡就变得不难理解。封建制是一种有利于贵族家庭的分配地产的稳固形式,也是一种具有固定结构的等级制。在几百年内,资产阶级一直寄生于这个特权阶级,留在它的身旁,危害它,利用它的错误、奢侈、闲散和缺乏远见,往往通过高利贷攫取它的财产,最后挤进它的行列,并跟着它没落。另一些资产者接着又冒了出来,重新开始同样的斗争。总之,这是长时期的寄生现象:资产阶级不断为自身的利益而损害统治阶级的利益。但资产阶级的上升是长期的和缓慢的,父辈的野心传给儿子,再传给孙子,子子孙孙地往下传,永无穷尽。

从封建社会中派生出来的这种社会本身还是半封建社会,财产和社会特权相对地受到保护,名门世家还能相对平静地坐享其成,由于财产神圣不可侵犯,各人基本上仍留在原来的位置上。必须确立这种平静的或相对平静的局面,才能使资本得以积累,使名门世家得以绵延长存,使资本主义在货币经济的帮助下终于降临人间。与此同时,资本主义破坏着上层社会的某些堡垒,建设起有利于自己的、同样牢固的其他堡垒。

金钱家族的这一长期孕育过程终于取得炫目的成果;无论在以往或现代,我们对此已如此熟悉,因而很难想到,这其实是西方社会的基本特征之一。我们只有在陌生的地方,看了欧洲以外的各个社会的不同情景,才能猜出其中的奥妙。在这些社会里,资本主义(根据我们给它的含义)往往遇到不易克服或不能克服的社会障碍。这些障碍从反面把我们引导到作出全面解释的道路。

我们把日本社会放在一边不谈,那里的发展过程与欧洲大致相同:封建社会日趋没落,资本主义社会终于脱胎而出;在日本这个国家里,商人世家的历史最为长久:诞生于17世纪的某些世家至今仍然兴旺。但在社会比较史上,唯有西方和日本是几乎自动地由封建制向金钱制过渡的社会。在其他地方,国家、出身特权和金钱特权各自所占的地位很不相同,而我们正是从这些不同中吸取教益。

下面谈中国和伊斯兰地区。我们接触到的有关中国的不完整统计数字给我们这样的印象,那里的社会纵向流动性似乎比欧洲大,稳定性比欧洲小得多。科举制度意味着人人都有当官和升官的门路。虽然考试并非绝对没有舞弊,但它在原则上对各社会阶层全都开放,其门户远比19世纪的西方大学开得大。科举给人担任高官的机会,这实际上是社会机遇的再分配,也就是牌局中的重新发牌。但是,新登高位的官吏仅仅及于自身。他们在职期间积聚的产业不足以构成欧洲那样的大家族。何况,财势过大的家族通常招致嫌怨,因为土地在法律上属于国家所有,唯有国家才能向农民收税,国家又严密监视各项商业和工矿企业。尽管商人和贪官在地方范围内有所勾结,中国国家却不断阻挠资本主义的繁荣,每当资本主义利用机遇有所发展时,总是要被极权主义国家拉回原地(这里的极权主义没有贬义)。真正的中国资本主义仅在中国之外立足,例如南洋群岛,那里的中国商人可以自由行动,自由发展。

在广大的伊斯兰地区,特别在18世纪前,私人占有土地只是暂时现象,因为土地在法律上属于君主。历史学家认为,那里只有过去欧洲的所谓"封地"(即赐予个人终身享用的产业),而没有世袭采邑。换句话说,如同过去加洛林王朝那样,国家分封的领地(即土地、村庄、土地年金)在领主去世后由国家收回。这是君主用以收买和笼络士兵和骑兵的一种方式。领主死后,他的领地和产业一概交还给伊斯坦布尔的苏丹或德里的大莫卧儿。我们甚至可以说,这些君主在位期间能像更换衬衣一样改变统治集团和上层阶级,他们有时果真这样去做。社会的上层经常在更新,家族就没有立足的可能。关于18世纪的开罗,最近有一份研究材料告诉我们,那里的大商业往往只能传到儿子一代,很少再能往下传给孙子,它将被政治社会所吞噬。印度的商业生活之所以比较稳定,因为它的发展超脱不稳定的上层社会,并得到商人和银行家种姓制的保护。

至此,对于我提出的论点,诸位就可以看得比较清楚了。这个论点是简单而可信的：资本主义的发展和成功需要具备某些社会条件，需要比较稳定的社会秩序以及国家的中立、宽容或软弱。即使在西方，这种宽容也有程度的不同：由于种种有历史根源的社会原因，法国发展资本主义的社会条件始终不如英国那样有利。

我想这个观点不会引起什么争议。但在另一方面，一个新的问题又自动产生。资本主义需要有等级制。但等级制又究竟是什么？在历史学家看来，历史上出现的社会数以百计，每个社会都有自己的等级制，都有少数特权者和负责人高高在上。过去是如此：18世纪的威尼斯，旧时代的欧洲，梯也尔先生时代的法国或1936年揭露"二百家族"统治的人民阵线时代的法国，还有日本、中国、土耳其和印度。现在也依旧如此；即使在美国，资本主义只是利用了等级制，却并没有发明等级制，正如它没有发明市场或消费一样。在历史的远景中，资本主义犹如晚到的来客，当他到达时，一切都已安排就绪。换句话说，对资本主义说来，等级制是个不依它意志为转移、事先规定它必须接受的自在现实，因为非资本主义社会并没有取消等级制。

这个观点又涉及许多需要讨论的问题，我在书里试图——加以介绍，但没有作出结论，因为这是个关键问题或问题的关键。是否应该打碎等级制和取消人对人的依附？让-保尔·萨特于1968年作了肯定的回答。不过，难道这真是可能的吗？

世界的时间

在前两节里，我已把七巧板或者一块一块地或者分组地向诸位作了介绍;为了解释的方便,分组时的次序是随意排列的。现在再把七巧板重新搭起来。这是本书第三卷,也是最后一卷的目的所在。"世界的时间"这个标题足以表明我的宏愿:把资本主义及其演变和手段同一部世界通史联系在一起。

一部历史也就是按时间顺序排列的一系列形式和经验。世界的整体是指15至18世纪期间形成,并逐渐对人类的全部生活,对世界的各种社会、经济和文明施加影响的那个统一体。可是,世界具有不平衡的特性。目前存在的以富裕国家为一方和以不发达国家为另一方的形象,大体上也适用于15至18世纪。从雅克·克尔到让·博丹,到亚当·斯密和凯恩斯,富国和穷国当然并非一成不变;历史的车轮已向前滚动了。但世界的规律没有多少变化:它在结构上仍分成富国和穷国。世界是同普通社会一样的等级社会,普通社会可以从中看出自己放大了的形象。宏观和微观最终都有相同的结构。为什么? 这正是我试图要说明的问题,但是否能够做到,我还没有把握。历史学家往往着重观察事情的经过,很少问为什么,往往考察重大问题的结果,但不追究其原因。正因为如此,历史学家应该以更大的热情去发现经常被他忽略和轻视的根源问题。

一

这里有必要再次把术语确定下来。我们必须使用"世界经济"和"经济世界"两个词,后一个比前一个更加重要。"世界经济"是指整个世界的经济,或用西斯蒙第的说法,"全世界的市场"。"经济世界"是我根据德语的"Weltwirtschaft"生造出来的,这里的经济只占世界的一个局部,但又单独构成一个整体。很久以前,我曾写道,16世纪的地中海是个独立的经济世界(Weltwirtschaft),也可以说,是个自在的世界(用德语是:ein Welt für sich)。

经济世界是个具有三重意义的现实:

——经济世界占据一定的地域,并有一定的界线,界线的变化相当缓慢,但毕竟有变化。每隔很长的时间,界线甚至必定被打破。15世纪末以后的地理大发现可算是一个例子。1689年,在彼得大帝的推动下,俄罗斯对欧洲经济的开放也是一个例子。今天,假如中国和苏联干脆、全面、彻底地实行经济开放,西方经济世界的界线也将会被打破。

——经济世界总有一个中心或极点,这在过去是城邦,在今天则是都市(指经济都市,在美国是纽约,而不是华盛顿)。同一个经济世界在相当长的时间内可能有两个中心并存:奥古斯都、安东尼和克娄巴特拉时代的罗马和亚历山大;基奥贾战争(1378—1381年)期间的威尼斯和热那亚,18世纪荷兰灭亡前的伦敦和阿姆斯特丹。两个中心必有一个要被淘汰。1929年,经过短期的游移,世界中心毫不含糊地从伦敦迁到了纽约。

——任何经济世界都分层划区。腹心层是指中心四周的地区,如17世纪阿姆斯特丹充当世界中心时的联合省(不是联合省的全部);1780年伦敦彻底代替了阿姆斯特丹后的英格兰(不是英格兰的全部)。随后是环绕腹心层的中间层。最后是广大的外层,在经济世界特有的分工中,外层处于从属、依附的地位,而不扮演伙伴的角色。在这些边缘地区,人们往往过着炼狱或地狱一般的生活。它们的地理位置足以说明其原因。

以上过分简略的陈述显然需要进一步解释和论证。我的第三卷书正是做了这一件事，但诸位也可在伊玛努埃尔·沃勒斯坦的《近代世界体系》（1974年在美国出版，后由弗拉马里翁出版社以《十五世纪至今的世界体系》为题在法国出版）中看到一个确切的概貌。对这位作者的个别观点和一二条主线，我并不始终同意，但这并不要紧。我们的观点基本上是一致的，虽然在伊玛努埃尔·沃勒斯坦看来，除欧洲外，别无其他"经济世界"，欧洲经济世界建立的时间是在16世纪以后，而我认为，早在欧洲人认识整个世界以前，即在中世纪乃至古代，世界已经分成几个有结构的、有中心的经济区域，也就是说，分成几个共存的"经济世界"。

这些共存的经济世界天各一方，极少交往，因为每个经济世界各有其辽阔的边缘地带，为从事贸易而穿越边缘地带一般无利可图。彼得大帝登基前的俄罗斯就是这些基本上自给自足的经济世界之一。截至18世纪，无边无际的土耳其帝国也是一个经济世界。相反，查理五世皇帝或菲力浦二世时代的德意志帝国虽然幅员广大，却不构成一个经济世界，从帝国诞生起，它就包括在活跃的欧洲经济的范围之内。早在克里斯托弗尔·哥伦布1492年的旅行前，欧洲加上地中海及其向远东伸出的触角已经构成了一个以威尼斯为中心的经济世界。它将随着地理大发现而扩大，吞并大西洋诸岛和沿岸，逐步深入美洲内陆，并将与印度、南洋群岛和中国等依然独立的经济世界加强联系。同时，在欧洲内部，经济中心将由南向北迁移，先后转到安特卫普和阿姆斯特丹，请注意，并非转到西葡帝国的中心塞维利亚和里斯本。

因此，我们可以在世界的历史地图上放一张透明纸，用铅笔大致描出每个特定时期中各经济世界的区划。由于这些经济世界变化缓慢,我们可以从容不迫地去研究它们,观察它们的活动方式和掂掂它们的分量。这些经济世界揭示了世界历史的奥秘。我们将仅仅回顾这一历史奥秘,因为我们的任务只是指出,欧洲从开始对外扩张以后历次建立的经济世界何以能说明或不能说明资本主义的活动及其自身的活动。我们首先想说,这些典型的经济世界曾是欧洲资本主义以及后来的世界资本主义的母型。总之,我将朝这个方向一步一步地慢慢进行解释。

二

我们不是去发现历史的奥秘,而是去说明它。用吕西安·费弗尔的话来说:"我们赋予历史以尊严。"这已经很不容易。我这里着重分析经济世界中心的转移和区域划分,正是出于这个道理,想必诸位是明白的。

每次中心需要转移,都有新的中心形成,似乎经济世界没有中心就不能生存。但是,正因为中心的形成和转移很少发生,它的意义就尤其重大。以欧洲及其附属地区而言,14 世纪 80 年代形成了以威尼斯为中心的经济世界。1500 年前后,中心突然从威尼斯跳到了安特卫普;接着于 1560 年左右又回到地中海的热那亚;最后,于 1590 至 1610 年间迁往阿姆斯特丹,欧洲地区的经济中心将在那里稳定两个世纪。1780 至 1815 年间,中心再转到伦敦。它于 1929 年越过大西洋迁往纽约。

在欧洲世界的时钟上,命运的钟声曾响过五次,每次中心转移都是在斗争、冲突和强烈的经济危机过程中实现的。一般说来,总是经济恶化给了已经岌岌可危的旧中心致命的一击,并确认新中心的出现。这一切显然没有数学规律性可循:一场旷日持久的危机是一次考验,强者经受得住,弱者支持不下。中心并非在一次危机的打击下立即垮台。相反,17世纪的危机往往最后对阿姆斯特丹有利。我们近几年来正经历着一场强烈而持久的危机。假如纽约在考验中倒下(我个人并不这么想),世界将会制造或找到一个新的中心;如果美国能像预料的那样经受考验,它将变得更加强大,因为在我们经历的恶劣环境中,其他国家的经济遭到的打击可能比美国更大。

总而言之,似乎中心的转移一般与持续的全面经济危机相联系。因此,我们显然必须透过这些危机去研究中心转移如何进行这个难题,而整个历史进程也正取决于中心转移的方式。为了避免过于冗长的说明,我们不妨比较仔细地分析一个例子。由于安特卫普作为世界中心的地位并不巩固,在政治上接连遇到打击和挫折,地中海地区于16世纪下半期又重新扶摇直上。在这以前,从美洲矿区运来的大批白银主要从西班牙经大西洋转运佛兰德;1568年后,白银改道运往地中海,热那亚又上升为经济中心。从直布罗陀海峡往东的整个地中海地区经历了一次经济复兴。但所谓的"热那亚时代"为时很短。局势接着开始恶化,在半个世纪内曾是欧洲商业中心的热那亚皮亚琴察交易会于1621年已丧失其主角地位。地中海再次沦为二等地区,这在地理大发现后是十分合理的,地中海后来也长期停留在这个地位。

在克里斯托弗·哥伦布探险后一个世纪,地中海终于没落,间歇期之长令人惊讶,这正是我在很久前出版的关于地中海的一部厚书中提出的一个核心问题。开始走下坡路的日期应该定在哪一年？是1610、1620还是1650年？没落的经过又怎样？依我之见，这后一个问题更加重要。理查德·拉普在一篇文章里（1975年在《经济史杂志》发表）正确而出色地解决了这个问题。这是多年来我读到的最漂亮的文章之一。文章向我们证明，从16世纪70年代开始，地中海地区受到了北方商人的骚扰和劫掠。北方商人没有依靠印度公司和远洋冒险完成资本的原始积累；他们觊觎地中海的现成财富，肆无忌惮地巧取豪夺。他们让廉价产品，有时让冒牌货涌进地中海，故意模仿南方的优质纺织品，甚至盖上世界公认的威尼斯商标，送到威尼斯的普通市场上销售。地中海的工业在这一打击下同时失去了顾客和信誉。诸位不妨设想，假如一些新兴国家有可能向美国倾销它们打着"美国制造"招牌的产品，夺走美国的国内外市场，过二三十年或四十年以后，将会发生什么样的事情。

总之，北方商人的胜利并非因为他们会做生意或是工业竞争的自然结果（虽然工资低廉对他们是个有利条件），也不是因为他们走上了宗教改革的道路。十分简单，他们的政策就是夺取原来的优胜者的地位，暴力也是手段之一。列宁在第一次世界大战期间曾谴责了瓜分世界，但这种瓜分并不如他所想的那样是件新鲜的事，这在今天的世界仍然是个现实。在中心或在中心附近生活的人总是对其他人拥有种种权利。

这里提出了第二个需要解决的问题：任何经济世界都分成几个向心区，离中心愈远，条件愈差。

华贵、财富和幸福集中在经济世界的腹心。那里有光辉灿烂的历史。有高价格、高工资、银行、高档商品、有利可图的工业和资本主义的农业；那里是长途贸易的起点和终点，也是贵金属、硬通货和金融期票的汇集处。那里有遥遥领先的现代化经济。15世纪的威尼斯，17世纪的阿姆斯特丹，18世纪的伦敦或今天的纽约都是这样。尖端技术以及基础科学十分普及。"自由"业已建立，既不完全是神话，又不完全是现实。诸位可以想到所谓威尼斯的自由、荷兰的自由或英格兰的自由！

与腹心地区相邻的中间地区是腹心地区的竞争对手，那里的生活水平降低了一级：自由农民和自由人的数量较少，交换尚有缺陷，银行和金融组织不够完备，往往受外界控制，工业还停留于传统形式。18世纪的法国就是如此，生活水平不能与英国相比。大腹便便的约翰牛吃的是肉，穿的是皮鞋，而瘦小的笨伯雅克吃面包，穿木屐，面目黧黑，未老先衰。

边缘地区的情形更不如法国。以1650年前后为例，世界的中心就在荷兰（阿姆斯特丹）。中间地区或二等地区包括波罗的海和北海地区、英格兰、莱茵河和易北河流域的德意志、法兰西、葡萄牙、西班牙、罗马以北的意大利。边缘地区是北欧的苏格兰、爱尔兰和斯堪的纳维亚，汉堡和威尼斯一线以东的欧洲，罗马以南的意大利（那不勒斯、西西里）；欧洲在大西洋彼岸占有的美洲也是典型的边缘地区。如果加拿大以及英国早期的殖民地不算在内，整个新大陆当时实行奴隶制。同样，中欧的边缘地区，直到波兰甚至更远，属于"农奴制的第二期"，就是说，那里的农奴制在与西欧的农奴制一起废除后，于16世纪实行了复辟。

总之，作为经济世界，欧洲于1650年同时存在着多种社会形态，从荷兰的资本主义社会直到农奴制社会，以及最低级的奴隶制社会。这种同时性或共时性构成所有问题的关键。资本主义其实就靠这种阶梯为生：外层地区供养内层地区。特别是腹心地区。所谓中心，难道不就是整个建筑的拱顶，就是资本主义的上层建筑吗？从相互关系的角度进行观察，中心依靠外围的供应，但外围又屈从中心的需求。正是欧洲在新大陆复活了和推行了古代的奴隶制，并根据自身经济的需要，"诱使"东欧推行"二期农奴制"。由此可见伊玛努埃尔·沃勒斯坦的论断的重要性：资本主义是世界不平衡发展的产物，它必须在国际经济的配合下才能发展。地域的广阔无垠，条件的优劣不一，这是产生资本主义的前提。如果在狭小的地域内，资本主义就不会如此茂盛地生长。如果没有别人为它充当奴仆，它也许会寸步难移。

这个论点改变了解释资本主义何以产生的习惯模式：奴隶制被农奴制所代替，农奴制被资本主义所代替。它提出了同时性和共时性，这个别出心裁的解释确实具有重大意义。但它不说明，也不可能说明一切。至少不能说明近代资本主义的起源——我想说的是欧洲经济世界以外的情形——这个我认为至关重要的问题。

确实，直到18世纪末出现真正的世界经济前，亚洲也曾出现过几个稳固、强盛的经济世界，我这里想到的是中国、日本、印度加南洋群岛，以及伊斯兰地区。可以说，这些经济世界同欧洲之间的联系不多，仅涉及几种奢侈商品——胡椒，香料，特别是蚕丝——，而且用现金支付，交易额在当时的整个经济中只占微不足道的比重。这些交易虽然数额有限，但全都置于大资本的集中控制之下，这不是也不可能是偶然的。我甚至认为任何经济世界往往要受外界的影响。欧洲的大事记特地记载了以下的日期：华斯哥·达·伽马于1498年到达卡利卡特；荷兰人科内利乌斯·豪特曼于1595年在爪哇大城市万隆停泊；罗伯特·克莱夫于1757年在普莱西取得胜利，孟加拉从此落在英国手里。没有人会认为这样的记载有什么不对。命运长着一步跨七里的长腿，它能从远处施展影响。

三

我已经向诸位谈到欧洲的经济世界以及先后创立和活跃这些经济世界的中心。应该指出，在1750年前，这些中心始终是城市或城邦。人们完全可以说，于18世纪仍主宰着经济世界的阿姆斯特丹是作为历史极点的最后一个城邦。在它背后的联合省不过是个影子政府而已。阿姆斯特丹自行其是，并像灯塔一样照亮从安的列斯群岛到日本海岸的整个世界。随后，从启蒙时代中期开始，出现了个不同的新时代。作为新的主宰，伦敦不是一个城邦，而是大不列颠诸岛的首都，民族市场赋予它不可抗拒的力量。

这里涉及两个阶段：城邦的建立和统治；民族国家的建立和统治。有关事实这里将一笔带过，不仅因为大家都已了解，我在前面也已谈到，而且因为在我看来重要的只是要观察事实的整体，并通过这种观察，以新的方式提出和说明资本主义的问题。

截至1750年，欧洲总是围着一些主要城市（威尼斯、安特卫普、热那亚、阿姆斯特丹）转；由于它们扮演的角色，这些城市也就变成庞然大物。然而，其中任何一个城市在13世纪都还不能主宰经济生活。这不等于说,欧洲当时不是一个有结构、有组织的经济世界。一度被伊斯兰征服的地中海已对基督教重新开放,与东地中海地区的贸易使西欧得以建立起向远方扩大其影响的据点,没有这样的据点,显然就谈不上名副其实的经济世界。两个先进地区分别形成,各据一方:南方的意大利和北方的尼德兰。整体的重心介于两个地区之间,就在中途的香巴尼和布里,那里的交易会加上一个大城市(特鲁瓦)和三个中等城市(普罗旺、奥伯河畔的巴尔、拉尼)构成了人为的城市群。

说这个重心悬在空中,这未免言过其实,因为它的位置离巴黎不远,当时正值圣路易王朝盛世,巴黎不但是重要的商埠,那里的大学也大放异彩。研究人文主义的史学家朱泽培·托发南以《没有罗马的时代》为标题写了一部书,他用这个书名没有错,这是指13世纪,罗马已把文化王国的地位让给了巴黎。但在当时,巴黎的光辉显然与香巴尼热闹、活跃、几乎接连不断的国际交易会有关。北方尼德兰地区——即从马恩河畔到须德海的广大地区——用家庭作坊生产的棉麻毛织品换取意大利商人的胡椒、香料和钱财。这些交易虽然仅限于奢侈品范围,但也足以开动商业、工业、运输和信贷的庞大机器,并使这些交易会成为当时欧洲的经济中心。

香巴尼交易会于13世纪末日趋没落,其理由很多:地中海和布鲁日之间于1297年实现了直接通航,海上运输从此压倒了陆上运输;辛普朗和圣戈塔山口为德意志城市开放了南北通道;意大利城市的工业化:这些城市原来仅仅为北方的呢绒坯料染色,如今开始自己制造,佛罗伦萨的毛织业日趋兴旺。尤其重要的是,伴随着黑死病的流行，14世纪的严重经济危机将席卷欧洲：香巴尼交易会上实力最强的意大利将胜利地经受这场考验。它重新成为欧洲生活当之无愧的中心。它将主持南北之间的各种交换，远东的货物通过波斯湾和红海来到了意大利，来自东地中海的商队优先为它打开欧洲的各个市场。

意大利的领先地位实际上长期由威尼斯、米兰、佛罗伦萨和热那亚四大城市所分享。只是于1381年热那亚战败后，才确立了威尼斯并不稳固的统治。这个地位维持了一百多年时间，威尼斯当时是与东地中海贸易最主要的商埠，欧洲各国纷纷涌向那里，以取得远东的稀有产品。安特卫普于16世纪代替了圣马克城（威尼斯别名）的地位：这是因为葡萄牙取道大西洋进口大批胡椒，货栈设在安特卫普，斯凯尔特河口的海港就成了大西洋和北欧贸易的主要中心。后来，由于种种政治原因，中心又转往热那亚；这些原因与西班牙对尼德兰的战争有关，说来就一言难尽了。圣乔治城（热那亚别名）的福运不靠东地中海的贸易，而靠与新大陆和塞维利亚的贸易，美洲源源不断运来的白银使该城成了欧洲的白银集散地。阿姆斯特丹终于使人人都能满意：它的领先地位持续了150多年，影响所及从波罗的海直到东地中海和马鲁古群岛，原因主要在于它一方面牢牢控制着北方的商品，另一方面又迅速占据桂皮、八角等细香料在远东的所有产地。这些接近垄断的贸易使它几乎能为所欲为。

我们且把这些城邦搁下，赶快来谈谈有关民族市场和民族经济的大问题。

民族经济是国家根据物质生活的需要和改善,把一块政治地域改造成为统一的、协调的经济地域,使各项活动都朝同一个方向发展。最初只有英格兰取得了这项成果。谈到英格兰,人们总要想起种种革命:农业革命、政治革命、金融革命和工业革命。在这张单子上,应该再加上一项,即创造民族市场的革命,无论用什么名称都可以。奥托·兴茨在批评桑巴特时首先强调了这一变革的重要性;原因在于国土狭小的英格兰拥有较多的运输手段,除近海航运外,还有密集的内河和运河网以及众多的车辆和役备。英格兰各郡通过伦敦互换产品或出口商品,因为英格兰的内地税卡很早已被撤销。最后,英格兰又分别于 1707 年和 1801 年与苏格兰和爱尔兰实现了统一。

人们或许会想,同一成果在联合省也已实现,但联合省国土逼仄,甚至养不活本国居民。荷兰资本家完全转向国外市场,不把国内市场放在心上。至于法国,它面对着太多的障碍:经济落后、国土辽阔、收入微薄、内部联系困难、中心尚未完全形成。可见,在当时的运输条件下,领土过大的国家势必极其分散。爱德华·福克斯在一部引起众多争议的著作里,曾不太费力地证明,当时至少有两个法兰西:一个是沿海的法兰西,在 18 世纪经济高涨的鞭策下,它表现十分活跃和机灵,但与内地联系不多,注意力转向外部世界;另一个是内陆的法兰西,它恋土守旧,目光短浅,对国际资本主义的经济利益无动于衷。照例总是这第二个法兰西掌握政权。处在内地的巴黎是国家的政治中心,却不是经济中心;自从里昂于

1461年开办交易会后,它长期扮演了经济中心的角色。16世纪末,中心曾开始向巴黎转移,但没有成效。只是在1709年萨缪埃尔·贝尔纳破产后,巴黎才成为法兰西市场的经济中心;接着,巴黎交易所于1724年改组,法兰西市场开始发挥作用。时间已经晚了,尽管马达在路易十六时开始快速开动,却已经不能左右整个法兰西的局面。

英格兰的情形要简单得多。那里只有伦敦一个中心,从15世纪起,在迅速形成经济和政治中心的同时,伦敦得以自由支配英格兰市场,换句话说,能根据本国大商人的需要安排英格兰市场。

另一方面,岛国地位帮助了英格兰脱离外国资本主义的干预。由于托马斯·格雷欣于1558年创立了证券交易所,英格兰摆脱了安特卫普的牵制。自从1597年封闭了汉萨同盟在伦敦的商行和取消其特权后,英格兰便抛开了汉萨同盟。1651年颁布的航运法又使英格兰脱离开阿姆斯特丹。当时,阿姆斯特丹基本控制着欧洲贸易,但英格兰拥有对它施加压力的一个手段:由于风向的关系,荷兰帆船总是需要在英国港口停靠。这显然是荷兰不得不接受英国的贸易保护措施的原因。总之,英格兰比欧洲任何其他国家都更能保护其民族市场和新兴工业。英格兰对法兰西的胜利很早已露端倪(1713年的乌得勒支条约),于1786年全面暴露(艾登条约),于1815年达到登峰造极。

随着伦敦地位的上升,欧洲和世界的经济史翻开了新的一页,因为英格兰确立的经济优势(进一步扩展到政治优势)标志着一个时代的结束,在这个长达几个世纪的时代里,世界被分成以城市为中心的几个经济世界,尽管欧洲野心勃勃和跃跃欲试,它毕竟不能操纵世界的其他地区。英格兰成功地代替阿姆斯特丹的地位,已不再是对过去的简单重复,而是对过去的超越。

英国在征服世界途中经历了种种艰难、曲折和波澜,但它保住了优势,克服了障碍。欧洲的经济世界在把其他经济世界挤垮的同时,终将称霸全球,并且以世界经济的身份出现,地球上任何障碍都将在英国人面前,甚至在欧洲人面前退让。这种状况一直延续到1914年。生于1875年的安德烈·齐格弗里特那时已有25岁,他随身只带一张名片充当身份证,竟得以周游世界;事后很久,世界已边界密布,他回忆这段往事,感到十分有趣。这是英国统治下的和平的奇迹,相当多的人显然为此付出了代价。

四

我们下面还应该谈谈英国的工业革命,这场革命给岛国带来了青春和新的活力。诸位不用担心,我不会莽撞地陷进这个至今困扰着我们的历史大题目中去。工业革命始终以咄咄逼人的气概变革着我们周围的一切。请诸位放心,我将仅仅介绍这一巨大变革运动的初期,绝不介入英美历史学家挑起的争端(其他国家的历史学家也参与了这一争端)。何况,我的问题范围有限:我想指出英国的工业化在多大程度上同我描绘的格式和模式相符合,在多大程度上同突变丛生的资本主义的发展史相融合。

必须说明,工业革命本身就是用词不当。从词源上讲,"革命"是说一个轮子或星球的转动,是一种快速运动,刚开始转动,就知道它很快要结束。可是,工业革命是典型的慢速运动,初期几乎不被人注意。亚当·斯密生活在工业革命的初期,却没有察觉它的迹象。

当前的情形难道不正好说明，工业革命是个缓慢、困难和复杂的过程？我们亲眼看到，一部分第三世界国家在工业化进程中经历闻所未闻的困难，遇到无数挫折，速度之慢似乎出人意料。有时，农业跟不上现代化的步伐；熟练劳动力的数量或国内市场的需求不足；有时，本国资本家不愿在当地投资，宁肯向国外输出资本，因后者更加可靠和更加有利可图；官员贪污浪费，进口技术不能适应，价格过高，影响成本，或者必要的进口不能由出口作补偿：由于这个或那个原因，国际市场不欢迎这些国家的出口产品，它们因而束手无策。在工业革命已有模式可循，不必自己创新的条件下，尚且产生这种种失利。可见，事情说来容易，做来就难了。

所有这些困难情形其实也反映了英国以前的工业化经历，就是说，早在英国前，许多在技术上显然已经可能的革命遭到了失败。托勒密时代的埃及已认识到蒸汽的力量，但仅仅以此为玩乐。古罗马掌握的工艺技术在上中世纪被埋没了几百年，到12和13世纪才复活。就在这个复兴时代，欧洲推广了风磨和古罗马已有的水磨，神奇地增加了能源，这已经是一次工业革命。中国大约在14世纪发现了焦炭炼铁，但这场潜在的革命却没有下文。16世纪，矿井深处开始安装一系列起重和抽水工具，这些作为现代工厂前身的设施一度对资本有诱惑力，但终因工效不高而很快被放弃。17世纪，煤炭的使用在英格兰日益扩大，约翰·内夫正确地指出这是英国第一次工业革命，但这场革命不能扩大范围和带来广泛的变革。至于法国，工业进步在18世纪表现明显，技术发明接连不断，基础科学与海峡对岸的英国相比也毫不逊色。总的说来，英国在跨出了决定性的一步后,一切似乎就水到渠成,这正是世界第一次工业革命提出的引人入胜的问题,是世界历史的最大裂缝。但是,为什么这一切在英国发生呢?

英国历史学家在对这些问题的研究中各执一词,使外国历史学家无所适从,但调和这些见解也并不容易。唯一可以肯定的是,传统的、简单化的解答都已被排除。越来越多的人倾向于把工业革命看作一个整体现象,一个起源深远和发展缓慢的现象。

我刚才谈到当前不发达地区经济发展中的困难和混乱,相比之下,以使用机器和大生产为特征的英国工业革命却在18世纪末至20世纪初使国民经济取得了高速的发展,没有发生任何卡壳和阻塞现象,这难道不是最令人奇怪的事吗?英国农民被迫离开了家乡,而乡村的生产力仍得以保持;工业家获得了他们需要的熟练或不熟练的劳动力;尽管物价上涨,国内市场继续在发展;技术也跟着发展,不断提供需要的服务;国外市场一个接一个地对它开放。甚至利润降低——例如棉纺工业的利润在第一次高涨后的急剧下跌——也没有引起危机:已积累的庞大资本转向别的部门,铁路代替了棉纺业的地位。

总之,英国经济各部门满足了生产突然膨胀的要求,没有出现任何故障和停顿。这难道不是整个国民经济的一致行动吗?况且,英国的棉纺业革命是在普通生活的土壤中萌芽的。多数发明由工匠作出。工业家往往出身低下。投资最初数额较小,也容易借到。发动这场惊人变革的不是伦敦的商贾巨富和金融资本。伦敦只是在1830年后才着手控制工业。这个例子足以使我们看到,

资本主义的活力(代译序)

正是市场经济、基础经济和小工业的生命力和创造性以及生产和交换的全部活动才为未来的所谓工业资本主义奠定了基础。工业资本主义的成长壮大取决于它的经济基础。

然而,没有使英国当时能横行世界的外在环境,英国革命的进行肯定不能如此顺利。大家知道,法国大革命和拿破仑战争在很大程度上起了促进作用。棉纺业的繁荣之所以经久不衰,是因为新市场的开辟不断在注入后劲:葡属美洲、西属美洲、土耳其帝国、印度等等。整个世界无意中为英国革命充当了有效的帮手。

因此,在资本主义和工业革命的起源问题上,内因论者(用社会经济结构的变革作解释)和外因论者(用帝国主义对世界的剥削作解释)之间的争吵在我看来是无的放矢。剥削世界不是单凭自己的意愿就能做到的。必须事先慢慢积聚,但可以肯定,力量的加强也必须以剥削他人为条件。正是在这双重过程中,自己与他人的距离便逐渐拉大。两种解释(内因论和外因论)错综复杂地胶合在一起。

到了这里,是我作结论的时候了。以上论述是否能使诸位信服,我没有把握。在结束我的演讲前,根据自己对以往世界和资本主义的看法和解释,我现在还想告诉诸位我对当前世界和资本主义的认识;是否能使诸位信服,我更没有把握。但是,解释历史必须联系今天,必须通过联系今天来证实对历史的解释。难道不是如此吗?资本主义的规模当然今非昔比,作为基础的交换和生产手段也相应大大改观。但从大处着眼,我觉得资本主义的本质没有彻底的改变。

我可用以下三个理由作为证据：

——资本主义始终建立在开发国际资源和潜力的基础之上，换句话说，它的存在具有世界规模，至少它的势力向全世界伸展。它当前的大事就是重建这种一统天下的局面。

——资本主义始终拼命依赖法律的或事实的垄断，尽管它在垄断问题上受到狂暴的攻击。用今天的话说，垄断性组织继续绕开市场。如果认为这是新事，那就错了。

——此外，资本主义并不如人们通常所说统辖整个经济或全部社会劳动，它从未完整地把前者或后者纳入资本主义体系：我对诸位谈到的物质生活、市场经济和资本主义经济的三个层次，现在仍然具有重大的分类性和解释性价值。为了明白这个道理，只要从内部去认识位于这三个不同层次的某些特殊活动就够了。在底层，即使欧洲至今也还有许多自给自足性质的和不列入国家统计范围的生产和服务项目，还有许多手工业作坊。在中层，以成衣工为例，他在生产和销售方面服从于严酷无情的竞争规律，稍有疏忽或努力不够，就会遭到灭顶之灾。在最高一层，我可向诸位举我所了解的两家大公司为例，一家法国公司和一家德国公司。它们名义上在欧洲市场互相竞争，但它们对定货送到这家或那家公司竟毫不动情，因为不论通过什么途径，只要取得利益，它们就能共享。

通过以上的事实，我证实了自己的观点（我个人也是慢慢才赞同这个观点的），就是说，资本主义不折不扣地是最高层的经济活动或向最高层上升的经济活动的副产品。这种手段高强的资本主义凌驾在物质生活和市场经济这两大基层之上，并体现着高利润区域。我把资本主义当作一个制高点。诸位可以因此责备我，但持这种观点的人并不就我一个。列宁在1917年所写的《帝国主义是资本主义的最高阶段》中曾两次断言："资本主义是发展到最高阶段的商品生产。"几万家大企业掌握一切,千百万小企业无足轻重。这在1917年显然是真理,但在很早以前也是真理。

报刊作家、经济学家和社会学家往往过分重视历史规模和历史前景,这是个缺点。许多历史学家把他们研究的时期当作既有开端又有结束的独立存在,这难道不是犯同样的错误吗？目光敏锐的列宁在同一本小册子中写道："自由竞争占完全统治地位的旧资本主义的特征是商品输出。垄断占统治地位的最新资本主义的特征是资本输出。"这一断言很值得商榷：资本主义始终具有垄断性,商品和资本不断在同时流通,资本和信贷历来是取得和征服国外市场的可靠手段。早在20世纪前,资本输出曾是佛罗伦萨(13世纪)以及奥格斯堡、安特卫普和热那亚(16世纪)的日常现实。到了18世纪,资本在欧洲和世界的流通已很迅速。金钱的各种狡诈手段并非于1900或1914年问世,这难道还用我来说吗？无论过去和现在,资本主义都玩弄这些手段,它的本领和力量正是能够从一种狡诈手段和活动方式转到另一种,能够根据环境的需要多次改变策略,同时并保持或基本保持自己的本质。

今天,无论在资本主义世界或在社会主义世界,人们不愿把资本主义和市场经济区分开来；作为一个普通的人(并非作为历史学家),我对此感到遗憾。在西方,每当有人攻击资本主义的罪恶时,政治家和经济学家便回答说,这是自由兴业和市场经济的必然伴侣,在相对意义上是最小的弊端。在我看来,事情完全不是如此。根据目前的动向,即使在苏联,也有人觉得社会主义经济过分刻板，主张给它较多的"机动"（用我的话说，更多的"自由"）；对于这种担心，人们回答说，这是破除资本主义祸害的必然伴侣，在相对意义上是最小的弊端。我认为事情也完全不是如此。但是，我心目中的理想社会又是否行得通呢？我想它在世界上绝对不会有很多的拥护者！

我的演讲本想到此结束，但作为历史学家，我还有一句心里话要讲。

历史始终是一门正在形成、正在被超越和需要从头开始的科学。它的命运就是所有人文科学的命运。我认为，我们撰写的历史著作在过了几十年后就不再有价值。我们知道，任何一本书写成后都不是一锤定音的。

我对资本主义和经济的见解建立在大量查阅档案和图书的基础之上，但我引用的数字毕竟还不够多，相互的联系也不够紧，重质量甚于重数量。表现生产曲线、利润率、储蓄率的图表，企业的资产借贷表或固定资产损耗概算表都极其少见。我曾向我的同事和朋友打听这方面的情况，但收效甚微。

依我之见，朝这个方向努力可能是条出路，从而超脱我因没有其他选择而作出的解释。把极其复杂的经济和社会现实分成三个方面或三个层次固然便于人们理解，这种划分势必会牵强附会或削足适履。随着机器的出现，经济增长率发生了变化；为了懂得产生这一现象的原因，其实应该抓住经济事实的整体。从整体上、总体上去研究历史应该是可能的，如果我们能够把宏观经济计量和宏观经济这类现代方法纳入到以往的经济领域中去。研究国民收入（虽然很小）的运动，重新认识史学先驱勒内·巴雷尔关于17和

18世纪的普罗旺斯的著作,确定"国家预算和国民收入"之间的关联,根据西蒙·库兹涅茨的建议,衡量毛收入和纯收入之间在不同时代的不同差距(我以为,库兹涅茨的假设对理解现代经济增长具有十分重要的意义),以上是我希望年轻的历史学家去做的事。在我的著作里,我已间或打开一两扇窗,人们从窗口仅仅可以看见这些问题的远景,这显然是不够的。还必须群策群力地从事广泛的调查。

当然,这不等于说明天的历史将是不折不扣的经济史。经济计量至多能帮助研究国民收入的起伏波动,却不能衡量已有的国民财富总额,而这一总额是可以和应该加以研究的。对历史学家说来,对其他人文科学和所有客观科学说来,始终有一个新大陆有待发现。

献给保尔·布罗代尔

这本书是她帮我一起写的。

目 录

上册

绪论 ·· 1

前言 ·· 7

第一章 数字的分量 ·· 12

世界的人口数字还有待推测 ··· 13

    涨潮和落潮：潮汐体系 ·· 14

    很少几个数字 ··· 17

    如何计算 ·· 22

    中国同欧洲人口相等 ··· 23

    世界总人口 ··· 24

    有争议的数字 ··· 26

    各个世纪间的相互关系 ·· 32

    原有解释的缺点 ·· 34

    气候的节奏 ··· 36

参考坐标 ·· 39

    城市、军队和船队 ··· 40

法国早期的人口过剩	43
人口密度和文明水准	46
戈登·W.休斯的地图还说明了什么	53
人兽共生的局面	56

旧的生态体系随同18世纪一起结束 64

平衡始终保持	64
饥荒	68
流行病	74
鼠疫	80
疾病的周期性历史	87
1400至1800年:长时段的旧生态体系	89

多数同少数的斗争 93

同蛮族的斗争	94
主要的游牧部落在17世纪前业已消失	96
征服地域	101
文化抗拒文明	103
文明之间的对抗	106

第二章 一日三餐的面包 108

小麦 112

小麦和杂粮	114
小麦和轮作	120
产量低下、弥补办法和灾荒袭击	128
粮食种植面积和产量的增长	131
小麦的地方贸易和国际贸易	134

|小麦和卡路里 ………………………………… 140
|小麦价格和生活水平 ………………………… 144
|富人的面包、穷人的面包和面糊 …………… 148
|买面包还是家里做面包？…………………… 151
|小麦是食粮之王 ……………………………… 158

稻米 ……………………………………………………… 159
|陆稻和水稻 …………………………………… 160
|稻田的奇迹 …………………………………… 163
|稻米的责任 …………………………………… 170

玉米 ……………………………………………………… 176
|起源终于弄清 ………………………………… 176
|玉米和美洲文明 ……………………………… 177

18世纪的食物革命 …………………………………… 183
|玉米走出美洲 ………………………………… 183
|土豆的地位更加重要 ………………………… 188
|适应其他饭食的困难 ………………………… 193

世界的其他地区？ …………………………………… 195
|手持小锄的人们 ……………………………… 196
|还有原始人 …………………………………… 201

第三章 奢侈和普通：饮食 …………………………… 207

饭桌：奢侈菜肴与大众消费 ………………………… 212
|迟到的奢侈 …………………………………… 212
|肉食者的欧洲 ………………………………… 216
|1550年起肉食减少 …………………………… 223

得天独厚的欧洲 227

暴饮暴食 231

怎样摆设餐桌 233

建立礼仪需很长时间 237

在基督的餐桌上 239

日常食物:盐 240

日常食物:奶品、油脂、蛋 241

日常食物:海鲜 247

捕鳕鱼业 250

1650年以后胡椒失势 255

糖征服世界 261

饮料和"兴奋剂" 265

水 266

葡萄酒 271

啤酒 279

苹果酒 283

烧酒在欧洲较晚走运 284

欧洲以外的烧酒消费 291

巧克力、茶、咖啡 294

刺激品:烟草的盛况 309

第四章 奢侈和普通:住宅、服装与时尚 316

世界各地的住宅 316

有钱人的建筑材料:石和砖 317

其他建筑材料:木、土、织物 323

欧洲农村住房 ·················· 327
　　城市住宅和住房 ················ 330
　　城市化的乡村 ·················· 335
屋内设施 ·························· 337
　　穷人没有家具 ·················· 338
　　传统文明或不变的屋内设施 ······ 340
　　中国的双重家具 ················ 343
　　黑非洲 ························ 350
　　西方及其品种繁多的家具 ········ 351
　　地板、墙壁、天花板、门窗 ········ 352
　　壁炉 ·························· 357
　　炉灶 ·························· 361
　　从家具匠说到买主的虚荣心 ······ 363
　　重要的是整体布置 ·············· 368
　　奢侈与舒适 ···················· 373
服装与时尚 ························ 375
　　假如社会稳定不变 ·············· 376
　　假如只有穷人 ·················· 378
　　欧洲对时装的癖爱 ·············· 382
　　时装是否轻佻浅薄？ ············ 389
　　关于纺织品的地理分布 ·········· 394
　　广义的时尚和长期的摇摆 ········ 397
　　该做什么结论？ ················ 404

下册

第五章 技术的传播：能源和冶金 ⋯⋯⋯⋯⋯⋯⋯⋯⋯⋯ 405

关键问题：能源 ⋯⋯⋯⋯⋯⋯⋯⋯⋯⋯⋯⋯⋯⋯⋯⋯⋯⋯⋯ 408

人力 ⋯⋯⋯⋯⋯⋯⋯⋯⋯⋯⋯⋯⋯⋯⋯⋯⋯⋯⋯⋯⋯⋯ 408

兽力 ⋯⋯⋯⋯⋯⋯⋯⋯⋯⋯⋯⋯⋯⋯⋯⋯⋯⋯⋯⋯⋯⋯ 414

水力发动机和风力发动机 ⋯⋯⋯⋯⋯⋯⋯⋯⋯⋯⋯⋯⋯ 429

船帆：欧洲船队情况 ⋯⋯⋯⋯⋯⋯⋯⋯⋯⋯⋯⋯⋯⋯⋯ 440

日常的能源——木柴 ⋯⋯⋯⋯⋯⋯⋯⋯⋯⋯⋯⋯⋯⋯⋯ 441

煤 ⋯⋯⋯⋯⋯⋯⋯⋯⋯⋯⋯⋯⋯⋯⋯⋯⋯⋯⋯⋯⋯⋯⋯ 448

作个小结 ⋯⋯⋯⋯⋯⋯⋯⋯⋯⋯⋯⋯⋯⋯⋯⋯⋯⋯⋯⋯ 452

穷亲戚——铁 ⋯⋯⋯⋯⋯⋯⋯⋯⋯⋯⋯⋯⋯⋯⋯⋯⋯⋯⋯⋯ 454

世界（除中国外）最初的冶金技术 ⋯⋯⋯⋯⋯⋯⋯⋯⋯ 457

施蒂里亚和多菲内在11至15世纪期间的进步 ⋯⋯⋯ 460

集中前的集中 ⋯⋯⋯⋯⋯⋯⋯⋯⋯⋯⋯⋯⋯⋯⋯⋯⋯⋯ 464

几个数字 ⋯⋯⋯⋯⋯⋯⋯⋯⋯⋯⋯⋯⋯⋯⋯⋯⋯⋯⋯⋯ 466

其他金属 ⋯⋯⋯⋯⋯⋯⋯⋯⋯⋯⋯⋯⋯⋯⋯⋯⋯⋯⋯⋯ 466

第六章 技术革命和技术落后 ⋯⋯⋯⋯⋯⋯⋯⋯⋯⋯⋯⋯⋯ 469

三大技术革新 ⋯⋯⋯⋯⋯⋯⋯⋯⋯⋯⋯⋯⋯⋯⋯⋯⋯⋯⋯⋯ 470

火药的起源 ⋯⋯⋯⋯⋯⋯⋯⋯⋯⋯⋯⋯⋯⋯⋯⋯⋯⋯⋯ 470

火炮变得可以移动 ⋯⋯⋯⋯⋯⋯⋯⋯⋯⋯⋯⋯⋯⋯⋯⋯ 472

船上的火炮 ⋯⋯⋯⋯⋯⋯⋯⋯⋯⋯⋯⋯⋯⋯⋯⋯⋯⋯⋯ 476

火铳、火枪、击发枪 ⋯⋯⋯⋯⋯⋯⋯⋯⋯⋯⋯⋯⋯⋯⋯ 478

枪炮生产和财政支出 ⋯⋯⋯⋯⋯⋯⋯⋯⋯⋯⋯⋯⋯⋯⋯ 480

火炮在世界各地 ⋯⋯⋯⋯⋯⋯⋯⋯⋯⋯⋯⋯⋯⋯⋯⋯⋯ 483

从纸张到印刷术 ⋯⋯⋯⋯⋯⋯⋯⋯⋯⋯⋯⋯⋯⋯⋯⋯⋯ 485

目　录	
活字印刷的发现	486
印刷业与历史进程	490
西方的壮举：远洋航行	491
旧大陆的航海事业	491
世界的海上航道	496
大西洋的简单问题	498

慢吞吞的运输 ………………………………………… 505
　　固定不变的路线 ………………………………… 507
　　道路变迁说的不可信 …………………………… 512
　　内河航运 ………………………………………… 514
　　交通工具的守旧、固定和落后 ………………… 516
　　欧洲 ……………………………………………… 517
　　运输速度和货运量小得可怜 …………………… 518
　　运输业和运输 …………………………………… 522
　　运输对经济的限制 ……………………………… 524

技术史的重要性 ……………………………………… 526
　　技术和农业 ……………………………………… 526
　　技术本身 ………………………………………… 527

第七章　货币　534

不完善的经济和货币 ………………………………… 541
　　原始货币 ………………………………………… 542
　　货币经济内部的物物交换 ……………………… 545

欧洲之外处于童稚时代的经济和金属货币 ………… 550
　　日本和土耳其帝国 ……………………………… 550

印度 …… 553

　　　中国 …… 555

货币流通的几条规律 …… 562

　　　争夺贵金属 …… 563

　　　流失、积储和积攒 …… 570

　　　记账货币 …… 572

　　　金属储备与货币流通的速度 …… 576

　　　在市场经济之外 …… 578

纸币与信贷工具 …… 580

　　　信贷古已有之 …… 582

　　　货币与信贷 …… 585

　　　根据熊彼特的说法：一切都是货币，都是信贷 …… 587

　　　货币和信贷是一种语言 …… 589

第八章　城市 …… 591

城市本身 …… 592

　　　从城市人口的最低限额到城市人口的总数 …… 593

　　　始终下不了定义的劳动分工 …… 598

　　　城市与新来的以穷人为主的居民 …… 604

　　　城市的防卫 …… 607

　　　西方城市与炮兵、车辆的关系 …… 614

　　　地理与城市的内部联络 …… 616

　　　城市的等级 …… 623

　　　从伊斯兰国家看城市和文明的关系 …… 626

西方城市的特点 …… 629

目 录

- 自由的世界 631
- 城市的现代性 632
- 西方的城市形态有没有一个"模式"? 635
- 不同的演变途径 644

大城市 650

- 责任在谁? 国家的责任 650
- 大城市起什么作用? 653
- 丧失平衡的世界 654
- 那不勒斯,从王宫到市场 657
- 1790年的圣彼得堡 662
- 倒数第二个目的地:北京 669
- 从伊丽莎白到乔治三世时代的伦敦 679
- 城市化宣告新世界的诞生 690

结论 693

注释 699

索引 749

译后记 797

图表目录

上册

1. 在墨西哥：人的位置被畜群所代替 …… 18
2. 世界人口（13至20世纪） …… 25
3. 18世纪中国人口的内迁 …… 30
4. 帕维亚战役 …… 41
5. 1745年法国的人口过剩地区和移民地区 …… 44
6. 1500年左右的文明地区、文化地区和未开化民族 …… 48
7. 16至18世纪的巴西探险活动 …… 54
8. 旧时代的人口：洗礼和葬礼 …… 65
9. 大革命前的法国人口变迁 …… 67
10. 欧亚人口迁移图（14至18世纪） …… 100
11. 巴黎食品市场提供的小麦和燕麦的价格 …… 118
12. 以往的食物结构（以卡路里为计算单位） …… 142
13. 1800年前后柏林一个泥瓦匠家庭的收支预算 …… 143
14. 哥丁根的工资和黑麦价格（15至19世纪） …… 145
15. 小麦实际价格的两个例子 …… 146
16. 16世纪末威尼斯的面包重量和小麦价格 …… 152
17. 玉米在巴尔干各国的名称 …… 185
18. "腰带状"的锄耕地区 …… 197

图表目录　lxxiii

19. 美拉尼西亚人和波利尼西亚人14世纪前的历次迁移 …………… 200
20. 北欧和东欧1600年间的大牲畜贸易 …………………………… 220
21. 威尼斯一口水井的剖面和断面 ………………………………… 267
22. 16世纪巴黎的套房 ……………………………………………… 332

下册

23. 18世纪的法国养马业 …………………………………………… 426
24. 穿越大西洋的往返航程：地理大发现 ………………………… 499
25. "圣安东尼号"的游历 …………………………………………… 506
26. 消息传往威尼斯 ………………………………………………… 519
27. 大革命时代的巴黎 ……………………………………………… 612
28. 1790年圣彼得堡地图 …………………………………………… 664
29. 18世纪的北京 …………………………………………………… 674

插图目录

上册

1795年的华沙	13
腓力斯人蒙受鼠疫之祸	16
征服者的理想形象	20
1814年封冻的泰晤士河	37
1675年前后的波西米亚一村庄	50
17世纪瑞典捕猎海豹	59
巴伐利亚猎捕野猪	60
17世纪波斯的一次狩猎	63
"布施饥民"(16世纪)	70
衣衫褴褛、面有饥色的士兵(1641年)	71
圣迭戈向贫民施舍(1645年)	75
用烧灼法治疗梅毒	78
染上梅毒的中国人(18世纪)	79
教皇带队游行,驱赶鼠疫(15世纪)	82
一场牛瘟(1745年)	84
16世纪末果阿街头的景象	91
蒙古骑士在狩猎(15世纪)	95
商队在前往沙漠途中	99
《收割者的便餐》	109

插图目录

16世纪印度的收割情景	111
14世纪采集栗子的情景	119
农耕图（14世纪）	122
播种图（13世纪）	123
梵高的《收割者》	127
《圣母祈祷书》中的收割者	127
小麦由骡驮运	134
维斯杜拉河上的小麦国际贸易	137
荷兰农民吃面糊	150
奥格斯堡皮尔拉什广场的集市（16世纪）	154
克拉科夫的面包炉（15世纪）	156
磨坊密布	157
中国的秧田（19世纪）	162
二人打谷	168
连枷脱粒	170
水田种稻	172—173
正在磨玉米面的妇女	178
印第安人的玉米种植园	180
印加人种植土豆	190
穷人食用土豆	192
小麦在美洲	194
新西兰的物物交换	204
16世纪威尼斯的盛宴	210
18世纪德意志的庆宴	219
17世纪荷兰肉摊	221
农家素餐（17世纪）	222

卖咸肉	226
讲究的中国烹调	229
为加拿的婚宴摆设的餐桌	234
象牙柄餐具(17世纪)	238
最后的晚餐(15世纪)	240
《老妇人与鸡蛋》	246
捕鲸图	249
捕鳕鱼	254
运送香料	258
糖块和糖浆的生产	262
17世纪的一间厨房	270
"一醉方休"	273
修士用餐图	276
18世纪巴黎的田园酒家	279
哈勒姆的"特里莱陵"啤酒厂	282
啤酒、葡萄酒和烟草	286
18世纪俄国卖克瓦斯的商人	289
巧克力午餐	295
巧克力	297
中国的茶	299
荷兰人和中国人在出岛(18世纪)	300
伊斯坦布尔的土耳其咖啡馆	303
普罗戈普咖啡馆	308
18世纪英国的烟酒嗜好	313
《快乐的酒徒》	315
德尔夫特一条街	318

插图目录

1660年纽伦堡附近的一个大村庄	321
1620年巴黎的图奈尔木桥	324
日本房屋	325
16世纪德国农村茅屋	326
1400年前后被遗弃的村庄德拉西	329
特雷比欧的梅迪契别墅	337
18世纪的"俄国晚餐"	340
中国儒生	344
波斯精细画师(15世纪)	345
法国作家(18世纪)	346
"印度斯坦妇女"进餐	347
西班牙宫廷贵妇观赏狩猎	348
德国市民住宅内景(15世纪)	354
西班牙火盆	358
炉子前的妇人	360
不必弯腰就能做饭	362
餐具架及金餐具	367
荷兰市民住宅内景(17世纪)	369
17世纪佛兰德住宅内景	370
中国官员(18世纪画)	377
16世纪佛兰德的农民	381
西班牙式黑西服	384
"佐戈里"	387
巴伐利亚的玛德兰公爵夫人	388
15世纪的土耳其人	393
一名英国羊毛商	396

15世纪的浴缸 …………………………………………… 399
狄克·巴斯·雅哥勃茨市长及其全家 ………………… 403

下册

16世纪用镰刀收割 ……………………………………… 406
中国人在拉纤 …………………………………………… 411
1490年前后库特山银矿的情景 ………………………… 412
秘鲁的羊驼商队 ………………………………………… 414
18世纪的埃及水车 ……………………………………… 418
18世纪满洲的野马 ……………………………………… 424
15世纪的卧式涡轮水磨 ………………………………… 430
水磨的机械结构(1607年) ……………………………… 432
风磨 ……………………………………………………… 436
木制机器和传动系统 …………………………………… 438
英格兰风磨(1652年) …………………………………… 439
1800年前后樵夫在砍柴 ………………………………… 444
17世纪的里昂 …………………………………………… 448
图林根的炼铜炉 ………………………………………… 451
1600年前后的法国煤矿 ………………………………… 453
17世纪的日本铁匠炉 …………………………………… 456
日本制剑技术 …………………………………………… 457
17世纪的印度短刀 ……………………………………… 460
蒂罗尔的机械化锻铁 …………………………………… 461
15世纪的一家小客店 …………………………………… 464
克鲁瓦德洛林的银矿(16世纪) ………………………… 467
15世纪的火炮轰击城墙 ………………………………… 471
移动火炮(15世纪) ……………………………………… 474

插图目录	
装在船上的火炮	475
17 世纪的旗舰	479
16 世纪的火铳手	482
谷登堡活字印刷的三十六行古本《圣经》	489
威尼斯及其滨海地带(15 世纪)	493
张挂三角帆的木船	495
17 世纪的商船	497
河上的中国小船	501
17 世纪的一条道路	508
19 世纪的路边客店	510
船闸的结构(1607 年画)	513
18 世纪的华沙	525
中世纪布鲁日的起重吊车	530
敦刻尔克的双臂吊车	531
两个税吏	536
"信贷先生"的死亡	540
楮币	546
贝鲁齐兄弟的铜筹码	548
马萨诸塞殖民地的票证	549
14 世纪的中国钞票	557
明代钱币	557
北京街头的商贩	561
造币图(1521 年)	566
商人雅各布·富格尔的双手	569
13 和 14 世纪的金币	574
抵押放款者	579

第一卷 日常生活的结构：可能和不可能

约翰·劳发明的钞票	584
布里夫城鸟瞰图	593
集市图	600
为毕尔巴鄂运送给养	603
米兰地图	607
北京的城墙和城门(18世纪初)	609
15世纪的热那亚	615
巴塞罗那的市场(18世纪)	620
塞维利亚港(16世纪)	624
18世纪末埃及亚历山大的市场	628
15世纪的纽伦堡	637
巴黎圣母院桥及其小麦码头(18世纪)	638
哈瓦那的老广场	645
16世纪的伊斯坦布尔	648
18世纪的圣詹姆斯广场	655
15世纪的那不勒斯	658
16世纪那不勒斯的轿子	661
《圣彼得堡一市民乘坐的轻便马车》(18世纪)	668
北京一条街(18世纪初)	672
北京的商店	675
18世纪末的伦敦港	682
斯图亚特王朝时代的威斯敏斯特	684

绪 论

当吕西安·费弗尔于1952年委托我为他刚创办的《世界之命运》丛书撰写本书时，我根本没有想到竟会去从事一项遥遥无期的冒险事业。我的任务本来只是把有关前工业化时期欧洲经济史的论著作一归纳。但是，除了我常觉得有追根究源的必要外，我承认在研究过程中对15至18世纪之间的所谓经济现实进行的直接观察使我颇感不安。理由十分简单，因为这些经济现实同传统的通用模式——无论是旁征博引的威纳尔·桑巴特(1902年)的模式或是约瑟夫·库里谢(1928年)的模式——很难协调，甚至格格不入。即便同经济学家的模式也不相符合：在经济学家看来，经济是整齐划一的、尽可以从其周围环境中单独抽出的实体，是人们能够并且应该准确无误地测定的实体，因为脱离数量一切都是不可理解的。在他们看来，前工业化时期欧洲的发展（把世界其他地区排斥在外，只当它们不存在）意味着欧洲逐步进入市场、企业、资本主义投资的合理境界，直到工业革命发生，把人类历史切成两段。

从所能观察到的情形看，19世纪前的现实其实要复杂得多。当然，人们可以看到一种演变，或者更正确地说，几种互相对抗、支撑和矛盾的演变。这就等于承认，经济不是以一种形式，而是以多种形式存在着。同其他形式相比，人们更喜欢描述的那种形式被称作市场经济,即同乡村活动、作坊、工场、店铺、交易所、银行、交易会——当然还有市场——相联系的生产机制和交换机制。经济科学的基本论述无不以这些"透明的"现实及其容易把握的活动过程为出发点。因此,经济科学从一开始就只看一面,排斥其他方面。

可是,在市场的下面,还横亘着一个不透明的、由于缺少历史资料很难观察的层次;这是每个人到处都能遇到的,最起码、最基本的活动。紧贴地面的这个层次,其厚度简直令人难以想象;由于没有更好的说法,我姑且称之为物质生活或物质文明。这种表达方法显然有点含糊。但是,假如我对历史的观察方法能被大家所接受——某些经济学家似乎赞成用这种方法来观察现代——,我想人们总有一天会找到一个恰当的说法,以确指这一底层经济。它代表尚未成形的那种半经济活动,即自给自足经济以及近距离的物物交换和劳务交换。

此外,在市场的辽阔层次之上——不是之下——,还矗立着活跃的一些社会阶梯:各社会等级都要使交换变得对自己有利,不惜打乱既定的秩序。它们有意无意在搞些不规矩的"勾当",通过十分特殊的途径处理自己的事务。在这最高的梯级上,18世纪阿姆斯特丹或16世纪热那亚的少数大商人可以遥控欧洲经济乃至世界经济的若干领域。某些享有特权的集团已在探索一些为普通百姓一无所知的门路。例如,同远距离贸易和复杂的信贷活动相联系的汇兑业是一门极其复杂、至多仅对少数特权者开放的行业。这第二个不透明层次建立在透明的市场经济之上,它在某种意义上也是市场经济的上层界线;大家将会看到,我认为它是资本主义的典型活动场所,没有它,资本主义是不可想象的;资本主义不但置身其中,而且在其中繁荣昌盛。

这个三层分立的模式是在观察到的材料几乎自动分门别类的过程中逐渐显现的,可能读者会认为本书中最有争议的地方就在这个模式。这样岂不是把市场经济和资本主义在术语上分得过分清楚,甚至对立起来吗?我自己也并非毫不犹豫、一下子就接受这种看法的。我后来终于承认,在15至18世纪期间,甚至更早,市场经济是一种带有强制性的秩序。如同所有带强制性的秩序(社会、政治或文化秩序)一样,它曾分别朝上和朝下排挤自己的对立面和对抗力。

真正使我对自己的观点感到言之成理的,是因为通过这个格式,可以一眼看清现有各种社会的层次和结构。市场经济始终制约着我们掌握其统计数字的大量交换活动。但是,谁能否认,作为市场经济独特标志的竞争却远不能主宰整个现有经济。无论今昔,都有一个单独的天地容纳一种例外的资本主义;这种资本主义在我看来是真正的资本主义;它始终是跨国家的,它与过去存在的各家印度公司和其他在法律上和事实上存在的大小垄断组织具有亲缘关系,与现有的垄断资本主义也一脉相承。既然富格尔商行和威尔塞商行关注着整个欧洲,并在印度和西属美洲派驻代表,难道人们就没有权利像今天那样,把它们称作跨国公司?再推前一个世纪,雅克·克尔的买卖难道没有达到与尼德兰在地中海东部地区经营的商务相类似的规模吗?

巧合的事例还可列举更多,因为在紧随着1973至1974年危机的经济萧条过程中,曾冒出一种市场外经济的近代形式:略加改头换面的物物交换，劳务的直接交换，所谓"黑市劳动"以及形形色色的家务劳动和"修配不求人"。在市场外私下从事的这类活动相当广泛，因而引起一些经济学家的注意：这些活动即使在工业化国家中也无从统计，它们不是至少要占国民产值的 30％至 40％吗？

因此，三层分立模式已变成本书的参数表；在本书的构思过程中，我故意把理论——各种理论——撇开，而专一地注意具体观察和从事历史比较。我立足于长时段，根据过去和现在的辩证关系，从时间上进行比较：这种方法从未使我失望。我还从地域上进行尽可能广泛的比较，因为在力所能及的条件下我把自己的研究扩展到全世界，使之"世界化"。具体的观察总是占据首位。我的目的自始至终是要通过观察和揭示，暴露被考察对象的广阔性、复杂性和非同质性，而这些特征正是生活本身的标志。假如人们真能把三个层次（作为分类，我认为它们是有用的）截然分开和分别孤立起来，那么史学将会成为一门客观的科学，而它显然并不是。

组成本书的三卷分别题为《日常生活的结构：可能和不可能》《形形色色的交换》和《世界的时间》。最后一卷按时间顺序研究了国际经济的先后更替的形式和主导力量。总之，这是一部历史。前面两卷比后一卷复杂得多，在类型学上下了很大工夫。正如皮埃尔·谢努所说，第一卷（1967 年初版）好比"为世界过一次磅"，即确认前工业化时期世界的潜力限度。其中的一个限度正是"物质生活"所占的地位，这个地位在当时是巨大的。《形形色色的交换》就市场经济和高级资本主义活动作了比较。必须区分这两个高层结构,并通过它们的混合和对立使双方互为解释。

我能否使所有人信服呢?肯定不能。但是运用这一辩证关系至少使我占到一大便宜:通过一条比较稳妥的新路,安然通过或者避开由资本主义这个始终有爆炸力的名词引起的过于激烈的争吵。何况第三卷书又受益于前面两卷的说明和探讨,因而不会惹起任何人的反对。

因此,我本来只想写一本书,结果竟写了三本。由于我打定主意要使本书包罗全世界,作为一个西方历史学家,我对这个任务至少是准备不足的。我曾在伊斯兰国家和美洲长期居住和学习(在阿尔及尔待过十年,巴西四年),这对我大有裨益。通过塞尔日·叶理绥的解释和个别辅导,我看到了日本;全靠艾蒂安·巴拉世、雅克·谢和耐、德尼·龙巴尔等人的帮助,我认识了中国。达尼埃尔·托尔内有本事教会任何虚心好学的人粗通印度学,他以不可抗拒的热情和慷慨给我指导。有时,他带着充当早餐的面包棍和羊角面包及要求我读的书,大清早就来到我家里。我把他的名字列在鸣谢名单的首位,这个名单如果列全的话将是太长了。旁听生、学员、同事和朋友全都帮过我的忙。我不能忘记阿尔培托和布拉尼斯拉瓦·特南蒂赤胆忠心的帮助,不能忘记米卡埃尔·科尔和让-雅克·海马尔坦凯的合作。玛丽-泰雷茨·拉比涅脱协助我查找档案和参考书。安妮·杜歇负责冗长的注释工作。若齐阿纳·奥莎耐心地在打字机上把我陆续撰写的书稿打了十遍以上。阿尔芒·葛兰出版社助理编辑罗萨琳·德·艾雅拉及时有效地主持了编排出版事务。这里要向这些直接的合作者表达我的感激和友情。最后,如果没有保尔·布罗代尔朝朝暮暮的共同研究,我或许已没有勇气去重写本书的第一卷,完成后面的两大卷,检查我的解释和结论是否合乎逻辑和足够清楚。我们再一次长时间地并肩工作。

1979 年 3 月 16 日

前　言

我现在就跨进本书第一卷的门槛,这是三卷中最复杂的一卷。并非这一卷的每个章节本身会使读者觉得难懂,复杂的潜在原因在于:要求达到的目的众多,而且探索那些不被注意的课题困难重重,还要把所有这些课题纳入一部连贯的历史中去,总之,要把一些通常彼此孤立的、在传统记述之外展开的准历史论述——人口、食品、衣着、住房、技术、货币、城市等——生硬地拼凑在一起。但是,为什么要把它们联系起来呢?

主要是为了勾画出前工业化时期经济的活动领域,并掌握它的全部广度和深度。究竟有没有一个限度,一个顶点,像一条难以达到、更难超越、并有一定宽度的边界那样,把人们的全部生活限制在内呢?每个时代,包括我们的时代在内,都在可能和不可能之间,在需要费点力气才能达到的和人们无法得到的之间划定界限;人们之所以无法得到某些东西,过去是因为他们食物不足,人口过少或过多(同他们的资源相对而言),劳动生产率不够高,驯化自然起步不久。从15世纪到18世纪末,这些界限很少发生变化。人们甚至没有完全达到自己可能达到的限度。

我们要强调这种缓慢和停滞。例如,陆上运输很早就具备臻于完善的条件。而且人们看到,由于建造了近代的道路,改善了客运和货运的车辆,设置了驿站,运输速度在某些地方有所加快。然而,这些进步只是在1830年左右,即在铁路革命的前夕,方才普及。仅仅在那时候,公路运输才变得频繁、经常、迅速和平民化,可能达到的极限也终于达到。这还不是落后得到验证的唯一领域。只是到了19世纪,世界发生翻天覆地的变化,在隔离可能和不可能的宽广界限上才最终出现断裂、更新和革命。

由此可见,本书具有一定的整体性:这是从我们习以为常的各种便利条件的此岸出发进行的一次漫长旅行。实际上,它把我们引向另一个星球,人的另一个天地。我们当然可以到菲尔内去拜访伏尔泰,同他长谈,而且对他的谈吐不会感到惊奇——做一次想象的旅行不需要付出任何代价。18世纪的人在观念方面同我们当代人不相上下;他们的思想和爱好同我们十分接近,因而我们不会感到身处异地。但是,只要菲尔内的主人留我们在他家待上几天,日常生活的各种细节,甚至他的养生之道,都会使我们大为吃惊。他和我们之间将出现可怕的距离:照明、取暖、交通、食物、疾病、医药等。因此,必须完全抛开我们周围的现实,才能妥善地从事这次回到几世纪前去的旅行,才能重新找到长期使世界禁锢在某种稳定状态的那些规则。与随后发生的神奇变化相比,这种稳定状态委实很难解释。

在列举种种可能性的同时,我们经常遇到我在绪论中所说的"物质文明"。因为可能性不仅在上方有限度,而且在下方也受到"另外一半"生产的限制,这另一半生产活动拒绝完全进入交换运动。这种无处不在、无孔不入、多次重复的物质生活表现为一整套惯例:播种小麦、种植玉米、平整稻田、在红海航行,如此等等,都是照老办法进行。过去在现时中顽强地表现自己,贪婪地、不动声色地吞噬着人们转瞬即逝的时间。而这一潭死水般的历史层又如此庞大:乡村生活,即全球人口的80%至90%,绝大多数归它统辖。要确切地划定它的终点和灵活机动的市场经济的起点,这当然十分困难。它和经济不像水和油那样容易分开。何况,有时很难判断某个经营者、某个行为主体、某项观察到的行动究竟处在界石的一方还是另一方。而我将采用的方法,是在描述物质文明的同时,也描述经济文明(姑且这么称呼)。后者与前者相辅而行,既干扰它,又在对立中说明它。不过,界石确实存在着,并且具有深远的意义,这是毋庸置疑的。

经济和物质这两本账其实是千百年演变的结果。15至18世纪之间的物质生活是以往社会和以往经济的延伸;经过缓慢而细微的演变,这一社会和这一经济在自身基础上,带着人们猜得到的成果和缺陷,创造出一个更高级的社会,而原有社会和原有经济势必承受高级社会的重负。自古以来上下两层就同处共存,它们各自的体积无休无止地变化。17世纪欧洲的物质生活不是随着经济的萎缩而有所扩展吗?1973至1974年间开始的经济萧条来临之后,物质生活肯定有所扩展,这是我们有目共睹的。可见共存的底层和一楼之间并没有明确的界限,这一界限的性质规定它不可能是明确的,一方前进了,另一方就后退。有一个我十分熟悉的村庄,它在1929.年几乎还停留在17或18世纪。这类落后状况,有的是有意造成的,有的是无意中形成的。18世纪前,市场经济还无力控制和任意变革下层经济活动,后者往往受距离和闭塞状态的保护。相反,今天之所以存在一个处于市场之外、"经济"之外的广阔领域,这主要是由于向基础的倒退,而并非因为国家或社会组织的交换体系有所忽略或尚不健全。情况虽有不同,其结果在很多方面却仍是相同的。

总之,上下两个层次的共存要求历史学家用辩证法做出说明。没有乡村,如何懂得城市?没有物物交换,又哪来货币?没有五花八门的奢侈,怎有形形色色的贫困?没有穷人的黑面包,怎有富人的白面包?如此等等。

还有最后一个选择需要论证,就是把日常生活不折不扣地纳入历史的范围。这样做有什么用处?是否必要?日常生活无非是些琐事,在时空范围内微不足道。你愈是缩小观察范围,就愈有机会置身物质生活的环境之中:大的观察范围通常与重大史实相适应,例如远程贸易、民族经济或城市经济网络。当你缩短观察的时间跨度,你看到的就只是个别事件或者种种杂事;历史事件是一次性的,或自以为是独一无二的;杂事则反复发生,经多次反复而取得一般性,甚至变成结构。它侵入社会的每个层次,在世代相传的生存方式和行为方式上刻下印记。有时候,几桩传闻轶事足以使某盏信号灯点亮,为我们展示某些生活方式。有一张画着奥地利的马克西米利安 1513 年左右就餐情景的画,他的手直接伸进菜盘。约二百年后,据帕拉丁纳公主说,路易十四首次破例与他的孩子们同桌就餐时,禁止他们以不同于自己的方式吃饭,即不让他们遵循过于热心的家庭教师的教导,使用叉子。欧洲究竟什么时候发明了就餐的礼仪?我见过日本 15 世纪的一件衣服,觉得它同 18 世纪的很相像;一名西班牙人说起他同一位日本贵族的交谈,后者对欧洲人的服装式样每隔几年就要改变表示惊讶，甚至反感。追求时髦纯粹是欧洲的风尚。这难道是无聊行径吗？我们发掘琐闻轶事和游记，便能显露社会的面目。社会各层次的衣、食、住方式绝不是无关紧要的。这些镜头同时显示不同社会的差别和对立，而这些差别和对立并非无关宏旨。整理、重现这些场景是饶有兴味的事情，我不认为它浅薄无聊。

因此，我朝着几个方向同时并进：可能和不可能；底层和一楼；日常生活的场景。这样就使本书的设计先天就复杂化了。总之要说的事情太多。那么应该怎么说呢？[1]

第 一 章
数字的分量

所谓物质生活,无非就是人和物,物和人。研究物——包括食物、住房、衣服、奢侈品、工具、货币、城乡设施,总之,人使用的一切——并不是衡量人的日常生活的唯一方法。分享地球富源的人的数量也有其意义。使人一眼看出今天与 1800 年前的人类世界有何不同的外在标志,正是近年来人口的异乎寻常的增长:1979 年的增长速度尤其惊人。在本书涉及的四个世纪里,世界人口大约翻了一番;而在我们生活的时代,人口每隔三四十年就增加一倍。这显然是物质进步的缘故。但是,人口增长既是物质进步的结果,又是它的原因。

总之,人口数量犹如一个灵敏的"指示器",我们可用它为成功和失败做出总结;它也是一张全球人口的分布图:这里的大陆人烟稀少,那里的人口已过分稠密;这里已有文明,那里还是原始的文化;它显示出人类各群体之间的决定性关系。奇怪的是,从古到今,这种地理差异也许最少发生变化。

可是,人口增长的速度却发生了根本的变化。在目前,根据不同的社会和不同的经济,增长速度有快慢之分,但总是在继续增

第一章 数字的分量　　13

1795年的华沙。在国王西吉斯蒙三世塑像的
圆柱旁,穷人正在接受施粥。

长。以往的趋势则如同潮汐一般有起有落。人口起落这一交替运动是往昔生活的象征,一系列的停滞和高涨循环反复,前者竭力抵消后者,但始终不能完全做到。同这些基本现实相比,其他一切或差不多一切都显得次要了。我们的出发点肯定必须是人,然后才是谈论物的时候。

世界的人口数字还有待推测

不幸的是,如果我们对当今世界人口的了解还有10%的误差,我们对过去世界的认识就更不完善了。可是,无论在短时段或在长时段，无论在地区的局部范围内或就世界的整体规模而言，一切都同人口数字及其波动相联系。

涨潮和落潮：潮汐体系

从 15 到 18 世纪，一切都随人口的增加或减少而变化。如果人口增长了，生产和交换就会增加；在荒地、树林、沼泽或高山的边缘地带的种植业就会发展；手工工场就会兴旺；村庄和城市——特别是城市——的规模就会变大；流动人口会增多。人口增长的压力越大，人们做出的建设性反应也越多，这是无声的命令。当然，战争和争吵、海上和陆上的抢劫也跟着泛滥；军队和武装团伙日益膨胀；社会比平时创造出更多的新富人或特权者；国家的繁荣既为人造福又留下创伤；人们比平时更容易达到可能性的边界。以上都是常见的征兆。然而，我们不宜无条件地赞誉人口的激增。它有时是好事，有时是坏事。随着人口的上升，人们同占有的地域、拥有的资源的关系也发生变化；人口在增长过程中要跨过几个"临界域"，[1] 每跨过一次，它的全部结构都势必改组。总之，情况远不是那么简单划一：过重的人口负荷往往会——在过去则始终会——超过社会的食物供应能力；这个在 18 世纪前纯属老生常谈的道理，今天在某些落后国家还有其意义。生活福利看来有一条不可逾越的界线。因为，每当人口激增，生活水平就会下降，食不果腹、穷愁潦倒、离乡背井的人就会变得越来越多。疫病和饥荒（饥荒带来疫病，疫病伴随饥荒）在需要养活的人口和困难的食物供应之间，也在劳动力和就业机会之间恢复平衡，而这些极其粗暴的调整正是绵延几百年的旧制度的重要特征。

第一章 数字的分量

如果要在西方的时钟上提供几个确切的时刻,我想指出:人口在1100至1350年之间曾有过一段长时间的增长,另一次是从1450到1650年,新的一次从1750年开始,此后不再有倒退。因此,关于人口增长,我们就有三个可以互相比较的大阶段,本书着重研究的前两个阶段都紧接着发生退潮,1350至1450年的倒退极其急促,1650至1750年的那次较为和缓(与其说是退潮,不如说是减速)。今天,落后国家中的人口增长虽然导致生活水平的下降,但幸而不再造成大批人死于非命(至少从1945年以来是如此)。

每次退潮都解决一定数量的问题,消除一些紧张状态,使幸存者享有较好的生活条件;所谓恶病恶治,但毕竟行之有效。16世纪中叶黑死病流行,接着又瘟疫蔓延,带来了严重的打击。但等这场浩劫刚刚过去,遗产便集中在少数人的手里。只有良田才继续耕种(费力少而收成高),幸存者的生活水平和实际工资全都提高了。一个新时代因此在朗格多克开始:从1350到1450年,那里的农民及其宗法家族有大片空地可供支配;树木和野兽侵入过去欣欣向荣的乡村。[2]但是,人很快又大量繁衍,夺回被野兽、荒草侵占的家园,清除耕地中的石块,铲除大小树木。人口增长又成为负担,再次制造出贫困。从1560年或1580年起,在法国、西班牙、意大利乃至整个西欧,人口又出现过剩。[3]单调的历史重新开始,计时器的漏斗倒转了过来。人只是在片刻间得到幸福,等他刚刚醒悟过来,已经为时太晚了。

可是,这些漫长的波动现象在欧洲以外也可见到,而且几乎发生在相同的时刻。中国和印度人口增减的节奏与西方大致相同,

尼古拉·普桑的画作：腓力斯人蒙受鼠疫之祸。直到近代，瘟疫和饥荒的蔓延经常抑制人口的增长，甚至使人口有所下降。

似乎整个人类都服从同一宇宙命运。与这个首要因素相比，人类历史的其余因素统统只能退居次等地位。经济学家和人口学家厄内斯特·瓦杰曼历来持这样的主张。共时性在18世纪显而易见，在16世纪也有很大可能；至于13世纪，人们可以推测，从法兰西的圣路易王朝直到遥远中国的蒙古王朝，存在着共时性。于是，问题的提法就改变了，问题本身也一下变得简单了。厄内斯特·瓦杰曼得出结论说，人口发展的原因与经济进步、技术进步和医疗进步这类原因是大不相同的。[4]

总之，从陆地一端至另一端的这些程度不同的共时性波动有助于我们去想象和理解千百年来人类各群体间存在的相对固定的数量关系:此群体等于彼群体,或比另一群体大一倍。知道一个,就能测算另一个,并依此推断出人口总数,虽然这种计算必定包含误差。这个总数显然有重大意义:尽管它很不确切,势必有误差,它却有助于记录世界的人口演变,即把人类当作一个总量,或者借用统计学家的术语,当作一种库存加以研究。

很少几个数字

任何人都不知道15至18世纪期间的世界人口总数。统计学家们从历史学家提供的少数经不起推敲和有分歧的数字出发,未能达成一致意见。乍看起来,这些可疑的数字似乎不能作为依据。不过,还值得作一番尝试。

数字既少,又很不可靠:材料仅涉及欧洲;自从一些优秀的研究成果问世后,也涉及中国。关于这个国家,我们掌握一些人口普查资料,一些大体可靠的估计。虽然这块土地并非十分结实,但在这上面走几步还不至于有什么真正的危险。

但是,世界其他地区又如何呢?没有或几乎没有印度的材料,这个国家一般说对本国历史很少关心,对能解释历史的数字就更少留意。除了中国和日本以外,我们对亚洲实际上一无所知。对大洋洲当然也不了解,欧洲的旅行家在17和18世纪刚刚接触这个地区:塔斯曼于1642年5月抵达新西兰;于同年12月登上塔斯马尼亚,并用自己的姓氏为该岛命名;科克到澳大利亚要晚一个世纪,即在1769年和1783年。布甘维尔于1768年4月到达号称"新西泰尔"的塔希提,虽然最早发现该岛的并不是他。此外,有无

统计单位：人口-百万
羊-百万
牛-千

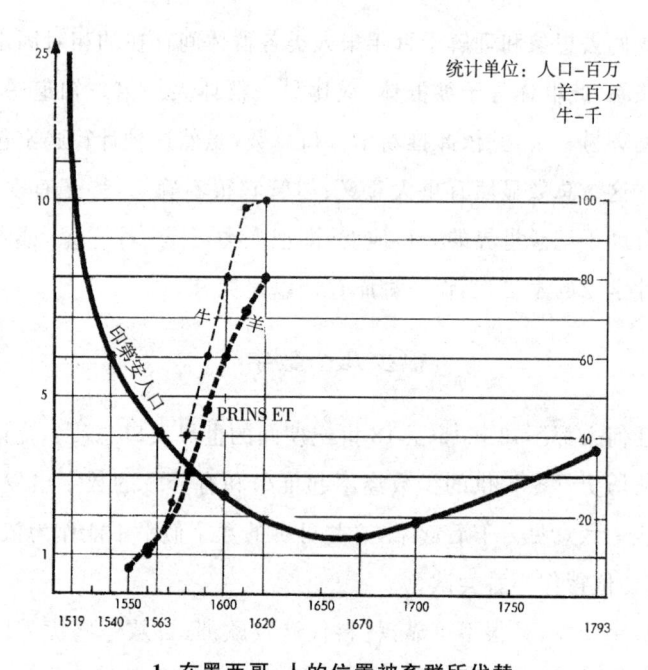

1. 在墨西哥：人的位置被畜群所代替
皮·谢努：《拉丁美洲》，见《七星百科全书》卷三《世界史》。

必要把这些零星的人口数字考虑进去呢？在统计学的石板上，整个大洋洲的人数，不论什么时候，从未超过 200 万。至于撒哈拉以南的黑非洲，除了关于 16 世纪后黑奴买卖的几个不尽一致的数字，也没有任何可靠的材料。何况，即使有关贩卖黑奴的数字十分扎实，那也不能由此推断整个人口数字。最后，对美洲也无可肯定，在这方面至少有两种矛盾的计算法。

安吉尔·罗桑勃拉脱主张采用逆推法：[5]从现在的数字出发，倒溯上去进行计算。这种方法得出的结果是：美洲刚被征服时，总的人口数目很低，约为 1000 万至 1500 万，而且这一微薄的数字在

17世纪又缩减至800万。从18世纪开始,美洲人口逐渐增长起来。然而,贝克莱大学一些美国历史学家(科克、辛普森、博拉)[6]——有人滥用简称,说他们是"贝克莱学派"——根据欧洲征服后不久从墨西哥个别地区了解到的零星数字作了一系列计算和补充。结果得出的数字很大:1519年的人口为1100万(这是1948年作的估计),但在1960年把各种材料补齐或更细致地重算后,竟把原已高得出奇的数字——仅仅墨西哥一个地区的居民数——又提高到2500万。随后,人口将不断急剧下降:1532年为1680万;1548年为630万;1568年为265万;1580年为190万;1595年为137.5万;1605年为100万;从1650年起,开始慢慢回升,到1700年,回升趋势更加明朗。

这些离奇的数字怂恿我们把1500年左右整个拉丁美洲人口算作8000万至1亿。尽管有考古学家以及包括巴托洛美·德·拉斯卡萨斯神甫在内的许多征服时期的记叙家充当见证,任何人都不会盲目相信这些数字。可以绝对肯定的是,美洲被欧洲征服后,人口大幅度下降,或许不到十室九空的地步,但肯定损失很大,远远超过14世纪黑死病以及随之而来的灾难带给欧洲的悲惨后果。一场无情的战争应负部分责任,还有无比沉重的殖民劳动也难逃其咎。但是,在15世纪末,印第安族的人口本已显得岌岌可危,特别因为没有任何代用的动物奶,母亲不得不喂养孩子到三四岁。在这漫长的哺乳期间,妇女丧失了"怀胎"的机会,人口迅速回升的希望也就很小了。[7]美洲印第安人已经处在不平衡状态,真是祸不单行,又突然遭到病菌的一系列可怕打击,正如白人后来于18、19世纪来到太平洋地区时也导致了疫病猖獗一样。

征服者的理想形象：佛罗里达的居民于1564年欢迎法国探险家德·龙都尼埃尔。泰奥都尔·德·勃利根据勒姆瓦·德·莫尔格的油画创作的木刻。

疾病——来自欧洲或非洲的病毒、细菌和寄生虫——比来自大西洋彼岸的动植物和人繁衍得更快。美洲人仅适应本地的致病因素，对这些新的危险竟无力抗拒。欧洲人到达新大陆不久，天花于1493年就在圣多明各流行，于1519年不等科尔特斯攻下城市，就进入了被围困的墨西哥城，又于1530年赶在西班牙士兵到达之前传到秘鲁。接着，天花于1560年蔓延至巴西，于1635年传到加拿大。[8] 欧洲对这种疾病已有一半免疫力，但土著居民遭受的打击就十分沉重。同样，麻疹、流感、痢疾、麻风病、鼠疫（老鼠最早约在1544至1546年间来到美洲）、性病（关

第一章 数字的分量

于这个大问题,我们后面再谈)、伤寒、象皮病这些由白人或黑人带来的疾病全都疯狂肆虐。虽然有些疫病的起因还很难断定,但病菌的入侵是没有疑问的:在疫病的沉重打击下,墨西哥的居民于1521年大批死于天花,于1546年遇到一场病因不明的"瘟疫"(伤寒或流行性感冒);可怕的疫病于1576至1577年间再次出现,导致200万人死亡。[9]安的列斯群岛某些岛屿的居民几乎死绝。人们显然不会轻易放弃关于黄热病是赤道美洲当地疾病的看法,但黄热病很可能源自非洲。无论如何,它很晚才被注意到:它于1648年前后出现在古巴,于1685年转到巴西,并从那儿再传染到新大陆的整个赤道地区。在19世纪,它又从布宜诺斯艾利斯蔓延到北美的东海岸,甚至地中海欧洲的各个港口。[10]谈到当时的里约热内卢,就不能不联想起这致人死命的疾病。有个细节值得一提:大瘟疫曾使土著居民大批死亡,随后却由传染病变成了地方病。新来的白人首当其冲:1780年左右,到达贝洛港的远航帆船的船员纷纷病倒,大船被迫在港内过冬。[11]新大陆经受的灾难委实可怕。太平洋诸岛屿同样自成生物体系,当欧洲人在那里定居时,人们将再次看到灾难随之降临。例如,疟疾很晚传到印度尼西亚和大洋洲,在它的袭击下,巴达维亚于1732年竟沦为废墟。[12]

因此,安·罗桑勃拉脱过分保守的计算和贝克莱大学的历史学家们偏于想象的计算可以得到调和:两种计算得出的数字都是可信的或真实的,关键在于计算的立足点是放在征服前或征服后。我们且把伏伊丁斯基和昂勃里的意见搁在一边。后者曾断言:"在哥伦布发现新大陆以前的任何时期,阿拉斯加和霍恩角之间的人口从未超过1000万".[13]我们今天可以对此表示怀疑。

如 何 计 算

美洲的例子表明,人们可以从某些相对扎实的数字出发,进而推算出和想象出其他数字;这是何等简单的方法(甚至过分简单了)。这条不够稳妥的道路引起了历史学家的正当担心,他们按照习惯,只承认被无可争辩的文献证实的东西。统计学家没有这种担心,也不那么胆怯。一位名叫保尔·阿·拉达姆的社会学统计学家心平气和地写道:"有人可能会责备我们不算细账,我们的回答是,细节并不重要,关键在于抓住数量级。"[14]数量级也就是大概的最高水平或最低水平。

在这场谁都有理而又谁都无理的辩论中,我们且站在主张推算的那些人的一边。根据他们历来的推算,在不同地区的人口之间,有着一些即使不十分固定的、但至少变化很慢的比例关系。这正是莫里斯·哈伯瓦克斯的观点。[15]换句话说,整个世界的人口结构往往很少变动:不同人类群体之间的数量关系大体上维持原状。贝克莱学派从墨西哥的局部数字中推导出整个美洲的数字。同样,卡尔·朗普莱希和后来的卡尔·尤利乌斯·贝洛克(1854—1929)大致知道公元800年前后特里尔地区的人口,便能推算出整个日耳曼的有效数字。[16]我们的问题也是如此:根据大概的比例,从一些已知数出发,算出更高一层的近似数,以便确定数量级。数量级并非毫无价值,只要恰如其分地对待它。能有确实的数字当然更好,但我们偏偏又没有。

中国同欧洲人口相等

在欧洲方面,这里涉及伟大的历史人口学家尤利乌斯·贝洛克、保尔·蒙倍尔、J.C.罗素以及马赛尔·雷纳特在其著作最新版中提供的推想、计算和数字。[17] 这些数字大致没有出入,每个作者都一丝不苟地借鉴了旁人。至于我,我择定并且设想最高的水平,以便把欧洲扩展到乌拉尔,从而把"荒凉的"东欧包括在内。为巴尔干半岛、波兰、莫斯科公国和斯堪的纳维亚国家提供的数字可能有相当出入,只是比统计学家为大洋洲和非洲假设的数字略为接近事实而已。我以为这样扩充还是必要的:它赋予被选作计量单位的欧洲等量的空间,不论考察的是哪个时期;它还使天平两侧的托盘趋于平衡:一侧是扩大了的欧洲,另一侧是中国;一旦我们有了不太可靠但至少可以接受的数字后,这种对等关系在19世纪就得到验证。

在中国,以官方普查为依据的数字,其价值也并非无可争议。这仅是些税收数字,税收难免有偷漏,甚至弄虚作假,或者二者兼有。A.P.乌歇[18]说得好,这些数字总的说来似乎太低了,他把它们提高了一点,当然这样做也不完全可靠。最近还有一位历史学家[19]也在这些不完善的统计资料中进行冒险的探索……何况,假如从头到尾依据原始数字,得出的结论有时难以置信;即使就中国整体而言,显然不可能在人口规模上出现不正常的大起大落。毫无疑问,这些数字往往既表明人口的水平,也反映"国内的秩序和皇帝的权威"。例如,1674年正值吴三桂等藩王叛乱,人口总数比上年下降700万。减少的人并没有死掉,只是不受中央政权的控制。叛乱刚刚平定,统计数字立即上升,其速度同人口的最大自然增长也不相符。

还有,普查的基础并不始终一致。1735年前的数字是所谓人丁数,即纳税人,指16至60岁的男子;因此,必须假定他们占总人口的28％,然后再乘以相应的倍数。另一方面,从1741年起,普查的对象是实际人数,确定总人口为1亿4300万,而按照人丁数推测,1734年的总人口应为9700万。两个数字还是能够衔接起来,因为计算难免会出现错漏;但这又能使谁满意呢?[20]这些数字在长时段上是有价值的,专家们对此持一致意见;最古老的数字,即明代(1368—1644)的数字,反而不是最不可信的。

由此可见我们必须使用什么素材进行计算。如果把这些数字画成图表,只有把欧洲扩展到乌拉尔,而把中国限制在各行省的范围内,二者才差不多得以平衡。今天,天平越来越倒向中国一边,因为中国的出生率较高。但差不多也罢,差得多也罢,这种大致的平衡很可能正是世界历史最明显的结构之一;正是从这个结构出发,我们得以估计世界的人口。

世界总人口

从19世纪起,我们就掌握了接近真实的统计数字(第一次真正的人口普查于1801年在英国进行),中国和欧洲大致上各占全人类的四分之一。如果根据这个比例推算过去的人口,显然不能事先保证它始终有效。欧洲和中国过去和现在都集中着地球最大部分的居民。假定这两大洲的人口增长速度比其他地区快,那么在18世纪前的历史时期,它们各自的人口总数同世界其他地区相

第一章 数字的分量

比与其说是 1∶4，或许应该说是 1∶5。这个谨慎的说法归根到底无非表明我们缺乏把握。

我们暂且把中国和欧洲两条曲线定在四至五这个系数上，以便得出世界人口的四条可能的曲线，分别等于四至五个欧洲或四至五个中国。于是，图表便呈现一条复合曲线，它从最低数字到最高数字勾画出一块宽广的可能性（和误差）区域。在这些界线之间及其附近，我们将能想象出 15 至 18 世纪世界人口演变的路线。

总的说来，从 1300 到 1800 年，通过这种计算得出的总人口数在长时段上具有上升的趋势，我们已谈到过的那些猛烈而短暂的倒退显然不考虑在内。如果以 1300 至 1350 年时期为起点，并采纳其最低估计数字（2 亿 5000 万），同时又取终点的最高估计数字（1780 年的 13 亿 8000 万），那么，上升系数将在 400% 以上。任何

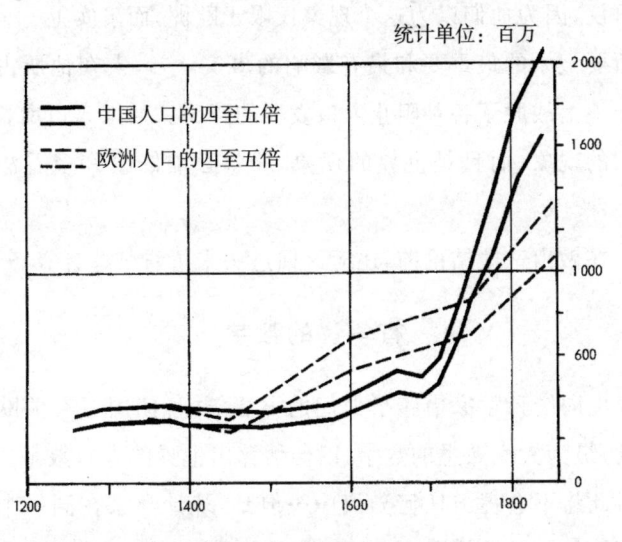

统计单位：百万

―― 中国人口的四至五倍
---- 欧洲人口的四至五倍

2. 世界人口（13 至 20 世纪）

人都没有义务相信它。如果确定起点的最高数字为3亿5000万,终点的最低数字为8亿3600万(韦尔科克斯的推测[21]),人口增长率还保持138%。这就等于说,在五百年里,正常增长率(这种正常显然纯属想象)平均每年只是1.73‰。假如这是一种恒速运动,每年发生的变化真是微乎其微了。尽管如此,在这个漫长的时段里,世界人口毕竟翻了一番。似乎经济停顿、自然灾害和人口大批死亡都未能阻止这一前进运动。毫无疑问,这是15至18世纪世界历史的基本事实,不仅关系到生活水平:世界的一切无不要同人口压力相适应。

西方的历史学家对此并不感到惊奇:他们看到的种种间接征兆(占领新的土地、移民、开荒、改良土壤、居民向城市集中……),完全可以证实以上数据。相反,他们做出的解释和得出的结论却仍有争议,因为他们以为这个现象仅限于欧洲,而事实上——这是本书所要记录的最重要和最有影响的事实——,人在他所占领的整个土地上战胜了各种阻止人口发展的障碍。如果人口增长不仅是欧洲的现象,而且是世界的现象,那就必须修改许多看法和解释。

但在做出这些结论前,还应该回过头来再看某些计算。

有争议的数字

我们向统计学家借鉴了他们的方法,并且使用了有关欧洲和中国的、最为大家熟悉的数字,以便估算出世界的人口数字。统计学家对此将不会提出任何异议……但是,统计学家在同一个问题上却用了另一种计算方法。他们把算式分开来做,把世界五大"部

第一章 数字的分量

分"的人口逐个计算出来。这种学生般的按部就班的解题方法实在奇怪！但他们得出什么结果呢？

记得，他们把大洋洲的人口一劳永逸地算作200万，这还关系不大，因为这笔小数目预先就能混进误差的范围；他们把非洲也从头至尾算作1亿，这就值得争论一番了。在我们看来，非洲人口始终停留在1亿是不大可能的，这种勉强的推测显然会影响对整个人口数的估算。

我们在一张图表里把专家们的估计做了概括。我们将注意到，他们的所有计算都是从1650年这个较晚的起点开始的，一般也很乐观，其中包括联合国机构最近进行的调查。我觉得这些估计大体上似乎偏高，至少有关非洲和亚洲的部分是如此。

在作为起点的1650年，把生机勃勃的欧洲和当时落后的非洲（地中海沿岸地区除外）都定为同一个数字（1亿），似乎过于大胆。至于亚洲在1650年的人口，无论同意图表中的最低数字（2亿5000万或2亿5700万），或像卡尔·桑德尔斯那样断然接受3亿3000万的过高数字，都不尽合理。

在17世纪中叶，非洲人口的自然增长肯定十分旺盛。从16世纪中叶开始，黑奴买卖把越来越多的非洲人运往美洲，此外还要加上原已存在的向伊斯兰国家的移民，这种移民将一直维持到20世纪。如果没有旺盛的生命繁衍，非洲就会经不起这种消耗。另一个证据是非洲居民竟抗拒了欧洲的入侵：在16世纪，黑人大陆没有像巴西那样毫无抵抗地向葡萄牙人开门，尽管后者曾作过几次尝试。我们也多少了解到，黑人当时过着相当严格的农民生活，拥有美丽而和谐的村庄，19世纪欧洲的进一步侵占才破坏了这一切。[22]

1650 至 1950 年间的世界人口（统计单位：百万）

		1650	1750	1800	1850	1900	1950
大洋洲		2	2	2	2	6	13*
非　洲		100	100	100	100	120	199**
亚　洲		257*	437*		656*	857*	1272*
		330**	479**	602**	749**	937**	
		250***	406***	522***	671***	859***	
美　洲		8*	11*		59	144	338*
		13**	12.4**	24.6**	59	144	
		13***	12.4***	24.6***	59	144	
欧洲（包括欧洲的俄罗斯）		103*	144*		274*	423*	594*
		100**	140**	187**	266**	401**	
		100***	140***	187***	266***	401***	
总　计	*	470	694		1091	1550	2416
	**	545	733.4	915.6	1176	1608	
	***	465	660.4	835.6	1098	1530	

资料来源：* 联合国1951年12月公布的数字；** 卡尔·桑德尔斯的推算；*** 库津斯基的推算。

不加星号的数字在三个材料中是一致的。

卡尔·桑德尔斯关于非洲的数字取的是整数。

然而，欧洲人之所以没有坚持夺取黑非洲国家，这是因为他们在海岸边就受到"恶性"疾病的阻止：间歇的或持续的发烧，"痢疾、肺痨和水肿"，还有许多寄生虫，所有这些疾病使他们付出了十分沉重的代价；[23] 好战部族的勇敢抗击对他们同样是个障碍。由于航行被激流和浅滩所阻，有谁还会沿着桀骜不驯的刚果河逆流而上呢？此外，美洲的探险和远东的贸易已动员了欧洲拥有的全部能力，欧洲的利益在别处。黑人大陆自动提供廉价的金砂、象牙和劳动力。人们从那里还要得到什么呢？至于黑奴买卖，规模并没

第一章　数字的分量

有人们通常想象的那么大。仅仅由于运输能力不足,运往美洲的黑人就受到限制。作为比较,1769 至 1774 年间,全部爱尔兰移民不过 44 000 人,即每年不到 8000 人。[24]同样,在 16 世纪,每年从塞维利亚前往美洲的西班牙人平均仅一两千人。[25]即使把黑奴买卖算作每年 5 万——这个数字在当时是完全不能想象的(直至 19 世纪方才达到,那时贩运黑奴已趋尾声)——相应的非洲人口总数也不过 2500 万。总之,关于非洲有 1 亿人口的假设是没有任何可靠依据的。最早的估计(9500 万)大概是格里高利·金于 1696 年提出的,这个估计在很大程度上是一种想当然。人们满足于重复这个数字。但它本身又从何而来呢?

我们也有几个估计。例如,J.C.罗素[26]认为北非人口在 16 世纪为 350 万(我个人估计是 200 万,但没有可靠的根据)。关于 16 世纪的埃及,始终还缺少数据。既然 1796 年最早的可靠数字估计埃及人口为 240 万,而北非和埃及目前的人口大致相等,能否认为埃及当时约有二三百万人呢?这两个地区的人口今天分别占非洲人口的十分之一。如果我们用这个比例推算 16 世纪,非洲的人口可能是 2400 万至 3500 万。这要看我们采纳前面三个数字中的哪个数字:前两个关系到 16 世纪,最后一个涉及 18 世纪。这些数字距 1 亿都太远了。人们显然无法作进一步的论证,始终难于确定一个数字,但几乎可以断然排除 1 亿这个估计。

对亚洲的估计数字也过大了,但问题的严重性不如非洲。卡尔·桑德尔斯[27]认为韦尔科克斯把 1650 年——满族夺取北京后六年——前后的中国人口确定为 7000 万人是错误的,他大胆地把数字增加了一倍(1亿5000万)。关于中国历史的这个转折时期,

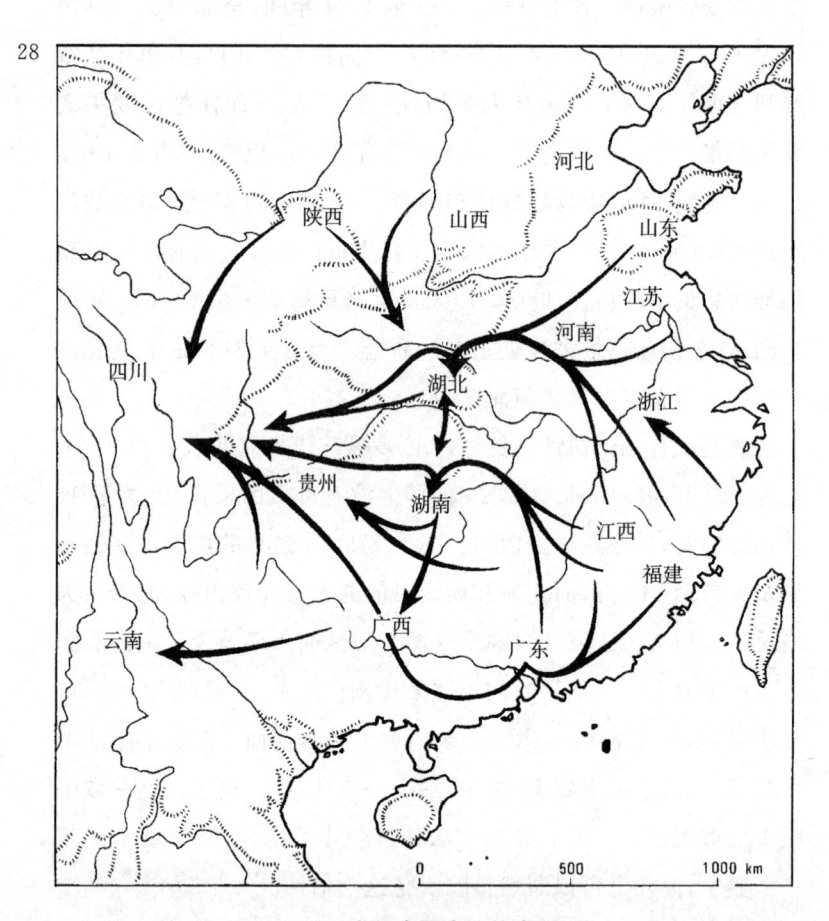

3. 18 世纪中国人口的内迁

18 世纪人口的急剧上升使内地移民成倍增加,这张地图提供了移民的概貌(引自路·代尔米尼《十八世纪广东的贸易》)。

对各种推断都可提出异议或作进一步的探讨(例如,人丁是不是简单的税收单位,相当于我们所说的户?)。韦尔科克斯的依据是《东华录》(盛恒成译)。我们且假定他的数字偏低,但是毕竟应该考虑到满族入侵时的残酷屠杀。其次,根据 A.P. 乌歇[28] 的推算,1575 年的数字为 7500 万,1661 年为 1 亿零 100 万;在 1680 年,官方的数字为 6100 万,一位作者的推测为 9800 万,另一位作者认为是 1 亿 2000 万,但那是在 1680 年,即在满族政权终于确立的时候;一位旅行家曾说起 1639 年约有 6000 万人口,他是按每户 10 人计算的,即使对中国说来,这样的系数也不正常。

中国人口如涨潮般地猛增不早于 1680 年,更不早于夺回台湾的 1683 年。人口猛增是在中国全面的大陆扩张保护下实现的,这次扩张把中国人带领到西伯利亚、蒙古、土耳其斯坦和西藏。在其本土的范围内,中国当时正埋头从事极其紧张的垦殖事业。所有的低洼地和可灌溉的丘陵都被利用起来,山区烧荒垦地的情形也日见增多。由葡萄牙人于 16 世纪引进的新作物有了显著的发展,如花生、白薯等,特别是玉米;来自欧洲的土豆要到 19 世纪才变得重要起来。这项垦殖事业顺利地延续到 1740 年;后来,留给每人的土地逐渐减少,这大概因为人口增长比可耕地面积的增加要迅速得多。[29]

这些深刻的演变促使中国在经历一场有力的人口革命的同时,出现一场"农业革命"。人口的大概数字如下:1680 年为 1 亿 2000 万;1700 年为 1 亿 3000 万;1720 年为 1 亿 4400 万;1740 年为 1 亿 6500 万;1750 年为 1 亿 8600 万;1760 年为 2 亿 1400 万;1770 年为 2 亿 4600 万;1790 年为 3 亿;1850 年为 4 亿 3000 万[30]……英国使团秘书乔治·斯吞通于1793年曾向中国人询问帝国的人口总数,他们骄傲而坦率地回答说:3亿5300万[31]……

我们且回过头来研究亚洲的人口。它通常相当于中国的两至三倍。两倍的可能大于三倍,因为印度人大概不如中国人那么多。根据一些不尽可靠的文件作出的估计,1522年德干的人口约为3000万,这就使整个印度的数字可能达到1亿,[32]高于同时期中国"官方"数字的水平;对此,且不必信以为真。何况,印度北方诸省在随后的一百年里将遭受严重饥荒的蹂躏。[33]但是,印度历史学家最近的研究表明,印度在17世纪经历了繁荣和大幅度的人口增长。[34]尽管如此,法国一部未公开发表的著作[35]估计印度在1797年仅1亿5500万人,而官方统计中国人口在1780年已达到2亿7500万。京斯莱·戴维斯[36]肯定会认为,我们把印度人口估计得低于中国是毫无道理的,但我们也不能盲目接受他提供的过高的统计数字。

总之,假定亚洲人口等于中国的两倍或三倍,具体数字在1680年应为2亿4000万或3亿6000万,在1790年为6亿或9亿。让我们再说一遍,我们倾向于最低的数字,特别在17世纪中叶。在1680年前后,世界人口可以从以下数字中加出:非洲为3500万或5000万,亚洲为2亿4000万或3亿6000万,欧洲为1亿,美洲为1000万,大洋洲为200万。在同等的不确切范围内,我们将再次找到进行第一项计算的数量级。

各个世纪间的相互关系

从地域上逐一检查各大洲的情形之后,还应从时间上逐一检查各个世纪,后一种检查比前一种更加困难。保尔·蒙倍尔[37]就1650至1850年期间的欧洲提供了第一个范例。他的研究具有两个指导思想:首先,极限的数字是争议最少的数字;其次,如果从最近向最远逐步推算,就必须假定数字之间存在着一些合乎情理的增长斜坡。这就等于接受欧洲的人口在1850年为2亿6600万,从而进一步推断出——坡度显然比W.F.韦尔科克斯所同意的要平缓一些——1800年为2亿1100万,1750年为1亿7300万,1650年和1600年分别为1亿3600万和1亿。同通常的估计相比,以上计算似乎把18世纪的数字扩大了,一般算在19世纪的增长数字被算在18世纪的账上(这些数据显然有各种保留)。

现在,我们有了被某些推测证实了的、合情合理的年增长率:1600至1650年为6.2‰;1650至1750年为2.4‰;1750至1800年为4‰,1800至1850年为4.6‰。关于1600年,我们又回到尤利乌斯·贝洛克的数字(整个欧洲有1亿左右人口)。但是,我们没有任何可靠的线索可以从1600到1300年继续往后推;我们知道,在这个动乱时期,曾有过1350至1450年间的一次退潮和1450至1650年的一次涨潮。

当然,我们也可以冒险接受保尔·蒙倍尔的简便推断。1600年最稳妥的数字,即假定欧洲为1亿人,是人口长期上升达到的顶峰;关于上升的坡度,人们可能在三个比率之间犹豫:第一个比率为6.2‰,正如1600至1650年的增长所指出的;另一个是1650至1750年间的2.4‰的增长率;最后一个是1750至1800年间的4‰的增长率。考虑到1450至1600年间人口增长相当迅速——这是猜测,尚未确证——,人们至少应倾向最后一个比率才合乎逻辑。

结果是欧洲在 1450 年约有 5500 万人口。假如同意所有历史学家的看法,认为大陆的人口因黑死病起码减少五分之一,那么 1300 至 1350 年的数字似乎应定为 6900 万。我以为这个数字并非不可能。东欧早期的破坏和贫困,整个欧洲在 1350 至 1450 年危机期间大批村庄的消失,这一切都使我们相信,当时的人口水平略高于尤利乌斯·贝洛克的合理估计(6600 万)完全是可能的。

某些历史学家认为 16 世纪的人口回升(1451 至 1650 年这个长阶段)是在前个时期下降后的一次"复苏"。[38]如果这些数字被接受下来,缺额便得到了补足,甚至有所超过。这一切显然有待进一步探讨。

原有解释的缺点

本书一开始提出的关于世界人口增长总趋势的问题仍未解决。无论如何,中国的人口增长同欧洲一样是明显的和毋庸争议的,这就必须修正以往的解释。历史学家顽固地用城市死亡率的下降(其实还是很高[39])、医疗卫生的发达、天花的减少、饮水设施的兴建、婴儿死亡率的急剧降低,加上死亡率的普遍下降和结婚平均年龄的提前,作为解释西方人口增长的理由;尽管这些论据说起来似乎头头是道,历史学家恐怕还是放弃为好。

毕竟应该在西方之外找到另一个地方,那里也适用类似的或同样说明问题的解释。在历来盛行"早婚和多产"的中国,平均婚龄的提前和出生率的猛增都不成其为理由。至于城市卫生,据一位英国旅行家说,1793 年庞大的北京约有居民 300 万人,[40]北京的面积小于伦敦,而伦敦的人口远达不到这个惊人的数字。那里住房低矮,

第一章　数字的分量

全家人住在一起,拥挤不堪。卫生条件不可能有任何改善。

即使不离开欧洲,俄国的情形也同样如此:那里缺少内科和外科医生,[41]城市根本谈不上卫生,又该怎样去解释人口的迅速增长(自1722至1795年翻了一番,即由1400万增加到2900万)呢?

如果走出欧洲,又怎样解释18世纪盎格鲁-撒克逊人和西班牙-葡萄牙人在美洲的繁衍呢?那里既没有医生,又没有良好的卫生设施,在1763年被定为巴西首都的里约热内卢肯定没有这些,而黄热病和梅毒却如同在整个西属和葡属美洲那样定期光顾该地,流行成灾,"病入膏肓者"竟全身溃烂。[42]总之,每个地区都有自己的人口增长方式。但为什么所有的增长在同时或几乎同时产生呢?

在各地,特别是随着18世纪经济的普遍恢复——更早的时期也已经如此——,人所开发的地域无疑大大增加了。世界各国当时都进行了国土开发,向空闲的或一半空闲的地带移民。欧洲从海外和东欧——用马布利教士的话来说,东欧正脱离"野蛮"时期——取得了一份额外的生存空间和食物;南俄罗斯,甚至树木丛生、沼泽遍地和杳无人烟的匈牙利同样得到开发。土耳其帝国的战争行动长期以匈牙利为界,这条界线如今却向南方大大推移了。同样的道理适用于美洲,这是自不待言的。印度也是如此,孟买附近的黑土带已经被开垦。[43]中国更是如此,它于17世纪已在国内和邻近地区开发许多荒芜的无人区。勒内·格鲁赛写道:"令人惊异的是,如果需要拿中国的历史同人类的某个其他群体相比,人们必定会想到加拿大或美国。在两种情况下,除开政治的曲折发展外,关键都在于从事耕作的农民要面对人口不多的半游牧部落,征服广阔的未开垦地区。"[44]这种扩张在继续进行,或者说得确切一点,在18世纪又重新开始。

然而,这种扩张之所以在世界范围反复地、全面地展开,这是因为人口在不断增加。这既是原因,而且在更大程度上是结果。实际上,只要人们希望或需要,空间始终是唾手可得的。即使在今天,在这个"有限的"——保尔·瓦勒里向数学家借用的术语——世界里,正如一位经济学家恰如其分地指出的,"人类虽然不再有第二个密西西比河谷或第二个阿根廷可供自己支配",[45]空地仍然不少;还有赤道森林、大草原,甚至极地和沙漠可供开发,现代技术还保留着许多惊人之举。[46]

其实,问题并不在这里。真正的问题是:既然有地可占是个持续现象,为什么"地理环境"会同时起作用?问题在于共时性。国际经济诚然是个有效的因素,但它在当时还很脆弱,不能认为它会单独造成如此普遍和如此强大的运动。国际经济既是原因,也是结果。

气候的节奏

为了寻求这种相当一致的统一行动的原因,人们只能想象一个普遍的解释:气候的变化。今天,这个答案不会再惹学者们的讥笑。历史学家和气象学家最近的细致研究表明,世界的温度、气压和降雨量都不停地在发生波动。这些波动影响到树木、河流、冰川、海平面,影响到稻、麦、橄榄和葡萄的生长,影响到动物和人。

在15至18世纪期间,世界只是农民的广阔天地,80%至90%的人口依靠土地为生,而且仅仅依靠土地。收成的丰歉决定着物质生活的优劣。由此可见,气候突变对树木和人的打击简直伤筋动骨。在某些情况下,各地的气候会同时出现突变,尽管人们曾用

第一章 数字的分量 37

江河湖泊的冰冻是气候变化的宝贵标志。在1814年(同1683年一样,见本书第二卷第19页*),封冻的泰晤士河(从伦敦桥到苦修士桥)变成了巨大的集市场所。

种种假设来解释,但这些假设终究又陆续被抛弃,例如关于水的蒸发速度发生变化的说法。在14世纪,北半球的气候普遍寒冷,冰川和极地浮冰向前移动,冬季更加严酷。维京人进发美洲的通路被危险的冰块切断。14世纪中叶的一名挪威神甫写道:"冰期已经来到……任何人不能沿旧航线航行而不冒生命危险。"气候剧变使诺曼底人中止在格林兰的移民生活;在冻土中找回的最后几名幸存者的躯体正是悲怆动人的见证。[47]

---

* 此为原书页码,即本书边码。余同。——译者

同样，路易十四时代正值D.J.斯柯佛所说的"小冰川期"，[48]气候像一位乐队指挥，发号施令的权威胜过了太阳王，无论欧洲的谷物区或亚洲的稻田和草原，普罗旺斯的橄榄园或斯堪的纳维亚国家，都被打上它的意志的标记；在16世纪可怕的90年代，斯堪的纳维亚各国经历了七个世纪以来空前的寒冷气候，[49]冰雪化冻极晚，秋季又来得过早，以致小麦来不及成熟。在17世纪中叶，中国内地各省也像路易十三时代的法国那样，因多次气候反常导致旱灾和蝗灾，农民起义接连发生。这一切赋予物质生活的波动更深一层含义，并可能解释波动的共时性；如果世界可能具有某种物理整体性，如果生物史可能普及到人类的范围，这种可能性也就意味着，早在地理大发现、工业革命和经济的相互渗透以前，世界已取得了最初的整体性。

虽然我认为这种气候解释包含着部分真理，但我们也必须防止过分的简单化。任何气候都是个复杂的体系，它对植物、动物和人的影响只能根据不同的地点、作物和季节并通过不同的曲折途径而实现。在温和的西欧，"6月10日和7月20日的降雨量〔与小麦产量〕成反比""3月20日至5月10日期间的〔日照〕率和小麦株穗的结籽粒成正比"。[50]如果把某些严重后果归诸气候恶劣，那就必须证明在这个人口最多、气候温和，以前是"西欧主要粮仓"[51]的地区，气候确实变得恶劣了。这是显而易见的事。可是，历史学家提供的关于气候直接影响收成的例子却往往涉及边缘地区的作物，例如瑞典的小麦。在研究工作还很零碎的今天，不可能得出普遍性结论。我们对未来的答复且不抱成见，不妨承认人类天生脆弱，不足以抵御自然的威力。不论好坏，"年景"总是主宰着人。研究旧制度下的经济的历史学家根据逻辑推断,认为好年景、差年景和坏年景是有节奏地先后来到的。这些周而复始的打击造成了物价的巨大波动,而千百件事情又受到物价的制约。有谁敢于否认,这种反复演奏的音乐旋律部分地反映着气候的可变历史?人们今天仍然看到季风的特殊重要性:每当季风推迟,就会给印度带来无法弥补的损失。只要这类现象连续重复两三年,那就是一场饥荒。这里,人们还摆脱不了大自然可怕的限制。但是我们不应忘记1976年法国和西欧遭受的干旱袭击,还有1964年和1965年气流系统的不正常变化在美国落基山以东造成的一场大旱灾。[52]

人们或许觉得这种气候解释殊属可笑,认为把天气牵扯进来无非为了迎合古人的心意。古人往往喜欢用星象来解释世上一切事物的进程、个人或集体的命运、疾病等等。一位名叫奥龙斯·菲内的数学家,闲时兼行占卜,曾于1551年推断:"如果太阳、金星和月亮在双子宫会合,作家在那年将收入不多,奴仆将反叛主人和领主。但小麦将会丰收,大批盗贼将拦路抢劫。"[53]

参考坐标

世界目前的人口(10%的误差)在1979年约为40亿。参照我业已提供的很不确切的数字,相比之下,1979年的人口分别等于1300年和1800年的12倍和5倍。[54]这两个比例系数及其中间值并非可以用来说明一切的黄金数字。尤其是,它们涉及的现实从不具有同质性:今天的人口其实不是1300年或1350年那时的12倍,即使仅仅从生物学观点看也不是如此,因为年龄金字塔远非一致。然而，仅仅就毛数作个比较，已足以打开新的视野。

城市、军队和船队

因此，按照我们历史学家的标准，在回顾19世纪前的历史过程时，我们将遇到的只是一些小城市以及小军队：二者都不过巴掌那么大小。

15世纪德意志最大的城市科隆[55]位于莱茵河上下水航行的交接点和陆上通衢之地，人口仅2万左右。当时，德意志城乡人口为1∶10；尽管这个比例在我们看来似乎很低，但在当时已明显地造成了城市的压力。应该承认2万人的城市在当时是人口、才能和力量的一个重要中心，比较起来，其重要性远远超过今天10万至20万的居民区。请想想，在15世纪，科隆独特而活跃的文化具有何等重要的意义。同样，在谈到16世纪至少有40万人口、甚至很可能有70万人口的伊斯坦布尔时，[56]我们有权认为，这是一个在各方面堪与今天最大规模的居民区相比的大城市。为了维持这座城市的生活，必须向它提供巴尔干的羊群，埃及的稻米、蚕豆和小麦，黑海地区的小麦和木材，小亚细亚的牛、马、骆驼；为了保证居民的来源，它必须吸收整个奥斯曼帝国的移民，接受鞑靼人从俄罗斯掳掠的奴隶以及土耳其船队从地中海沿岸带回的奴隶，这一切都在首都市中心庞大的贝西斯唐市场出售。

我们当然还应该说，在16世纪初争夺意大利的各支雇佣军规模都很小，仅一两万人和一二十门炮。在我们的教科书里，这些效忠帝国的士兵及其享有盛名的将领——佩斯凯尔、德·波旁元帅、德·拉诺依、菲力贝·德·夏隆——尽情痛击由弗朗斯瓦一

第一章 数字的分量

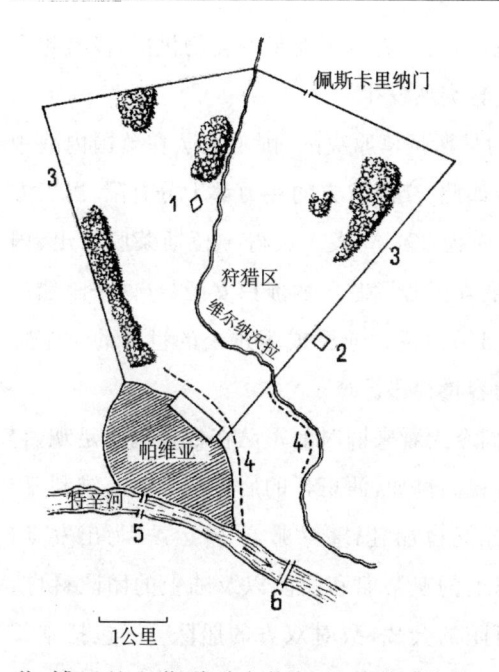

4. 帕维亚战役

1) 米拉贝罗；2) 猎狗厩；3) 狩猎场的砖砌围墙；4) 法军的战壕；5) 围城初期已被切断的圣安东尼桥；6) 会战期间被达朗松公爵切断的木桥。（地图绘制者：R.托姆。）

世、博尼凡和劳脱雷克指挥的其他雇佣军。投入的兵力主要是界于德意志步兵和西班牙火枪兵之间的一万名旧军队，但这一万名精兵像后来在布洛涅兵营和西班牙战争期间（1803—1808年）的拿破仑大军一样，很快就消耗殆尽。从布科尔之战（1522年）到劳脱雷克在那不勒斯惨败（1528年），这支军队曾风云一时；帕维亚战役（1525年）[57]更是他们辉煌生涯的顶峰。这一万名灵活凶残的士兵（他们是劫掠罗马的元凶），其作用远比今天的五万或十万大军更加重要。这在以往的时代，士兵过多便会调动不灵或补给跟不上，除非战区的出产十分丰富。因此，帕维亚战役是火铳兵的胜利，或在更大程度上是挨饿的士兵的胜利。弗朗斯瓦一世的军队夹在它所包围的帕维亚城墙和公爵狩猎区的围墙之间，有着保护它免受敌人炮火的掩体，安享着过于充足的食物供应，没有想到战役于1525年2月24日突然发生。

1644年7月2日的马斯顿草原决战，国王军队在英国内战中遭到第一次惨败也同样如此，交战双方的兵力都十分有限：国王方面为15000人，国会方面为27000人。彼得·拉斯莱脱指出，国会方面的军队只用"玛丽女王号"和"伊丽莎白女王号"两条邮船就能全部装下；他因此得出结论说："业已成为过去的世界的一个特点……是人类共同体的容量很小。"[58]

话说回来，虽然我们今天看来旧时的军队在数量上不足观，它们的某些壮举却值得重视。例如，西班牙的后勤部门以塞维利亚、卡迪斯（后来是里斯本）、马拉加、巴塞罗那等"转运站"为出发点，竟然能调动整个欧洲海上的帆桨船和船队以及陆上的团队；伊斯兰教徒和基督徒在勒班陀的会战，敌对双方的船队——包括细长形的帆桨船和粗圆形的护航大船[59]——总共至少能装十万人。十万人！请想想今天可以运载五十万至一百万人的舰队！五十年后，即在1630年，华伦斯坦一人就统辖十万之众，[60]这一更大的壮举意味着要组织高超的后勤机构。在德南打了胜仗（1712年）的维拉尔大军共有七万人，[61]但这是一支破釜沉舟作背水之战的军队。后来，在1744年，根据军事大臣杜普雷·杜尔内的说法，十万士兵的数字至少在理论上是正常的。他指出，为了养活这么多人，后勤部门每天必须有12万份食物可供分配（因为有的领双份），因而每隔四天就要准备48万份。按每辆车运送800份计算，他接着说，"就必须有600辆车和2400匹马，每四匹马套一辆车"。[62]军需供应后来变得简单了，甚至还有铁轮烤炉烘制军用面包。但在17

世纪初,一部有关炮术的论著在阐述一支配有炮兵的部队的各项需要时指出,人数以两万为宜。[63]

这些事例所说明的道理也可反复应用于无数其他情形。驱逐摩尔人(1609—1614年)给西班牙造成的损失,根据相当可靠的计算,总数至少达30万人;[64]取消南特敕令给法国带来的损失;[65]朝新大陆方向贩卖奴隶给黑非洲造成的损失;[66]白人向新大陆移民再一次给西班牙造成的损失(在16世纪,每年约有1000人,总共为十万人),所有这些损失虽然为数甚微,但加在一起就成了问题。由于政治割据和经济缺乏活力,欧洲当时没有更多的人可迁出。没有非洲的帮助,欧洲不可能开发新大陆。原因很多,首先是气候不适,此外还因为欧洲抽不出太多的劳动力。当时的人虽然喜欢夸大其词,但塞维利亚的生活如果没有受到对外移民的影响,安德列奥·纳瓦吉罗于1526年就不会说:"许多人动身去了印度,城里〔塞维利亚〕居民大大减少,几乎由妇女掌权。"[67]

卡·尤·贝洛克试图衡量17世纪的真正分量时曾有过类似想法,当时的欧洲听命于互相争雄的三大强国:奥斯曼帝国、西班牙帝国以及路易十三和黎塞留的法国。就人口而言,每个强国在旧大陆各自拥有约1700万人。由此得出的结论是,若要扮演强国的角色,就必须高于这个水平。[68]今天的情况就远不是如此了……

法国早期的人口过剩

与此同时,还有许多比较也能为我们提供同样重要的解释。假定1600年前后的世界人口为今天的八分之一,而法国人口(按

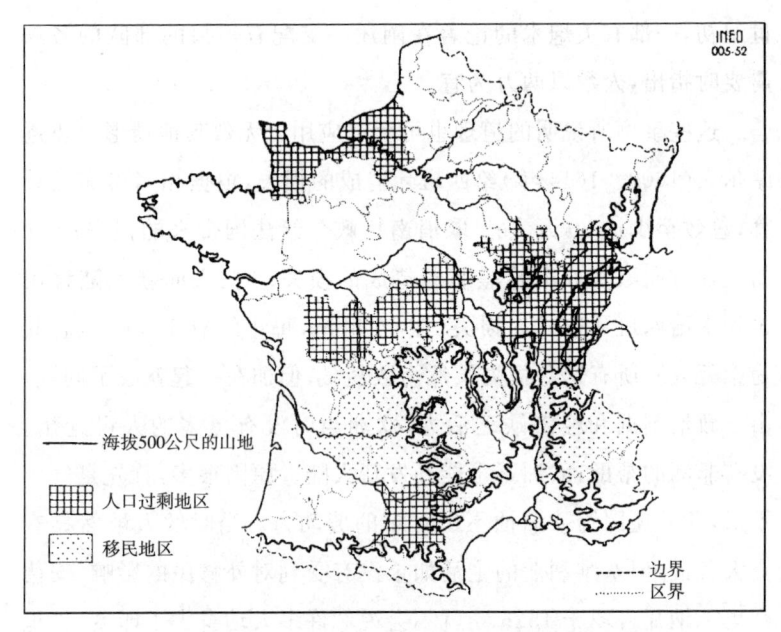

5. 1745年法国的人口过剩地区和移民地区
地图由德·丹维尔提供,见《人口》杂志1952年第1期。
有关评述见本书第三卷,第298—299页。

图例:
- 海拔500公尺的山地
- 人口过剩地区
- 移民地区
- 边界
- 区界

今天的政治区划计算)为2000万,这个假设即使并不完全可靠,却至少是可能的。英国当时至多有500万人。[69]如果这两个国家的人口按世界平均速度增长,英国今天应该有4000万人,法国则有1亿6000万;这就等于说,法国(或意大利,或16世纪的德意志)这类国家的人口大概已有过剩,法国当时因人口膨胀而出现吃闲饭的和不受欢迎的无赖。勃朗托姆说过,法国"已有人满之患"。[70]由于缺少自上而下的组织,移民处于自流状态,例如:16和17世纪向西班牙的移民规模相当大,后来又有向美洲各"岛屿"的移民,有因宗教冲突引起的人口外流,"法国这次为时很久的人口损失以1540年的迫害新教徒事件为开始,到1752至1753年期间以朗格多克的流血镇压引起的大规模人口外流告终"。[71]

历史研究揭示了法国向伊比利亚半岛移民的规模,[72]这是我们以往还不了解的。统计资料和大批游记都证明了这一点。[73]在萨拉戈萨,法国手工业者多得不可胜数,雷兹主教听到那里所有的人都讲法语,不禁十分惊讶。[74]10年后,安托尼·德·勃吕内尔也为马德里竟有如此众多的"肮脏家伙"(这是对法国人的鄙称)而吃惊,他估计有四万人"装扮成西班牙人和自称是瓦隆人、弗朗什-孔代人或洛林人,隐瞒自己的籍贯,以免被当作法国人而挨揍"。[75]

他们被可望得到的高工资和高利润所吸引,在西班牙首都充当工匠、苦力和小贩,尤其是泥瓦匠和建筑工人。但也有大批人拥入农村:没有来自法国的农民,西班牙的土地往往会沦于荒芜。这些细节表明,移民不但数量多,持续时间长,而且涉及许多社会阶层。这是法国人口过剩的一个明显标志。戈勒维尔的贵族让·埃罗在其《回忆录》[76]中说,西班牙(1669年)约有20万法国人;数字虽大,却不是不可能的。

正是在这个几百年来陷于人口膨胀困境的国家里,18世纪才出现了自愿的生育节制。塞巴斯蒂安·迈尔西埃(1771年)写道,"丈夫在性冲动时要当心少生孩子"。[77]在1789年革命后的艰难年月,出生率的急剧下降表明避孕已经推广。[78]这个现象在法国比在其他各地更早出现,难道不应该归诸长时期的人口过剩吗?

人口密度和文明水准

既然陆地面积为1亿5000万平方公里,而人口为40亿,目前世界人口的平均密度是每平方公里26.7人。在1300至1800年间,如按同样的方法计算,每平方公里至少为2.3人,至多为6.6人。假如我们计算一下今天——1979年——人口密度最高地区(每平方公里200人以上)的面积,我们将能得出今天密集文明的基本面积。经过反复的计算,其数字是1100万平方公里。在这一狭长地带集中着人口的70%(将近30亿人)。照圣埃克苏佩里的说法,市井阡陌在地球表面犹如一条狭长的丝带;第一次失误,他的飞机坠落在巴拉圭的丛林中;第二次失误,又在撒哈拉沙漠上着陆……[79]我们应重视这些现象,认识世界的荒唐和不均衡。人让地球的十分之九空着,这往往是迫不得已,也是出于疏忽,还因为历史不顾人们世世代代的努力,已作出了另外的抉择。维达尔·德·拉布拉什写道:"人们不像水面上的油滴那样在地球表面扩散,而像珊瑚一般聚焦",也就是说,"在居民群体寄居的礁石的某些点上"一层又一层地积少成多。[80]过去的人口密度是那么低,人们往往轻易得出结论,以为在1400至1800年期间,任何地区都没有真正密集的人群在创造文明。而实际上,同样的隔绝和不均衡状态把世界分割成人口密集的狭小地区和人口稀少的广阔地区。这里,数字需要用标尺重新衡量。

我们已经知道在欧洲开始征服美洲的前夕(即在1500年左右)各文明地区、文化发达地区和文化落后地区在全世界的大致分布状况。当时的文献、后来的记述和人类学家的考察为我们提供

第一章 数字的分量

了一幅颇有价值的地图;我们还知道,文化的地理区划在千百年中很少变化。人由于祖祖辈辈局限于以往的成果,更愿意在自身经验的框架内生活。人是个集群:单个的人在集群中有进有出,但集群却始终同一定的地域,同熟悉的乡土相结合,并在其中扎根生长。

一位名叫戈登·W.休斯的人类学家[81]为1500年前后的世界绘制的一幅地图十分说明问题,我们特意把它复制出来。它区分76种文明和文化,即把1.5亿平方公里的陆地分成76个大小不等、形状不同的条块。由于这张地图十分重要,必须经常参考,我们一开始就不能掉以轻心。这76块七巧板是按1号(塔斯马尼亚)到76号(日本)的顺序排列的。自下而上的分类使我们毫不困难地看到:以采集、捕鱼为生的原始部落被归入第一类,即从1号至27号;游牧部落被列为第二类,即从28号至44号;从事不足糊口的农业的居民属于第三类,即从45号至63号,这些以手持小锄的农民为主的地区几乎连接成一条奇怪的腰带,分布在世界四周;最后一类是文明地区,即从64号至76号,那里不但人口比较稠密,而且具有许多有力手段和条件:家畜、单铧犁、双铧犁、车辆,以及城市……不用多说,这最后13块七巧板正是"发达"国家和住满了人的世界。

关于最高一类的分布,个别地方尚可商榷。61号和62号,即墨西哥的阿西德克文明和秘鲁的印加文明,是否应该列入这一类?如果考虑到它们光辉灿烂的艺术和独具一格的精神面貌,考虑到古代玛雅人高超的算术,考虑到两种文明在白人征服的可怕打击下久盛不衰,这当然是应该的。但是,如果人们注意到它们专一地

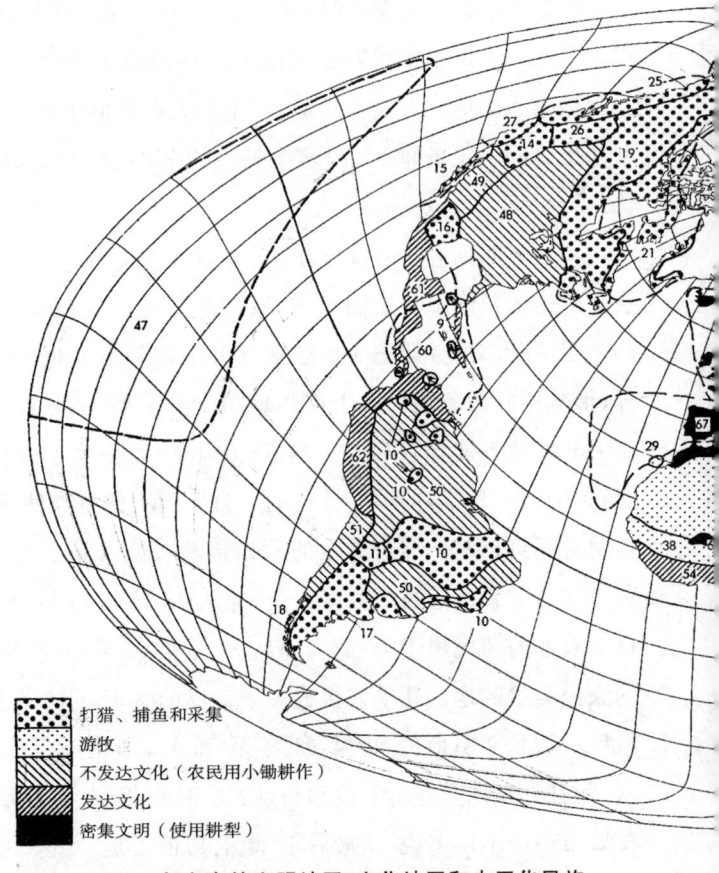

6. 1500年左右的文明地区、文化地区和未开化民族

1.塔斯马尼亚人,2.刚果的俾格米人,3.维达人(锡兰),4.安达曼人,5.萨卡伊人和塞芒人,6.库布人,7.普南人(婆罗洲),8.菲律宾的尼格罗人,9.西博内人(安的列斯群岛),10.博托库多人,11.大查科的印第安人,12.布须曼人,13.澳大利亚人,14.大盆地(美国),15.下加利福尼亚,16.德克萨斯和墨西哥东北部,17.巴塔哥尼亚,18.智利南海岸的印第安人,19.阿塔帕斯克人和阿尔岗昆人,20.尤卡吉尔人,21.中部和东部的爱斯基摩人,22.西部的爱斯基摩人,23.堪察加人、科里亚克人、楚克特人,24.虾夷人、吉利亚克人、戈尔特人,25.西北海岸的印第安人(美国和加拿大),26.哥伦比亚高原,27.中加利福尼亚,28.驯鹿部落,29.加那利群岛,30.撒哈拉游牧部落,31.阿拉伯游牧部落,32.近东山区牧民,33.帕米尔和印度高原牧民,34.哈萨克和吉尔吉斯,35.蒙古人,36.中国西藏牧民,37.中国西藏定居牧民,38.西部苏丹人,39.东部苏丹人,40.索马里和东北非,

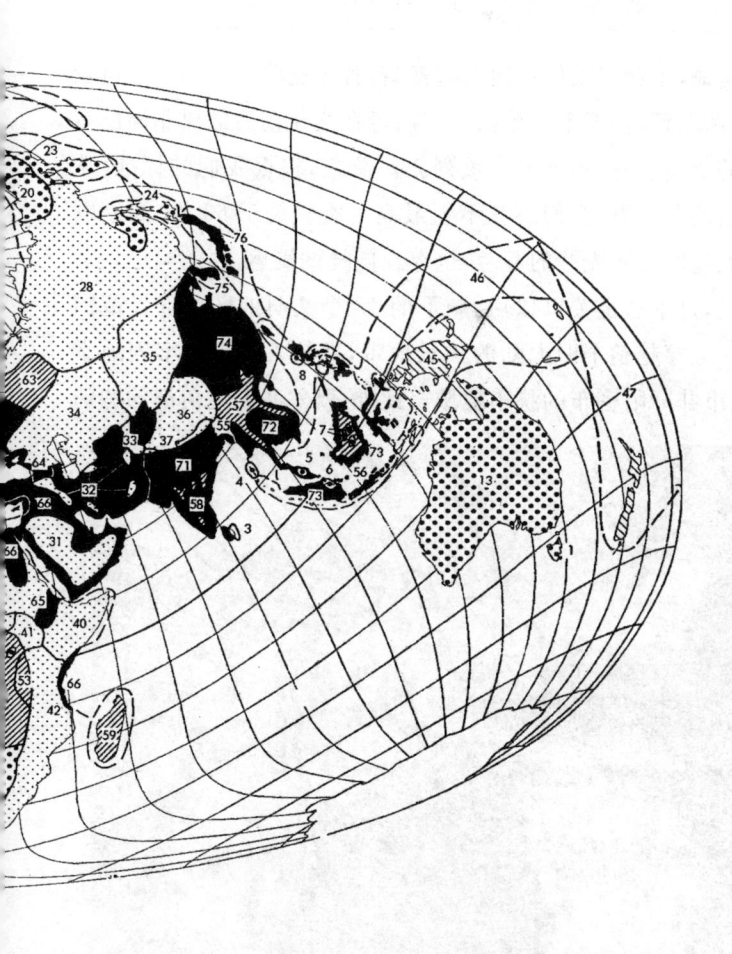

41.尼洛特人,42.东非牧民,43.西部班图语诸族,44.霍屯督人,45.美拉尼西亚的巴布亚人,46.密克罗尼西亚人,47.波利尼西亚人,48.美洲的印第安人(美国东部),49.美洲的印第安人(美国西部),50.巴西的印第安人,51.智利的印第安人,52.刚果各部落,53.东非大湖地区各族,54.几内亚海岸,55.阿萨姆高地和缅甸的印度人,56.印度尼西亚高地各部位,57.印度支那和中国西南高地各族,58.印度中部高山森林地区各部落,59.马尔加什人,60.加勒比人,61.墨西哥人,玛雅人,62.秘鲁人和安第斯人,63.芬兰人,64.高加索人,65.阿比西尼亚人,66.定居的穆斯林,67.欧洲西南部,68.东地中海地区,69.东欧,70.欧洲西北部,71.印度(地图不区分穆斯林地区和印度教地区),72.东南亚低洼地区,73.印度尼西亚低洼地区,74.中国人,75.朝鲜人,76.日本人。(地图绘制者:戈登·W.休斯)

使用长柄锄,不懂得役使任何大家畜(各种羊驼除外),不会制造轮子、拱顶和车辆,甚至不会炼铁——后者在文化落后的黑非洲已有千百年的历史——,那就不应该列入。总之,根据我们的标准,从物质生活的角度看,它们还算不上最高一类。关于63号,即刚刚接触邻近地区文明光芒的芬兰,也存在同样的疑惑。

但是,过了这道关口以后,剩下的13个文明地区在世界范围内形成一条穿越整个旧大陆的狭长地带,即被人尽可能牢固地掌握住的、市井阡陌密布的狭小地域。此外,既然我们把美洲的特殊

位于布拉格大道沿线的一个波西米亚村庄,周围有耕地、树林和三个鱼塘,它在1675年左右仅有十来户人家。同一类型的其他村庄的规模也不相上下。地图存奥尔利克中央地图档案馆。

情形搁在一边,让我们承认,凡于1500年已有文明人存在的地方,他们于1400年也业已存在,并且到18世纪和今天将始终存在。总账很快就算出了:日本、朝鲜、中国、印度支那、南洋群岛、印度、细长的伊斯兰地区以及欧洲的四个不同地区(最富裕的地中海沿岸的拉丁国家,不幸沦于土耳其征服之下的希腊,生机勃勃的北方国家,最粗犷的俄罗斯-拉普地区);此外再加上两个奇异的文明:即被列为64号的剽悍的高加索文明和被列为65号的阿比西尼亚根深蒂固的农业文明……

以上地区的总面积也许有1000万平方公里,几乎等于法国现有国土的20倍。这块面积小、密度高的纺锤状地域不但具有明显的个性特征,而且在当今的世界地理上大致仍可辨认(让我们重复一遍,在1100万平方公里的土地上,生活着70%的人口)。如果我们接受文明地区人口在总人口中的这个比例(总数的70%),那么按照我们的极端推算,这些优越地区每平方公里的密度将从1300年的24.5人(最低数字)过渡到1800年的63.6人(最高数字)。[82]在1600年,根据卡·尤·贝洛克的推测,我们的平均数应介于28至35之间:如果当时一个欧洲强国至少要拥有1700万人,那么在世界的其他地区,用以标志文明昌盛、生命繁衍的起码水平应是每平方公里有30名左右的居民。

如果我们仍停留在1600年,人口稠密的意大利每平方公里约有44人,荷兰有40人,法国有34人,德意志有28人,伊比利亚半岛有17人,波兰和普鲁士有14人,瑞典、挪威和芬兰为1.5人左右(它们还处于原始的中世纪阶段,属于欧洲的边缘地带,其中仅少数地区参与欧洲的生活)。[83]至于中国,它的17个行省(第18个行省为甘肃,当时属于中国的土耳其斯坦)的人口密度仅略高于20人(1578年)。[84]

在我们看来,这些水平简直太低了;但在当时,它们已是人口过剩的明显标志。16世纪初德意志人口最多的符腾堡地区(每平方公里44人)[85]是招募雇佣兵的理想地点;法国广大地区在达到每平方公里34人的水平时出现了人口外流,西班牙的水平仅为17人。然而,富裕的和业已"工业化"的意大利和尼德兰却承受更重的人口负担,剩余人口大部留在国内。因为人口过剩同时取决于人数的多少和拥有资源的多少。

历史人口学家A.P.乌歇把人口水平分为三等。最低的一等是刚刚开拓的地区(他想到的是美国的"边疆"),即处于开垦荒地的初期水平。第二等的人口水平(18世纪前的中国和印度,12或13世纪前的欧洲)界于每平方公里15至20人。最后才是人口密度在20人以上的水平。20人这个数字也许过分低了点。但按照传统的规范,我们已指出的1600年间意大利、尼德兰和法国的人口密度(分别为44、40和34)显然已反映着过高的人口压力。顺便指出,根据让·符拉斯蒂埃就旧制度下的法国所作的计算,由于耕地实行轮作,必须有1.5公顷土地才能保证一人的食物供应。[86]丹尼尔·笛福于1709年也作了类似的断言:三英亩好地,或四英亩中等土地(即1.2至1.6公顷)。[87]我们将看到,人口压力势必导致食品结构的变化(在肉食和面包之间作出抉择)、农业的改造和人口的外流。

这里,我们才刚到达人口史的基本问题的门口。我们还必须知道城市人口同乡村人口的关系(这一关系是以往的人口增长历史的基本指针),并按人文地理学的标准进一步了解各乡村集团的形式。18世纪末,圣彼得堡附近芬兰农民的破陋农庄极为分散;德意志垦殖者的住房比较集中;俄罗斯村庄的集中程度尤高。[88] 在阿尔卑斯山北侧的中欧,村庄相当小。我在波西米亚——还在华沙中央档案馆——曾见到过有关罗森堡家族和施瓦尔岑堡家族原有领地的许多地图(这些领地位于奥地利边境地区,那里有许多喂养鲤鱼、小白鱼和鲈鱼的人工池塘),我惊奇地发现,中欧的众多村庄在12和13世纪竟是如此之小,往往只有十来户人家……这同意大利的城市式村庄或同位于莱茵河、默兹河和巴黎盆地之间的市镇相差简直太大了。在中欧和东欧的许多国家,村庄的规模小难道不正是决定农民命运的基本因素之一吗?由于缺少巨大共同体的同心协力,农民更无力量抗拒贵族的压迫。[89]

戈登·W.休斯的地图还说明了什么

至少说明三个问题:

1."文化"(第一批成果)和"文明"(第二批成果)的地理位置在很大程度上固定不变,因为这些位置是以现状为出发点,通过简单的后退方法加以复原的。它们原来就有固定的界线,因而它们的衔接如同阿尔卑斯山、墨西哥暖流和莱茵河河道那样,是个强有力的地理特征。

2.地图还表明,早在欧洲获胜前的几百年或几千年,整个世界已经为人们所确认和占有。只是面对汪洋大海、深山老林(亚马孙地区、北美和西伯利亚的大森林)和一望无际的沙漠等巨大障

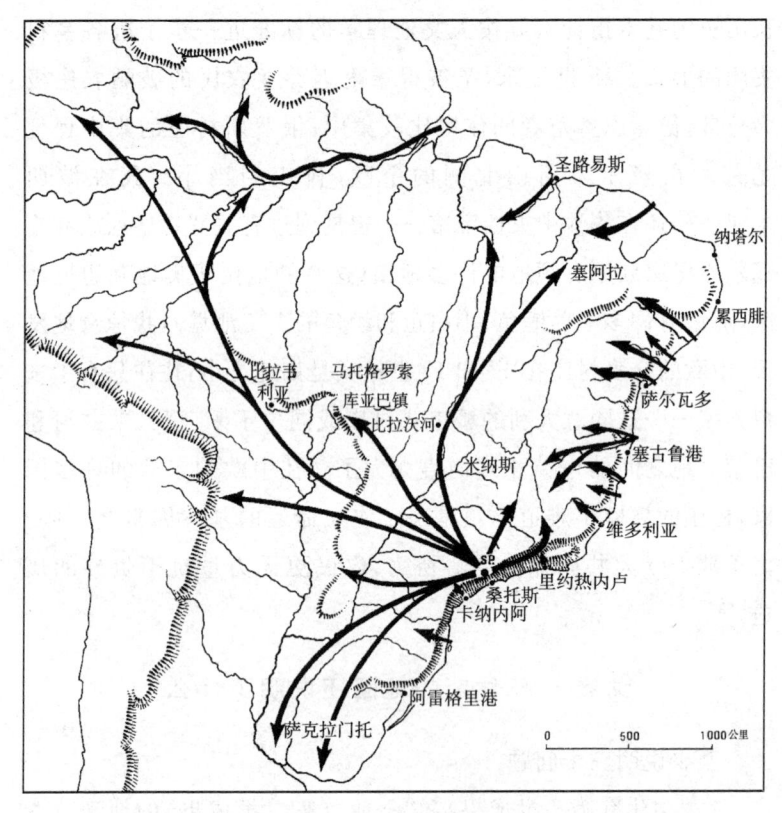

7. 16 至 18 世纪的巴西探险活动

探险队主要从圣保罗（图中的 SP.）出发，他们走遍了巴西的内地。

（地图绘制者：埃斯克拉诺尔-都奈）

碍，人们才止步不前。但是，细看之下，没有哪一块海域不是很早就吸引人们去冒险并交出自己的秘密（印度洋季风在古希腊时代就已被认识）；没有哪一块山地、森林和沙漠不让人进入和穿越。这对"可居住和可通航地区"[90]来说是毫无疑义的：早在 1500 年前（甚至早在 1400 或 1300 年前），即使最小的地块都已被人占用。

第一章 数字的分量

旧大陆上 30 至 36 号这几块荒漠庇护着尚武好斗的游牧部落,我们在这一章里还将谈到他们。总之,世界,"我们的老家",[91] 远在"地理大发现"以前早已"被发现"了。"从有文字记载的历史开始以来",植物资源的单子已包罗无遗,"凡有普遍食用价值的植物,无一不被列入这个单子,原始民族对植物世界的探索十分全面和细致"。[92]

可见,发现美洲和非洲并首先侵占神秘大陆的,其实不是欧洲人。那些大吹大擂地自称于 19 世纪发现了中非的人,是靠黑人挑夫背着他们去旅行的。他们的大错——当时的欧洲都犯了这个错误——正是自以为发现了某个新大陆……同样,南美大陆的发现者,甚至那些从圣保罗(该城市建立于 1551 年)出发,在 16、17 和 18 世纪创造了惊天动地奇迹的圣保罗探险队,也不过是重新发现了印第安人早已走过的老路或他们的独木船航行过的河道,而且通常还有葡萄牙人和印第安人的混血儿(即所谓"马穆鲁克")为他们领路。[93] 同样,法国人于 17 和 18 世纪从大湖区到密西西比河的探险也全靠被称作"黑炭"的加拿大混血儿的帮助。欧洲人往往用他人的眼睛、双腿和智慧,重新发现了世界。

欧洲独立完成的业绩仅是发现了大西洋,征服了艰难海域和狂风激浪。这一胜利为欧洲打开了世界七大海的大门和通道。从此,世界的整个海洋都为白人效劳。欧洲的光荣在于它的船只和舰队横行海洋,在于它拥有习惯过海上生活的人民,以及港口和造船厂。彼得大帝首次到西欧旅行期间已看准了这一点:他决定去荷兰阿姆斯特丹附近的萨尔丹造船厂工作。

3. 最后一个问题:人口密集的狭长地带并不始终一成不变。

除开被人牢牢控制的地区(西欧、日本、朝鲜、中国)外,南洋群岛和印度支那仅个别地区居民较多;印度本身尚未充分发展其混合文明;伊斯兰文明控制着紧贴黑非洲的一系列河岸和山丘,分布于沙漠、河流和大海的边缘和无人区的四周,靠近奴隶海岸(桑给巴尔)和尼日尔河湾,并在那里建立起一个又一个尚武好战的王朝。即使对欧洲来说,到了东欧以后,也是一片空旷无人的荒漠。

人兽共生的局面

人们往往只注意文明国家,因为这是人类的主要居住区。此外,这些地区作出了巨大的努力,试图找回自己以往的面貌、工具、衣着、住房、习俗乃至传统歌曲。我们在他们的博物馆里看到这一切。每一块地域都具有人们熟悉的色彩。那里的一切往往很富特色:中国的风磨是横向转动的;在伊斯坦布尔,剪刀的刀刃下刻有一道凹沟,讲究的汤匙用胡椒木制成;日本和中国的铁砧同我们的不一样;红海和波斯湾中的船舶没有一枚钉子……每块地域都有自己的植物和家畜,至少有独特的种植方法和饲养方法,还有其偏爱的房屋和食品……厨房的气味足以使人想起一种文明的整个面貌。

然而,文明还不能体现世界的全部风土人情。原始生活包围着文明地区,有时甚至渗透其中,另有广阔的地区竟空无一人。因此,必须设想人兽共生的历史,或者手持小锄从事古老农业的农民的黄金时代;文明人把这些当作人间天堂,因为他们有时很想摆脱自己所受的束缚。

未开化的野人形象多见于远东,例如在南洋群岛、中国的山区、日本的北海道、中国台湾（福摩萨）或印度中部。欧洲没有这类定居山林、刀耕火作、从事陆稻种植的"野蛮"部族。[94] 欧洲很早已把山区居民驯化，并且不把他们当作贱民对待。相反，在远东，这些联系和合作都不存在，残酷无情的冲突经常发生。中国人不断同喂养牲畜、屋室奇臭的野蛮山民作斗争。同样的冲突也在印度发生。1565年，印度的维贾亚纳加尔王国在德干半岛塔利科塔战场上受到了北方穆斯林苏丹的骑兵和炮兵的致命打击。王国的首都并未立即被战胜者占领，处于不设防状态，车辆马匹都已随军出发。于是，附近布林加里斯、朗巴迪斯、库鲁巴斯丛林中的野蛮部族蜂拥而来，把城市洗劫一空。[95]

但是，在文明地区的警戒下，这些野人只是困守一隅之地，处在团团包围之中。真正的野人是无拘无束的，虽然他们的生活地点条件恶劣，迹近洪荒。这是弗里德里希·拉采尔所说的"边缘民族"，即为德国地理学家和历史学家认为与历史无关的（难道真是如此？）次等民族。过去，在辽阔的西伯利亚北部，"12 000名楚克特人生活在800 000平方公里的土地上；1000名萨莫叶特人居住在雅马尔半岛150 000平方公里的冻土带"。[96] 因为，"最贫穷的集群往往要求最广阔的空间"，[97] 除非必须推翻以下的论断：在这些无边无际的荒野上，只有挖取植物根茎和猎取野兽才能勉强维持生活。

人烟稀少的贫瘠荒野也是野兽出没之地。见不到人，就会遇到野兽。翻开以往的游记，世界上的各种野兽便迎面向你扑来。据17世纪的旅行家说，亚洲虎在恒河三角洲竟过河袭击在船上睡觉的渔民；直到今天，远东的山民还把村庄四周的草木清理干净，防止吃人猛兽的袭击。[98]每当夜幕降临,人们即使待在家里也不感到安全。耶稣会教士拉斯戈台斯及其难友(1626年)被囚禁在广州附近的一个小城市,其中一人走出茅屋,竟被老虎叼走。[99] 14世纪有一幅中国画,画的是果树丛中的一只斑纹巨虎,似乎这种猛兽在当地常来常往。[100]类似的事在整个远东实在太多了。

暹罗地处湄南河谷;一排排店铺杂乱无章地建在水面,全家老小往往挤住一条船上,除包括首都在内的两三座城市外,河流两岸是一片稻田;还有辽阔的森林,穿越其间的河流浸润着大片地面。据 E.康普费尔说,森林中常年不积水的有限几块空地正是虎、野象和麂的藏身之地。[101]至于其他猛兽,狮子在埃塞俄比亚、北非以及波斯的巴斯拉附近,或在印度西北部邻近阿富汗的大路上横行无阻。鳄鱼在菲律宾的江河中大量滋生,[102]野猪在苏门答腊的沿海平原、印度以及波斯高原逍遥自在;野马在北京以北地区经常是套索捕猎的对象。[103]野狗在特拉布松山区的吠叫声竟使热梅利·卡勒里不能入睡。[104]在几内亚,猎人向着矮小的野牛扑去,但对成群的大象和河马则躲避犹恐不及,听任它们毁坏种有"稻米、小米和蔬菜"的田地……"有时竟见到三四百头成群结队而来"。[105]除好望角附近地区外,庞大的南非是荒无人烟的真空地带,那里偶然能遇到的少数人,"其生活与其说像人,不如说像野兽",此外就是"猛兽",大批以肥大闻名的狮和象。[106]这里,我们不妨后退若干个世纪,回到大陆的另一端,想想迦太基和汉尼拔时代北非的大象。也可以想想略往北去的黑非洲中部的情形,那里的捕象活动在16世纪曾为欧洲人提供了大批象牙。[107]

捕猎海豹:1618年的一幅教堂感恩画讲述了瑞典猎人竟与猎物一起被浮冰冲走,他们过了两星期后才回到陆地。画作存斯德哥尔摩国立博物馆。

从乌拉尔到直布罗陀的整个欧洲是狼的领地,熊则据山为王。狼的四处出没以及人们对狼害的重视使猎狼活动成为乡村(乃至城市)盛衰和年成好坏的标志。每当冬季气候恶劣,经济出现衰退,或人们稍一疏忽时,狼便大量繁殖。在1420年,狼群竟利用城墙的洞隙或城门的把守不严钻进了巴黎市内;1438年9月,狼群在蒙马特尔和圣安东尼门之间的市郊袭击行人。[108] 1640年,狼在贝桑松市的风磨附近渡过杜河,进入市内,"当街吞食小孩"。[109] 由弗朗斯瓦一世于1520年左右创办的捕狼队从事大规模的捕杀,贵族和村民全都被动员起来;直到1765年,在热伏唐地区,"狼祸之烈令人触目惊心"。[110] 一名法国人于1779年写道:"看来,人们想如同600年前的英格兰那样在法国消灭狼

巴伐利亚猎捕野猪:长矛和火枪(1531年)。画作存慕尼黑国立博物馆。

害,但在我们这个地域广大和四面开放的国家里,要想把狼包围起来殊非易事,尽管这在大不列颠的岛上是可行的。"[111] 1783年,法国商会代表讨论了几年前提出的一项建议,要求"把足够数量的狼运往英格兰,让狼去消灭那里的大部分居民"![112] 狼在欧洲大陆生根,在德意志和波兰的遥远森林中群居,法国四通八达的地理位置为它提供了理想的活动场所。维尔科地区于1851年仍然以狼害为患。[113]

更加有趣的是,纽伦堡的医生托马斯·闵采尔[114]于1491年同朋友一起去巴伦西亚山区旅行,在途经马拉加附近时,他们的马惊起了成群的阿尔卑斯松鸡、锦鸡、野兔、白山鹑和红山鹑。还有,16世纪初,野兽在符腾堡的"荒岭"地区横行无阻,但农民仍被禁止使用狼狗,唯独护林人才有这种权利。[115] 野猪、鹿、麂、羚羊、狮、虎、熊、兔在波斯大量繁殖,此外还有许多野鸽、野鸭、雁、斑鸠、乌

鸦、鹭鸶以及两种山鹑……[116]

空白越大,动物的繁殖自然就越容易。耶稣会教士南怀仁同中国皇帝的大批随从在满洲旅行期间(1682年),因旅途劳累而不无怨言;他参加了几次令人难以置信的狩猎:一天之内即打死1000只鹿和60只老虎。[117]毛里求斯岛在1639年还无人居住,那里的斑鸠和野兔既多又不怕人,几乎伸手就可抓到。[118]在1690年的佛罗里达,野鸽、鹦鹉和其他鸟类的数量众多,"鸟和鸟蛋往往车载船装"。[119]

新大陆的情况当然更加突出:那里的荒野地区极多,偶然能见到几个相隔甚远的小城市。智利圣地亚哥的主教里扎哈加于1600年用30对牛拖12辆四轮大车,竟花20多天时间才从科尔多瓦到达门多萨,即穿过今天的阿根廷的国土。[120]除了南半部的鸵鸟、羊驼、海豹外,当地的畜类很少。[121]空白很快被欧洲运来的牲畜(马、牛)所占领,它们自动繁殖起来。野牛群在平原上定期往返觅食,直到19世纪仍逍遥自在地生活着。远远望去,野马群以排山倒海之势向人们拥来。在这"不长树木"的潘帕斯草原,向导远远望见一座小山丘,他高兴地说:"我们赶快去砍些木柴吧。"[122]里扎哈加竟对向导的误会信以为真,岂不有趣?这些向导在美洲本是初来乍到,难怪他们备受别人的讥笑。

这件趣闻且表过不谈。还有更有趣的画面可看:当美洲向西欧人开放时,俄罗斯人进入了西伯利亚。1776年春,几名俄国军官大清早离开鄂木斯克,继续前往托木斯克。他们发现河流已开始解冻,只得找几根树干,临时捆成木排,沿鄂毕河顺流而下。据执笔的军医(原籍瑞士)说,航行虽然十分艰险,却也不无乐趣……"在经过的至少50个岛上,狐狸、野兔和海狸极多,它们随意来到水边……我们高兴地看到一只母熊带领四只小熊在沿岸散步……"此外,还有"多得惊人的天鹅、鹳、鹤、鹈鹕、大雁……和各种野鸭(特别是红色的)……沼泽中遍布蒲鸡和山鹬,树林里四处有松鸡和各种飞鸟……太阳落山后,鸟群齐鸣,叫声震耳"。[123]位于西伯利亚一端的堪察加半岛原来宽旷无人,18世纪初逐渐变得热闹起来。[124]皮毛动物吸引着猎人和商人,他们把皮革带回伊尔库茨克,然后通过附近的恰克图集市运往中国,或者转道莫斯科运往西方。海狸皮的风行正是从那时开始的。在这以前,它只是猎人和当地人的衣着。随着皮裘价格陡然上涨,狩猎的规模也一下变大。约在1770年,更有了庞大的组织。在鄂霍次克建造和装备的船只载有众多的船员,因为往往遭受虐待的当地人对他们持敌视态度,有时杀害船员、烧毁船只。此外,船队必须携带四年的食品,备有从远方进口的饼干和燕麦片。由于后勤开支很大,狩猎队受制于远在伊尔库茨克的商人,以股份形式与后者平分支出和收益。旅行甚至深入到阿留申群岛,为时可达四五年之久。狩猎者或者利用海狸出水呼吸之机,驾小船紧跟追逐,或者等着江面冻结浮冰,当海狸路过时,就用棍棒击打。出了水的海狸十分笨拙,很容易被猎人或猎狗逮住。有时候,浮冰自动碎裂,带着猎人、猎狗和死海狸一起飘到海上。船只有时被困在冰冻的北方海洋,没有烧柴和食物,船员不得不吞食生鱼为生。这种种困难都没有阻止猎人的大批拥来。[125]在1786年左右,北太平洋海面上开始出现英

第一章 数字的分量

17世纪波斯的一次狩猎：鹰、矛、刀、火器和大批的猎物。画作存吉梅博物馆，这里仅是该画的一部分。

国和美国的船只。堪察加的这些美丽的动物因此很快就大量减少；猎人不得不前往更远的地方，来到美洲海岸，直至旧金山沿线；在那里，俄国人和西班牙人于19世纪初迎面相逢，而这一事件竟在历史上没有被大书特书。

即使在18世纪末，原始的动物世界仍比比皆是；人在这些天堂的出现造成了悲剧。1793年2月1日，马戛尔尼专使乘坐"雄狮号"帆船前往中国途中，在南纬40°印度洋上的阿姆斯特丹岛发现五名肮脏不堪的居民（三名法国人和两名英国人），他们住在这个地方只能用疯狂追求皮货来解释。几艘波士顿商船以在广州出售美洲的海狸皮或阿姆斯特丹岛的海豹皮为业,上次航程中路过该岛,这五个人便舍舟登陆。他们(这五个人)组织宰杀了大批海豹(一个夏季杀掉25 000头)。岛上的野物不仅有海豹,也有企鹅、鲸鱼、鲨鱼、海狗以及无数的鱼。"几副鱼钩钓到的鱼足够'雄狮号'船员吃整整一星期。"在河流的入海口,鲈鱼、鲫鱼、小虾生长繁茂:"水手们以鲨鱼肉为饵,把篮子垂入水中,几分钟过后,可获半篮小虾……"其他的奇观是鸟,如黄嘴的信天翁、黑色的大海燕、白银鸟、夜出昼伏和被猛禽逐杀的蓝色海燕等,猎海豹者点燃火把,引来群鸟,"大量捕杀……他们甚至把鸟肉当作主食,据说味道十分鲜美。蓝色海燕的大小同鸽子不相上下……"[126]

其实,在18世纪前,弱肉强食的自然法则几乎到处通行,类似的例子也不胜枚举,我们这里就不再啰嗦。但以上事例足以证明,人类对世界的占领还是何等的虚弱!

旧的生态体系随同18世纪一起结束

无论在中国或欧洲,与18世纪一起被突破的是一种旧的生态体系,即在这以前曾起过规范作用的一系列限制、障碍、结构、关系和数量变化。

平衡始终保持

新的平衡不断在出生和死亡这两种运动之间确立。总的说来,旧制度下的生卒系数大体上趋于平衡。出生率和死亡率十分接近,约在40‰左右。新生儿数量恰好被死亡数量所抵消。在今

第一章 数字的分量 65

天已被划归雷恩市郊的拉夏佩尔-符日雷市镇,[127]据教区户籍记载,1609年有50名婴儿受洗礼,如果按每千人生40名婴儿计算,该市镇的居民约有1250人。英国经济学家威廉·配第在其《政治算术》(1609年)一书中,以死亡数乘以30算出人口数(这种算法略为低估了死亡率[128])。

从短时段看,积极因素和消极因素在齐头并进;如果对立的一方占上风,另一方即有反应。据说鼠疫于1451年夺走了科隆21 000人的生命;随后几年里,约有4000对男女举行婚礼;[129]即使如人们所想,这些数字过于夸大,但补偿是显而易见的。在勃兰登堡旧区的一个小市镇萨尔茨韦德尔,1581年有790人死亡,超过平时的十倍。结婚的数量从30对降低到10对,但在第二年,尽管人口减少了,却仍有30对男女结婚,随之出生的许多婴儿补足了缺额。[130] 1637年,维罗纳刚经历过一场鼠疫,据说这场灾难使一半居民丧生。该城驻军几乎都是法国人,大多幸免于难;他们娶寡妇

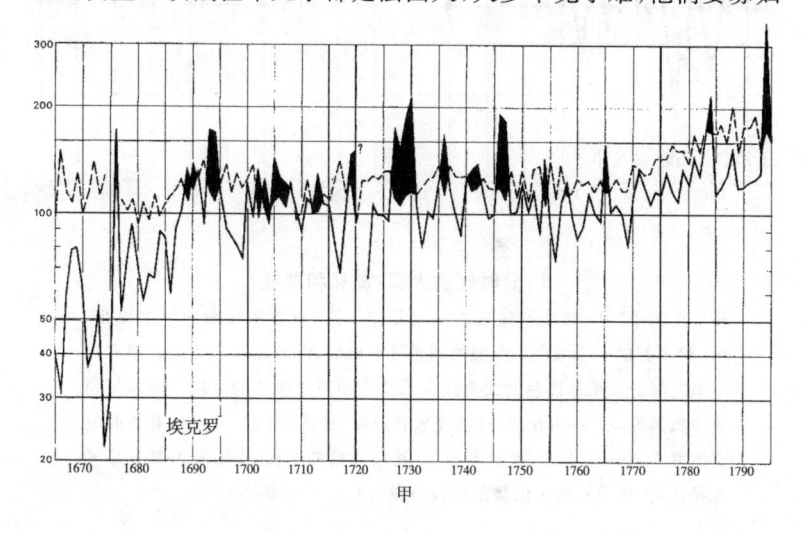

甲

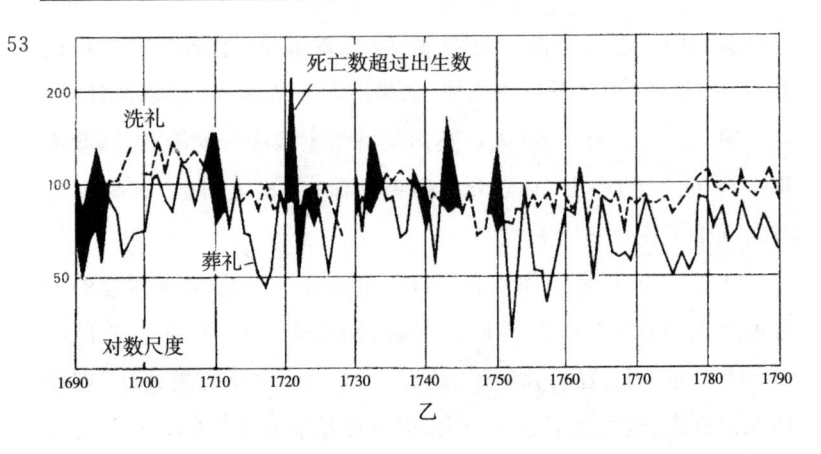

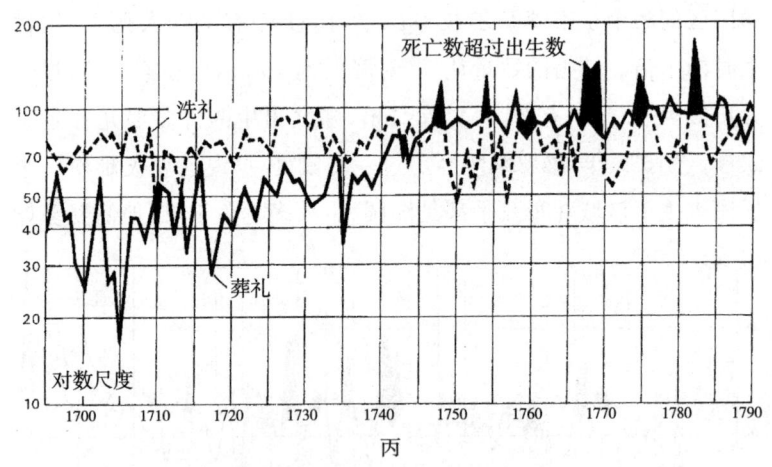

8. 旧时代的人口：洗礼和葬礼

举三个例子：甲. 弗拉芒地区的一个城市。乙. 下普罗旺斯的一个城市。丙. 博韦齐的一个城市。类似的例子可举出数百个，足以表明死亡率和出生率之间的关系。黑色的尖角代表死亡率超过出生率的时期。除埃拉格等少数例外，在 18 世纪后，这类现象普遍减少（见图乙）。并参见本书第 54 页图表 9，法国于 1779 年和 1783 年死亡人数的增加。[据米·莫里诺和 A.德伏斯（图甲）、勒·巴雷尔（图乙）和比·戈贝尔（图丙）]

为妻,使生活得以恢复正常。[131]整个德意志经过三十年战争的洗劫,创巨痛深,但在动乱结束后,就出现了人口回升。这种补偿现象帮助被战争惨剧破坏了四分之一或二分之一的国家恢复元气。1648年后不久,正当欧洲人口停滞不前或反有下降的时候,一位访问德意志的意大利旅行家却注意到"这里能从军的男子不多,而孩子的数字却高得出奇"。[132]

假如平衡恢复得不够快,当局便进行干预:威尼斯城历来对外封闭甚严,但在经历了一场可怕的黑死病后,于1348年10月30日发布了开明的法令,同意给予愿在法令生效后一年之内携带家眷财产前来定居的人以全部公民权(即出入自由)。何况,城市的繁荣一般要靠外来人口的迁入。但在平时,人口迁入是自发进行的。

从短时段看,人口的升降互相交替和互为补充,出生和死亡单调地呈现两条锯齿状曲线(直到18世纪)。西欧是如此,威尼斯和

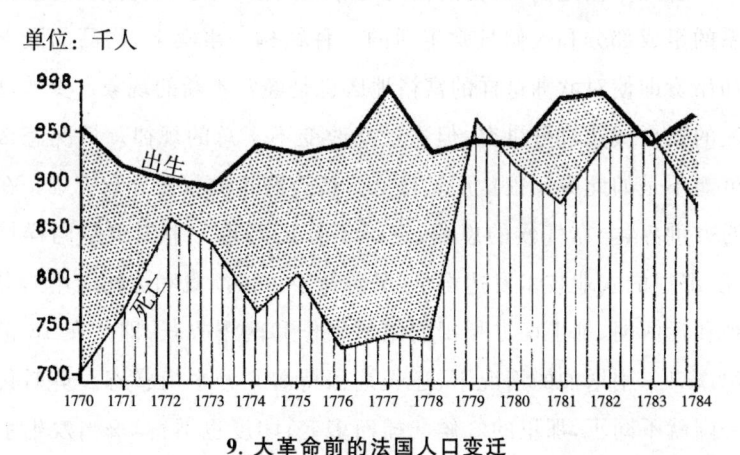

单位:千人

9. 大革命前的法国人口变迁

(摘自马·雷纳特和A.阿尔曼戈:《世界人口通史》)

博韦也是如此。婴儿总有三灾六难要过,贫苦者的处境十分困难,一旦发生瘟疫,他们轻易就会送命。穷人总是首当其冲。在这几个世纪里,发生了无数次"社会性屠杀"。1483年,在桑利附近的克累比,"三分之一的居民以乞讨为生,老人更朝不保夕,坐以待毙"。[133]

只是到了18世纪,生命才战胜死亡,出生率从此稳定地超过死亡率。但是,死亡仍有反扑的可能,如1772至1773年间的法国,或1779至1783年间突然爆发的这一场危机(图表4)。这些严重的警告表明,姗姗来迟的生活改善还很不牢固,食物需求和生产能力之间的平衡始终险象丛生,而一旦平衡被打破,生活改善也就成了问题。

饥　荒

在几个世纪里,饥荒的出现是那么频繁,几乎成为人类生态体系的组成部分和人们日常生活的一种结构。事实上,物品的匮乏和昂贵即使对欧洲这样的富裕地区也是经常不断的现象。少数富人的饮食诚然过分讲究,但这丝毫改变不了总的规律。情况怎么可能不是如此呢?粮食产量很低。接连两年歉收便导致灾难。在西方世界,全靠气候的恩赐,灾难不算太严重。中国也是同样情况,那里的农业技术发达得早,又建造了可供灌溉和运输之用的堤坝和运河网,加上南方稻田的精耕细作和两季收获,即使在18世纪人口急剧增加的情况下,还长期保持着某种平衡状态。莫斯科公国就不同了,那里的气候严酷而多变;印度也不行,每当发生水旱灾害,立即出现一场浩劫。

第一章 数字的分量

然而,高产作物(玉米和土豆,我们下面还会谈到)只是很晚才在欧洲种植,现代农业的集约经营方式也发展很慢。由于以上原因和其他原因,饥荒不断光顾欧洲大陆,大肆淫威,涂炭生灵。1309 至 1318 年间饥荒频仍,造成了空前的惨剧,并预示了 14 世纪中叶的灾难(黑死病);饥荒最初从德意志北部、中部和东部开始,逐渐扩展到整个欧洲——英格兰、尼德兰、法兰西、德意志南部和莱茵地区——,一直蔓延到里伏尼亚附近。[134]

各国的损失都极大,即使在得天独厚的法国,10 世纪也曾发生 10 次大灾荒;11 世纪为 26 次,12 世纪为 2 次,14 世纪为 4 次,15 世纪为 7 次,16 世纪为 13 次,17 世纪为 11 次,18 世纪为 16 次。[135]这张在 18 世纪列出的清单显然还值得商榷,但它的缺点仅仅是过于乐观,因为它忽略了几百次局部性饥荒,后者并不是始终同大灾荒凑巧碰在一起:例如,曼恩地区于 1739、1752、1770 和 1785 年受灾;[136]西南地区于 1628、1631、1643、1662、1694、1698、1709 和 1713 年受灾。[137]

同样的情形适用于欧洲任何一个国家。饥荒经常袭击德意志的城市和乡村。18 世纪和 19 世纪虽说风调雨顺,饥荒仍接连不断:1730 年在西里西亚;1771 至 1772 年间在萨克森和南德意志;[138]1816 至 1817 年在巴伐利亚及其毗邻地区。乌尔姆城于 1817 年 8 月 5 日为天赐丰年和恢复正常生活举行庆典。

其他的统计数字:佛罗伦萨一带并不特别贫困,但该城市在 1371 至 1791 年期间遇到了 111 个荒年,丰收年仅有 16 个。[139]托斯卡纳是适宜种植葡萄和橄榄树的丘陵地区,早在13世纪前,就

"布施饥民":罗比奥的乔伐尼的一幅彩釉陶土壁檐反映了16世纪的各种慈善事业。皮斯托亚的赛博医院。

依靠商人的帮助,取得西西里的粮食供应,否则当地居民将无法生活。

市民惯于怨天尤人,我们不能因此以为唯独城市才受命运的打击。城市有积谷的粮仓,有向国外洽购的"小麦局",有一整套储粮备荒的政策。说来似乎奇怪,有时乡村比城市更缺乏粮食。依赖商人、领主和城市为生的农民很少有粮食储备。一旦发生饥荒,除了流落城市、沿街行乞、沦为饿殍之外,他们别无良策;例如,在16世纪,威尼斯和亚眠的广场上竟有路毙者。[140]

城市很快采取了防卫措施,阻止这些不仅来自附近乡村,而且有时成群结队地来自远方的穷人进入市内。1573年,特鲁瓦城的街头和乡村突然出现一些面有饥色、衣着褴褛、长满虱子和跳蚤的外国乞丐。他们仅被允许逗留24小时。不久,市民们担心市内的和附近乡村的贫民"滋事作乱","为此,特鲁瓦市的富人和当局召开了市民会议,以寻求解决的办法……会议决定,必须将贫民逐出城外……具体办法是:烤制好足够的面包,通知贫民去城门口集合,每人领取一份面包和一块钱,但不让他们知道秘密;等他们全都出了城门以后,立即关上城门,然后再从城墙上晓谕贫民,愿上帝保佑他们去别处谋生,在下季收获的新粮上市前,不得重返特鲁瓦来。事情果然照此办理了。领到施舍后被逐出城的贫民顿时惊恐万状……"[141]

市民的这种残忍在16世纪末和17世纪变得更加肆无忌惮。问题在于如何使穷人不能危害城市。在巴黎,病弱残废均交养济院收容,身强力壮者被成双成对地加上镣铐,让他们从事清理污水沟的繁重劳动。英国在伊丽莎白女王统治末期颁布的《济贫法》实为镇压贫民的法律。整个西欧陆续出现了许多"苦力所""囚禁所"或"劳役所",被收容的贫民和不受欢迎的人在那里从事强迫劳动;巴黎于1656年成立了养济院,统一管理这类半监狱式的机构。把贫民、疯子、罪犯以及家长无力管束的青少年统统关在一起,

皮埃尔·斯纳耶作画的细部(1641年):利斯河畔的艾尔城被围期间,衣衫褴褛、面有饥色的西班牙士兵。画的远景是该城的防御工事。

这是 17 世纪社会既严酷无情又通情达理的一种心理现象。这或许也是在艰难岁月面对贫穷难免产生的本能反应。值得注意的是,第戎市政当局于 1656 年竟禁止公民为行善而收留贫民。"在 16 世纪,人们给外来的乞丐一点施舍或吃食,然后打发走。到 17 世纪初,乞丐被一概驱逐。后来,甚至加以鞭挞;而在 17 世纪末,最后的镇压办法是让乞丐充当苦力。"[142]

以上是欧洲的情形。亚洲更糟;特别在中国和印度,饥荒规模之大犹如世界末日来临。中国全靠南方诸省的稻米;印度依赖天赐的孟加拉稻米以及北方诸省的小麦和小米,但相隔的距离实在太远了。每一次打击都激起很大的反响。1472 年德干地区的严重饥荒促使大批难民朝古吉拉特和马尔瓦方向迁移。[143] 据当时的历史记载,1555 年和 1596 年的大饥荒在印度的整个西北部蔓延,导致了人吃人的惨剧。[144]

同样,在 1630 至 1631 年间,印度几乎全国遭到饥荒的可怕打击。一名荷兰商人作了悲惨的记述。他写道:"许多人离乡背井,四处流浪。他们的景况一眼即可看出:双目深陷,嘴唇泛白,嘴角流涎,皮肤干枯,瘦骨嶙峋,肚子像空皮袋一般下垂;他们或者哀号乞食,或者躺在地上等死。"其他的惨象也见多不怪:丈夫卖妻子,父母卖儿女,也有自己卖身图命,甚至集体自杀……饥民切开死者或垂死者的肚子"剖心挖肝为食"。这位商人还说:"数十万人的死亡使当地堆满尸体,无从埋葬,散发的恶臭毒化了空气……在某个村庄,人肉竟临街叫卖。"[145]

虽然历史文献没有类似的精确记载,一项细节却足以令人想到饥荒的可怕。一位前来莫卧儿帝国参拜奥朗则布的波斯使臣回国时有"无数奴隶"随行。"由于饥荒,他买下时几乎没有花钱",行至边境又把他们转手卖掉。[146]

如果回到条件优越的欧洲,人们就像熬过了漫长黑夜那样感到苦尽甘来的宽慰。在西方,类似的惨剧只是在中世纪最初的黑暗年代才真正遇到;或者在东部边缘,那里的落后是显而易见的。一位历史学家写道:"如果按死亡人数来衡量历史上的各次灾难,1696至1697年间的芬兰饥荒应被认为是欧洲历史上最恐怖的事件";死亡总数达居民的四分之一到三分之一。[147]东欧的情形最糟。18世纪后,那里的饥荒仍连绵不绝,人们在绝望中以野草野果充饥;田间、菜园、草地和树林边缘杂草丛生,致使原有的作物颗粒无收。

然而,这种状况有时也在西欧出现,特别在17世纪的"小冰川期"。在1662年的布莱佐瓦,"出现了150年来未有的贫困"。一位见证人说,那里的穷人以"鳕鱼卤掺白菜根和麸皮"果腹。[148]就在同一年,勃艮第的三级会议代表在致国王的陈情书中说:"今年的饥荒使本省有10 000多个家庭死了人,甚至有全家死绝的情形,三分之一的城市居民被迫食草为生"。[149]一位编年史家补充说:"当地有少数人竟以人肉为食。"[150]往前十年,即在1652年,另一位编年史家马什莱本堂神甫指出,"洛林和四邻地区的居民被生计所迫,竟像牲畜一般在草场食草为生,特别在巴西尼地区的普依和帕尔诺两村庄,居民皮肤黯黑,骨瘦如柴"。[151]一名勃艮第人于1693年写道:"粮价飞涨使国内有人饿死";1694年,默朗附近的农民等不及小麦成熟即行收割,"许多人如牲畜一般食草度日";1709年的严冬"使法国无数流浪者在路旁冻死"。[152]

所有这些阴暗的画面显然不是接连出现的。但我们也不能过分乐观！食物匮乏带来了种种疾病，例如坏血病（随着远洋航行的开展，该疾病将猖獗一时）、糙皮病（在18世纪，由于单一地食用玉米，得病的人特别多）、亚洲型脚气病等，这些都是可靠的征兆。同样可靠的征兆还有平民坚持吃粥喝汤，或相隔很长时间——一至两个月——才能烤制掺有杂粮的面包。这些面包几乎总是很硬，而且有霉味，在某些地区需用斧子劈开。蒂罗尔地区用糙麦面做的面包保存时间很长，每年仅烤制两至三次。[153]《特莱伏辞典》（1771年）直截了当地断言："一般农民都相当愚蠢，因为他们只吃粗食。"

流 行 病

一次歉收还能勉强度过。如若接连两次，就会物价飞涨，饥荒蔓延，并且迟早为流行病打开大门，[154]而流行病当然也有自身的节奏。当时人把鼠疫这条"多头妖蛇"和"变色龙"同其他疾病相混淆，把它当作一切祸害的根源。在那个灾难丛生的时代，鼠疫是死神的头饰，又是人类生活的一种经常性结构。

其实，鼠疫不过是许多疾病中的一种；由于当时人与人交往密迩，传染机会较多，鼠疫往往先同其他疾病一起传播，经过一段潜伏期后，突然冒了出来。关于流行病和瘟疫在人口密集的文明地区的蔓延，关于这些致命疾病反复流行的节奏，可以写整整一部著作。单就天花而言，1775年的一本医学书——当时开始谈到接种牛痘——认为它是流行最广的传染病：每100人中有95人得病，7人中有1人死亡。[155]

从过去的疾病名称以及对症状的离奇描述中，今天的医生很

牟利罗作画(1645年):圣迭戈向贫民(一群孩子和老人)施舍。一名乞丐伸出他的盘子。

难一眼辨明究竟是些什么病。何况,我们没有丝毫把握能把这些疾病同我们今天所知道的疾病作比较,因为疾病也有其独特的演变过程和历史,并取决于细菌和病毒及其寄生的人体的演变。[156] 在一位寄生虫病学家朋友的帮助下,加斯东·罗普内尔于1922年偶然发现,斑疹伤寒(由虱子传播)在17世纪第戎等地被称作"猩红热"。[157] 正是这种"猩红热"在1780年左右"使巴黎圣马赛尔关厢区的大批穷人得病死亡……使掘墓人累得抬不起胳膊"。[158] 但是,"猩红热"的疑问并未得到彻底解决。

居依·德·夏利亚克——他的《外科大全》在1478至1895年间曾再版69次——描绘了1348年"鼠疫"及其特有的两个阶段:第一个阶段相当长(两个月),患者发烧和吐血;第二个阶段出现肺脓肿和肺组织坏死。对于这种"鼠疫",今天的医生将作何感想?还有1427年的那次流行病,巴黎给这种从未见过的怪病取了个不可思议的名称,叫它是"登杜病":"患者最初像是得了严重的肾结石,接着全身发抖,连续七八天时间眠食俱废。"然后,"咳嗽不止,遇到布教场合,由于听众大声咳嗽,布教者的声音竟为之淹没"。[159]这大概是由特殊的病毒引起的流感,如第一次世界大战后不久的所谓"西班牙流感"或在1956至1958年间侵入欧洲的"亚洲型流感"……也可能是莱斯托瓦尔给我们描绘的那种疾病:"〔1595年〕4月初,国王〔亨利四世〕因伤风而御体不适,面部神色黯然。由于季节反常,天气奇冷,伤风在巴黎流行。加上'鼠疫'(着重号为作者所加)在该城市多处蔓延,突然病死者已有多人:此类疫病皆系上帝之惩罚,对贵人小民一视同仁。"[160]相反,1486至1551年间在英格兰流行的英格兰汗症今天已经绝迹。患者同时有心脏病、肺病和风湿病的症状,浑身发抖,大汗淋漓,往往在几小时内死去。1486、1507、1518、1529和1551年的五次时疫,丧命者不计其数。奇怪的是,疫病最初几乎总在伦敦发生,在大不列颠诸岛中从不波及威尔士和苏格兰。唯有1529年的时疫特别猛烈,竟登上大陆,放过法国,而在尼德兰、荷兰、德意志乃至瑞士各州肆虐。[161]

1597年4月,马德里出现一种据说"非传染性的"疫病,患者的腹股沟、喉部和腋下肿大。这又是一种什么病呢？病人发烧过后,或者立即死亡,或者等五六天再慢慢恢复健康。得病者往往是些在潮湿房屋中席地而睡的穷人。[162]

另一个困难:疾病总是结伴而行,"除有炎症以外,相互很少共同之处,如白喉、腹泻、伤寒,'痘疹'、天花、斑疹伤寒、小儿麻痹、'登杜'、疥癣、百日咳、猩红热、流行性感冒等"。[163]这是一张就法国情形列出的单子,别处的情形大同小异。英国的流行病有间歇热、英格兰汗症、萎黄病、黄疸病、肺痨、癫痫、头晕病、风湿病、肾结石等。[164]

面对这些密集的打击,饮食和居住环境很差的居民势必无力抗拒,这是可想而知的事。我经常引证一句托斯卡纳的谚语:"对付疟疾最好的药方是装满菜肴的锅子",但我承认对此只是相信一半。根据一位观察家提供的无可怀疑的见证,1921 至 1923 年俄国饥荒期间,[165]疟疾四处流行,一直蔓延到北极圈附近,而且症状与赤道地区完全相同。吃不饱饭显然使疾病成倍增加。

另一个没有例外的规律:流行病总是从一群人向另一群人作跳跃式传播。托斯卡纳大公派阿朗索·蒙特库库里前往英格兰,他取道布洛涅而不经过加来,他于 1603 年 9 月 2 日写道,英国瘟疫刚通过贸易渠道"进入"该地。[166]另一强大的传播途径从中国和印度出发,经过君士坦丁堡和埃及这两个始终十分活跃的中转站,把鼠疫带到西方;与之相比,上述例子真正是小巫见大巫。结核病也是欧洲由来已久的常见病:弗朗斯瓦二世(结核性脑膜炎)、查理九世(肺结核)和路易十三(肠道结核)分别于 1560、1574 和 1643 年去世,足以为证。但到了 18 世纪,大概从印度传来的一种结核病在欧洲立足,比原有的结核病更加凶险。总之,它将成为浪漫主义时期和整个 19 世纪欧洲的基本疾病。霍乱在印度原已泛滥成灾(由霍乱弧菌引起),于 1817 年在印度半岛普遍蔓延,随后越出半岛范围,变成一场可怕而凶恶的大流行病,迅速传到欧洲。

在本书考察的几个世纪内,另一种流行病是梅毒。该病其实在史前时代业已存在,原始人的骸骨上保留着梅毒的印记。早在 1492 年前对此病已有临床认识。但在哥伦布发现美洲以后不久,梅毒病例重又直线上升。人们说,这是失败者的礼物和报复。在医生们今天主张的四五种理论中,下列说法最有可能成立:疾病的出现或再现来自两个人种的性关系(梅毒螺旋体对雅司螺旋体的

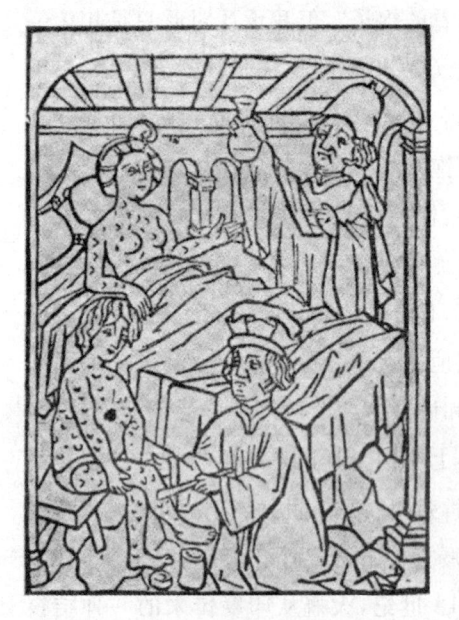

15 世纪末的一张木刻:用烧灼法治疗梅毒

1676 年的汞治疗法:"不出汗即能治愈那不勒斯病的秘方。"

　　　药　物
取用 ⎰ 白蜜或纳尔榜蜜二盎司
　　　⎨ 红玫瑰末二盎司
　　　⎱ 氧化汞半盎司
　　　制　作

先把以上药物混和均匀,然后捏成普通小豆状的药丸,用法如下:凡病情严重者每天早晨服用四至五丸,连续三天。如患者发汗不多,可增加剂量,在排脓停止前,患者宜卧床休息。

第一章 数字的分量　　　　　　　　　　　　　　79

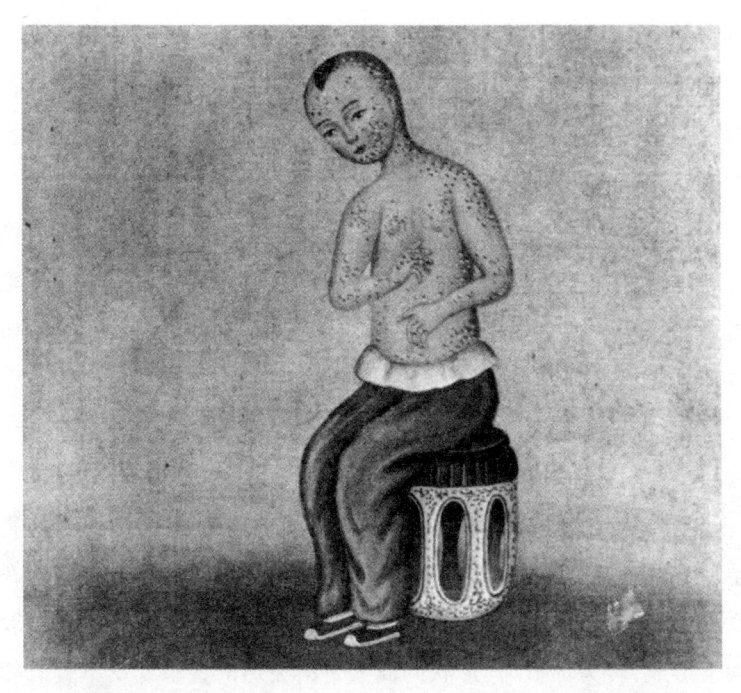

18世纪的绢本画：摘自《诸类痘疹图像》，染上梅毒的中国人。
法国国家图书馆版画部。

影响[167]）。总之，从庆祝哥伦布归来（1493年）那时起，梅毒就使巴
塞罗那居民惊恐万状，后来更飞快地蔓延开来；这是一种传播迅
速、能致人死命的流行病。在四五年内，该病已周游欧洲，并以种
种假想的名称从一国传到另一国，如那不勒斯病、法兰西病等。法
国由于它的地理位置，同梅毒的名称结合得最紧。从1503年起，
主宫医院的外科医生自称能用烧红的烙铁治疗梅毒。急性梅毒在
1506至1507年间传入中国。[168]后来，在汞的作用下，梅毒在欧洲
又恢复其缓和的形式，发展较慢。患者在专门医院（如伦敦的"斯

皮特尔"医院[169]）中接受专门药物治疗,但在16世纪末,从男女游民到王公贵族的全体居民大概都已受到梅毒的打击。被人称作"风流神甫"的马雷伯"自夸曾三次发过大疮"。[170]著名的历史学家和医生格雷古里奥·马拉农补充了以往的医生对菲力浦二世的诊断,指出国王患有先天性梅毒。[171]我们有把握断言,古代的王公都患此恶疾。托马斯·德克(1572—1632)戏剧中的这位人物在伦敦说了句大实话:"正如人多混杂必有小偷一样,妓女在圣米歇尔假日期间必能找到顾客,染上花柳。"[172]

鼠 疫

随着鼠疫危害的不断扩大,有关解释也日渐增多。首先,病害至少有两种:一种是肺鼠疫,这种新的疾病随同1348年大瘟疫在欧洲历史上出现;另一种是腺鼠疫,存在历史更久。淋巴结在腹股沟下形成,转为坏疽,其形状同商人付诸流通的金币或皮革筹码相似,英语称之为"上帝的标记"。"有时只要一个淋巴结出现肿大即足以致命……"黑死病（肺鼠疫）的病毒由黑鼠身上的跳蚤作媒介。据过去的人说,黑鼠大约在十字军东征后不久侵入了欧洲及其谷仓。它为东方报仇,正如雅司螺旋体于1492年为刚被发现的美洲雪恨一样。

显然必须抛弃这种过分简单的道德说教。黑鼠早在加洛林王朝期间,即在8世纪,已在欧洲被发现。既然褐鼠本身不带疫病的媒介,褐鼠驱尽黑鼠,也就排除了黑鼠应对疫病负责的可能。最后,黑死病并非如过去所说的那样在13世纪传入中欧,它最迟于11世纪已经出现。何况,褐鼠通常在房屋的地下室建窝,家鼠则更喜欢在谷仓居住,以便就近找到食物。两种鼠类在占满地盘前并不互相排斥。

这一切不等于说,老鼠以及跳蚤没有起作用;关于下萨克森地区的于尔岑在1560至1710年间鼠疫蔓延的详细调查(共列举文献三万件)证实,情况恰恰相反。[173]如果必须用外在条件(经济学家所说的外因)说明鼠疫在18世纪的衰退,我们不妨说,在16、17和18世纪历次城市大火灾后,原有的木屋已被石屋所代替,室内卫生和个人卫生有所改善,小家畜已远离住宅,从而使跳蚤失去了繁殖的条件。但是,即使雅尔森于1894年发现了鼠疫杆菌后,这方面的医学研究仍在继续中,新的突破很有可能改变我们的解释。据说鼠疫杆菌在伊朗某些地区的泥土中保存着,而啮齿动物因此被感染。那么,这些危险地区连接欧洲的通道在18世纪是否被切断了呢?我不敢提出这个问题,也不敢断言,备受历史学家指责的印度和中国在这方面应负较轻的责任。

不论原因是单一的或是多样的,当18世纪到来时,祸害在欧洲逐渐减轻。最后一场灾难是著名的1720年马赛鼠疫。但在东欧,谈到鼠疫仍然令人色变:莫斯科于1770年惨遭浩劫。马布利教士写道(约在1775年前后):"死于战争、鼠疫或普加乔夫叛乱的人抵得上因瓜分波兰所得的人。"[174]赫尔松和敖德萨先后于1783年和1814年遇到可怕疾病的光顾。据我们所知,就整个欧洲而言,最后的重大打击并不降临在俄罗斯,巴尔干国家在1828至1829年间以及在1841年曾遭到黑死病的袭击,木屋再次起推波助澜的作用。

教皇带队游行，驱赶鼠疫。游行过程中，一名教士晕厥倒地。《德·贝里公爵的祈祷书》，原画存尚蒂依的孔代博物馆。

至于腺鼠疫，该病仍在温和潮湿的地区流行，如中国南部、印度和贴近欧洲的北非。奥兰的鼠疫（阿尔培·卡缪描绘的那一次）发生于1942年。

以上的概述很不全面。文献数量太多，一名历史学家如若单枪匹马，无论如何也应付不了。也许需要事先作一番考证，列出鼠疫历年分布的图表，标明其纵深面积和猛烈程度：1439至1640年间，贝桑松曾发生40次鼠疫灾害；多尔于1565、1586、1629、1632和1637年受灾；萨瓦于1530、1545、1551、1564至1565、1570、1580和1587年受灾；在16世纪，整个利穆赞地区曾10次出现鼠疫，奥尔良则有22次之多；塞维利亚当时是世界的心脏，遭受的打击自然也更多更大，如1507至1508、1571、1582、1595至1599、

1646 至 1648 乃至 1649 年……[175]每次灾害都造成了沉重的损失，虽然总的说来还达不到编年史的虚构数字，虽然有的灾难规模较小或只是虚惊一场。

我们拥有巴伐利亚从 1621 到 1635 年精确的死亡统计数字：假定正常情况下平均每年死亡 100 人，在不正常的情况下，慕尼黑每年死亡 155 人；奥格斯堡 195 人；拜罗伊特 487 人；兰茨贝格 556 人；斯特劳宾 702 人。这些数字高得吓人，不到一岁的婴儿总是首先受害，女性患者通常超过男子。

所有这些数字都需要收集和比较，正如必须比较各种记述和图片一样，因为它们往往能展现同一种画面，举出各种形式相同而有效程度不同的措施（隔离、看管、监护、喷洒香水、消毒、设置路障、禁闭、健康证书、德意志的健康通行证、西班牙的健康凭证），反映出相同的近乎疯狂的猜疑，描绘出相同的社会草图。

富人们一听说有疫病传染，就赶紧逃往他们的乡村别墅；人人都只顾自己。萨米埃尔·佩皮于 1665 年 9 月写道："这种疾病使我们的相互关系变得比狗还更加残忍。"[176]据蒙田的讲述，由于家乡有疫病传播，他"历尽艰苦"，带着全家四处奔波，寻找一个安身之地，"亲友害怕，自己也害怕，全家老小真是走投无路，无论想在何处留下，都会遭人厌恶"。[177]至于穷人，他们困守被传染的城市，国家养活他们，同时也监视、封锁和隔离他们。薄伽丘的《十日谈》内容正是黑死病流行期间，一群青年男女躲在佛罗伦萨附近一所乡间别墅中闲聊时讲述的故事。1523 年 8 月，巴黎高等法院律师尼古拉·维索里先生偕同妻子，前往其被监护人的乡间别墅所在地"船厂"——当时是巴黎城外的一个区——，他的妻子到了乡

荷兰 J.埃尔森的木刻：1745 年的一场牛瘟。

下后却在三天内死于疫病；此事纯属例外，并不减少通常采用的防范措施的价值。在这 1523 年的夏季，鼠疫又一次打击巴黎的穷人。正如维索里在其《理性书》中所写的，"死亡者主要是穷人，因而原来在巴黎以行窃为生的大批小偷剩下不多了……从普蒂香街区来看，原在这里居住的许多穷人竟被清扫干净"。[178]图卢兹的一名市民于 1561 年心安理得地写道："传染病只在穷人中流行……全靠上帝保佑，让疫病适可而止……富人之间也互相提防。"[179]让-保尔·萨特说得对："鼠疫猖獗无非使阶级关系更加激化：穷人受难，富人幸免。"在萨瓦地区，每当疫病过去，富人重返他们经过认真消毒的房舍之前，先让一个穷女人在那里住上几星期。后者用生命做试验，负责证明一切危险均已排除。[180]

鼠疫还使所谓放弃职守的现象大量产生。法官、军官和主教把他们的责任抛诸脑后；在法国，有时高等法院竟出走一空（1467、1589 和 1596 年的格勒诺布尔；1471 和 1585 年的波尔多；1519 年的贝桑松；1563 和 1564 年的雷恩）。1580 年，阿维尼翁鼠疫流行，阿尔马涅克主教当然离开了城市，前往培达利特，接着又移居索尔格；两个月过后，等到危险已经消除，他才回来。阿维尼翁的一名市民在日记里写道："他满可以说一句与《福音书》相反的话：'我是牧羊人，但我不顾我的羊群'。"[181] 我们对古人且不必过分责备：身为波尔多市长的蒙田在 1585 年疫病流行期间不肯返任就职；原籍意大利的阿维尼翁富人弗朗索瓦·德拉戈内·德·福加斯在租约中规定，当他不得不离开城市时（1588 年鼠疫期间，他果真这样做了），将住在其佃户家里："万一上帝要让疫病传染，佃户将借一间屋子给我居住……我将把来回使用的坐骑寄养马厩，并将借用一张卧床。"[182] 1664 年伦敦发生鼠疫，宫廷离开城市去牛津暂住，市内的富人也携带家室、仆役和行李匆忙出逃。首都不再有官司可打，"法律界人士全都移居乡间"，一万所房屋被遗弃，有的用松木板把门窗钉死，病人的住房都用红粉笔打上十字记号。[183] 丹尼尔·笛福对伦敦这最后一次鼠疫在事后（1720 年）所作的叙述究竟在多大程度上符合千篇一律的惯例，那将是永远说不清楚的事了；而所谓"惯例"，就是相同的行动（尸体"大多像垃圾一样被扔上手推车"[184]），相同的防范，相同的绝望，相同的社会歧视。[185]

目前，任何疾病，无论其实际危害多大，都不会造成类似的疯狂和集体悲剧。

我们不妨陪同于 1637 年鼠疫期间死里逃生的一个人去佛罗

伦萨旅行。他用简洁的文笔回顾了自己的亲身经历。我们又重新看到：到处关门闭户，街头禁止通行，偶尔有食物供应车或神甫匆匆经过，无情的岗哨分布四处，唯有某个乘坐四轮马车的贵人才获准临时打开已封死的住所大门。佛罗伦萨已一命呜呼：不再有商业活动，也不举行宗教典礼。唯一的例外是神甫间或在街角做弥撒，困守在家的信徒偷偷从窗户口望弥撒。[186]

莫里斯·德·托隆就 1656 年热那亚鼠疫所写的《行善的嘉布遣会修士》[187]列举了当时采取的预防措施：当风向对着自己时，不同市内的可疑分子说话；燃点香料消毒；可疑分子的衣物要洗净，最好要销毁；多作祈祷，加强治安。透过这些要求，我们能想象到，在极其富有的热那亚城，明抢暗盗之事极其盛行，因为最富丽堂皇的建筑物已被其主人抛弃。然而，死尸在街上堆积如山；除了把它们装上船只，运到海上焚烧，没有别的清理方法。作为 16 世纪史的专家，我很久以来一直对 17 世纪鼠疫在城市的危害感到惊讶；无可否认，下一世纪的情况比前一世纪更加严重。从 1622 到 1628 年，阿姆斯特丹每年都有鼠疫发生（共有 35 000 人死亡）。巴黎曾于 1612、1619、1631、1638、1662 和 1668 年（最后一次）[188]出现鼠疫；值得注意的是，巴黎自 1612 年起，"用强制手段把病人从家里搬出，送往圣路易医院和圣马赛尔关厢区的桑台收容所"。[189] 伦敦于 1593 至 1665 年间曾五次发生鼠疫，据说死亡总数达 156 463 人。

随着 18 世纪的到来，情况有了全面好转。但 1720 年土伦和马赛的鼠疫极其凶猛。据历史学家说，马赛人死了一半以上。[190] 街上躺满了"腐烂过半、被狗啃过的尸体"。[191]

疾病的周期性历史

疾病在出现后,轮番地由弱变强或由强变弱,有时也销声匿迹。麻风病的情形就是如此,严峻的隔离措施也许从 14 和 15 世纪起就在我们的大陆上把它制服了(但令人奇怪的是,一些自由的麻风病人今天从不传染);同样的情形还有霍乱和麻疹,前者 19 世纪已在欧洲消灭,后者近年来似乎已在世界绝迹。我们亲眼目睹抗菌素奇迹般地控制了结核病和梅毒的蔓延,虽然现在还不能对未来下断言,因为梅毒的传播据说今天又显得相当猛烈。鼠疫在经过 13 和 14 世纪的长期间歇后,以黑死病的形式突然爆发,开始了新的传染周期,直到 18 世纪才终于消失。[192]

其实,疾病的这些反复起伏的原因在于,分散在各大洲生活的人们长期隔绝,因而每个大洲对病原体各有其特殊的适应性、抵抗力和弱点,相互感染就会带来意外的灾难。威廉·麦克内尔的近著[193]已极其清楚地证明了这一点。自从人脱离了原始的动物状态,自从人确立了对其他生物的统治,人在宏观上变成其他生物的捕食者。与此同时,人也受到细菌、病毒等微生物的纠缠和袭击,他在微观上是各种寄生体的捕食对象。这场巨大的斗争归根到底不正是人的基本历史吗?斗争通过生物链进行:在某些情况下能够单独存在的病原体通常从一个机体转移到另一个。人是它们不断袭击的对象之一,但不是唯一的对象,人经过适应而产生抗体,并同寄生的异体达成一种可被接受的平衡。如果病原体离开原来的"生态寄体",传染给至今未受伤害的、因而毫无抵抗力的另一民族,就会爆发大规模的流行病和灾难。麦克内尔认为,1346 年的大瘟疫和几乎把整个欧洲压垮的黑死病是蒙古扩张的后果。他的看法也许是对的,因为随着丝绸之路的重新开放,病原体在整个亚洲大陆畅行无阻。同样,当欧洲人在15世纪末建立了统一的世界贸易网后,美洲也随即遭到来自欧洲的新疾病的杀伤;反过来,梅毒又以新的形式打击了欧洲。它在16世纪初以空前的速度传染到中国,而美洲的玉米和白薯却要等到该世纪末年才引进中国。[194]再往后,1832年,源自印度的霍乱来到欧洲,造成了同样的生态性灾害。

但是,人对疾病的抵抗力与免疫力的大小并不是疾病升降起伏的唯一原因。一些医学史专家毫不犹豫地主张,每种病原体各有其独特的、与病害史相平行的历史,疾病的演变在很大程度上取决于病原体本身的变化。我认为他们说得完全正确。由于细菌和病毒的演变,疾病便出现复杂的反复起落,在突然爆发后,有时广泛流行,有时长期处在休眠状态,甚至永远消失。我们可以举出流行性感冒这个今天已人所共知的例子。

流感这个名词可能于1743年春天刚出现。[195]但是在欧洲,从12世纪起,人们已觉察到或以为觉察到它的存在。美洲以往没有这种病,因而它成为导致印第安人大批死亡的许多疾病中的一种。1588年,它使威尼斯全体居民卧床不起(不一定因此死亡),以致大议院竟无人开会,这种情况即使在鼠疫流行期间也从未出现过;不仅如此,流感浪潮接着席卷米兰、法国和加塔洛尼亚,转而向美洲猛扑。[196]当时,流感已像今天那样飞快传播,很容易就在世界流行。伏尔泰于1768年1月10日写道:"流感在周游世界的途中来到了我们的小西伯利亚〔指他在日内瓦附近的住地菲尔内],以我的老弱之躯,自难逃脱一场小灾。"但是,同为流感,病情却可以各不相同。就拿几次大流感来说,比第一次世界大战杀伤力更大的1918年西班牙流感与1957年的亚洲型流感不同。其实,病毒有许多种不同的变异;预防疫苗今天之所以不一定可靠,原因是不稳定的流感病毒不断在迅速变化。疫苗几乎总是落后于疾病的传染。因此,为了走在疾病前面,某些实验室曾试图把正在流行的病毒作多次人工变异,以便把将来可能出现的各种流感变型集合成一种疫苗!流感病毒无疑是特别不稳定的,但人们能否认为,许多病原体也随着时间而演变?这也许可以说明结核病的变迁史,为什么它有时温和,有时凶猛;为什么源自孟加拉的霍乱日趋缓和,并随时可能被源自西里伯斯的霍乱所代替;为什么有的疾病,如16世纪的英格兰汗症,出现后不久很快消失。

1400至1800年:长时段的旧生态体系

综上所述,人为维持生命,至少要在两条战线上进行不断的斗争。一方面是食物的欠缺和不足,因为人在宏观上以捕食其他生物为生,另一方面许多潜伏的疾病又以人作为捕猎的对象。在这两条战线上,旧生态体系下的人的处境很不稳定。在19世纪前的世界各地,人的寿命普遍很短,富人也不过多活几年而已。一名英国旅行家在谈到1793年欧洲的情形时说:"吃食挑剔、活动太少以及不良嗜好使富人容易得病;尽管如此,他们的寿命却比下层阶级的人长十年,因为下层阶级劳累过度,未老先衰,家境贫苦,难以维持起码的生活。"[197]

富人的寿命本就高得有限,如若放在总人口中平均,那就完全被淹没了。在17世纪的博韦齐,新生儿在一年内死亡者占25%至33%;仅50%能活到20岁。[198]数以千计的事例足以说明,生命在这些遥远的年代里是何等脆弱和短暂。"年轻的王太子查理(未来的查理五世)于1356年在法国当政,年仅17岁,他于1380年去世,享年42岁,并获得了明智老人的美名,任何人对此都不感到惊讶。"[199]在圣德尼门战役中死于马上的昂纳·德·蒙莫朗西元帅(1567年)享年74岁,这在当时相当罕见。德意志皇帝查理五世在根特城退位时仅55岁(1555年),但他已是一位老人了。他的儿子菲力浦二世于71岁去世(1598年),最后20年健康很差,每有不豫都给同代人带来巨大的希望和强烈的惊慌。总之,当时的人普遍早夭,王族也难逃死神的可怕袭击。奥地利的安娜建立的天恩谷教堂从1662年起就是王室成员的墓地,其中大多数属于只活了几天、几个月或几岁的孩子。1722年的一本巴黎指南[200]列举了这些王子、公主的名字。

我们可以想象,穷人的命运更加悲惨。一位英格兰作家于1754年指出:"法国农民的日子远不是那么好过,他们甚至没有必要的生活保障;由于劳累得不到相应的补偿,他们不到40岁就开始衰老。同其他人相比,特别同我们的英格兰农民相比,他们真是让人痛心。仅从他们的外貌就可看出身体的衰弱。"[201]

至于生活在大陆之外的欧洲人,他们的境况又如何呢?西班牙人科雷尔在谈到贝洛港时指出,他们"固执地坚守自己的生活方式,不肯入乡随俗,因而往往葬身客地"。[202]法国人夏尔丹和德国人尼布尔也把英国人在印度死亡率很高的原因首先归罪于他们吃肉太多,在白天最热的时候饮用"葡萄牙烈酒",穿适于欧洲的紧身服装,而不穿土著居民的"宽大"衣着。[203]但是,孟买之成为"英国人的坟墓",那里的气候也有一定的关系。一句谚语足以说明气候恶劣的程度:"人生一世,仅见孟买两次季候风。"[204]果阿是葡萄牙人享受荣华富贵的乐园,巴达维亚是欧洲人的另一处乐园,而这些纸醉金迷的生活却伴随着高得惊人的死亡率。[205]生活艰苦的美洲殖民地也救不了欧洲人的命。乔治·华盛顿的父亲奥古斯丹于49岁那年去世,一位历史学家说:"他死得太早了。要在弗吉尼亚有所成就,他应该比他的敌手、邻居和妻子活得更长。"[206]

16世纪末果阿街头的景象。法国国家图书馆版画部。

同样的规律也适用于非欧洲人:17世纪末,一名旅行家写道:"尽管暹罗人生活淡泊……但看来他们的寿命不比欧洲人更长"。[207]一名法国人于1766年写道:"土耳其的内科和外科医生虽然不掌握我们的医学院自称在近百年来已取得的知识,土耳其人如能逃脱每年侵袭该帝国的鼠疫灾难,他们的寿命将同我们一样长……"[208]一位名叫奥斯曼·阿加的土耳其翻译(他在1688至1699年漫长的囚禁期间学会了德语)生动地、间或俏皮地讲述了他在基督徒国家的生活。他曾结婚两次:第一次婚后生下五子二女,仅两人活了下来;第二次婚后生下的三个孩子中,也只有两个活着。[209]

综上所述,死亡和活着的机会大致相等,婴儿和妇女死亡率很高。经常吃不饱饭,有时出现饥荒和凶猛的流行病:这就是我们所说的旧的生态体系。

当人类在18世纪迅猛前进时,旧生态体系的束缚只是略为放松,而其放松的方式自然也因地而异。唯有欧洲的某些地区,但不是整个西欧,开始摆脱这种束缚。

进步实在很慢。作为历史学家,我们在这方面容易犯冒进的错误。整个18世纪还不时出现死亡率猛涨的现象。这在法国是如此(我们已经谈到过),在不来梅也同样如此(从1709到1759年,那里每十年的死亡率不断增加);在普鲁士的坎尼斯堡,1782至1802年的平均死亡率为32.8‰,但在1772、1775和1776年则分别达到46.5‰、45‰和46‰。[210]我们不妨想想约翰·塞巴斯提安·巴赫家中的丧事何等频繁……社会统计学的奠基人 J.P.休斯米尔克于1765年反复说:"在德国……农民和穷人只是等死,从不服药。任何人都想不到请医生,其原因部分在于医生离得太远……也还因为费用过昂……"[211] 在当时的勃艮第,还可听到同样的感叹:"外科医生住在城里,不肯免费出诊";在卡赛莱维托,医生的诊费和药费达 40 多里佛,"可怜的居民现在宁可等死也不请医生"。[212]

此外,妇女生育频繁,蒙受可怕的危险。根据我们掌握的全部数字,尽管出生时男孩多于女孩(今天仍是 102∶100),看来在 16 世纪的城市和乡村,女子却多于男子(也有个别例外,如威尼斯和后来的圣彼得堡一度曾出现相反的情形)。于 1575 和 1576 年在卡斯蒂利亚进行的调查表明,各村庄中都有一批待嫁的寡妇。[213]

如果就旧生态体系的特征作个小结,关键也许在于得出这样的推断,即旧生态体系在短时段上恢复平衡的能力足以同样有力地或至少同样迅速地抗拒对活人的突然打击。在长时段上,补偿是不知不觉地进行的,但这些补偿却能最后解决问题。退潮从不完全夺走上次涨潮带来的增长。这种困难而奇妙的长时段的上升意味着数量的胜利,而许多问题也恰恰取决于这一胜利。

多数同少数的斗争

数量决定着世界的结构和划分,赋予每个人口集群不同的重要地位,并在大体上确定各集群的文化水平、效能水平、人口增长速度(甚至经济发展速度),以至命定的发病因素:人口密集的中国、印度和欧洲为疾病提供了宽广的容身之地,活跃的或休眠中的疾病在那里随时可能广为传播。

但是，数量也影响着各人口集群的相互关系，这些关系所表现的不仅是人类和平相处——交流、物物交换和贸易——的历史，而且是纷争不息的历史。一部研究物质文明的专著能否把这些情形置之度外呢？即使在历史坐标的零位上，战争始终是一种现实的、多形式的活动。数量事先就画出它的轮廓、力线、反复和显而易见的类型。机遇在生存斗争中并非对所有人一律平等。根据当时的可能性和正常机遇，数量几乎总是把人划分成主子和下属、有产者和无产者这两个集团。

当然，在这方面或在其他方面，数量不是唯一起作用的因素。无论战时或平时，技术也起重大的作用。密集型群体并非全都拥有相同的技术优势，但技术优势毕竟是数量的产物。对20世纪的人说来，这些论断似乎是显而易见的。在他们看来，人口众多意味着文明、强大和有前途。但这在过去是否同样如此呢？浮在脑海中的许多事例立即使人想到有矛盾。甫斯特尔·德·库朗歇[214]在研究蛮族入侵前罗马和日耳曼双方的命运时注意到一个奇怪的现象，弱小一方有时竟战胜强敌或似乎取得胜利；汉斯·德尔布吕克[215]后来也用计算证实，战胜了罗马的蛮族在人数上简直微不足道。

同蛮族的斗争

每当文明遭到失败或挫折，胜利者必定是某个"蛮族"，这是一种说法。希腊人把异己民族都当作蛮族；中国人也是如此。把"文明"带给蛮族和原始人种，过去曾是欧洲人从事殖民征服的重要理由。蛮族的名声当然是文明人制造的,其中至少有一半名不副实。我们不必因此走另一个极端,完全相信历史学家莱希特·萨菲·阿塔比南为阿提拉所作的辩护。[216]但是,关于蛮族武力的神话肯定必须加以修正。蛮族之所以取胜,每次都因为它一半已文明化了。在进入邻居的内室以前,它已在前厅等了很久,并敲过十次

蒙古骑士在狩猎(15世纪)。伊斯坦布尔托普卡皮博物馆。

大门。它对邻居的文明即使尚未操练得尽善尽美,但在耳濡目染之下,至少已受到很深的影响。

日耳曼人在5世纪战胜罗马帝国的典型事例证明了这一点,阿拉伯人、土耳其人、蒙古人、满族人和鞑靼人的历史是同一事例的简单翻版。土耳其人和土库曼人主要在中亚细亚到里海和伊朗的陆路上从事商业运输活动。他们经常前往邻近的文明地区,在那里往往被完全同化。成吉思汗和忽必烈领导的蒙古人刚摆脱萨满教时,已不像粗鲁的蛮族,他们很快被东方的中国文明和西方的伊斯兰幻景所吸引,在左右牵制中不能主宰自己的命运。满族于1644年攻占北京,进而统治整个中国。这是一个混杂的民族,蒙古人在其中为数甚众,汉族农民也很早越过长城前来满洲。硬说是蛮族当然也未尝不可,但他们早已被汉化了。正是辽阔中国的经济混乱和社会动荡推动他们进行远征。

尤其是蛮族的胜利为时短暂。他们很快就为被征服者的文明同化。日耳曼蛮族入侵罗马帝国后随即沉溺酒乡;[217] 土耳其人从12世纪起成了伊斯兰的旗手;蒙古人和满族人先后融合在汉族群众之中。放蛮族进来之后,文明之乡的大门又重新关上。

主要的游牧部落在17世纪前业已消失

这里还必须指出,真正对文明地区构成威胁的蛮族几乎属于同一种人,即在旧大陆中心的沙漠和草原上生活的游牧部落,而这些异乎寻常的部落仅在旧大陆出现。从大西洋到太平洋沿岸,这些自然条件恶劣的荒漠地带是一条绵延不绝的火药线。一颗细小的火星足以点燃整条药线。这些以畜养马匹和骆驼为业的牧民耐

第一章　数字的分量

苦而又凶残,当他们因冲突、干旱或人口增长而被逐出自己的草地时,便侵入邻近的草地。经过多年的积累,人口流动能在几千公里沿线引起连锁反应。

在一切都很缓慢的那个时代里,蛮族却行动迅速,甚至出其不意。直到17世纪,每当鞑靼骑兵压境,边界告急,波兰立即大举征兵。必须在要塞设防,储存粮草,如果时间允许,筹集大炮的火药,动员骑兵,并在要塞之间树起栅栏。但是,鞑靼人仍能通过特兰西瓦尼亚的山地和许多缺口侵入波兰;在这种情况下,他们像洪水猛兽一般扑向城市和乡村。他们的凶残比土耳其人有过之而无不及,因为土耳其人至少习惯于在圣乔治节之后,赶在冬天到来前退兵,而鞑靼人却带着全家留在当地过冬,直到把那里的食物吃空为止。[218]

这些恐怖情景由当时的西方报刊记载下来,得以流传至今。但是同游牧部落向中国和印度的胜利远征相比,还真是不值一提。尽管一些短期入侵(匈奴人、阿乌尔人、匈牙利人、蒙古人)仍令人记忆犹新,欧洲毕竟躲过了灾难。东欧各民族组成的堤坝保护着欧洲,他们用自己的不幸换得了欧洲的安宁。

游牧部落的强盛还由于守卫文明大门的人比较软弱和疏于防范。在18世纪前,中国塞外人口稀少,几乎是任何人都可进入的真空地带。印度的旁遮普早在10世纪已是穆斯林的天下,来自伊朗和海拜尔山口的游牧部落从此可以长驱直入。至于东欧和东南欧的堤坝,其牢固程度随着不同的世纪而异。游牧部落正是在这些疏忽、软弱和防范不力之间找到活动的空隙:根据欧洲、伊斯兰国家、印度或中国便于他们生存扩张的程度,他们按照物理法则作出选择,在东西两个方向飘忽不定。爱德华·富埃台的经典名著[219]指出,在王公和城邦共和国割据自立的意大利,1494年曾出现一个强大的低气压旋风区:整个欧洲被这个制造风暴的低气压所吸引。同样,草原的游牧部落随着狂风蜂拥而来,它们始终根据防线的强弱而向东或向西发展。

中国于1368年驱逐了蒙古人,明朝皇帝焚毁了蒙古人在戈壁沙漠中的喀喇昆仑大本营。[220]但在这次胜利后,长期的驻足不前又促使游牧部落向东反扑,以往历次骚扰造成的真空容易引起新的骚扰,每次骚扰的间隔由一两年至一二十年不等,而其运动的范围却越来越推向西方。诺盖人于1400年从西向东渡过了伏尔加河,沙漏在欧洲开始慢慢地倒转过来:200多年来向西方和脆弱的欧洲涌来的部落从此被遥远而衰弱的中国所吸引,在今后的二三百年内朝东方发展。我们的地图概括地反映了这一倒转,其决定性事件是巴卑尔征服印度北方(1526年)和满族人于1644年攻占北京。风暴再一次袭击了印度和中国。

因此,地处西方的欧洲缓了口气。俄罗斯人于1551和1556年之所以能先后夺取喀山和阿斯特拉罕,原因并不仅仅在于他们使用火药和火枪。游牧部落对俄罗斯南部的压力有所减轻,便于俄罗斯人向伏尔加河、顿河和德涅斯特河流域的黑土带扩展。因此,部分农民为摆脱贵族的严酷统治,逃离了莫斯科公国,而波罗的海地区和波兰的农民则来到这些被遗弃的土地上,留下的空白恰好又由来自勃兰登堡和苏格兰的农民去填补。总之,这是一次接力赛跑:亚历山大和欧仁·库里谢两位值得敬佩的历史学家看到了这一默默无声的历史,人口像被历史掩盖着的地下水流从德

第一章 数字的分量

商队在前往沙漠途中。哈里里《谈话录》中的插图。

国朝中国方向迁移。

满族接着于1680年左右征服了中国，并建立起新的秩序。中国北方在满洲（胜利者的发祥地）、蒙古、土耳其斯坦和西藏等前哨阵地的保护下，重又变成人烟稠密的地区。俄国在毫无阻拦地抢占西伯利亚后，在黑龙江流域遇到了中国的抵抗，被迫签订了《尼布楚条约》（1689年9月7日）。中国人于是又从长城一直扩展到里海附近。早在这些成功之前，许多游牧部落已半途折回，重新穿过位于蒙古和土耳其斯坦之间的狭小瓶口（即人口大迁移的必经之

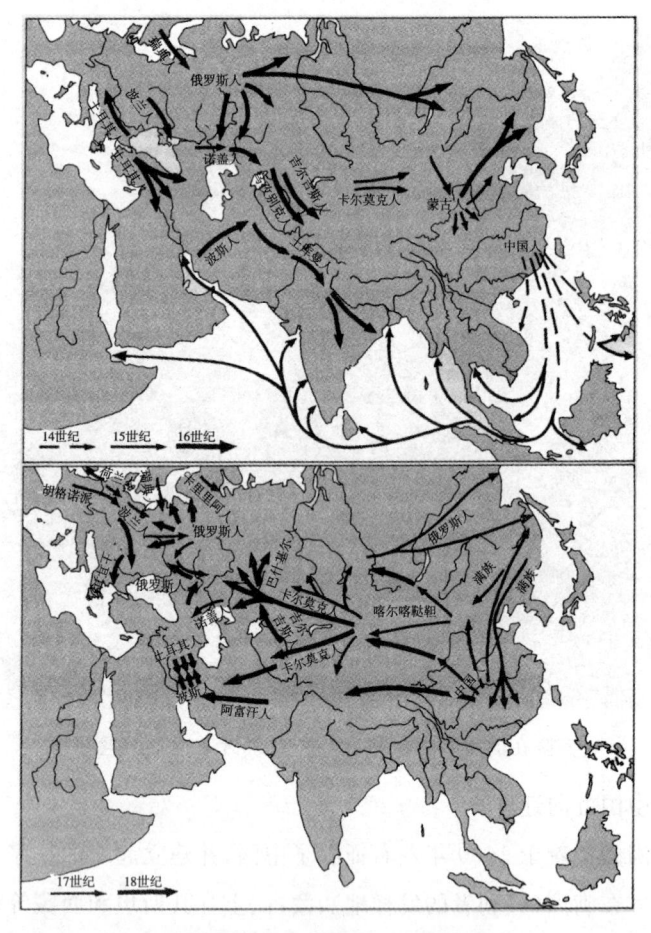

10. 欧亚人口迁移图(14 至 18 世纪)

两张地图显然有矛盾:在第一张上,陆路移民由西向东进行,第二张则是由东向西。我们在第一张地图还可以看到,15 世纪初期中国强有力的海上扩张,以及朝印度和中国方向的陆路移民的会合。从第二张地图可以看出,17 世纪满族统治的建立(于 1644 年占领北京)造成了中国的大陆扩张,阻止了俄罗斯的扩张活动。游牧部落被迫向西部后退,退回俄罗斯的欧洲地区。(据亚历山大和欧仁·库里谢)

地准噶尔)向西而去。不过,他们这一次大逃亡却处处碰壁。在西方,他们遇到了彼得大帝的新兴俄国在西伯利亚和伏尔加河下游设置的重重要塞和城堡。下个世纪的俄罗斯文学充满了对这些频繁战斗的叙述。

游牧部落的横行无阻至此告一段落。炮火制伏了他们的神速行动。在18世纪结束前,无论在北京或莫斯科,在德里或德黑兰(阿富汗的入侵警报已经解除),文明终于取得了胜利。游牧部落将恢复自己的本来面目和地位,从此认输,并注定留在家乡的土地上。他们的寄生生活毕竟不能长期保持下去。尽管他们一时声势浩大,但这种情形毕竟是例外的,几乎是荒唐的。

征 服 地 域

何况,按照一般规律,总是文明起着主导作用和取得胜利。文明战胜"文化",压倒原始民族,并向真空地带发展。对文明说来,最好还是向真空地带发展,虽说一切都得从头做起。幸而,美洲的四分之三是空地,可供欧洲人发展;俄国人有西伯利亚,英国人有澳大利亚和新西兰。如果布尔人和英国人在南非没有遇到黑人的抗拒,这对白人将是何等的幸运!

葡萄牙人在巴西一出现,原始的印第安人就躲了起来。圣保罗探险队几乎在寥无人烟的空地上繁忙奔波。在不到一个世纪的时间内,这些追逐奴隶、宝石和黄金的冒险家横穿南美大陆的一半,从拉普拉塔河来到亚马孙河和安第斯,始终没有抓住印第安人,但也没有遇到抵抗。只是在耶稣会教士建立了印第安人聚居区后,圣保罗探险队才得以进行无耻的劫掠。

法国人或英国人在北美也面临同样的境遇；西班牙人在墨西哥北部荒野上很少见到剽悍的印第安族的切奇梅卡人。直到17世纪，对印第安族的有计划捕杀还在进行中。每年从11月份起围猎一次，"就像对待野兽那样"。在阿根廷，特别在智利，困难将多一些，因为印第安人至少向胜利者学会了骑马，阿劳干人在20世纪初仍是不易对付的敌手。[221] 问题其实不在于征服人（人将被消灭），而在于征服地域。因此，必须克服距离的困难。16世纪阿根廷潘帕斯草原上缓慢行进的牛车，西属和葡属美洲的骡马队或19世纪美国向西部进发的车队——"西部片"使这种车队声名大著——曾经是拓荒者静悄悄地征服新地域的工具，先驱者在新地域从事的垦殖活动为未来的飞跃发展作了准备。在这些遥远的新边疆，垦殖者的生活完全从零开始；由于人数太少，他们几乎没有社交生活，人人都是自己的主人。这种诱人的无政府状态持续一段时间后，秩序便建立了起来。然而，新边疆不断向内陆伸展，并把种种临时性的无政府状态也搬了过去。喜欢浪漫情调的F.J.塔纳（1921年）曾认为这种流动的边界是美国成长过程中最显著的特点。[222]

俄国在16世纪也开始大规模的扩张，开始从事荒漠野岭的开发，盐商、猎人和骑马疾驰的哥萨克成功地占领了西伯利亚。虽然也曾遇到强烈的抵抗，但都不堪一击地被挫败了。随着城市的建立，（托博尔斯克建于1587年，鄂霍次克建于1648年，贝加尔湖附近的伊尔库茨克建于1652年），堡垒、车站、桥梁以及备有车辆、马匹和雪橇的驿站也逐渐发展起来。据一名原籍瑞士的俄国军医[223]说，在1776年的西伯利亚，必须骑马兼程前进，而在一天疲急的旅行后,还必须赶到每个城镇或要塞宿夜。冬天乘坐雪橇的商人如果误了宿地,就有同随从、牲口和商品一起葬身雪地的危险。道路系统和城市系统正在缓慢地形成。俄国的势力于1643年到达黑龙江流域,又于1696年进入辽阔的堪察加半岛。俄国探险家将在下个世纪来到阿拉斯加,垦殖者于1799年在那里定居。这些领地被迅速征服,但很不巩固,因而特别令人神往。就在1726年,为探险旅行而在鄂霍次克逗留的白令,仅在城堡内找到几家俄国人。约翰·贝尔于1719年沿大道在西伯利亚旅行,"六天中未见人烟"。[224]

文化抗拒文明

当文明不再在空白地区发展时,一切就变得复杂多了。尽管专家们硬是把日耳曼族向东部地区的移民同美国西部边疆的开发相提并论,二者不可能有任何共同之处。从12到13世纪,甚至在14世纪,广义上的日耳曼垦殖者(往往来自洛林或尼德兰)通过政治的或社会的途径,有时也依靠暴力,移居易北河东岸。他们每到一地,便在森林中开荒建村,沿路建造房舍,推广使用铧犁,开辟新城市,并在这些城市和斯拉夫城市执行德意志的法律,即马格德堡的大陆法和吕贝克的海洋法。这是一次规模巨大的移民,而移居地点已由斯拉夫族占据,留下的空白并不太多。斯拉夫族对新挤进来的移民势必进行抗拒,必要时甚至推出门外。日耳曼族的不幸正是它形成太晚,当它开始向东发展时,斯拉夫族早已安顿在那里,并以城市为依托(考古发掘足以为证),扎根在那块土地上,其牢固程度甚至胜过人们以往的断言。[225]

俄国的扩张也遇到同样困难：这里指的不再是向西伯利亚的空白地带扩张，而是向南部的伏尔加河、顿河和德涅斯特河发展，[226] 其特点也表现为自由农民的移民。伏尔加河和黑海之间的草原地广人稀，是克里米亚的诺盖和鞑靼等部落的游牧区域。鞑靼族的勇敢骑士是伊斯兰教和土耳其帝国的前锋，土耳其帝国不但支持和推动他们前进，甚至向他们提供火器，而喀山汗国和阿斯特拉罕汗国正因为缺乏火器才抵挡不住俄军的进攻。[227] 这是一些不容轻视的敌手。鞑靼族经常骚扰特兰西瓦尼亚、匈牙利、波兰和莫斯科公国的边境地区，滥施劫掠。他们于1572年进行的一次偷袭竟攻下了莫斯科城。一些斯拉夫族俘虏（俄罗斯人和波兰人）源源不断地被鞑靼人当作奴隶送往伊斯坦布尔的市场出售。我们知道，彼得大帝于1696年试图在黑海打开一个"窗口"，但他的计划失败了，只是在100年后才由叶卡特琳娜二世去完成。鞑靼人并未因此被消灭，他们直到第二次世界大战还留在原地。

如果没有军事要塞和武装"进军"，如果得不到哥萨克亡命之徒的帮助，俄罗斯农民的迁移也是不能想象的。哥萨克擅长骑马，能沿江逆流而上或顺流而下。1690年，800名来自塔内的哥萨克乘坐小船，沿伏尔加河追击"鞑靼族的卡尔莫克人"。他们不愧是熟练的水手，早在16世纪末，他们的帆船已在黑海从事海盗活动。[228] 由此可见，近代俄罗斯的南部疆域并非在一块空地上建设起来的，它于19世纪向高加索或土耳其斯坦的扩张也不是不费力气或一帆风顺的，而是再次遇到伊斯兰的抵抗。

其他事例也可为我们的解释提供论据：欧洲列强于19世纪对黑非洲的殖民征服（虽然是后来的事，而且为期较短），西班牙征服

第一章 数字的分量

墨西哥和秘鲁。这些被征服地区的文明尚不巩固,其实只能算是文化;它们经不起少数外族的冲击,便自动垮台了。但在今天,它们又重新成为印第安国家或非洲国家。

所谓文化,这是指尚未完全成熟和未能确保其成长的文明。在它成长和成熟前——时间可能拖得很长——,邻近的文明以各种方式剥削它,这是自然而然的,如果不能说是理所应当的。读者不妨想一想我们所熟悉的16世纪后几内亚海湾沿岸的贸易。这类经济剥削的典型例子在历史上多不胜举。在印度洋沿岸,莫桑比克的卡菲尔人说得好,猴子"之所以不说话,是因为它们怕受人使役"。[229]但他们自己,却不该开口说话、购买棉布和出售金砂……事情很简单,强者历来都耍同一套花招。腓尼基人和希腊人在他们的商业口岸或占领地搞的是这一套,11世纪阿拉伯商人在桑给巴尔海岸以及13世纪威尼斯和热那亚商人在卡法或塔纳搞的也是这一套。中国人在南洋群岛何尝不是如此,早在13世纪前,这里已是他们购买金砂、香料、胡椒、奴隶、贵重木材和燕窝的市场。在本书论述的历史时段里,大批中国商贩和高利贷者来到这些"海外"市场谋利;我认为,正因为这种剥削范围很广和过分容易,中国才在发展资本主义方面长期落后和缺少独创,尽管中国人头脑聪明,并有发明创造(例如纸币)。中国的取胜之道实在太容易了……

从市场变为殖民地,仅差一步的距离;只要被剥削者不那么驯服,武力征伐便随之而来。但事实证明,有文化的半文明民族(该词甚至对克里米亚的鞑靼族也适用)绝不是好对付的。即使在被排斥后,它们还会卷土重来,并顽强地生存下去。它们的前途不可能就此永远丧失。

文明之间的对抗

文明之间发生对抗往往会产生悲剧,当今的世界还没有向这类悲剧告别。一种文明可能压倒另一种文明:英军帕拉赛之战的胜利(1757年)对英国和全世界是一个新时代的开始,对印度却是个悲剧。这并非因为在今天加尔各答附近进行的帕拉赛之战是个异乎寻常的胜利。我们毫不夸张地说,杜普累或布西也曾打过同样漂亮的仗。但是,帕拉赛之战的特点在于,如同任何重大历史事件一样,它具有深远的后果。荒唐的鸦片战争(1840至1842年)也标志着一个"不平等"时代的开始,中国从此沦为半殖民地。伊斯兰国家在19世纪横遭灭顶之灾,土耳其勉强算是例外。可是,在1945年后,随着非殖民化的连锁反应,中国、印度和伊斯兰国家(分布于世界各地)又恢复了自己的独立。

所以,历史上的某些吞并,不管持续多久,在我们后世人看来,都不过是些插曲。吞并的实现有快有慢,但总有一天要像舞台布景那样坍塌下来。

站在这个高度看问题,我们就不能完全从数量的观念去观察世界的命运,这里起作用的不单是力量对比、电压差异或重力大小。但是,数量在几百年的长时段上毕竟有它的发言权。我们不能忘记它。数量是说明物质生活的正常理由之一,或更确切地说,是物质生活的应力和常数之一。如果忘记了战争的作用,社会、政治、文化(宗教)等领域的整整一个表现方面便会立即消失。交往本身也丧失其意义,因为这常常是些不平等的交往。如果不谈奴隶,不谈附庸性经济,欧洲是不可理解的。同样,如果不谈其国内的未开化民族和国外的藩属,中国也是不可理解的。所有这一切都是物质文明天平上的砝码。

总而言之,我们使用了数量的概念,对15至18世纪世界的不同命运作了初步的介绍。人类被分成几个大集群。如同在一定社会内部生活的不同集团一样,每个集群对日常生活的适应条件并不是平等的。因此,在全球范围内,人类便出现了几种集群;关于这些集群,本书在后面还将谈到。特别在专门论述经济生活和资本主义的第二卷中,我们将进一步论证。经济生活和资本主义显然比物质生活更加粗暴地把世界划分为发达地区和落后地区,而目前世界的可悲现实已使我们十分熟悉这一分类标准。

第 二 章
一日三餐的面包

在15到18世纪之间,人的食物主要靠植物提供。哥伦布发现新大陆以前的美洲以及黑非洲显然是如此。无论今昔都以稻米为主食的亚洲文明地区显然也是如此。远东所以很早拥有大量居民,那里的人口后来所以有惊人的增长,唯一原因就是肉食极少。道理十分简单:如果按单位面积计算,农业提供的热量远远胜过畜牧业。撇开食物质量的好坏不谈,农业养活的人数要比畜牧业多10至20倍。孟德斯鸠在谈到稻米地区时说过:"别处用以养育牲畜的土地,在这里直接为人的生存服务……"[1]

无论何时何地,不限于15至18世纪那个时期,每当人口增长超过一定的水平,人们就势必更多地依赖植物。吃粮食或吃肉,问题取决于人口的多少。这是物质生活的重要准则之一:"知道你吃什么,就能说出你的身份是什么。"一句德国谚语说得很巧妙:"什么人吃什么东西"。[2] 食物是每个人社会地位的标志,也是他周围的文明或文化的标志。

当旅行家从文明地区来到半文明地区或从人口稠密地区来到稀疏地区时(相反的情况也同样),这意味着他们的食物将有所变

第二章 一日三餐的面包

小勃鲁盖尔:《收割者的便餐》。布鲁塞尔私人藏画。

化。莫斯科公国的商人詹金森从遥远的阿尔汉格尔斯克出发,于1558年首次到达莫斯科后,又沿伏尔加河顺流而下。在到达阿斯特拉罕前,他看到岸上有一个"鞑靼族的诺盖人部落"。他们以游牧为生,"既无城市,又无住房";他们不事耕作,一味攻城略地,杀人越货,不把他们的作战对手俄罗斯人放在眼里:这些吃喝离不开小麦的基督徒(啤酒和伏特加由粮食酿制)能算真正的人吗?诺盖人的情形完全不同,他们吃的是肉,喝的是奶。詹金森继续旅行,穿过土耳其斯坦的沙漠,在那里差一点因饥渴而死;他到达阿姆河谷时，找到淡水、马奶和野马肉，但没有面包。[3]牧民和农民之间的这些差别和相互讥笑在西方也同样存在：勃雷地区的山民鄙视博韦齐的粮食种植者，[4]卡斯蒂利亚人瞧不起贝亚恩的牧民，南方人喜欢耻笑这些"牛倌"，后者自然也反唇相讥。特别突出和更加引人注目的是，蒙古族以及后来的满族与汉族虽然都在北京生活，食物习惯却截然不同，前者喜欢像欧洲人那样大块吃肉，后者讲究烹饪艺术，饭（粮食）必须就着菜吃，而菜则必定由蔬菜、酱醋、调料加上切得很细的肉丁或鱼片调配而成。[5]

至于欧洲，总的说来以吃肉为主："欧洲的屠宰业已有千年以上的历史。"[6]在中世纪的几百年间，欧洲家家户户的案子上堆满了肉，人人都能敞开肚皮吃饱，其盛况可与19世纪的阿根廷相比。因为地中海以北的欧洲有大片土地空着，其中的一半可用于放养牲畜，那里的农业后来还为畜牧业留有很大的发展余地。但在17世纪后就每况愈下，似乎随着欧洲的人口增长，植物为主的普遍规律开始抬头。[7]直到19世纪中叶，由于畜牧业推广了科学方法，由于美洲的腌肉和冻肉大批运到，欧洲才终于摆脱了肉食不足的困境。

何况，欧洲人并未改变他们的肉食习惯，在同海外的接触中，他们一开始就要求经常有肉吃：身为主人，理当吃肉。自从新大陆引进了旧大陆的畜群后，他们更是放开肚皮大吃特吃。他们食肉之多使远东的居民瞠目结舌。17世纪的一名旅行家说："在苏门答腊，只有大官才吃炖鸡或烤鸡，一天也只吃一只。他们因而说，2000名基督徒〔即西方人〕就能把岛上的牛和禽类吃光。"[8]

这些饮食习惯的形成以及由此兴起的讨论是一个漫长过程的

第二章　一日三餐的面包

产物。毛利齐奥曾写道:"在食物历史上,一千年时间也不一定出现什么变化。"[9]人的食物大体上曾发生过两次革命。在旧石器时代末,随着捕猎活动的发展,人由"杂食动物"转变为"食肉动物",这一习性将不再消失,人始终有"茹毛饮血从而取得营养丰富的动物蛋白质的需求"。[10]

第二次革命发生在公元前7000到前6000年,即新石器时代的农业革命,人们从那时开始种植谷物。耕地的扩大使狩猎场和牧场不断减少。随着时间成百年地过去,越来越多的人转向植物型食物;不论生熟或发酵与否,不论做成面饼或煮成面糊,这些食物往往单调乏味。从此,人类历史上便形成两个对立的集团:少数人吃肉,绝大多数人吃面饼、面糊和煮熟的块茎。第二个千年的中国,"州牧被称为……肉食者"。[11]据说,在古希腊,

16世纪印度马拉巴尔沿海地区的收割情景。

"吃大麦面糊的人不肯出力打仗"。[12]多少个世纪转眼又过去了,一名英国人于1776年说:"嗜食肉类的人比吃食清淡的人更勇敢。"[13]

这些表过不谈,我们首先把注意力集中在15至18世纪期间多数人的食物,即先来考察最古老的农业所提供的食物。从一开始起,农业总是寄希望于某种主要作物,并在优先种植主要作物的条件下,然后发展其他附属作物。小麦、水稻和玉米这三种作物取得了辉煌的成果;它们今天继续在争夺世界的耕地。这些"文明作物"[14]构成了人的物质生活乃至精神生活的内涵,因而起着几乎不可改变的结构的作用。本章论述的主题正是它们的历史,作为"文明的决定因素",[15]它们左右着农民和人的日常生活。逐个研究这些作物意味着周游世界。

小　　麦

小麦主要产在西方,但不局限于西方。早在15世纪前,华北平原已同时种植小麦、小米和高粱。那里实行"点播",收割不用镰刀,而用小锄"连根刨出"。收成通过"运粮河"送往北京。日本和华南间或也种小麦,据拉斯戈台斯神甫(1626年)说,那里的农民有时在两季稻米之间收一季小麦。[16]这纯粹是一项额外的收获,因为中国人正如他们不会烤肉一样,不会做面包,而且"小麦〔在中国〕价格始终低廉"。有时候,中国人在蒸笼上做馒头,里面加上葱花。据一位西方旅行家说,"这种面块相当顶饥,像石头那样留在胃里"。[17]广州在16世纪开始制造饼干,远销澳门和菲律宾;中国还把小麦做成面条、面糊和点心食用,但没有面包。[18]

印度河和恒河上游的干旱平原也生产小麦,大批流动客商在印度全国用牛车贩卖稻谷和小麦。在伊朗,常有一种死面饼出售,价格很低,而农民却为此付出极大劳动。例如,在伊斯法罕附近,"麦地极其板结,必须用四至六头牛才能犁动。一个牧童坐在前面的轭架上,用棍子驱赶耕牛前进"。[19] 此外,正如大家都知道的,小麦还出现在地中海四周,甚至在撒哈拉的沙漠绿洲,特别在埃及。由于尼罗河夏季涨水,小麦势必在冬季种植;那时候,土地不再积水,气候不利于热带作物,却对小麦十分适宜。埃塞俄比亚也有小麦种植。

小麦从欧洲出发,来到许多遥远的地方。俄罗斯移民把小麦带往东方的西伯利亚,直至托木斯克和伊尔库茨克以远。俄国农民于 16 世纪已在乌克兰黑土带发财致富,尽管这个地区直到 1793 年才被叶卡特琳娜二世完全征服。远在 1793 年前,即令不是风调雨顺,该地的小麦也必定丰收。据 1771 年的一份报告说:"在波多利亚和沃伦之间,至今还有高如房舍的麦堆在霉变腐烂,其数量足够整个欧洲食用。"[20] 1784 年出现了小麦过剩的灾难。一名法国经纪人[21]说,小麦"在乌克兰的价格是如此便宜,以致许多地主不再种植。然而,高产的小麦不但已能满足土耳其的大部分食用需要,而且还向西班牙和葡萄牙出口"。乌克兰小麦还由黑海的船只装载,从爱琴海诸岛或克里米亚——例如在叶夫帕托利亚(原名戈兹列夫)——出发,经马赛转运法国各地。船只居然得以混过土耳其海峡;其中的奥妙,人们恐怕不难猜到。

其实,"俄罗斯"小麦的鼎盛时期还在后面。在 1803 年的意大利,地主们把乌克兰运麦船的到达看作祸从天降。后来,法国众议院于1818年也曾揭发过这类祸害。[22]

早在这些事件发生前,小麦已从欧洲横渡大西洋。小麦在西属和葡属美洲不得不同各种不利环境作斗争,如气候炎热,虫害严重以及其他作物的竞争(玉米、木薯)。后来,在17世纪,特别在18世纪,小麦终于在圣洛朗河沿岸、墨西哥和英属殖民地种植成功。波士顿船队把小麦和面粉运往盛产食糖的安的列斯群岛,后来甚至运到欧洲和地中海。自1739年开始,来自美洲的小麦和面粉船在马赛卸货。[23] 到了19世纪,小麦在阿根廷、南部非洲、澳大利亚、加拿大和美国中西部的"草原"广泛种植,这也意味着欧洲的扩张在各地已经巩固。

小麦和杂粮

我们且回过头来再谈欧洲。一眼便可看出,小麦在欧洲的情形比较复杂。应该说麦子品种繁多,西班牙语中的麦子用复数表示。首先,从质量看,就有好坏之分:最好的麦子在法国往往被称作"头麦";此外还有中麦或杂麦,是小麦和另一种谷物(通常是黑麦)的混合物。其次,产麦地区从不单种小麦,还有更古老的作物在同时种植。就"单穗麦"而言,意大利于14世纪仍有种植;阿尔萨斯、帕拉丁、施瓦本和瑞士高原于1700年仍用这种粮食做面包;18世纪末,单穗麦在盖尔德斯地区和那慕尔伯爵领地与大麦一样用于养猪和酿制啤酒;罗纳河谷直到19世纪初还有这种作物。[24] 小米的种植地区更加广阔。[25] 全靠城内存有小米,威尼斯于1371年被热那亚军队围困时得以安然无恙。直到16世纪,威尼斯市政

第二章 一日三餐的面包

会议仍喜欢在意大利半岛各要塞储存小米(有时能储存20年之久);每当达尔马提亚和地中海东部诸岛粮食不足时,运去的小米比小麦还多。[26]在18世纪,加斯科尼、意大利和中欧仍种植小米。但是,小米制成的食品十分粗劣;18世纪末的一名耶稣会教士看到中国人食用小米的办法后深为感叹:"科学的发达虽然满足了我们的好奇,却对我们徒劳无益;加斯科尼和朗德荒原的农民制作小米食品的办法还停留在300年以前的水平,还是那么粗劣和不合卫生。"[27]

同小麦一起种植的还有其他更重要的杂粮,例如南欧地区用于喂马的大麦。几乎可以说,在16世纪和随后一段时间里,每逢大麦歉收,匈牙利漫长的边界上就没有战争,因为没有骑兵,土耳其人和基督徒之间的作战就不能进行。[28]在靠近北欧的地区,硬粒小麦被软粒小麦所代替,大麦被燕麦和黑麦所代替;特别是黑麦,虽然在北欧种植较晚——大概不早于5世纪的蛮族入侵——,但它后来却随着三区轮作制的实行,广泛地发展起来。[29]波罗的海船队为援救欧洲的饥荒而装载的黑麦,其数量不少于小麦,其运送地点也越来越远:最初到北海和英吉利海峡,接着到伊比利亚半岛诸港,最后在1590年大饥荒期间大批运到地中海。[30]直到18世纪,凡在小麦不足的地方,所有这些粮食都用于制作面包。一位名叫路易·勒姆里的医生于1702年写道:"黑麦的营养低于小麦,而且对肠胃不好";他接着说:"大麦面包性温凉,营养不如小麦和黑麦";唯有北欧人制作燕麦面包,"很配他们的胃口"。[31]事实证明,在整个18世纪,法国的耕地一半种"麦"(即小麦和黑麦等可做面包的粮食),一半种"杂粮"(大麦、燕麦、荞麦和小米);黑麦种植于

1715年同小麦几乎相等,但在1792年则超过后者一倍。[32]

此外,欧洲从古代开始就从印度洋方面进口大米;在中世纪时期,地中海东岸地区的稻米贸易十分兴旺;阿拉伯人很早在西班牙种植稻米。到了14世纪,马霍卡岛生产的稻米在香巴尼交易会出售;巴伦西亚的稻米向尼德兰出口。[33]从15世纪起,意大利开始种植稻米,并在弗拉拉市场上廉价出售。为了耻笑他人,人们往往说:"他贪便宜吃白粥",因为"吃白粥"和"遭耻笑"在意大利正是一语双关的文字游戏。

稻米种植在意大利半岛逐渐扩大,后来在伦巴第、皮埃蒙特,甚至威尼西亚、罗马尼阿、托斯卡纳、那不勒斯和西西里,都占有广阔的土地。随着稻田经营的资本主义化,农民劳动力日趋无产阶级化。所谓"苦米"正是指耕作之苦。稻米在土耳其占领的巴尔干国家也占重要地位。[34]美洲的稻米产地为卡罗利纳地区;17世纪末,该地区通过英国转口出售的稻米数量甚大。[35]

然而,稻米在西欧只是一种救灾食品,富人虽然吃一点牛奶拌饭,但并不喜欢吃。1694和1709年自埃及亚历山大港启航的米船在法国用于"缓解穷人的粮食困难"。[36]在16世纪的威尼斯,每逢饥荒,米粉就掺进其他面粉,制作平民面包。[37]法国养济院的穷人,还有士兵和水手,都食用稻米。巴黎各教堂也往往用米粉加上萝卜、南瓜和胡萝卜煮成"经济粥汤"赈济平民;粥锅从不洗刷,以便把剩粥和"锅巴"保留下来。[38]由稻米和小米混合制成的面包价格低廉,专供穷人食用,据说特别"顶饥耐饿"。这同中国给"无力买茶"的穷人吃"青菜蚕豆汤"和豆面饼几乎完全一样,而豆瓣酱又总是"做菜的调料"……这里所说的豆面和豆瓣可能不是黄豆,而

第二章 一日三餐的面包

是给穷人解饿的一种低级食品,正如西方的大米和小米一样。[39]

小麦和杂粮之间显然存在一种"相辅相成"的关系。根据 13 世纪英格兰的市价[40]画出的曲线表明:粮价下跌总是同步,上升却并不齐头并进。穷人食用的黑麦有时价格猛涨,甚至超过小麦,而燕麦的价格却相反落后。杜普雷·德·圣莫尔于 1746 年说过:"小麦价格上涨的速度总是比燕麦快,因为我们〔至少是富人——作者加注〕习惯吃小麦面包,而当燕麦价格上涨时,人们可以让马在乡村草地放牧"。[41]小麦和燕麦分别代表人和马的食物。杜普雷·德·圣莫尔认为,二者的正常比例(用他的话说是"自然比例",正如过去的经济学家坚持认为,黄金和白银的自然比例为 1∶12)为 3∶2。"在特定的地域和时间内,每当一法石燕麦的售价大致等于三分之二法石的小麦时,比例关系便合乎自然。"自然的比例关系被打破意味着饥荒,差距愈大,饥荒也愈严重。"每法石燕麦的价格在 1351 年是小麦的四分之一,1709 年是五分之一,1740 年是三分之一。由此可见,1709 年的粮价高于 1351 年,而 1351 年又高于 1740 年……"

这种推想基本上符合作者见到的现实。至于把它当作 1400 到 1800 年间的规律,那又是另一码事了。例如 1596 至 1635 年间以及 16 世纪的大部分时间,法国燕麦售价大致在小麦的二分之一上下。[42]只是 1637 年才形成 3∶2 的"自然"比例关系。如果按照杜普雷·德·圣莫尔的推理,认为 16 世纪潜伏着粮价上涨趋势,并把原因归结为当时的动乱——随着国内局势于 1635 年恢复相对平静,自然比例又重新产生——,这种推理也未免太简单了。因为人们同样可以想到,在 1635 年,黎塞留统治下的法国开始进行

单位：图尔里佛

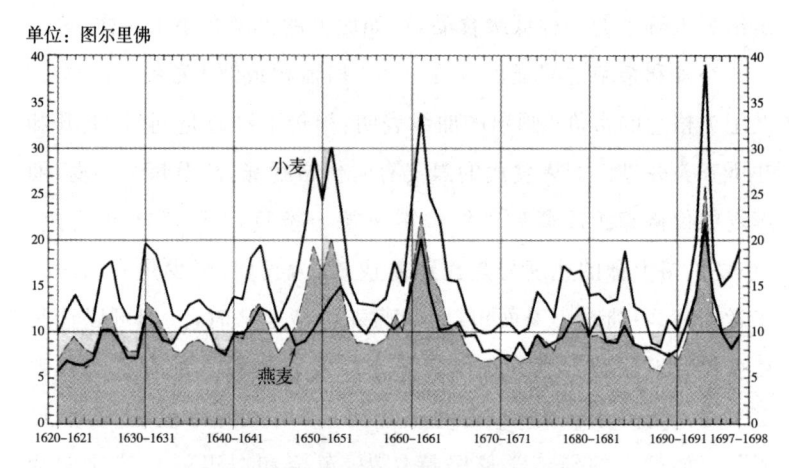

11. 巴黎食品市场提供的小麦和燕麦的价格
虚线代表杜普雷·德·圣莫尔认为"合乎自然"的
燕麦价格（即小麦价格的三分之二）。

我们的教科书所说的三十年战争；那时候，没有燕麦就没有马，也就没有骑兵和大炮的驮载工具，燕麦的价格理所当然会上涨。

这些可做面包的杂粮加在一起仍不能保证食物的丰足；西方人仍不免经常挨饿。弥补的办法首先是习惯吃瓜菜或栗子粉和荞麦面；从16世纪起，诺曼底和布列塔尼地区在小麦收割后播种荞麦，冬季到来前即可成熟。[43]顺便指出，荞麦并非禾本科植物，而是一种蓼科植物。但这并不重要，人们把它当作"黑色的麦"。栗子可以磨粉做饼，塞文和科西嘉给它取了个漂亮的名称，叫做"面包果"。栗树在阿基坦等地区所起的作用相当于19世纪的土豆。[44]

这些辅助食物在南部各地远比普通所说的更加重要。查理五世皇帝的管家于1556年指出，在卡斯蒂利亚的埃什特里马杜拉地区邻近尤斯特修道院的约朗提拉，"这里的好东西是栗子，而不

第二章 一日三餐的面包

14世纪采集栗子的情景。《医学健身秘方》插图。

是小麦,即便有小麦,也贵得惊人。"45

在1674至1675年的冬季,多菲内地区竟以"橡实和块茎"为食,这种反常现象表明出现了严重的饥荒。勒姆里于1702年不无怀疑地引用他人的话说:"还有些地方仍食用橡实。"46

扁豆、蚕豆、黑豆、豌豆、褐豆和杂豆等也是蛋白质的一种廉价来源。这些名副其实的代食品在威尼斯的历史文献上被统称为小杂粮。意大利半岛夏季经常遭到龙卷风的袭击,每当一个村庄不幸受灾,失去小杂粮的收成,当局获悉后立即给予救济。因为小杂粮也被认为是"粮食",成千上万份文献证明它们同小麦处于平等的地位。由埃及的亚历山大港开往威尼斯或拉古萨的船只或者装小麦,或者装蚕豆。格列纳达总督写道:很难凑足舰队需要的小豆和蚕豆;至于杂粮的价格,竟与小麦"相等"(1539 年 12 月 2 日[47])。西班牙一支非洲驻防部队在 1570 年的一封信中指出,士兵们与其吃小麦和饼干,宁愿吃小豆。[48] 威尼斯小麦公署在估产时始终把瓜菜杂粮一起统计进去。例如,它于 1739 年承认,小麦收成很好,但包括杂豆和小米在内的小杂粮收成较差。[49] 考古发掘表明,在中世纪初期的波西米亚农村,豆类食物在主食中的地位大大超过小麦。在 1758 年的不来梅,食品价目表同时公布粮食和瓜菜的价格。同样,在 17 和 18 世纪,那慕尔和卢森堡的价目表也表明,除小麦外,市场还出售黑麦、荞麦、大麦、燕麦、单穗麦和豆类。[50]

小麦和轮作

小麦不能在同一块土地上连续种植两年,否则土壤的肥力会受很大损失。必须更换地块和实行轮作。因此,西方人看见稻米在中国竟能连续生长,感到十分惊讶;拉斯戈台斯于 1626 年写道:稻米"每年都在同一块田里生长,从不像在我们西班牙那样让土地休息"。[51] 这是可能和可信的吗?欧洲种植小麦的耕地都逐年更换。根据更换的周期分别为两年或三年,种植者拥有的可耕地面积就势必等于现有麦地面积的两至三倍。这就是两年或三年轮作制。

第二章 一日三餐的面包

总的说来,除少数先进地区基本上不实行休耕外,欧洲采用两种轮作制。在南部,小麦和其他可制面包的谷物约占耕地的一半,另一半则留作休耕,用西班牙的说法,叫做"撂荒地"。在北部,土地实行三季轮作:冬季作物、春季作物以及休耕。在以往的洛林地区,村庄位于耕地的中心,四周呈圆形的"管区"被分成三个扇面逐渐伸展到邻近的树林:小麦地、燕麦地和休耕地。小麦先种在休耕地上,接着燕麦取代小麦,最后实行休耕,反复轮换:三区轮作制的第三年恢复最初的状况。由此可见,在这两种轮作制中,一种能使麦地更好休息,另一种则每年尽量扩大麦地的面积,直到能种小麦的土地全种上为止,虽然实际上从未做到。南部地区的谷物蛋白质含量比较丰富;北部地区则产量较高,土质和气候在这里也起作用。

但以上只是一个大致正确的概貌:南部有些地区实行"三年一耕"(休耕占两年),北部一些地区坚持两年轮作制(例如自斯特拉斯堡至维桑堡的北阿尔萨斯地区[52])。晚起的三年轮作制代替了两年轮作制,但后者仍在相当广阔的土地上保留着,正如原来的字迹在羊皮书稿上留有影子一样。

欧洲除了有以上两种轮作制外,混杂的情形自然也在所难免。一份调查材料表明,在16世纪的利马涅,[53]根据不同的土地、劳力和耕作水平,两年轮作和三年轮作有着不同程度的交叉……即使在实行两年轮作的欧洲南端,例如在塞维利亚四周,1755年还推行类似北欧的三年轮作制。

我们且把这些差异放过不谈。不论轮作周期是两年或三年,粮食种植原则上始终保持一段空隙或休息时间。这一空隙使休耕

农耕图。《圣母玛利亚祈祷书》细部,14世纪。

地恢复其有机盐养料。施肥和翻耕更有助于土地休养生息:多次翻耕的好处在于它能疏松土地,清除杂草,为今后的丰收作好准备。英国农业革命创导者之一瑞特罗·图尔(1674—1741)提倡像施肥和轮作一样重视翻耕。[54] 据文献记载,翻耕甚至多达七次,播种前的犁耕包括在内。早在14世纪,英格兰和诺曼底已实行三次犁耕(春耕、秋耕和冬耕)。阿图瓦的麦地(1328年)"共翻耕四次,冬季一次和夏季三次"。[55] 在波西米亚的采尔南庄园,根据种植的作物是小麦或黑麦,土地照例要犁四次或三次(1648年)。请听萨瓦的一名自耕农的抱怨(1771年):"为了种植一季小麦,我们不断翻耕土地,有时达四五次之多,累得精疲力尽,而收

播种图。大英博物馆。13世纪。

成却往往很差。"[56]

种植小麦还要求精心施肥,而种植燕麦和其他"春季作物"却从不施肥,因而尽管燕麦播种比小麦更密,而收成却一般不到小麦的一半。这同今天的状况恰好相反。麦地施肥十分重要,地主往往亲临监督。在1325年,皮卡第地区查尔特勒修会的一项租契规定,如在施肥问题上出现争执,由司法当局秉公裁决;在波西米亚,贵族的领地很大(显然太大了),因而设有施肥登记册;甚至在圣彼得堡周围,"所施的肥料是粪便,更加一点秸秆;种植一般谷物的土地须耕两次,种植冬黑麦者须耕三次";[57]在17和18世纪的下普罗旺斯地区,必须完成的施肥任务,包括已施的肥料和畜厩尚未提供的肥料,都经过反复计算。有的租契甚至规定,肥料在撒施前须经当事人检查,或者制造肥料时必须有人监督。[58]

肥料包括绿肥、草木灰、农家肥以及由树叶沤成的土肥等等,但主要来源仍是牲畜的粪便;同远东的情形相反,乡村和城市的人粪尿却不被利用(在西方某些城市的四郊,例如在佛兰德地区、西班牙的巴伦西亚附近或巴黎周围,城市垃圾仍被利用[59])。

总之,小麦和家畜互为联系,互相促进,特别是牵引车辆农具必须使用大牲畜:一个人整年锄地,至多能锄一公顷[60](作为生产工具,锄头大大落后于牛马),很难设想人单靠自己能承担大片麦地的备耕工作。必须有牲畜牵引,北方用马,南方用牛和骡(用骡的越来越多)。

因此,尽管存在人们可以想到的地区差异,欧洲从小麦和其他粮食出发,形成了一个"复杂的关系体系和习惯体系",费迪南·罗指出"这个体系是如此紧密,因而没有而且也不可能有任何裂缝"。[61]作物、牲畜和人,一切全都各就其位。假如没有农民,没有挽具,或收割脱粒时没有零工,整个体系就不可能形成,因为收割和脱粒要靠手工进行。土地肥沃的平原地区欢迎来自贫瘠山区的劳动力,无数事例可以表明,这种结合(南汝拉山区和东勃地区,中央高原和朗格多克地区……)几乎是一条强有力的生活规律。我们有许多机会看到农民从一个地区拥到另一地区的情景。每年夏季,成群的收割者为求得高额工资(在 1796 年,每天工资高达五保里)来到托斯卡纳的马莱姆,在这疟疾盛行的地区,每年总有大批人得病而死。病人躺在窝棚里与牲畜为伍,得不到照料,身边仅有一点草秸,少许臭水、黑面包,外加一个葱头或蒜头。"许多人临死时没有医生和神甫在场。"[62]

麦地不设篱笆,整理得井井有条,定期实行轮作;轮作周期十分短促,农民不愿让大面积土地闲置不种。麦地处在恶性循环之中:为了增产,必须多施肥料,因而必须喂养牛马等大牲畜,而扩大草地面积又势必减少小麦生产。魁奈的第十四句格言主张"促进牲畜繁殖,因为牲畜向土地提供肥料,而肥料又保证丰收"。三年轮作制让播种小麦的土地先休息一年,但在休耕地上不能插空种植太多的其他作物;因此,优先种植粮食作物往往导致单位面积产量的低下。种植小麦的地区与拥有水田、推行锁国政策的地区完全不同。前者必须喂养牲畜,树林、荒地、草场、路边的杂草虽然能提供饲料,但单靠这些仍嫌不够。有一个办法早已被发现和被应用,但仅限少数地区,如 14 世纪的阿图瓦、意大利北部和佛兰德,16 世纪的某些德意志地区,以及荷兰和后来的英国。那就是实行谷物和牧草的长时间轮作,从而取消或大大减少休耕,其好处一方面是保证大牲畜的食料和提高粮食产量,另一方面又便于恢复土地的肥力。[63]尽管越来越多的农学家提倡这个方法,于 1750 年开始有所进展的"农业革命"仍花了整整一百年时间才在法国完成。大家知道,法国的谷物种植主要分布在卢瓦尔河以北地区,那里历来以粮食生产为主。这一传统结构已变成桎梏,难以摆脱,并使农民对新事物感到恐惧。在粮食生产成就最突出的博斯地区,土地租契长期保留"三季轮作、一季休闲"的规定。"现代"农业在这里没有立即被人们所接受。

因此,18 世纪的农学家做出了悲观的判断,在他们看来,取消休耕和开辟人工牧场是发展农业的首要条件或唯一条件。他们也正是根据这个标准来判断农村的现代化水平。《曼恩地区地形学辞典》的作者于 1777 年指出,"马延方面的黑土很难犁耕;拉伐尔方面的黑土更难犁耕……那里最好的犁手用六头牛和四匹马每年也只能耕 15 至 16 平方弓丈土地,因而人们往往让土地连续休息 8 年、10 年或 12 年之久"。[64]在布列塔尼地区的菲尼斯泰尔,情形同样糟糕,那里的"坏地能休耕25年,好地也要休耕3至6年"。阿瑟·杨格在布列塔尼游历时简直以为自己生活在休伦人之中。[65]

然而,这是一个荒唐的判断错误,雅克·缪利茨不久前的一篇文章用大量事例和证据说明这种看法的错误所在。无论在法国或在欧洲其他各国,的确有许多地区草场多于麦田,牲畜成为当地人赖以为生的主要财富和"剩余"商品。山丘、低地、沼泽、灌木林和海岸(法国从敦刻尔克到贝荣纳的漫长岩岸)都属于这种情况。18和19世纪初的农学家一心想着提高谷物的单位面积产量,以满足人口增长的需要,因而没有看到,这些分布各处的草地正好反映了西方农村的另一面目。历史学家自然附和他们的错误看法。然而在这些地区,所谓休耕显然具有积极意义,并非白白耽误时间。[66]休耕地生长的草可喂养牲畜,而牲畜,不论是马、驴、骡或公牛、母牛和小牛,都可以提供肉食、奶制品或供人使役。如果法国没有这些地区,巴黎哪有食物可吃?苏和普瓦西的牲畜市场又哪来的货源?军队和运输所需的大量役畜又从何而来?

杨格的错误在于他混淆了产粮地区的休耕和畜牧地区的休耕。除实行定期轮作的麦地外,使用休耕一词是不恰当的。无论在马延或拉伐尔附近,或在其他地方(甚至在罗马四周),断续地犁耕草地和花一两年时间播种粮食只是恢复地力的一种方法,这种方法今天依然在使用。在这种情况下,所谓"休耕"便不像三年轮作制那样让土地"白白闲着"。休耕地不但是间或需要翻耕的天然草场,而且是需要耕作的人工草场。例如,在菲尼斯泰尔,人们总是在休耕地上播种紫荆,这种植物尽管形状像小灌木,却的确是牧草。阿瑟·杨格不了解这个情况,他把播种紫荆的人工草场当成

梵高的《收割者》(1885年)(上图)和亨尼西的《圣母祈祷书》(16世纪)中的收割者相隔两个多世纪,但收割使用的工具相同,动作也相同。

是故意撂荒的闲地。在旺代和帕脱内的沼泽地,金雀枝起着同等作用。[67]这种利用当地野生植物的办法大概由来已久。玉米同时可作饲料和人的食物,它在这些"落后"地区的推广不会令人惊讶,萝卜、白菜、芜菁的广泛种植也相当早,约在18世纪中叶;总之,所有这些作物都是"农业革命"提倡的现代饲料。[68]

由此可见,法国以畜牧为主的地区同以种植小麦为主的地区恰成鲜明对照,欧洲恐怕也是如此。二者其实保持相反相成的关系,因为种植粮食需要役畜和肥料,而牧畜地区则粮食不足。西方文明在植物方面的"决定性因素"不单是小麦,而同时是小麦和草料。牲畜作为肉食和动力的源泉闯进了人的生活,而人又不得不饲养牲畜,并取得成功,这就是西方与众不同的鲜明特点。生产稻米的中国则不然,它不懂并拒绝喂养牲畜,因而放弃开发山区。总之,我们应改变对欧洲的传统看法。以往的农学家把牧区看作是落后的农业地区,而雅克·缪利茨的文章却表明,牧区比起土地肥沃的产粮区能使农民生活得更好,[69]当然养活的人数要少得多。如果我们退回到那个时代去,如果要在勃雷地区和博韦齐地区之间选择居住地点,我们大概会喜欢前者,而不是后者;我们会更喜欢草木茂密的阿登北部,而舍弃美丽的南方平原;甚至甘冒严寒住在里加或雷瓦尔(塔林)附近,不去巴黎盆地的农村。

产量低下、弥补办法和灾荒袭击

小麦不可原谅的缺点是产量低下,让人吃不饱肚皮。近期的研究成果用大量细节和数字确认了这一点。在我们研究的15至18世纪这段时间里,小麦产量之低令人失望。较多的情形是播一收五,有时还达不到这个数目。由于必须留出一份种子,可供消费的只剩下四份。按照我们计算产量的惯例,这意味着每公顷生产多少公担呢?读者在作这些简单的计算以前,且莫以为问题就是那么简单。这里不能满足于差不多,何况一切都随着土地肥瘠、耕作方法、历年的气候变化而变化。生产率,即生产的物品同为此花费的力量总和(不仅仅是劳力)之间的关系,是个难以估算的变值。

以外,假定小麦播种量像今天一样是在每公顷 100 至 200 公升之间(过去的种子颗粒较小,因而每公升的数量较多,这且撇开不谈),我们不妨取其平均数,按每公顷播 150 公升计算。既然播一获五,收成将是每公顷 750 公升或 6 公担左右。产量确实很低。可是,奥里维埃·德·赛尔曾经说过:"丰歉相抵,如果平均年收获量等于种子的五至六倍,农庄主就该满足了。"[70]魁奈(1757 年)也曾就当时在法国占绝大多数的"小耕作"体系说过:"每平方弓丈土地的收成有好有坏,产量约为播一获四,种子除外,什一税也不包括在内……"[71]据今天的一名历史学家说,在 18 世纪的勃艮第,"扣除种子后,中等土地的正常产量一般是每公顷 5 至 6 公担"。[72]这些系数大致符合实际。法国在 1775 年约有 2500 万人口,基本上以小麦为生,丰年的出口额等于歉年的进口额。如果按每人每年消费 400 公升谷物计算,法国应生产 100 亿公升或 8000 万公担。实际上,由于还要提供种子和牲畜食料,谷物的产量就必须大大超过这个数字。据儒尔·杜坦的偏高估计,产量约在 1 亿公担左右。[73]假定谷物种植面积为 1500 万公顷,单位面积产量也还是每公顷 6 公担。因而,我们仍停留在第一个估算的范围内,即 5 至 6 公担左右(这个悲观的数字是无可怀疑的)。

但是，尽管以上的答案看来能够站得住脚，它却远没有反映问题的全部实际。我们有时能找到十分可靠的数据，表明产量大大高于或低于每公顷 5 至 6 公担这个粗略的平均数。

汉斯-赫尔穆特·瓦赫特尔曾就最初属于条顿骑士团、后归普鲁士公爵所有的领地作了令人钦佩的计算，并提供了将近 3000 个数据（1550—1695 年）；他得出了以下的平均产量：小麦每公顷为 8.7 公担（但这里涉及的是小耕作）；黑麦为 7.6 公担（黑麦种植日趋扩大，开始占领先地位）；大麦为 7 公担；燕麦仅 3.7 公担。据不伦瑞克地区的不完整调查，粮食产量（这里指 17 和 18 世纪）略为高些，尽管仍然很低：小麦为 8.5 公担；黑麦为 8.2 公担；大麦为 7.5 公担；燕麦为 5 公担。[74] 人们或许认为，这是后来创造的记录。但早在 14 世纪初，阿图瓦一位名叫梯叶里·迪尔松[75]的经营有方的农庄主，在其位于罗凯斯托的一块土地上，每公顷竟收获 12 至 17 公担谷物，也就是说，收获的粮食分别等于（按 1319 至 1327 这已知的七年计算）种子的 7.5、9.7、11.6、8、8.7、7 和 8.1 倍。魁奈也同样指出，如果实行他所主张的大耕作，粮食产量每公顷可达 16 公担，甚至更多；关于这个应归功于现代的、资本主义的农业的记录，我们以后再谈。[76]

但是，在高记录的对面，还有许多低于平均数的情形。列奥尼德·齐特科维奇[77]的论文指出了波兰粮食生产水平的低下。在 1550 至 1650 年，60% 的黑麦产量平均为播种量的二至四倍（10% 的产量不到播种量的两倍）；在随后的 100 年里，这些数字还在下降，直到 18 世纪末，情况才有明显的好转；占总数 50% 的收成等于种子的四至七倍。小麦和大麦的产量略为高些，但演变过程与黑麦大致相同。相反,波西米亚的粮食产量自17世纪下半期就有了明显的增加。但匈牙利和斯洛伐克的情况同波兰一样糟。[78]确实,匈牙利只是在19世纪才成为重要的小麦生产国。我们不要以为种植历史悠久的西欧地区情况一定好些。在16至18世纪的朗格多克,[79]播种者"出手很重",撒出的种子每公顷往往达200至300公升。燕麦、大麦、黑麦或小麦生长过密,通风不良。亚历山大·洪堡[80]注意到,欧洲各地普遍处于这个状态。下种过多使朗格多克的产量在16世纪陷于很低的水平;1580至1585年间,收成不到种子的三倍;17世纪曾于1660至1670年间达到平均四至五倍的最高水平;产量接着又下跌,自1730年后慢慢回升,直到1750年后,才达到六倍的平均数。[81]

粮食种植面积和产量的增长

正如斯利歇·万·巴脱(1963年)[82]的广泛调查所证明的,这些低下的平均产量并不排斥缓慢的进步。斯利歇·万·巴脱的功绩在于他把所有的粮食产量汇集在一起。孤立起来看,这些数字几乎毫无意义,但经过集中比较,就能显现长时段的发展趋势。在这个缓慢的发展过程中,应该区分几个发展速度不同的地区类型:占首位的是英格兰、爱尔兰、尼德兰;其次是法国、西班牙、意大利;第三是德意志、瑞士各州、丹麦、挪威、瑞典;第四是广义上的波西米亚、波兰、波罗的海地区和俄罗斯。

如果根据小麦、黑麦、大麦和燕麦这四种主要谷物所达到的单产,混合计算谷物产量相当于播种量的倍数,四个不同类型的地区还可分为甲、乙、丙、丁四个阶段。

欧洲的谷物产量（1200—1820年）	
甲　1200—1249年前产量为播种量的3至3.7倍	
Ⅰ.英格兰（1200—1249年）	3.7
Ⅱ.法国（1200年前）	3.0
乙　1250—1820年产量为4.1至4.7倍	
Ⅰ.英格兰（1250—1499年）	4.7
Ⅱ.法国（1300—1499年）	4.3
Ⅲ.德意志和斯堪的纳维亚国家（1500—1699年）	4.2
Ⅳ.东欧（1550—1820年）	4.1
丙　1500—1820年产量为6.3至7倍	
Ⅰ.英格兰和尼德兰（1500—1700年）	7.0
Ⅱ.法国、西班牙和意大利（1500—1820年）	6.3
Ⅲ.德意志和斯堪的纳维亚国家（1700—1820年）	6.4
丁　1750—1820年产量高于10倍	
Ⅰ.英格兰、爱尔兰和尼德兰（1750—1820年）	10.6

资料来源：斯利歇·万·巴脱

从甲到乙，从乙到丙，再从丙到丁，这是一系列缓慢的、微弱的发展过程。在这些过程中，也有可能出现相当长时间的后退，例如，1300至1350年、1400至1500年以及1600至1700年的情形便大致如此。但从长时段看，发展速度基本上保持60%至65%。人们还注意到，英格兰、爱尔兰、尼德兰等人口众多的地区在最后一个阶段（1750—1820年）发展特别突出。产量的提高同人口增长显然有着相辅相成的关系。最后，前期的发展相对说来最为迅速，从甲向乙的发展比从乙向丙的发展更快。收获量从种子量的三倍过渡到四倍，意味着跨出了决定性的一步：欧洲出现了第一批新兴城市，或者在中世纪前期没有消失的旧城市又重新发展。因

粮食产量的下降		产量为播种量的倍数	下降比例（%）
英格兰	1250—1299	4,7	
	1300—1349	4,1	16
	1350—1399	5,2	
	1400—1449	4,6	14
英格兰	1550—1599	7,3	
尼德兰	1600—1649	6,5	13
德意志	1550—1599	4,4	
斯堪的纳维亚	1700—1749	3,8	18
东欧	1550—1599	4,5	
	1650—1699	3,9	17

资料来源：斯利歇·万·巴脱

为城市的出现和发展显然取决于粮食生产的丰裕。

种植面积往往在扩大，人口增长时更是如此，这毫不奇怪。在 16 世纪的意大利，热那亚、佛罗伦萨和威尼斯的资本家使用巨额投资，大力推进土壤改良工作。向江湖、沼泽、树林和荒原夺地始终是欧洲孜孜以求但进展缓慢的事业，欧洲为此经受了无穷的苦难，做出了超人的努力。农民的生活尤其困苦。他们既是领主的奴隶，也是小麦的奴隶。

人们往往说农业是欧洲工业化以前的最大产业。但是这一产业始终处于困境。即使在北欧的产粮大国，开垦新地也是一种迫不得已的"下策"，是一种没有长期效益的"经济起飞"。扩大小麦种植面积（前面顺便谈到的波兰的情形是这样，汉·赫·瓦赫特尔的一张图表明确指出的普鲁士情形是这样,[83]西西里也是这样)势必导致单位面积产量的下降。18世纪的英格兰则相反,它依靠发展牧草种植和畜牧业,使粮食产量有了革命性的增长。

小麦的地方贸易和国际贸易

农村粮食自给自足,多余部分供给城市,城市一般"在其辖区范围之内"就近购粮,波洛尼亚于1305年就有人提出过这个聪明的建议。[84]在方圆二三十公里的小范围内筹集粮食可节省昂贵的运输开支和避免向外国求助。何况,向外国求助并不可靠,而城市对附近乡村却几乎完全可以控制。法国直到杜尔哥上台执政和展开"面粉战"的时候,甚至直到大革命发生时,农民始终被迫在邻近

在意大利,小麦由骡驮运。锡耶纳油画博物馆。

第二章 一日三餐的面包

城镇的市场出售小麦。在1789年夏季的饥荒和骚动期间,暴乱者一下就能抓住囤积居奇的粮食商人,因为人人都认识他们。整个欧洲显然也是如此。在18世纪的德意志,几乎到处都有针对从事粮食投机的"高利贷者"的惩治措施。

这种地方性贸易活动并非毫无困难。每当粮食歉收,城市就不得不向丰收地区求援。大概从14世纪起,北方的小麦或黑麦就开始运往地中海。[85]在这以前,意大利已先后从拜占庭和土耳其取得小麦。早在加拿大、阿根廷、乌克兰之前,西西里历来就有大批小麦运出。

这些谷仓是大城市的救星,它们必须位于沿海或通航河流的两岸,因为水运对压舱商品比较便利。直到15世纪末,皮卡第或韦芒杜瓦地区在丰收年景分别经由斯凯尔特河和瓦兹河向佛兰德和巴黎运送粮食。在15世纪,香巴尼和巴鲁瓦地区的小麦从维特里-勒-弗朗索瓦启运,经水流湍急的马恩河供应巴黎。[86]同时,勃艮第的小麦用木桶装载,沿索恩河和罗纳河顺流而下,阿尔是这些来自上游的小麦的集散地。每当马赛面临饥荒威胁,人们便向阿尔的商务官员请求帮助。[87]后来,特别在18世纪,马赛也成了"海上小麦"的主要港口。普罗旺斯地区粮食紧张时,总是找马赛求援。但是,马赛人更喜欢吃当地的优质小麦,不愿接受在海运途中多少变质的进口小麦。[88]同样,热那亚人宁肯吃来自罗马尼阿的高价小麦,而把从地中海东部地区进口的廉价小麦转手出口。[89]

自16世纪起,北方的小麦在国际粮食贸易中的地位日趋重要,有时甚至损害了出口国本身的利益。一本商业辞典(1797年)[90]解释说,鉴于波兰每年都出口大批粮食,人们或许以为它是欧洲最肥沃的地区之一，但凡了解这个地区及其居民的人却得出另一个判断，因为就肥沃程度和耕作水平而言，还有其他地区胜过波兰，但这些地区并不出口粮食。"事实在于，占有土地的波兰贵族剥夺了农奴用汗水生产的小麦，至少占人口八分之七的农奴只得食用大麦和燕麦。波兰人把大部分小麦和黑麦供欧洲其他民族消费，自己留下的部分是如此之小，简直可以认为，他们仅仅为了外国才收割粮食。吝啬的贵族和资产者也食用黑麦面包，小麦面包只上大贵族的餐桌。欧洲其他国家一个城市消费的小麦比整个波兰王国还多，这样说并不夸张。"

在欧洲，凡人口稀少、发达较晚和能提供粮食来源的国家几乎都处于边缘地区，无论是北部、东部（土耳其帝国）或南部（柏柏尔人地区、撒丁、西西里）。这种边缘现象经常有变化。一个谷仓关闭了，另一个谷仓接着开放：17世纪上半叶的瑞典（利伏尼亚、爱沙尼亚、斯卡尼亚）；[91] 1697至1760年间的英格兰（出口奖励推动了圈地运动的发展）；18世纪英国在美洲的殖民地。[92]

诱饵每次都是现金。在小麦贸易中，富国总是用现金购买，穷国被现金所诱惑，获利的自然主要是中间商；他们以高利贷形式在那不勒斯王国和其他国家购买"青苗"。威尼斯于1227年已用金条在普利亚地区购买小麦。[93] 同样，在16和17世纪，布列塔尼的小船一般载运塞维利亚和里斯本缺少的小麦，在回程时则带走葡萄牙的白银或"赤金"，这对任何其他贸易是禁止的。[94] 阿姆斯特丹17世纪向法国和西班牙的出口也以"铸币"结算。一名冒牌英国人于1754年写道："近年来，我国小麦丰收，小麦出口保证了汇兑坚挺"。[95] 1795年，法国沦于饥荒的边缘。派往意大利的使者为取

小麦的国际贸易：装运波兰粮食的船只经维斯杜拉河来到但泽。原画见本书第三卷第37页。

得小麦，只得把几箱银器从马赛运往里窝那，"论斤卖出，毫不顾及银器的工艺抵得上材料的价值"。[96]

然而，这项主要贸易的成交额并不像人们早先想象的那么大。16世纪的地中海地区约有60 000 000人口。按每人消费300公升计算，总数将达180亿公升，即145 000 000公担。如果作个粗略计算，海上贸易额不过一二百万公担，约等于总消费额的1%。假定每人的消费量为400公升，比例还要缩小。

17世纪的情形大概也是如此。主要的运粮港但泽于1648和1649年分别运出1 382 000公担和1 200 000公担（取其整数）。[97]假定整个北欧的出口量等于但泽的三至四倍，那就是 300 万至 500 万公担。如果再加上地中海地区提供的 100 万公担，欧洲的小麦贸易碰顶也只在 600 万公担左右。这个大数同欧洲人消费的 2.4 亿公担（1 亿人每人消费 300 公升）相比显得微不足道。何况，这些出口记录不能长久保持：在 1753 至 1754 年间，但泽仅出口 52 000 拉斯特（624 000 公担）。[98] 据杜尔哥的估计，当时的国际粮食贸易为四五百万公担，桑巴特还认为这个数字过高。[99] 最后，我们不要忘记，这些额外的粮食补充几乎完全由水路运输，因而只供海洋大国借以预防本国间或出现的饥荒。[100]

鉴于时代的条件，这些长距离贸易仍令人叹为观止。人们惊奇地看到，佛罗伦萨为教皇贝努瓦十二世服务的巴迪家族于 1336 年竟能把普利亚的小麦运往亚美尼亚，[101] 佛罗伦萨商人在 14 世纪竟能每年调运 5000 至 10 000 吨西西里小麦；[102] 托斯卡纳公国、威尼斯和热那亚竟能利用国际商人以及纽伦堡和安特卫普的汇票，从波罗的海和北海调运几万吨粮食，弥补地中海 16 世纪 90 年代连年灾荒带来的亏空；[103] 富裕但仍粗野的摩尔达维亚于 16 世纪平均每年向伊斯坦布尔运送 3500 万公升粮食；一艘波士顿航船于 18 世纪末满载美洲的面粉和粮食来到伊斯坦布尔……[104]

人们同样有权对码头和仓库等设施赞叹不已：起点有西西里的"海滨货场"、[105] 但泽、安特卫普（1544 年后开始变得重要）、吕贝克或阿姆斯特丹；终点有热那亚或威尼斯（1602 年该市有 44 所仓库）。随着信用券的流通和西西里"海滨货场"—粮食定购单[106] 的出现，小麦贸易变得更加方便了。

总的说来，这种贸易还很不正规，很不经常，"限制既多，风险

第二章 一日三餐的面包

更大"。必须等到18世纪才建立起几个购买、存放和分销的大型体系；没有这些体系，笨重、容易变质的商品就不能正常地远距离流通。在16世纪，威尼斯、热那亚和佛罗伦萨都还没有专门从事粮食贸易的大商人（巴迪·科尔西这类大商人或许是个例外）。他们在粮荒严重时才做这种买卖。据专家说，希门内斯等葡萄牙大商人于1590年粮荒期间出资购运北欧的大批小麦到地中海地区，获利高达300％至400％左右[107]……但这种机遇并不常有。大商人一般认为搞这种限制多、风险大的贸易并不合算。粮食的大宗贸易只是在18世纪才日趋集中。1773年的饥荒期间，马赛粮食贸易几乎完全被少数商人所垄断。[108]

在我们知道的大笔粮食交易中——古斯塔夫-阿道夫向俄国购买大批小麦；路易十四于1672年入侵荷兰前在阿姆斯特丹市场收购粮食；弗里德里希二世在获悉查理六世皇帝去世后的第二天（1740年10月27日）立即下令向波兰、梅克伦堡、西里西亚、但泽和外国的其他地方购买15万至20万蒲式耳黑麦（这使他同俄国的关系变得紧张）——，多数情况与国家的军事行动有联系。弗里德里希的命令表明，如果情形紧迫，必须向各个粮仓同时提出要求，因为市场的货源十分有限。自由贸易的障碍层出不穷，给粮食流通带来更大的困难。旧制度末年的法国就是一个明显的例子。很想把国家管好的大臣们排斥过分自由的私人交易，建立小麦贸易的垄断，企图独占其利（更确切地说，让那些为当局服务的商人和经纪人得利），结果背上了包袱，反而倒了大霉。由于旧制度不能保证日趋扩大的城市的粮食供应，行贿纳贿的丑事便应运而生，从而出现了"饥饿同盟"的神话。[109]我们这里不妨说，无风不起浪。

问题的确十分严重。小麦是法国乃至整个西欧的命根子。大家知道杜尔哥限制粮食自由流通的不合时宜的措施曾导致一场"面粉战"。[110]当时有人说:"在洗劫了我们的市场和面包房以后,他们将会抢掠我们的房舍,并把我们扼死。"还有人说:"他们已开始劫掠农民的庄园,为什么就不会再劫掠贵族的宅第?"[111]

小麦和卡路里

今天,富国和富裕阶级每人每天约需 3500 至 4000 卡路里。这个水平在 18 世纪前并非没有达到,不过不像今天那样成为普遍的准则。既然在计算中必须有个基数,我们就暂定 3500 卡路里是基数。J.汉密尔顿[112]计算 1560 年间西班牙的印度舰队船员伙食的营养价值,也得出这样高的水平;如果不顾库尔特林的审慎和权威,盲目相信后勤部门的数字,这个水平当然是相当高了,因为在后勤部门看来,他们提供的食品总是优质的……

顺便指出,据我们所知,王公贵族和特权阶级的饮食标准更要高些(例如,17 世纪初帕维亚的博罗米学院)。我们当然不会因这些个别现象而造成错觉。就城市大众而言,平均水平往往在 2000 卡路里左右。大革命前夕的巴黎正是这种状况。在这方面,我们掌握的数字还不多,不能确切解决我们关心的问题。何况,即使用卡路里充当判断食物好坏的标准,也还必须保持醣类、蛋白质和脂肪之间的平衡。另外,酒是否应算入卡路里的份额之内?按照习惯,酒类的比例从不超过 10%;高于这个比例的饮酒量不再算入卡路里的份额,但这不等于说,剩余部分对酒徒的健康和支出不起作用。

我们可以猜到一些规律性东西。例如，从不同食物的分类，可以看出饭菜的多样性，而当时的饭菜往往过分单调。当醣类（简单地说是碳水化合物或谷物）的比重大大超过卡路里份额的60％时，饭菜必定很单调。当肉、鱼和奶制品所占的比重很小时，饭菜也不能算丰盛。一年到头吃的东西除了面包还是面包，要不就是面糊。

这些标准定出以后，看来北欧的特点是肉食消费较大，南欧则是碳水化合物的比重较大，军舰上的伙食显然属于例外，那里有成桶的咸肉和金枪鱼可改善伙食。

毫不奇怪，富人的饭菜比穷人的更加多样化，同数量相比，质量更是高贵的标志。[113] 1614至1615年间，在热那亚的斯皮诺拉家族的丰盛餐桌上，谷物提供的热量仅占53％，至于因患绝症留在养济院中的穷人，他们消费的谷物竟达热量的81％（顺便指出，1公斤小麦约等于3000卡路里，1公斤面包为2500卡路里）。如果拿其他食品作个比较，斯皮诺拉家族吃的肉和鱼并不多，但奶制品和油脂的消费比养济院多一倍以上，食谱也更加多样化，其中包括许多水果、蔬菜和糖（占支出的3％）。同样，博罗米学院（1609至1618年）的学生尽管吃得很多，营养过量（每天约在5100至7000卡路里之间），但饭菜并不十分多样：谷物约占热量总数的73％。他们的伙食不是也不可能是讲究的。

根据已有的不完整调查，在这一时期前后，各地城市居民的食物变得更加多样化，至少比乡村更加多样。我们已经谈到，1780年左右巴黎的消费水平约是2000卡路里，其中谷物约占58％，即

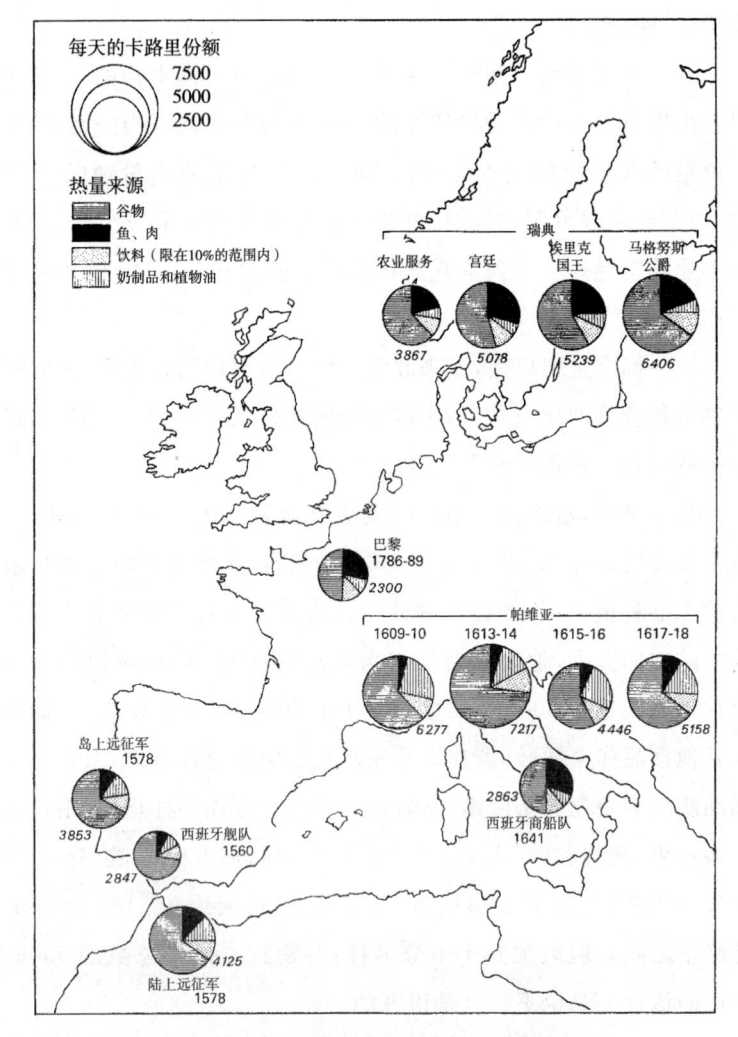

12. 以往的食物结构(以卡路里为计算单位)

这张图表是根据不完整调查画出的,只能反映小康之家的菜单。如要画一张真正反映欧洲情况的图表,还必须找出成千上万个代表不同社会等级和不同时代的具体例子。(摘自弗·斯普纳:《以往的食物结构》。)

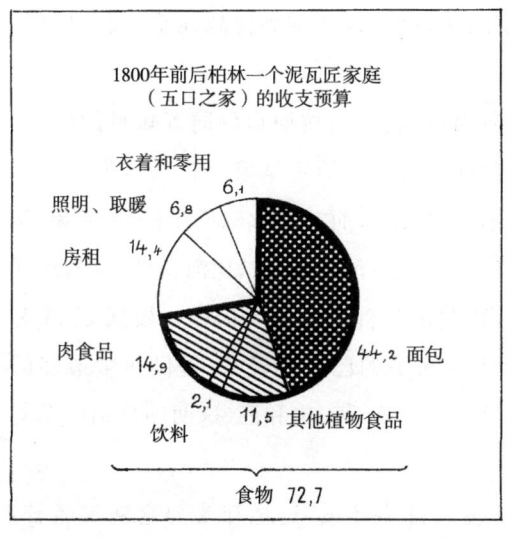

13. 1800年前后柏林一个泥瓦匠家庭的收支预算

1800年前后柏林一个泥瓦匠家庭（五口之家）的收支预算

- 衣着和零用 6,1
- 照明、取暖 6,8
- 房租 14,4
- 肉食品 14,9
- 饮料 2,1
- 其他植物食品 11,5
- 面包 44,2
- 食物 72,7

这些数字应同 1788 和 1854 年巴黎人的食物开支（第 107 页）比较。这里，面包在家庭食物开支中的比例大大超过 50%，考虑到当时的谷物价格，比例确实是很高的。这个例子可确切地说明泥瓦匠家庭生活的艰难以及食物结构的单调。（据 W.阿贝尔的材料。）

平均每天消费一磅面包。[114]这个数字同巴黎在前后几年的面包平均消费量大致相等：1637 年为 540 克；1728 至 1730 年间为 556 克；1770 年为 462 克；1788 年为 587 克；1810 年为 463 克；1820 年为 500 克；1854 年为 493 克。[115]这些数字当然并不十分可靠。据有人统计，17 世纪初威尼斯每人每年的消费量似乎达到 180 公斤；[116]这个数字固然大可商榷，但是其他迹象表明，威尼斯当时的工人收入很高，对食物也很讲究，那里的富人又保持着城里人固有的挥霍习惯。

总的说来，农村的面包消费量无疑很大，甚至超过城市下层工人的消费水平。勒格朗杜西说，1782 年法国的一名普通工人或农民每天可消费两至三磅面包，"但有别的东西可吃的人就吃不了那么多"。直到今天，还可以看到意大利南部的工人午饭时在工地上啃大块面包，就着几个西红柿、几头洋葱"下饭"（companatico）。

"下饭"这个词很能说明问题,因为西红柿和洋葱几乎只起"佐料"的作用。

面包之成为主食,原因自然在于:按照提供同等热量的标准,小麦是相对最便宜的食物(一名波兰历史学家[117]认为应加上粮食烧酒,从而为波兰农民不仅吃粮食,而且喜欢喝酒辩护)。1780年前后,粮价比肉低11倍,比新鲜海鱼低65倍,比河鱼低9倍,比咸鱼低3倍,比蛋低6倍,比黄油和食物油低3倍……根据1788和1854年的计算,对中等生活水平的巴黎人说来,提供热量最多的小麦在家庭开支中只占第三位,落后于肉和酒(这两项分别占总支出的17%)。[118]

我们不得不说了小麦的许多坏话,这里却要为它恢复名誉。小麦是穷人的廉价食物,"从麦价贵贱……可以测知其他食物的价格"。塞巴斯蒂安·迈尔西埃写道,"1770年将是面包价格连续上涨的第三个冬天。从去年开始,一半农民已需要社会救济,今冬的生活更难上加难,因为那些靠出卖家产活下来的人现在已没有任何东西可卖了。"[119]小麦匮乏,这时农民意味着一切匮乏。可悲的是,小麦把生产者、中间商、运输商、消费者统统沦为奴隶。我们不能忘记这一点。社会各阶层无不受小麦的支配,为小麦而忙碌奔波。塞巴斯蒂安·迈尔西埃反复说过:"小麦既是救人活命的食物,又是杀人的屠刀。"

小麦价格和生活水平

塞·迈尔西埃的话并不言过其实。在欧洲,小麦占人们日常生活开支的一半。随着储存、运输、天气和收成——天气预示着和决定着收成——的变化,也根据不同季节,小麦价格像地震波一样不断上下起落。这些波动对穷人的生活影响特别大,因为穷人不能在有利时机大量囤积,躲过季节性的价格上涨。能否认为这些波动在短期和长期都是群众生活水平的晴雨表呢?

为说明问题而提出的有限几个方案都并不理想:我们可把小麦价格和工资作个比较,但许多工资用实物支付,部分工资同时用实物和现金支付;可以用小麦或黑麦计算工资(我们引用的 W.阿贝尔的图表就是如此);可以用"一篮食物"的平均价格作计算标准(费尔普斯·布朗和歇拉·霍普金斯的方案[120]);最后,也可以用最低的小时工资作单位(泥瓦匠帮工或沙浆搅拌工的工资一般最低)。

由让·符拉斯蒂埃及其学生勒·格朗达米等人提出的最后一个方案比较可取。这些"真实的"价格究竟意味着什么? 可以肯定,每公担小麦(还是把各种旧的计量单位折算过来为好)的价格在1543年前始终低于100个工时,直到1883年前后才略高于这

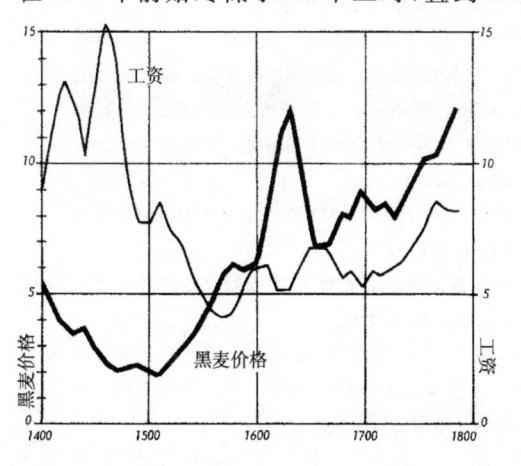

14. 哥丁根的工资和黑麦价格(15 至 19 世纪) 黑麦价格按银马克计算,工资(砍柴工的工资)用黑麦的公斤数表示。黑麦价格上涨和实际工资的下降显然互有联系,反之亦然。(据 W.阿贝尔的材料。)

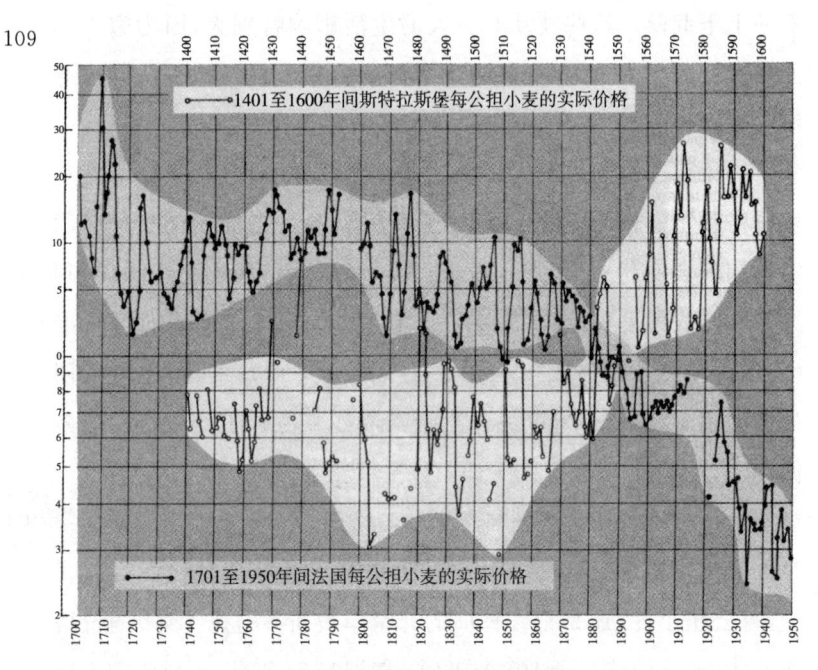

15. 小麦实际价格的两个例子

这张图表试图说明实际工资(以小麦代表)的波动意味着什么。旧的计量单位都折算成公担,小麦价格都按普通劳力的 10 工时计算。标线 10(100 工时)代表临界线,超过这条线,劳动者的生活开始变得困难;如果达到 200 工时,他们的生活便难以为继,一旦达到 300 工时,则饥荒已经来临 (1709 年达到的最高纪录竟是 500 多工时)。

值得注意的是两条曲线在 1540 至 1550 年间出现交叉,100 工时的临界线被超过了,高昂的生活维持了很长一段时间,直到 1880 至 1890 年间才恢复这个低水平。无论价格在向上或向下运动,临界线的突破总是十分迅速,并且每次突破都造成整个经济丧失平衡。

这张图表再次证明,在 15 世纪,平民的生活比较优裕,尽管也曾出现过几次形势紧急的信号,其原因显然是收成不好。(摘自让·符拉斯蒂埃主编的《售价和成本》第十四期勒·格朗达米的文章。)

条临界线。我们这里可以大致看出法国以及类似法国的其他西欧地区的情形。每个工人每年约工作3000小时;四口之家每年约消费12公担小麦……每公担的价格超过100工时的临界线,形势开始变得严重;200工时是形势紧急的信号;300工时意味着饥荒来临。勒内·格朗达米认为,100工时的临界线总是在垂直方向被突破,或者表现为直线上升(例如,在16世纪中叶),或者表现为急剧下降(例如,在1883年),因为每当临界线在一个方向或另一个方向被突破时,价格运动的速度总是很高。在本书论述的几个世纪里,真实的价格一般朝坏的方向偏移。唯独在紧接黑死病后的那个时期里,曾出现好的趋势,这就迫使我们全盘修正我们以往的观点。

总而言之,城市劳动者的工资低,乡村劳动者的工资也低,乡村的实物工资大致随相同的节奏运动。很明显,按照这个规律,穷人们不得不降格以求,满足于"价格比较便宜但能提供足够热量的食物,放弃蛋白质含量丰富的食品,改吃淀粉质食物"。在大革命前夕的勃艮第,"除大农庄主外,农民很少食用小麦。这种细粮只供出售、喂养婴儿或难得在过节时吃。细粮主要用于换钱,而不是端上饭桌……粗粮才是农民的基本食物:一般说来,富裕人家吃黑麦,最穷的人家吃大麦和燕麦,布雷斯地区和索恩河谷吃玉米,莫尔旺地区吃黑麦和荞麦。"[121] 1750年前后,皮埃蒙特平均消费量如下:小麦94公升,黑麦91公升,其他粮食41公升,栗子45公升,[122]总计每年为271公升。粮食定量本已不足,其中小麦的比重又低。

富人的面包、穷人的面包和面糊

麦子既然有不同品种,面包也就品种繁多。1362年12月,在普瓦蒂埃,"当1法石小麦价值24苏时,就有四种面包:无盐的司铎面包、有盐的司铎面包、全麦面包和麦麸面包。"不论有盐与否,所谓司铎面包是用经过细筛的面粉烤制的。全麦面包(这个名称至今还在使用)保留不经细筛的全部麦面。至于麦麸面包,小麦的出面率高达90%,面粉中含有一种麦麸,"用普瓦图的土语来说,叫作麸皮"。四种面包的存在反映着当时小麦价格相对平稳。当价格下跌或比较便宜时,一般只允许烤三种面包,但当价格上涨时,制造的面包可分七种,增加的当然是次等品种。[123] 这个例子(类似的例子不胜枚举)充分表明不平等是个普遍规律。面包有时徒具其名,甚至出现匮乏。

直到18世纪,保持古老传统的欧洲仍然食用粗陋的面糊。面糊的历史比欧洲更加古老。伊特鲁立亚人和古罗马人吃的"普尔"(puls),其实是一种小米粥,"阿里加"(alica)是淀粉或面包煮成的一种面糊;布匿人的"阿里加"比较讲究,里面加有奶酪、蜂蜜和鸡蛋。[124] "波朗塔"(polenta)是一种大麦炒面(后来改用玉米)面糊,里面往往混有小米。在14世纪,也可能更早些,但肯定在14世纪后,阿图瓦地区用燕麦"做成面疙瘩,农村居民吃得很多"。[125] 在16至18世纪的索洛尼、香巴尼,加斯科尼等地区,小米粥是家常便饭。布列塔尼地区还常吃一种较稠的间或加牛奶煮的荞麦粥,称作"格鲁"(grou)。[126] 在18世纪初的法国,医生还推崇燕麦粥,但前提是"用籽粒饱满的燕麦来煮"。

第二章　一日三餐的面包

这些古老的习俗今天并未完全消失。苏格兰和英格兰的麦片粥用的是燕麦。波兰和俄国的"卡沙"(kacha)是经过烘焙的黑麦楂稀粥。1809年西班牙会战期间,一名英国士兵迫于当时的简陋条件,无意中遵循了一种古老的传统,他说:"我们像煮稻米一样把小麦煮熟,或者用更方便的办法,把麦粒放在两块平整的石片中压碎,然后煮一种麦楂稠粥。"[127]一个名叫奥斯曼·阿加的土耳其青年士兵于1688年在特梅斯瓦尔附近被德军俘虏,他那应付困境的巧妙办法使看守们大感惊奇。由于正规的长方面包已经吃完,后勤部门只向士兵分发面粉(士兵们已有两天未得任何供应)。唯独奥斯曼·阿加懂得加水揉面和利用热灰烤饼,他说,因为他有过类似的经历。[128]这种不用酵母、埋在热灰里烤熟的面饼同面包相差无几,在土耳其和波斯一带也是常吃的食物。

白面包在当时是一种稀少的上等食品。杜普雷·德·圣莫尔写道:"在法国、西班牙和英格兰的全部居民中,吃精麦面包的人不超过200万。"[129]这句随口说来的话如果当真,欧洲吃白面包的人数就只占总人口的4%。在18世纪初,农村还有一大半人吃不能烤制面包的谷物和黑麦,穷人磨的面粉保留着许多麸皮。被称作司铎面包(大概因神甫和教士食用而得名)的精麦面包和白面包长期是上等食品。古代的谚语说:"司铎面包不宜先吃掉。"[130]无论这种白面包用什么名称,它很早就已出现,只是仅归富人享用而已。1581年,几名威尼斯青年在前往西班牙的孔波斯特拉途中,到杜埃河附近一所孤立房舍中找东西吃,但那里"既没有酒又没有真正的面包,只有五个鸡蛋和一块用黑麦和其他杂粮做成的面包,几个人勉强吃了一两口这种不堪下咽的食物"。[131]

荷兰农民就餐的情景(1653年)。只有一盆面糊放在小凳上。右首是炉灶,左首是当楼梯用的活动梯子。万·奥斯塔特的木刻。法国国家图书馆版画部。

巴黎很早就有比白面包更高一等的"软面包",这种面包是用精白面粉加啤酒酵母(代替普通的发面)发酵烤制的。如果再加点牛奶,就能烤成玛丽·德·梅迪契特别爱吃的皇后面包……[132] 医学院于1668年反对用"酵母"制作面包,但毫无结果,因为"小面包"仍用酵母发面;每天早晨,妇女们"像送牛奶一样用头顶着"小面包筐,到面包铺送货上门。软面包当然仍是上等食品,一名巴黎人于1788年说:"颜色金黄、松脆可口的软面包对利穆赞的圆面包似乎不屑一顾……就像贵族对待平民一样。"[133] 为了吃得讲究,当然需要粮食丰收。每当粮价上涨,例如在1740年9月的巴黎,高等法院立即发布两道命令,禁止"制作黑面包以外的各类面包"。软面包和小面包因此均遭排斥,当时广泛用于装饰假发的、由面粉制成的"发粉"也同遭禁止。[134]

只是到1750至1850年间才发生真正的食物革命,小麦取代了其他谷物的地位(例如在英国),制作面包的面粉筛除了大部分麦麸。同时,人们开始普遍认为只有发面面包才有利消费者的健康。狄德罗认为,面糊不易消化,"因为没有经过发酵"。[135] 食物革命在法国开始较早,一所国立面包学校于1780年成立。[136] 后来,拿破仑的士兵将在整个欧洲推广"宝贵的白面包"。奇怪的是,这场革命在整个大陆却发展缓慢;我们再重说一遍,食物革命在1850年尚未完成。由于富人早就食用白面包,穷人也开始有这个要求,因而食物革命在取得完全成功前,已经对作物分布产生了强制性影响。17世纪初,小麦在巴黎四郊、米尔蒂安和韦克森等地已占主要地位,但瓦洛阿、布里、博韦齐等地区则要等到17世纪末。法国西部仍食用黑麦。

法国人首先推广白面包,这是我们不应忘记的事。塞巴斯蒂安·迈尔西埃说,不在巴黎,哪有上等面包可吃?"我爱吃上等面包,我很内行,一眼就能认出。"[137]

买面包还是家里做面包?

面包出售时价格不变,但重量要变。这条规律对整个西欧大体适用。在威尼斯圣马克广场或里亚托桥头的面包铺里,面包平均重量同小麦价格成反比,下面的图表说明 16 世纪最后 25 年的情形就是如此。克拉科夫于 1561、1589 和 1592 年公布的条例也表明,仍然实行价格不变重量可变的原则。该条例仅确定面包按质论重,例如在 1592 年,一个格罗茨可买六磅重的黑麦面包或两磅重的小麦面包。[138]

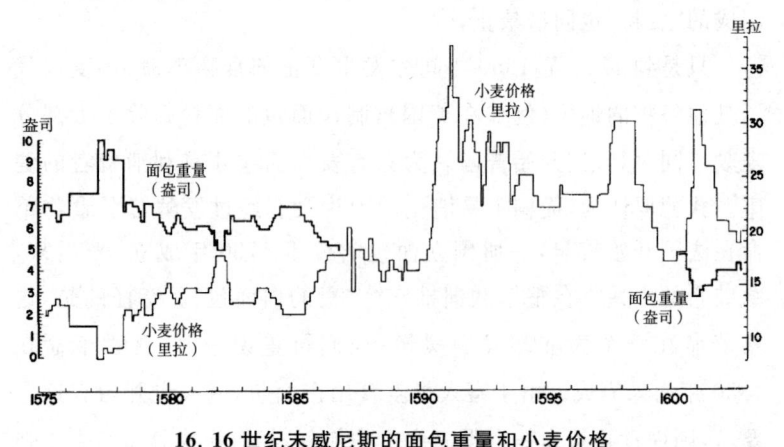

16. 16 世纪末威尼斯的面包重量和小麦价格

(费·布罗代尔:《十六世纪期间威尼斯的经济生活》,
见《文艺复兴时代的威尼斯文明》。)

事情总有例外。在 1372 年的巴黎,面包的定价共分三类:纯白面包、螺形面包和长条面包(长条面包为黑面包)。他们的售价相同,重量分别为一、二和四盎司。因此,在当时,一般的规矩仍然是:价格不变重量变。但从 1439 年起,[139] 三种不同面包的重量分别被确定为半磅、一磅和两磅。"从此,面包价格随小麦价格的变化而变化。"究其原因,这大概因为巴黎很早就允许外地的面包商——贡内斯、蓬图瓦兹、阿让特伊、夏朗东、科尔贝等——前来首都论斤出售面包。如同在伦敦一样,巴黎人很少光顾面包铺,而往往去市场购买面包,市场在城内有 10 至 15 处之多。[140]

面包铺主在当时是重要人物,他们的地位比欧洲各地的磨坊主更加重要,因为他们直接购买小麦,起着商人的作用;虽然如此,他们的产品却只供部分人消费。必须考虑到家庭烤炉的作用,即使在城市中,也有一些家庭制作和公开出售面包。在 15 世纪的科隆和 16 世纪的卡斯蒂利亚,一些农民清早从附近乡村赶到城里出售面包,这种情况甚至今天还有。在威尼斯,外国使节有在附近乡村购买面包的特权,据说这些面包比威尼斯面包铺出售的质量更好。威尼斯、热那亚等地的许多富人家里都有麦仓和面包炉。普通百姓也经常自己烤面包;从一幅表现 16 世纪奥格斯堡市场情景的画作看来,粮食用很小的量器在市场出售(这些量器也在市立博物馆中保存)。

据一项完全可信的官方统计,在 1606 年的威尼斯,面包铺加工的小麦不超过 182 000 斯塔拉,消费总量却高达 483 600 斯塔拉;市场购销量为 109 500 斯塔拉,"自烤面包的家庭"[141] 消费 144 000 斯塔拉,剩下部分用于制造航海所需要的饼干。可见,面包铺制作的面包数量仅略高于家庭烤炉的产品。[142] 而这还是在威尼斯这样的大城市!

1673 年 8 月,热那亚曾考虑禁止家庭自制面包,引起了很大的震动。法国领事指出:"平民怨言甚多……看来,〔官府〕想强迫所有人购买现成的面包,据说有些士绅〔指当地的大商人〕愿每年提供 18 万埃居,换取这一方案得以通过……按照习惯,家家户户都自己烤面包,方案一旦被通过,就不能再这样做了,这对居民是

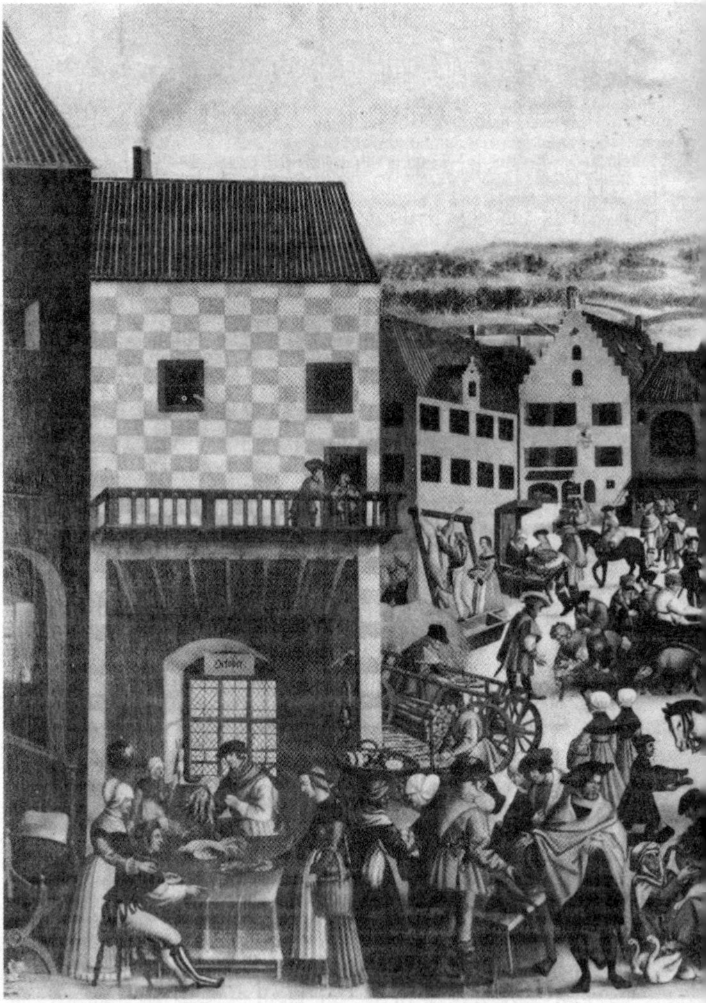

16世纪奥格斯堡皮尔拉什广场的集市。每月的情景各不相同。左首的画面：10月出售野物；11月为柴草和当场宰杀的猪肉；12月则零售小麦。右首的画面：一队身穿裘皮的市民列队从市政厅走出。远景为辽阔的乡村……奥格斯堡市立艺术博物馆。

一笔很大的开支,因为当地出售的面包每个售价达40里拉,其实只值18里拉左右。这且不说,当天做出的面包当天出售还算新鲜,到了第二天就发酸,不能再吃。这件事情引起众多议论。昨天早晨,在旧贵族聚会的圣西尔广场,发现一张猛烈攻击政府的揭帖,威胁要推翻政府的专制统治。"[143]据帕尔曼蒂耶说,家庭制作面包的习俗1770至1780年间才在法国"多数大城市"消失。[144]让·梅耶指出南特于1771年才完全抛弃单独烤面包的旧习,他认为这与普遍食用精麦白面包有关。[145]

人们或许会问,既然家家户户有烤炉,粮食买来后在什么地方可磨成面粉。其实,当时所有的城市附近都有磨坊,因为小麦虽然

15世纪克拉科夫的面包炉。巴尔塔扎尔·比雷姆药典,克拉科夫的雅吉隆斯卡图书馆。

第二章 一日三餐的面包

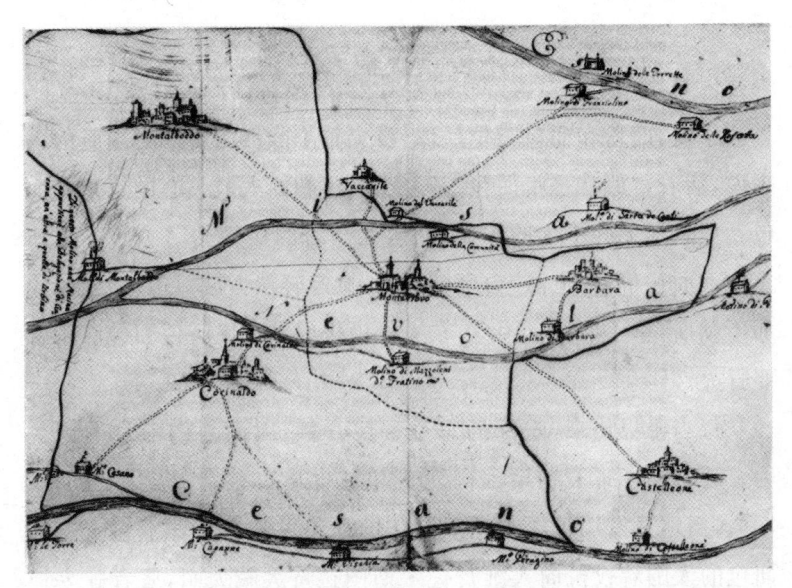

这张 1782 年的地图（方向被颠倒了：北在下方，南在上方，亚得里亚海在左方，亚平宁山脉在右方）显示了五个大村庄（其中蒙塔尔博图和瓦卡利尔两村合一），它们位于四条河流之间，在马尔凯地区的安科纳的下方。总共 15 971 名居民分布在 450 平方公里左右的土地上，拥有 18 座磨坊，平均 880 名居民有一座磨坊，而法国的平均数为 400 名居民有一座磨坊（参见本书 312 页）。但是，一切还取决于每个磨坊的功率大小以及磨盘的数量；这方面的情况我们还不清楚。

容易保存（小麦往往带穗入仓，存麦每年分几批脱粒），面粉却不能保留很久。因此，一年到头几乎每天都要磨面，磨坊就在村口或市郊，有时甚至在村内或市内任意一条河边。磨坊临时停工——例如巴黎塞纳河泛滥或冰冻——立即会带来供应困难。风磨设在巴黎的要塞顶上，手磨不但存在，而且有人立主保存，这一切难道值得惊奇吗？

小麦是食粮之王

小麦、面粉和面包三位一体,贯穿整个欧洲历史。对当时的人来说,活着,"那就是啃面包";国家、城市和商人最关心的也正是面包。凭它那无孔不入的本领,面包在当时的信件文书中始终扮演主角。面包价格"上涨"会牵动一切,掀起轩然大波。伦敦、巴黎或那不勒斯,莫不如此。因此,奈克尔说得好:"平民听说面包涨价就要冒火。"[146]

每当警报传来,吃亏的总是平民百姓,因而他们不惜诉诸暴力。1585年,那不勒斯因向西班牙大批出口粮食,爆发了饥荒。不久,当地只有用板栗和瓜豆制作的面包可吃。一群不愿吃这种面包的人围着投机商人维赞佐·斯图拉奇大喊大叫,后者狂妄地回答说:"那就吃石块去罢。"那不勒斯的平民蜂拥而上,把他当场打死,拖着他那伤痕累累的尸体在全市示众,最后又碎尸万段。总督将37人处以绞刑和四马分尸,将100人遣送苦役。[147] 1692年12月,巴黎摩贝尔广场的面包铺遭到哄抢。残暴的镇压随之而来:两名骚乱者被绞死,其余被判处苦役、带枷示众或遭鞭笞,[148] 局势平静了下来,或至少表面如此。但在15至18世纪期间,类似的骚乱当数以千计。何况,法国大革命也正是这样开始的。

另一方面,粮食丰收被当作天主赐福而受到欢迎。1649年8月14日,罗马隆重举行弥撒,感谢上帝带来丰年,使仓廪充足。粮食总办巴拉维契尼当即成了英雄:"他让面包加大了一半"![149] 读者不难懂得这句毫不隐晦的话:罗马的面包价格不变,只是重量在变,这在各地几乎是普遍适用的规律。巴拉维契尼一下使穷人的购买力增加了50%，尽管这是十分暂时的现象，除了面包外，穷人很少吃别的东西。

稻　　米

作为主要作物之一，稻米比小麦更加专横。

许多人在读过去某个伟大历史学家[150]撰写的中国历史时，对作者常作的比较往往忍俊不禁：某个皇帝是于格·卡佩，另一个皇帝是路易十一或路易十四，或中国的拿破仑。为了弄清远东地区的事，任何西方人都不得不使用自己的价值标准。因此，在谈到稻米时，我们势必会谈到小麦。两种作物何况都是源自干旱地区的禾本科植物。稻米后来变成了水田作物，这是它高产和成功的保证。但它还保留一个原有的特点：如同小麦一样，它那"浓密"的须根需要吸取大量氧气。积水会使禾苗丧失这一可能：因此，在任何稻田中，表面上静止的水必定经常流动，以便须根能获得氧气。灌溉技术应该让水有静有动。

稻米既比小麦重要，又不如小麦重要。说它重要，这是因为稻米在产米地区占主食的80%至90%，甚至更多，不像小麦在产麦地区只占50%至70%。未经脱壳的稻谷也比小麦容易保存。另一方面，在世界范围内，小麦的地位更加重要。1977年，小麦种植面积为2亿3200万公顷，稻米为1亿4200万。小麦每公顷产量大大低于水稻（平均数分别为16.6公担和26公担），两种作物的总产量旗鼓相当：稻谷为3亿6600万吨，小麦为3亿8600万吨（玉米为3亿4900万吨）。[151]有关稻谷的数字尚有争议，因为这里指的是原粮,脱壳后净重将减少20%至25%,总产量也将降低到2亿9000万吨以下,这就远远落后于外皮较薄的小麦和玉米。稻米的另一缺点是种植时需要付出极大的手工劳动。

今天,水稻种植虽然已向欧洲、非洲和美洲延伸,但其主要产地仍在远东,那里的产量至今占95%左右。最后,稻米往往在当地消费,因而稻米市场不能同小麦市场相比。18世纪前,江南的大批漕船沿大运河开往北方,将大米解送北京的宫廷;同时,也有船队从北圻、交趾支那和暹罗出发,运送大米至后来粮食不足的印度。印度唯一重要的出口市场在孟加拉。

陆稻和水稻

如同许多其他作物一样,稻和麦都起源于中亚的干旱山谷。但麦的推广比稻要早得多,后者约在公元前2000年,前者约在公元前5000年。小麦的历史因而领先几十个世纪。在旱地作物中,稻长期处于默默无闻的地位,中国最早的文明建立在北方,那里不种稻米;在这辽阔无垠、树木稀少的乡村,今天仍以三种传统的禾本科作物为主:秆高达四五米的高粱以及小麦和小米。一名英国旅行家于1793年说,黍就是"巴巴多斯的小米,中国人称之为'高粱',也就是说,秸秆较高的麦。在华北各省,这种粮食比稻米价格便宜,它大概也是最早种植的作物,因为在中国的古书中可以看到,度量单位是由容器装有这种粮食的数量确定的。例如,百粒小米为一撮。"[152]一些在华北旅行的欧洲人于1794年来到北京附近,疲劳不堪,他们在旅店里只找到"劣质的糖和一盘半生不熟的小米"。[153]直到今天,那里的食物除大豆和白薯外,一般就是小麦、小米和高粱煮的面糊。[154]

　　同发展较早的中国北方相比,气候炎热、林木茂盛和沼泽众多的南方地区生产水平长期低下,那里的食物有山药(一种藤本植物,其块茎可制食用淀粉,太平洋诸岛今天仍以此为食物)和芋头(一种与甜菜相近的植物,今天中国境内田埂上仍多见该植物的叶片,从而证明芋类过去曾起过很大作用)。除山药和芋头外,白薯、木薯、土豆、玉米等原产美洲的作物尚未出现,直到欧洲发现新大陆才渡海进入中国。那时候,稻米的文明业已确立,阻挠新作物的引进:木薯仅在德干的特拉凡哥尔立足;白薯于18世纪在中国、锡兰以及孤悬太平洋中的桑威奇群岛开始种植。块茎植物当前在远东地区不起重要作用。谷物占主要地位,尤其是稻米;1966年,在受季候风影响的亚洲地区,稻谷总产为2亿2000万吨,小麦、小米、玉米、大麦等其他谷物为1亿4000万吨。[155]

　　水稻最初在印度种植,后来,约在公元前2000至2150年间,经海道和陆路被介绍到中国南部。它以我们熟悉的传统形式慢慢在那里普及。随着水稻的推广,中国生活的重点完全颠倒了过来:新兴的南方代替了历史悠久的北方,尤其因为北方与中亚的沙漠有道路可通,面临着各种侵犯和骚扰。稻米种植又从中国(印度)向西藏、印度尼西亚和日本推广。对这些地区说来,接受稻米种植"是获得文明证书的一个方式"。[156]稻米于公元1世纪开始在日本种植,但其推广却特别缓慢,因为在17世纪前,它在日本食物中始终不占主要地位。[157]

　　直到今天,稻田在远东仍占地不多(虽然占世界水稻种植面积的95%,但据1966年的统计,总面积仅1亿公顷[158])。除这些条

19世纪中国的秧田。

件特别优越的地区外,还有广大的地域分散种植陆稻,收成好坏不一。陆稻是一些落后民族的基本食粮。我们可以想到苏门答腊、锡兰或越南山区的刀耕火作。林间的小块空地不经翻耕(树根留在原地,草木灰充当肥料),就直接撒播种子。作物只需五个半月即可成熟。收完粮食后,还可种点其他作物,如块茎植物和各种瓜果。在这种情况下,本来肥力不足的土地便完全枯竭。到下一年,就必须"砍掉"另一片树林。实行十年轮作制理论上意味着每平方公里的山地可养活50人,但实际上只能养活25人,因为大部分山地不适于种植。如果轮作周期不是 10 年,而是 20 年(不这样通常不能保证森林的覆盖)人口密度就将是每平方公里 10 人。

"休闲的林地"土层较薄,耕作方便,使用原始工具即可完成。生态平衡的保持显然取决于人口不能增长过多,被刀耕火作轮流破坏的森林能自己恢复覆盖。这种种植制度有不同的土名,马来西亚和印度尼西亚称之为"拉当"(ladang),越南山区称作"雷"(ray 或 rai),印度叫"准"(djoung),马达加斯加(阿拉伯的海舶在 10 世纪带来了稻米)叫"塔维"(tavy);为维持简单的生活,土著还用"西谷椰子茎髓做成的淀粉"或面包树的果实作补充食物。在这里,稻米生产远没有达到"有条不紊",稻田耕作也谈不上"穷竭地力"。

稻田的奇迹

关于稻田的情形,有如此众多的图画、见证和说明可供我们参考,再说不懂未免有点难为情了。1210 年的《耕织图》已展现出稻田阡陌纵横的景象:面积不过几公亩的四方田块、脚踏的水车、插秧、收割以及由一头水牛牵引的犁耙。[159]无论在什么时代,总是这些相同的景象,今天依然如此。一切似乎都没有变化。

首先令人惊异的是土地的利用率极高。耶稣会神甫杜哈德[160]于 1735 年写道:"所有的平地都被耕种,见不到任何沟渠和篱笆,几乎没有一棵树,他们十分珍惜每一寸土地。"另一位杰出的耶稣会神甫拉斯戈台斯在一个世纪前曾说过同样的话:"没有一寸土地……没有一个角落不被耕种。"[161]稻田四周围以低矮的田埂,每块田长宽各 50 米左右。混浊的水在田里有进有出,这有一个好处,因为浊水能恢复土地的肥力,并且不利于带有疟原虫的蚊子的繁殖。山岗的清水反而便于蚊子滋生;"拉当"和"雷"这类地区瘴疠盛行,阻止了人口的增长。吴哥窟在 15 世纪成为欣欣向荣的首都同它四郊稻田的浊水不无关系;暹罗的进攻本身并未破坏这个城市,但打乱了它的生活秩序和农业活动;随着沟渠的水变清,疟疾便猖獗起来,土地也就逐渐被树木所侵占。[162]类似的悲剧在 17 世纪的孟加拉也可见到。一旦稻田变得狭小或被邻近的清水淹没,疟疾便肆无忌惮。界于喜马拉雅山和锡瓦利克丘陵之间的低洼地区有许多清水泉,那里的疟疾更加普遍。[163]

自然,水是个大问题。水能淹没禾苗:暹罗和柬埔寨不得不采用深水稻,其灵活程度简直闻所未闻,它能随着水面的提高而把稻茎伸到九至十米长。人们坐船收割,仅割下稻穗,让疯长的稻草留在水里。[164]另一个困难是水的排灌。例如,用竹管从高处水源引水,或者像在恒河平原和在中国那样,从井里吸水,或者像在锡兰那样,从大蓄水坑引水。但水坑的位置几乎总是很低,有时挖在很深的地下。因此,无论这里或那里,往往需要用简陋的提水工具或脚踏水车把水提到高于水面的稻田,这种景象今天还可见到。如果用蒸汽泵或电泵代替,廉价的劳动力就会闲着无用。拉斯戈台斯神甫曾见过这些操作,他说:"他们有时使用一种简便的机器抽水,一种不用马拉的水车。一名中国人能够轻松愉快地〔这是他的说法〕用双脚踩动机器一整天。"[165]水从一块田流向邻近的另一块田,还必须通过闸门。当然,选用的体系随当地条件而转移。当任何灌溉方式都行不通时,田埂可用于积储雨水,在受季候风影响的亚洲,雨水足够维持平原大部分作物的生长。

总之,种植水稻意味着人和劳力的大量集中,意味着专心致志地适应环境。而且,如果这个灌溉体系的基本结构不够牢固或没有严密的监督,一切也就不能稳定。也就是说,必须有一个稳定的社会,要有国家的权威,还要不断兴建大规模的工程。连接长江和北京的大运河也是一个庞大的灌溉体系。[166] 稻田灌溉设施的庞大决定了国家机构的庞大,也决定了村落的陆续归并,这与灌溉的集体制约以及中国农村秩序的不安定也有关系。

因此,稻田的发展带来了水稻产地的人口高度集中和严格的社会纪律。中国的重心于 1100 年移向南方,水稻要负一定责任。1380 年前后,据官方统计,南方有 3800 万居民,北方有 1500 万,相当于 2.5 与 1 之比。[167] 稻田的真正壮举,还不在于能够不断使用同一块耕地和依靠适量灌溉保证较高的产量,而是每年能够获得两季至三季收成。

请看下北圻地区的现行历法:每年的农活从正月插秧开始,五个月后,在 6 月进行收割,这就是所谓"五月熟"。再过五个月后,又收一季,即"十月熟"。因此农活必须干得很快。上季收成才刚入仓,稻田又要重新犁翻、耙平、施肥和灌水。随手撒种的办法根本行不通,种子发芽出苗需要的时间太长。秧苗先在施足底肥的秧田里密集生长,然后从那里拔出,按 10 至 12 厘米的行距和间距进行移栽。用大量人粪和城市垃圾施肥的秧田起着决定性作用;它能节省时间,并使秧苗长得更壮。"十月熟"是两季收成中最重要的一季,收割在 11 月进入高潮。随后又立即翻耕土地,以备来年正月插秧。[168]

农历对各地这些接连不断的忙碌农活作出严格的规定。在柬埔寨,[169]当春雨过后,地面布满水洼时,第一遍犁耕便"唤醒稻田";犁耕从边角到中央、再从中央到边角反复一次;农民同水牛并肩前进,以便身后不留可能积水的脚印,最后还犁出一道或几道对角的小沟,以便排去多余的水……此外,还必须除草沤肥,捕捉在浅水中滋生的螃蟹。小心翼翼地用右手拔秧,在左脚上拍打,"抖掉须根上的泥土,再在水里漂洗干净……"。

一些成语形象地说明这些农活。在柬埔寨,往秧田灌水被称作"水淹麻雀和斑鸠",作物抽穗是"植物怀孕了";稻田像"鹦鹉翅膀"那样色泽金黄。再过几个星期,"已经灌浆的谷粒变得沉重",等待人们收割;把稻捆堆成种种形状几乎是一场游戏:"铺床垫""排房椽""鹈鹕展翅""狗尾形""象脚形"等。脱粒结束后进行扬场,这是为了让"空壳随风飘走",换句话说,不准稻谷"空口许愿"。

夏尔丹骑士曾在波斯见过稻米种植,作为一名西方人,他认为关键在于稻的生长十分迅速;他说:"尽管是用秧苗移栽,这种作物只需三个月时间就结粮食;因为人们把秧苗分株栽入用水浸泡的泥地……放水后八天,稻谷一干,也就成熟了。"[170]生长迅速是收获双季稻的秘密,如果地理位置偏北,就收一季水稻,另一季是小麦、黑麦或小米。甚至有收三季的可能。两季稻米,中间种一季小麦、黑麦、荞麦或菜蔬(小萝卜、胡萝卜、蚕豆或油菜)。稻田简直是一所工厂。在拉瓦锡时代,法国1公顷土地平均产麦5公担;同等面积的稻田往往可产30公担未脱壳的稻谷。脱壳后,仍有21公担米可供食用,如按每公斤米的热量为3500卡计算,每公顷产量就达到735万卡;如果换种小麦,总数不过150万卡;如果从事畜

第二章 一日三餐的面包

牧,每公顷土地产肉 150 公斤,相当于 34 万卡的热量。[171] 这些数字说明稻田和植物型食物的巨大优越性。远东的文明地区偏爱植物型食物,原因显然不在精神方面。

稻米加水一煮,就像西方人的面包一样,成为天天都吃的食物。今天(1938 年)北圻三角洲的农民除米饭足够吃饱外,只有一点"小菜":"肥肉 5 克,鱼露 10 克,盐 20 克,还有几片没有热量价值的菜叶",而吃的白米饭却有 1000 克(在总数 3565 卡中占 3500 卡),[172] 这种情景不禁使人想起意大利的"下饭"。1940 年,以米饭为主食的印度人每天的食物比较多样些,但仍以植物为主:"稻米 560 克,豆类 30 克,新鲜蔬菜 150 克,植物油脂 9 克,鱼、肉、蛋 14 克,以及少量的牛奶"。[173] 1928 年北京工人的饭菜显然也很少有肉,他们的食品开支有 80% 用于买粮食,15.8% 买蔬菜和调料,3.2% 买肉。[174]

这些当前的现实也是以往的现实。在 17 世纪的锡兰,一名旅行家惊奇地看到,"盐水泡米饭,再加上点青菜和柠檬汁,竟被认为是一顿美餐"。即使大户人家也很少吃肉和鱼。[175] 杜哈德神甫指出,中国人整天不停地劳动,"甚至在没膝的水里干活,晚上收工后,只要有饭有菜,再加点茶,就心满意足了。值得注意的是米饭在中国总是用白水煮,中国人吃米饭就像欧洲人吃面包一样,从不生厌"。[176] 据拉斯戈台斯神甫说,中国人每天吃的都是"一盘不加盐的米饭,这就是当地一日三餐的面包",也就是四五碗饭,"左手端碗送到嘴边,右手拿双筷急匆匆地送进肚里,简直就像朝口袋里装一样,吃一口还先朝碗上吹一口气"。完全不必对这些中国人介绍面包或饼干。他们有小麦时,就加上猪油做饼或者蒸馒头。[177]

吉涅及其伙伴于1794年在华旅行时很喜欢吃这些中国式的"小面包"。他说,经过他们的改进,加了"一点黄油","我们居然把中国官吏让我们挨饿的局面应付了过来"。[178]这里可以说,对某种文明的择定,对某一特定食物的喜爱甚至癖好,起源于一种自觉的偏爱或优越感。脱离开水稻种植,一切都将无从解释。比埃尔·古鲁说:"在受季候风影响的亚洲,人们更爱吃米饭,不喜欢块茎、面糊"或面包。日本农民今天虽然种植大麦、小麦、燕麦和小米,但只是在两季稻米之间或出于无奈。他们认为这些谷物"苦口难咽",非在不得已时不吃。所以,稻米种植目前在亚洲尽可能向北伸展,直到北纬49°,而这些地区本来更适宜种植其他作物。[179]

二人打谷。英一蝶(1652—1724)画。
巴黎雅内特·奥斯蒂埃画廊。

第二章 一日三餐的面包

整个远东都以稻米和米制品为食物,即使在果阿定居的欧洲人也是如此。芒代尔索于1639年指出,"自从习惯以后",[180] 该市的葡萄牙妇女喜爱米饭甚于面包。中国还用稻米酿酒,这种"呈琥珀色"的酒"像西班牙美酒一样令人陶醉"。在18世纪,"欧洲的某些地方曾用稻米酿制一种很凶的烧酒",这也许出于模仿,也可能因为西方米价较低,"但这种酒以及用其他粮食和糖糟制成的烧酒在法国是禁止的"。[181]

可见,人们主要吃米饭,很少吃肉,或根本不吃肉。在此情况下,稻米的特殊权威也就不难理解:米价变动在中国能影响一切,士兵的饷银也以米价为升降指数。[182] 日本更是如此:在17世纪的决定性变革前,稻米起着货币的作用。随着货币的贬值,日本市场的米价从1642和1643年间到1713和1715年间将猛增十倍。[183]

稻米的兴旺发达在于它有两季收获。种植双季稻究竟从何时开始?肯定比1626年要早几个世纪,拉斯戈台斯神甫曾在那年赞美了广州地区在同一块土地上能收几季粮食。他说:"他们一年能连续收三季,两季稻米和一季小麦,由于气候温和,土地肥沃,条件比西班牙或墨西哥的任何地方更好,播下一粒种子可收获40至50粒之多。"[184] 关于收获高达播种的40至50倍,甚至关于在两季稻米之外能多收一季小麦,我们可以表示怀疑,但总的印象应该是粮食充足有余,这是不容抹煞的。这场决定性革命发生的确切日期是在11世纪初,几种早稻(能在冬季成熟,因而每年可收两季)开始从占婆(安南的中部和南部)引入中国,陆续在南方诸省普及。[185] 到了13世纪,一切都已就绪。那时候,那里的人口开始急剧上升。

日本用连枷脱粒。雅内特·奥斯蒂埃画廊。

稻米的责任

稻米种植成功和被选为主食随即带来了一系列问题,这同在欧洲占统治地位的小麦种植相类似。用米和水煮成的粥饭如同欧洲烤制的面包一样是"主食",换句话说,广大居民每天就靠吃这种单调的食物为生。所谓烹饪,那就是把主食调配得更加可口的艺术。可见情况基本相同,不同的只是我们在亚洲往往缺少可供说明的历史依据。

稻米的成功显然具有广泛的影响和深远的后果。稻田占地不多,这是第一个要点。其次,高产的稻米能养活众多的人口和保证人口的高密度。一位也许过分乐观的历史学家认为,近六七个世纪以来,每个中国人每年拥有 300 公斤稻米或其他粮食,约等于每天有 2000 卡热量的食物。[186]即使这些数字也许过高,即使农民的贫困和农民起义足以反证安定的生活不可能持续如此之久,[187]中国人的饭食还是有一定的保证的。否则,那么多人怎能活了下来?

然而,正如皮埃尔·古鲁所说,稻田和劳动力在南方地区的集中势必带来某些"偏差"。中国不同于爪哇或菲律宾,山上很少种植稻米,至少在 18 世纪前是如此;一位旅行家于 1734 年从宁波前往北京,途中所见的山地几乎一片荒凉。[188]欧洲的山区不但人丁兴旺,而且畜牧发达,天时地利都得到充分的利用;而在远东,人们对此不屑一顾,甚至干脆拒绝。白白放弃本该开发的巨额财富,委实太可惜了!但中国人对经营林业和畜牧业毫无知识,他们不吃牛奶或奶酪,肉也吃得很少,他们怎么会去开发利用山区?即使山区已有人住着,他们也绝不愿同山民合作。套用皮埃尔·古鲁的说法,我们可以设想,如果汝拉或萨瓦地区没有畜群,树林又遭乱砍滥伐,人口也会向河流或湖泊沿岸的平原地区集中。中国产生这种局面同水稻的高产、水稻种植的普及和中国人的饮食习惯有部分关系。

最后的解释还要在尚未弄清的长时段历史中去寻找。虽然灌溉在中国并不如人们历来所说的那么古老,但在公元前 4 至 3 世纪,随着政府推行积极的垦荒政策和农艺的发展,引水灌溉也广泛进行。[189]由于兴修水利和集约生产,中国在汉代塑造了自己的传统形象。这个形象最早可追溯到西方编年史所说的伯利克里时代,而其完全形成却要等到早稻在南方种植成功,即在 11 至 12 世纪之间,相当于我们的十字军东征时代。总之,文明的前进步伐极

水稻种植图。水牛耙田,以便"浸润泥土"。

其缓慢,传统的中国早已开始塑造自己的物质形象,它是漫长的农业革命的产物;这场革命不但打破了和革新了传统中国的结构,而且对远东的历史无疑起着决定的作用。

欧洲的情形完全不同,早在荷马史诗前,欧洲已奠定了地中海各国的文明:土地分别种植小麦、橄榄树和葡萄或用于畜牧;山坡上下,牛羊成群,甚至山脚下的平原地区也牲畜遍布。忒勒马科回忆他曾在伯罗奔尼撒山区同以橡栗为食的肮脏山民一起生活。[190] 欧洲的乡村生活始终同时依靠"农业和畜牧业",依靠"耕作和放牧",后者不但提供小麦必需的肥料,而且提供很大一部分食品和

第二章 一日三餐的面包

稻田的灌溉。据《耕织图》刻版复制。
法国国家图书馆版画部。

大量使用的畜力能源。另一方面，欧洲每公顷耕地所养活的人口远比中国少，何况还实行轮作。

在种植水稻的南方，中国人并非试图征服山地而没有成功，只是不去征服而已。他们几乎不养家畜，拒不与种植低产陆稻的穷苦山民来往，他们只顾自己，虽然日子过得兴旺，却不得不完成种种苦役，有时拉犁，有时牵船，或者把船从一条水渠抬到另一条水渠，还要运输木材，或充当信使，奔走路途。水牛得到的饲料十分有限，经常闲着；只是北方才有马、骡和骆驼，但北方又不种水稻。结果，闭关自守的农业经济在中国占了上风。水稻种植不要求向外部或向新的土地发展，而是首先向早已存在的城市求助。城市的垃圾和人粪尿以及街头脏土可以肥田。因此，农民不断去城市收集宝贵的肥料，甚至用"青苗、米醋或现金购买"。[191] 因此，城市和乡村总是散发着难闻的臭味。乡村同城市的这种相互依存关系比在西方更加紧密，其影响绝不是无足轻重的。这里的缘由并不在于稻米本身，而在于稻米的成功。

直到 18 世纪人口增长的高峰到来，中国人才开始在丘陵和山岗广泛种植玉米和白薯，这两种作物在两个世纪前已从美洲引进。不论稻米何等重要，它并不排斥其他作物。这在中国是如此，在日本和印度也同样如此。

德川时代的日本（1600—1868 年）几乎完全关闭了对外贸易（自 1638 年起），其经济和人口在 17 世纪曾取得惊人的进步：1700 年前后，日本人口已达 3000 万，首都江户（东京）一地就集中了 100 万人。这一进步之所以可能，全靠农业生产的不断增长，使国土弹丸之地竟能养活 3000 万人，"如果在欧洲，不过养活 500 万至 1000 万"。[192] 这里，稻米生产起了首要作用。生产的发展不仅由于种子、排灌设施和手工农具的改良（"千齿"的发明，这是一种状似大木梳的脱粒工具），[193] 而且在更大程度上由于肥料的商品化；这类肥料，如晒干的沙丁鱼、菜籽饼、豆饼或棉籽饼，比人和动物的粪便肥力更强，其开支往往占生产费用的 30% 至 50%。[194] 此外，随着农产品日益成为商品，一个广大的稻米市场开始建立，商人们大肆囤积居奇，棉花、油菜、黄麻、烟草、豆类、桑树、甘蔗、芝麻、小麦等辅助作物也发展起来。棉花和油菜是两种最重要的辅助作物，前者配合小麦，后者配合稻米。这些作物增加了农业的总收入，但也要求比稻田多施一至两倍的肥料和多使用一倍以上的劳力。在稻田以外的"旱地"上,三季种植往往把黑麦、荞麦和萝卜结合在一起。稻米用于缴纳沉重的实物贡赋(收成的50%至60%交给地主),而种植新作物却要求缴纳现金贡赋,这就建立了乡村世界同现代经济的联系,从而出现一些拥有小块土地的富裕农民。[195]这一切无疑证明,稻米本身也具有复杂的品格,而作为西方的历史学家,我们仅仅刚开始摸清它的特征。

正如中国有南北之分,印度也分两个部分:稻米集中在印度半岛,包括印度河下游以及恒河下游河谷和辽阔的三角洲,但仍有大片土地种植小麦,或更多地种植适宜贫瘠土地的小米。据印度历史学家的研究成果,德里帝国时代已大举开荒和兴办灌溉事业,开展多种经营,鼓励种植靛青、甘蔗、棉花、桑树等经济作物,农业取得了飞跃的进步。[196]在17世纪,城市人口有了大幅度的增加。如同日本一样,生产正在扩大,商业交换,特别是小麦和大米,正通过陆路、海洋和河流向远距离发展。不同于日本的是,印度似乎在农业技术方面没有进步。作为驮载和牵引工具,黄牛和水牛起着重大的作用,但牲畜的粪便晒干后用作燃料,而不作肥料。由于宗教上的原因,人粪也不被利用,这同中国的情形恰恰相反。尤其,正如大家知道的,畜群不供食用;牛奶和奶酪的产量极少,因为这里一般既无畜棚,又不实行喂养,畜群生长状况很差。

结果,稻米和其他谷物不能完全保证过于辽阔的次大陆的生活需要。如同日本那样,[197]印度在18世纪人口负担过重,导致了饥荒的悲剧。这一切显然不能仅仅由稻米负责,无论在印度还是其他地区,稻米不是造成以往和当前的人口过剩的唯一因素。它只是使人口过剩成为可能而已。

玉　米

关于主要作物的研究,我们将以玉米这个动人的题材告一段落。经过考虑,我们不想把木薯包括进来。木薯仅为美洲一些原始、粗鄙的文化充当物质基础。相反,玉米却无愧于印加人、玛雅人和阿西德克人的灿烂文明(或半文明)和伟大创造。玉米接着在整个世界取得了异乎寻常的成功。

起源终于弄清

说起玉米,一切都很简单,包括其起源问题在内。18 世纪的考证家们根据一些并不确实的记载和解释,认为玉米同时来自远东和美洲,而欧洲人发现玉米则是在哥伦布首次旅行期间。[198] 可以绝对肯定第一种解释是错的:玉米也从拉丁美洲来到亚洲和非洲;那里的某些古迹,甚至约鲁巴人的某些雕刻,可能造成我们的错觉,但在这方面,考古学应该作出并且已经作出最后的裁决。玉米花穗在古地层中虽然不能保存,但其花粉却不同,它可形成化石。因此,在墨西哥城四郊进行的发掘中,已找到了花粉化石。该城临近一个现已干枯的潟湖,由此形成了巨大的泥沙淤积和地层陷落。经过在古代沼泽土层中多次的钻探,已在 50 至 60 米深处,找到若干距今已有几千年历史的玉米花粉。这种花粉至少可分两类,有的属于今天仍在种植的玉米,有的是野玉米。

但是,最近在墨西哥城以南 200 公里的特瓦坎河谷进行的发掘已把问题澄清。这个干旱地区每年冬天都变成一片荒原,正因为干旱,它保存着古玉米的一些种子和花序(仅留棒轴)以及嚼碎的叶子。植物和人的残骸就在地下水的泉眼附近。考古人员在一些洞窟中还发现大量物品,玉米早先的历史一下就全都清楚了。

"人们看到,现代的玉米随着地层的古老而消失……在最古老的地层中,距今约七八千年,只保留一种原始的玉米,各种迹象表明,它尚未由人们种植。这种野玉米形体矮小……成熟的棒子仅2至3厘米长,约有50颗籽粒,生于叶腋间。棒轴很脆,四周的苞叶包裹不紧,因而籽粒容易撒落。"[199] 正因为这样,野玉米才能生存下去,而人工种植的玉米则不同,籽粒被苞叶紧紧裹住,在成熟时也不松开,必须有人的帮助才能脱落。

当然,秘密至此还没有完全搞清。为什么这野玉米后来消失了呢?人们可以归罪于欧洲人带来的畜群,特别是山羊。再者,野玉米的发源地在哪里?在美洲,这已被大家所接受,但要断定新大陆的某一确切地点,那就还要探讨和研究。过去,有人认为这种被人完美地改造了的植物原生乌拉圭、秘鲁和危地马拉。现在看来,墨西哥作为玉米起源地的可能性更大。但是,考古学既有悬而未决的难题,也有出人意料的答案。由于这些争论不休的问题似乎得不出最后的结论,一些专家异想天开地认为,在亚洲高原(世界各种谷物的摇篮)或缅甸,玉米还有另一个原始的传播中心。

玉米和美洲文明

总之,早在 15 世纪,当阿西德克文明和印加文明最终建立时,

正在磨玉米面的妇女。墨西哥艺术。
瓜达拉哈拉人类学博物馆。

玉米在美洲的种植已历时很久:或者与木薯相配合(如在南美的东部);或者单独种于旱地;或者单独种于秘鲁高原的水浇梯田和墨西哥各湖泊的沿岸。关于旱地种植,我们在前面讲到陆稻时已介绍过"拉当"和"雷",这里就说得简单些。在墨西哥的阿纳瓦克高原,凡见过丛林大火的人都能想象,玉米在旱地的轮作意味着每年烧毁一片森林;林火升起的高大烟柱能使飞机在热气流的冲击下危险地笔直下落(飞机在这些高地上空的飞行高度为600至1000

米)。这种种植制度被称作"米帕"(milpa)。热梅利·卡勒里于1697年在离墨西哥城不远的奎尔纳瓦卡举目眺望山地的景色,他说:"那里只有一片枯草,农民烧荒肥地……"[200]

在墨西哥各湖泊的沿岸,尤其在秘鲁高原的梯田,玉米往往实行集约耕作。随着人口不断增长,印加人不得不从的的喀喀湖高原朝安第斯山谷方向寻找土地。山坡被切割成逐级连接的阶梯,通过一系列沟渠进行灌溉。单凭现有的图片资料,已足以说明这种耕作制度:我们看到手持掘地棍的农民和正在下种的农妇;粮食即将成熟,必须防止鸟害(飞鸟之多简直只有天知道)和兽害(正在偷吃玉米的羊驼)。翻过一页画面,收割季节已经来到……玉米棒子连同秸秆一起被拔下(含糖丰富的秸秆是一种宝贵的食物)。如果把波玛·德·阿雅拉的这些朴素画作同1959年在秘鲁高原拍摄的照片作个比较,就十分说明问题。人们会注意到,农夫仍然用掘地棍使劲翻起土块,农妇也像以往一样,跟在后面播种。科雷尔在17世纪曾见到,佛罗里达的土著每年在3月和7月烧荒两次,用"尖头木棍"把种子埋入土下。[201]

玉米确实是一种神奇的作物;它生长迅速,玉米粒在成熟前已可食用。[202]在墨西哥干旱地区,一粒种子可收获70至80粒;在米却肯地区,收获150粒竟被认为是低产。克雷塔罗附近的良田最高能达到800这个令人难以置信的记录。地处热带和温带的墨西哥甚至可种两季,一季靠灌溉,另一季靠雨水。[203]在殖民地时代,那里已有小块土地的产量同今天的产量不相上下,即每公顷五至六公担。取得高产并不困难,因为玉米种植从来就费工不多。曾有一位名叫费南图·马凯斯·米兰达的考古学家对这些问题作过

134

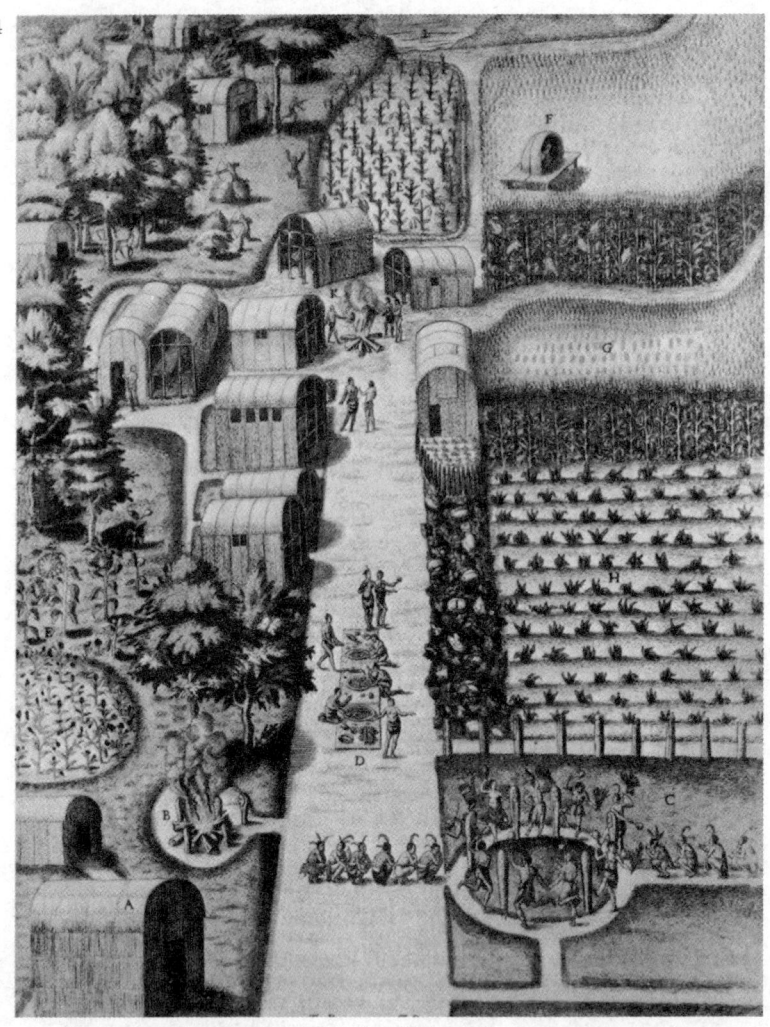

印第安人的玉米种植园：弗吉尼亚印第安人的赛科塔营地。在树林边缘，可看到茅屋、猎人、节日庆祝活动、烟草地（E）和玉米地（H 和 G）；德·勃利指出，玉米种得很稀，因为"其叶宽大如芦苇"。泰奥都尔·德·勃利：《奇异故事》。

第二章 一日三餐的面包

仔细的研究,他比别的考古学家更全面地列举了种植玉米的优点:农民每年只花 50 个工作日,平均每七八天工作一天。[204]他们的空闲时间简直太多了。安第斯山的水浇梯田和墨西哥高原的湖边地由于种植玉米(也可能由于需要灌溉,或由于人口众多、居住稠密而使社会关系具有强制性)导致了极度暴虐的神权国家的建立,农民的空闲时间全被用于埃及式的庞大建筑工程。假如没有玉米,玛雅人或阿西德克人的巨大金字塔、库斯科的巨墙或马丘比丘的壮观奇迹都不可能存在。总之,从事这些建筑必须有个先决条件:玉米种下去以后,几乎不需照料,便能坐享其成。

问题还在于:大型建筑一方面是奇迹,另一方面却又造成人间悲剧;我们必定会想:这应归罪于谁?当然,应归罪于人,还有玉米。

所有这些辛苦又换来什么报偿呢?在土坯上用文火烤熟的玉米饼,或者火爆的玉米花,二者都不能提供足够的营养。必须有点肉食,而肉食却偏偏缺少。在今天的印第安人地区,尤其在安第斯山区,种植玉米的农民往往仍过着贫困的生活。他们的食粮,除了玉米,还是玉米,加上晒干了的土豆(大家知道,我们的土豆最早来自秘鲁)。他们在露天的石头炉灶上做饭;一间低矮的木棚里人畜合住;千篇一律的衣服由羊驼毛在原始织机上织成。唯有咀嚼古柯叶能使他们精神倍增:饥渴、寒冷和劳累顿时全都解除。为了消愁解闷,他们喝一种用玉米芽(或玉米楂)酿制的啤酒(奇恰酒),西班牙人在安的列斯群岛见到这种啤酒后,至少把它的名声传遍整个印第安美洲;喝得更多的是秘鲁的索拉酒,一种度数很高的啤酒。明智的当局禁止饮用这些危险的饮料,但也无济于事。借酒浇愁的居民往往喝得酩酊大醉,这种场面在戈亚的画作中可以看到。[205]

玉米并不始终唾手可得,这是一个严重缺陷。在安第斯山,由于气候寒冷,玉米种植只到半山坡为止。其他地区能种玉米的田地也很有限。因此,必须保证粮食运输的畅通。直到今天,波托西南部印第安族的尤拉卡莱人还从海拔4000米的崇山峻岭向玉米地区迁移就食。他们幸而有岩盐可供开发,所得货币用于换取玉米。每年3月,男女老幼徒步下山,寻求玉米、古柯叶和烧酒,往返旅程至少三个月,盐袋在他们宿营地四周堆成墙一样。这个小小的例子表明,玉米(或玉米面)在当地也还需要流通。[206]

19世纪正在新西班牙和巴西的亚历山大·洪堡[207]和奥古斯特·德·圣伊雷尔[208]记述了这类骡帮的歇息地、宿营地、转运站和必经之路。一切都取决于骡帮的运输,甚至开挖矿藏。何况,开银矿、淘金同粮食买卖相比,究竟哪种更能赚钱?如果运输中断,整个历史进程立即就会受到影响。17世纪初曾任巴拿马港总监的罗德里戈·维韦罗说,他亲眼见到波托西矿的白银从阿利卡出发,经卡亚俄运到巴拿马港。接着,贵金属又穿过地峡运抵安的列斯海的贝洛港,也就是说,必须先经骡帮驮运,再装船从查格雷斯河到达目的地。骡帮和船工都要吃东西,吃不饱也就谈不上运输。而巴拿马的唯一食粮是从尼加拉瓜或卡尔德拉(智利)进口玉米。1626年,由于玉米减产,全靠秘鲁开出一艘装有2000至3000法纳加(约100至150吨)玉米的船只才挽救局势,并使白银能翻越地峡的高地。[209]

18世纪的食物革命

作物不断在迁移,人类生活也随之发生重大变化。但是,这些似乎自发完成的变动却横跨几百年,乃至几千年。在美洲被发现后,迁移运动不但数量增多,而且速度加快。旧大陆的作物迁到了新大陆,新大陆的作物也移至旧大陆:前者有稻米、小麦、甘蔗、咖啡等,后者为玉米、土豆、菜豆、西红柿、[210]木薯、烟草等。

新作物的引进到处遇到原有作物的抵抗:土豆在欧洲被认为是一种不易消化的黏性食物;玉米在习惯吃稻米的中国东南地区至今仍受鄙视。人们不愿改变习惯,对新的食物需要慢慢适应;尽管如此,新作物最终得以四处繁殖生根。无论在欧洲还是其他各地,穷人作为第一批主顾为新作物打开大门;随着人口的增长,引进新作物更成为势在必然。何况,世界人口之所以增加和可能增加,其部分原因难道不正是新作物能够促使粮食增产吗?

玉米走出美洲

哥伦布于1493年第一次从美洲旅行回来时曾带了些玉米种子;不论提出什么理由,说玉米在这以前已脱离美洲的牢笼,这种可能似乎不大。关于玉米原生非洲的说法,可能性也不大。把世界各地给玉米的众多名称作为讨论起源问题的依据并没有说服力,因为玉米在不同的地区和时代被冠以种种可能的和可以想象的名称:洛林叫"罗得麦";比利牛斯叫"西班牙麦";贝荣纳叫"印度麦";托斯卡纳叫"叙利亚杜拉";意大利其他地区往往叫"土耳其粮"；德意志和荷兰叫"土耳其麦"；俄国直接用玉米的土耳其名称，叫"库古罗"；而在土耳其，玉米却被称作"罗姆麦"（"基督徒的麦子"）；玉米在弗朗什-孔代叫"土耳其黍"，在加龙河谷和洛拉盖，名称更是五花八门。在 1637 年的卡斯台尔努达里和 1639 年的图卢兹，玉米在市场上以"西班牙粟"的名称出现，当地普遍种植的小米则在价目表上被称作"法兰西粟"；这两种谷物后来又曾分别以"巨粟"和"细粟"命名；再往后来，玉米排挤了小米，夺走了它的名称，于 1655 年前后干脆叫"粟"。又过了一百多年，当大革命发生时，玉米一词才终于列入市场的价目表。[211]

关于玉米在欧洲以及在欧洲以外的发展，我们对美洲被发现后的情形还大致了解。这是一个缓慢的发展过程，到了 18 世纪才取得明显的成功。

伟大的植物学家让·鲁埃尔于 1536 年编制的植物图录已列入玉米，雷翁哈特·福赫则于 1542 年画出了精确的玉米图样，并说当时各菜园里均有种植。[212]但我们关心的问题是玉米究竟何时离开了试验园地，并在耕地和市场上夺得自己的地位。必须等待农民习惯新作物，学会利用玉米，进而以玉米充当食物。玉米的扩张往往同菜豆相结合。菜豆也来自美洲，它能恢复地力；菜豆和"土耳其粮"并肩进入意大利。奥利维埃·德·赛尔认定，两种作物于 1590 年前后同时来到维瓦雷地区。[213]但这一切都需要时间，而且需要很长的时间。直到 1700 年，一位农学家对玉米在法国种植如此之少感到惊奇。[214]同样，在巴尔干各国，玉米至少有十几种不同的名称，但为逃避税收和领主贡赋，农民只在菜园或在远离通衢大道的地块种植玉米。大片玉米地到 18 世纪方才出现，即在发现美洲后两个世纪。[215] 总的说来,玉米只是在 18 世纪才风行欧洲。

总的趋势是发展十分缓慢,但也有例外:一些地区发展较早,

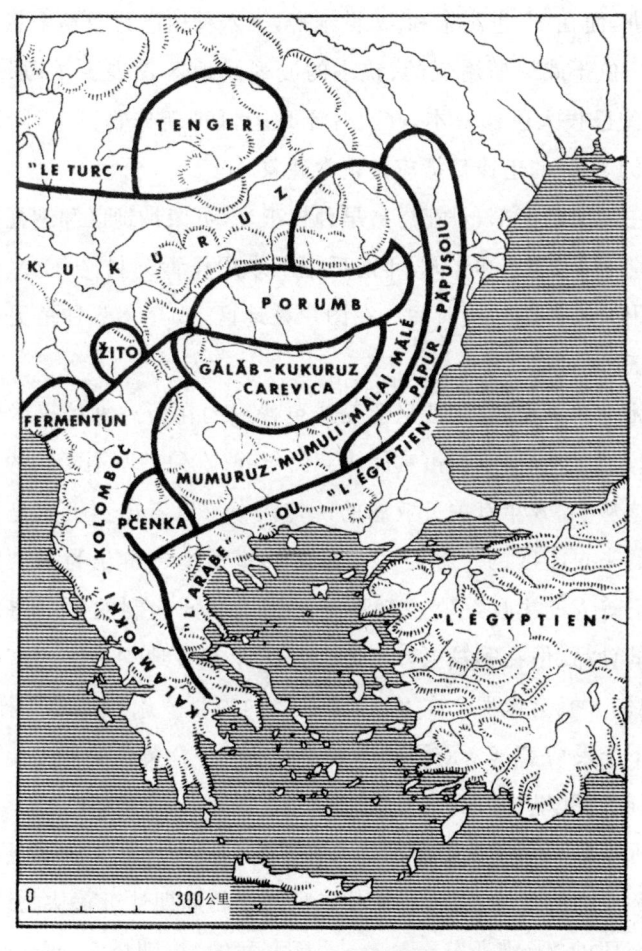

17. 玉米在巴尔干各国的名称

(特雷扬·斯托雅诺维奇:《经济、社会和文明年鉴》1966 年第 1031 页。)

成果也较显著。玉米从安达卢西亚(1500年)、加塔洛尼亚、葡萄牙(1520年左右)和加利西亚分别进入意大利和法国西南部。

玉米在威尼西亚取得了惊人的成就。据说,于1539年左右开始引进,而在16世纪末和17世纪初,玉米种植已普及整个意大利半岛。位于威尼斯附近的、狭小的波列津地区发展更早;那里在16世纪已投入巨额资本,在大片土地上试种新作物:"土耳其粮"在1554年后的迅速传播应是正常现象。[216]

在法国西南部,贝亚恩最早种植玉米,贝荣纳地区和纳瓦朗农村分别于1523年和1563年前后把玉米用作青饲料;[217]玉米供居民食用尚需等待一段时间。在图卢兹地区,放弃菘蓝种植无疑有利于玉米的发展。[218]

无论在加龙河谷、威尼西亚或更普遍的在所有种植玉米的地区,总是穷苦农民或城市贫民放弃面包,改吃他们所不喜欢的玉米饼。这从1698年有关贝亚恩的一句话中可以看出:"玉米是平民食用的来自印度的一种麦。"[219]俄国驻里斯本领事认为,它"是葡萄牙下等人的主食"。[220]在勃艮第,"用玉米面烤制的'古特'饼是农民的食品,但在第戎也有出售"。[221]玉米在各地均未进入富裕阶层,他们大概会像那个在20世纪的门内哥罗旅行的人一样,作出以下的反应:"玉米面团几乎到处可见……金黄色的外皮悦目诱人,但吃进肚里让人倒足胃口。"[222]

玉米的一个不容置辩的优点在于它的高产。尽管食用过多有导致糙皮病的危险,玉米毕竟使威尼西亚的周期性饥荒从此结束。法国南部的"米雅斯"(millasse)、意大利的"波朗塔"(polenta)和罗马尼亚的"玛玛利加"(mamaliga)都因此成为大众食品;我们记得，这些地区在饥荒期间曾吃过更难下咽的食品。面对饥饿，任何食物禁忌全都化为乌有。尤其，玉米不但是人的食粮，而且是牲畜的饲料；在休耕地种植玉米导致了一场革命，其成功足以同牧草媲美。最后，随着这种高产作物的种植比重日益提高，作为商品粮的小麦生产也有所增加。农民食用玉米，出售小麦，因小麦价格约等于玉米的两倍。全靠种植了玉米，威尼西亚18世纪的粮食出口约占总产量的15%至20%，同1745至1755年间英国的情形相类似。[223]法国当时生产的粮食几乎全供本国消费，剩余或差额仅1%、2%左右。洛拉盖的情形也是如此，"在17世纪，尤其在18世纪，由于玉米充当农民的主食，小麦就能提供大宗的商品粮"。[224]

玉米于16世纪初由葡萄牙人自美洲引入刚果，称作"马扎马普塔"(Masa Ma Mputa)或"葡萄牙黍"，最初在当地不受欢迎。皮加费塔于1597年指出，玉米的地位大大低于其他作物，不供人食用，专门喂猪。[225]这是最初的反应。它慢慢在刚果北部、贝宁和约鲁巴地区夺得粮食作物的首位。这一无可争辩的胜利今天已如神话传说一般为人称颂。它还证明，吃饭问题不仅仅是物质生活的现实。[226]

玉米进入欧洲和非洲相对比较容易。而成功地打入印度、缅甸、日本和中国，其意义就非同寻常。早在16世纪上半期，玉米经水陆两路传到了中国，陆路经缅甸边界来到云南，水道则在与南洋保持经常联系的福建诸港登陆。正是从这些港口（或者由葡萄牙人，或者由一些与马鲁古群岛发生贸易关系的中国商人为媒介），于16世纪初引进了花生，后来还有白薯。但是，直到1762年，玉米种植仅限于云南一省以及四川和福建的几个县，地位并不重要。

玉米于18世纪才真正得到推广,那时候,由于人口的急剧增长,不得不在专门种植水稻的平原地区之外开垦荒山野岭。即使如此,部分中国居民也只是迫于无奈,而并非出于爱好,才放弃他们偏爱的食物。玉米开始在华北广泛种植,甚至向朝鲜方面发展。玉米从此跻于华北传统作物小米和高粱的同列,全靠玉米种植面积的扩大,中国南北两部分的人口相对地重趋平衡(南方的人口比北方多得多)。[227]日本也将接受玉米以及一系列新的作物,其中部分经中国的介绍。

土豆的地位更加重要

早在公元前2000年,美洲安第斯山区已有土豆存在,特别在玉米不宜生长的高海拔地带。它通常被晒干作救荒的代食品,以便保存更久。[228]

土豆在旧大陆的普及过程与玉米不尽相同。它的推广十分缓慢,甚至比玉米更慢,而且范围也不宽阔:中国、日本、印度和穆斯林国家几乎把它拒之门外。它的成功表现在美洲——在新大陆的确得到了推广——,尤其在欧洲。这一新作物征服了欧洲的每一个角落,并产生了革命性的影响。一位名叫威廉·罗雪尔[229](1817—1894)的经济学家竟断言,土豆是促使欧洲人口增长的唯一因素。这种说法也许过于偏颇,我们可以说得婉转一些,至多认为它是因素之一。在新作物生效前,欧洲的人口增长已是既成事实。波兰国王的一名顾问于1764年说:"我想把鲜为人知的土豆引进我国种植";[230]1790年,圣彼得堡四郊仅有德意志垦殖者种植土豆。[231]可是,在这以前,俄罗斯、波兰等国的

第二章 一日三餐的面包

居民早已在增加。

推广新作物十分缓慢,这几乎是个普遍规律。西班牙人于1539年曾在秘鲁有过这方面的经验;一些西班牙商人曾用干土豆供波托西矿的印第安工人食用,但新作物进入伊比利亚半岛却没有直接生效。意大利也许比西班牙更加重视,因为人口更为稠密,土豆经试种后,迅速激起人们的兴趣,它最早取得的教名有几十个之多:其中之一被称作"塔土夫立"(tartuffoli),此外在西班牙的名称有 turma de tiersa、papa 和 patata,在葡萄牙有 batata 和 batateira,在意大利有 patata、tartuffo 和 tartuffola,在法国有 cartoufle、truffe、patate 和 pomme de terre,在英国有 potato of America,在美国有 irish potato,在德国有 Kartoffel,在维也纳附近有 Erdtapfel 等,斯拉夫各国、匈牙利、中国、日本的土豆名称且不一一列举。[232] 奥利维埃·德·赛尔于1600年曾提及这一作物、并作了确切的描绘。卡洛罗斯·克罗修斯于1601年提供了最早的植物学描述,据他说,土豆当时已在德国大部分菜园里种植。按照传统的说法,土豆是由瓦尔特·洛力带到英国的,时间略为早些,约在1588年,即在阿尔玛达无敌舰队抵达英国的那年。可以肯定,引进土豆这一平凡事件,从后果看,比敌对双方的舰队在英吉利海峡和北海海面的较量,意义更加深远!

在欧洲,土豆的完全取胜一般要等到18世纪末乃至19世纪。但是,如同玉米一样,土豆也取得零星的早期成果。总的说来,法国在这方面特别落后,只是在多菲内最早试种;在阿尔萨斯,土豆于1660年转入大田种植,[233] 随后,1680年前后,土豆在洛林开始立足,但于1760年仍遭物议,直到1787年才成为乡村居民的"正

印加人种植和收获土豆。他们使用的工具是掘地棍和小锄。《16 世纪的秘鲁药典》。

常主食"。[234] 爱尔兰略为早些,即在 17 世纪上半期,农民开始食用土豆,佐以奶制品;到 18 世纪,它已几乎成为农民的唯一的食品,这一成功也孕育着众所周知的后来的灾难。[235] 土豆种植在英国也有进展,主要用于出口,[236] 很少供国内消费。亚当·斯密曾抱怨英国人对这种在爱尔兰已显然证明其营养价值的食品竟不屑一顾。[237]

新作物在瑞士、瑞典和德意志更取得了不折不扣的成功。帕尔曼蒂耶(1737—1813)正是在七年战争被俘期间在普鲁士"发现"了土豆。[238] 然而,在 1781 年的易北河地区,任何仆役宁愿另择新主,[239] 也不肯食用土豆。

实际上,各地在推广种植这种同面包相竞争的块茎时,曾普遍遭到阻力。有人说,吃土豆会造成麻风病蔓延。另有人说,吃土豆容易让人胀气,《百科全书》在 1765 年也承认这一点,并说:"对农民和劳动者结实的机体来说,放几个屁又算得了什么!"可见,土豆在各国的迅速推广毫不值得奇怪,它是在困难和痛苦的帮助下才被人们接受的……例如,在爱尔兰,这是由于饥荒的威胁,因为种植小麦仅能养活一人的地块,如果改种土豆,就能养活两人还绰绰有余。[240] 更大的威胁来自战争,战争使田地荒芜,作物毁坏。一项有关阿尔萨斯的文献指出:农民喜欢种植土豆,"因为它从不遭到战争的破坏";即使一支部队整个夏季在土豆地上宿营,也损害不了秋季的收获。[241] 确实,每次战争似乎都刺激了土豆种植:17 世纪下半期的阿尔萨斯;奥格斯堡同盟战争(1688—1697 年)、西班牙王位继承战争和奥地利王位继承战争期间的佛兰德,而最后一场战争与 1740 年的粮食危机恰好同时发生;七年战争期间,尤其巴伐利亚王位战争(1778—1779 年)期间的德意志,人们称后一场战争是"土豆之战"。[242] 最后一项好处:在某些地区,农民收获土豆后能逃避什一税;地主因此与农民打官司,正是全靠这些诉讼,人们才确切地知道,土豆在 1680 年后的尼德兰以及在 1730 年后的联合省已得到初步的推广。

就在佛兰德地区,C.万丹布洛克计算了土豆消费量的急剧上升,这同谷物消费量的下降有着间接的因果关系。谷物消费量由 1693 年的每人每天 816 克下降到 1710 年的 758 克,1740 年的 680 克,1781 年的 476 克,直到 1791 年的 475 克。这一下降意味着,土豆消费量在佛兰德已取代了谷物的 40%。事实还证明,就

土豆是平民的粮食。塞维利亚于1646年发放的赈济是一锅土豆。该画全幅见本书第59页。

其整体而言,法国对土豆仍怀恶感,小麦消费量在18世纪不但没有减少,反而略有增加。[243]如同欧洲许多其他地区一样,土豆革命于19世纪方在法国开始。

土豆革命其实是范围更广的另一场革命的组成部分,这后一场革命把许多瓜菜和豆类从菜园驱赶到大田,它最早发生在英国,并且没有逃过亚当·斯密的注意。亚当·斯密于1776年写道:"土豆……萝卜、胡萝卜、白菜等过去用小锄种植的蔬菜,如今都用犁来种了。菜园的各种产品也变得比以往更加便宜。"[244]过30年后，一名法国人发现伦敦的鲜菜供应十分充裕,"现摘现卖的菜蔬犹如喂马的青饲料一样新鲜,到处任您挑选……"[245]

适应其他饭食的困难

欧洲于 18 世纪完成了一场真正的食物革命（虽然它为此付出了二百年时间）。为了确信真是一场革命,我们只消注意:每当人们离家外出,寄居异乡客地,吃不到习惯的饭菜时,两种对立的食物之间往往发生猛烈的冲突。克服这些隔膜是十分困难的,欧洲在这方面为我们提供了最典型、最执着,也是最明显的范例。我们可以想象,异国诚然能满足他们的好奇和可供他们开发,他们却不打算放弃自己的习惯,不能不喝酒吃肉:从欧洲运来的火腿,即使已经生蛆,在印度仍以高价出售……至于面包,就设法在当地烤制。真是秉性难改呵！热梅利·卡勒里在中国搞到小麦后,让人烤制饼干和面饼,"因为当地人吃的不加任何调料的米饭不合我的胃口……"[246]在不宜小麦生长的巴拿马地峡,面粉来自欧洲,"价格不可能便宜",面包因而是一种奢侈品。"只有在市内定居的少数欧洲人和富裕的克里奥尔人才食用面包,那也只是在用茶点时配上巧克力和糖果一起吃。"至于其余各餐,他们吃的是"加蜂蜜"的玉米面饼或木薯粉糕。[247]

自然,当这位不知疲倦的旅行家〔热梅利·卡勒里〕于 1697 年自菲律宾来到阿卡普尔科时,他找不到小麦面包。只是后来,在前往墨西哥途中的马沙特朗油坊,才惊奇地"找到了可口的面包,这在居民只吃玉米饼的山区,殊非易事……"[248]我们顺便想到,新西班牙有很多地块——不论是水浇地或旱地——种植小麦,收获

西班牙人把小麦带到了美洲。印第安人使用欧洲农民同样的工具，为西班牙人种植小麦。

的粮食均运往城市。作为历史学家，我们在这里真是如愿以偿了：1697 年 3 月 12 日，卡勒里在墨西哥亲眼见到一场平民骚乱。"那天发生了一场暴乱；乱党来到总督府前要求面包……"当即采取了措施，阻止平民"如同 1692 年加洛埃伯爵治理期间那样"[249]焚烧总督官邸。这些"乱党"是否如我们所想系由白人组成？假定是如此，我们便可得出并不完全可靠的以下推断：白人吃白面包。这在美洲是理所当然的事。相反，如果"乱党"是市内的一些混血儿、印第安人和黑人奴隶，我们就不妨断言，面包这个名词的含义既然模棱两可，他们要求的或许仅是玉米而已……

世界的其他地区？

任何主要作物，不论它的地位何等重要，总的说来也只占世界的一个角落，确切地说，即人口稠密、文明业已完成或正在完成的狭小地域。更何况，我们不能因主要作物一词而产生误解：被众人接受的主要作物虽然进入生活方式的领域，推动生活方式的形成，并对生活方式起着不可变更的影响，但生活方式何尝不反过来对主要作物施加影响：正是主要的文明确定着主要作物的地位，并使它能够兴旺发达。小麦、稻米、玉米、土豆的种植随着食用者的需要在改变。在哥伦布发现新大陆前的美洲，土豆有五六个品种；农业科学如今已培育出上千个品种。原始时期种植的玉米与今天美国西部农场的玉米已无任何共同之处。

总之，我们所说的植物的机遇，在很大程度上也是一种文化的机遇。每当一种植物因这类机遇在社会上取得成功时，该社会的"骨干技术"必定曾参与其事。人们不把木薯看作是主要作物，这并非因为木薯粉（由块茎切片、洗净、晒干、擦丝而成）是一种低级食品。相反，它今天已是许多非洲国家抗拒饥荒的城堡。但它自从被原始的文化接纳后，始终未能跳出这个范围；它在美洲和非洲始终是土著人的食粮,而不像玉米或土豆那样取得更高一等的社会地位。即使在其故乡,它也遇到从欧洲进口的种种谷物的竞争。同人一样,作物的成功有赖于环境的帮助。在这特殊的场合,正是历史没有从中出力。木薯、赤道国家的其他块茎作物、玉米(指它的某一种种植方法)以及天赐的果树(香蕉树、面包树、椰子树、油棕树)虽然始终占有辽阔的地域,但它们为之效力的人类集团却不如种植稻米或小麦的地区那么得天独厚。简单地说,因为这些人类集团使用的工具是小锄。

手持小锄的人们

用掘地棍(一种原始的锄头)或小锄作为主要劳动工具的地区极其广阔,这种状况在今天仍十分突出。这些地区像一个圆环,或如德国地理学家所说,像一根腰带那样围绕地球一周,包括澳大利亚、哥伦布发现新大陆前的美洲、黑非洲、南亚和东南亚的大部(主要在犁耕地区的边缘,有时楔入犁耕地区呈插花状)。两种农业形式的并存在东南亚(广义上的印度支那)特别突出。

这里需要说明:一、世界的这个特征由来已久,并贯穿于本书涉及的整个历史时段;二、除一些难免会有的地区差异外,与此有关的人类集团特别整齐划一;三、随着时代的变迁,这些人类集团自然会越来越受到外界的影响。

一、由来已久的特征。——史前史学家和人类学家在这个问题上继续争论不休,在他们看来,使用小锄是一次古老的农业革命的产物,这一次革命在时间上比公元前4000年左右带来犁耕农业的那次革命更加早些。它也许可追溯到公元前5000年那个漆黑

第二章　一日三餐的面包　　197

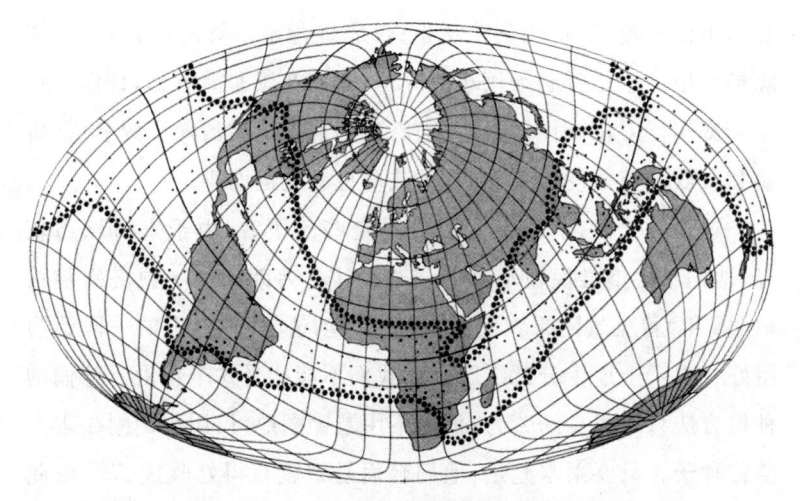

18. "腰带状"的锄耕地区

值得注意的是,锄耕地区在穿越美洲大陆和太平洋诸岛时,腰带变得特别粗(根据 E.韦尔特)。胡贝尔·台尚认为(1970 年 1 月 7 日信),韦尔特错把马达加斯加纳入锄耕地区。岛上使用的长柄铲大概源自印度尼西亚。

一团的史前期,其场所则如同另一场革命,大概就在古代的美索不达米亚。总之,它是经验的产物,而这种经验不但源远流长,而且依靠单调、反复的训练得以保持至今。

在我们看来,在锄耕和犁耕的分期问题上存有分歧,这并不重要,因为关键无非是工具决定一切! 埃斯丹·博什鲁帕在一部很有特色的著作(1966 年)[250]里指出,在我们曾介绍过的"拉当"耕作制中,每当人口增多,而土地有限,势必造成用于恢复森林的休耕时间相应缩短。这个节奏变化又势必导致一种工具向另一种工具的过渡。在这一含义上,工具不再是原因,而是后果。如果只是在草木灰(重复一遍,不用刨挖树根)里撒种或埋种,或栽插幼苗,掘地棍已足以应付,甚至不一定需要。但是,林地如在短期内反复耕种而不恢复覆盖,就会杂草丛生;仅靠烧荒是不够的,因为火不能除掉草根。于是就必须用小锄除草:人们在黑非洲看到,林区和草原全都实行刀耕火作。最后,随着辽阔的土地被清除了树丛后,备耕和收获的节奏便日益加快,铲或犁也就应运而生。

这也等于说,手持小锄的农民是些落伍者,由于人口压力较轻,他们不必饱尝挽轭牵犁的辛苦。让·弗朗斯瓦·德洛姆神甫(1648年)曾见过刚果农民雨季时的劳动情景,他以下的一段话写得好:"由于土地十分肥沃〔显然,我们不能接受这个理由〕,他们的种植方法只费很少的劳力;他们不用犁铲翻地,仅用小锄刨松表土盖住种子。只要雨水充足,他们轻而易举就获得好收成。"[251]由此可以得出结论,持锄农民的劳动生产率高于欧洲的犁地农民或亚洲的水稻种植者(考虑到劳动时间和辛苦程度),但这种原始劳动在人口稠密的社会却行不通。它的得天独厚并非在于土地或气候条件,而是因为拥有广阔的休耕地(也因为人口稀少),以及由于比埃尔·古鲁所说的"骨干技术",即由一系列难以割舍的习惯构成的社会形态。

二、整齐划一的整体。——这里,给人印象最深的细节是:手持小锄的人类集群在财产、作物、牲畜、工具、习惯等方面构成一个相当统一的整体,以至几乎可以正确无误地断言:无论在什么地方,持锄农民的房屋是长方形的平房,他们会制造粗俗的陶器,使用简单的手工织机,酿造和消费发酵的饮料(烧酒除外),饲养山羊、绵羊、猪、狗、鸡等小家畜,间或也养蜂(但不养大牲畜)。他们的食物来自住房四周的植物:香蕉树、面包树、油棕树、葫芦、芋头、山药。一名为沙皇效力的水手于1824年在塔希提岛发现,那里有的是面包树、椰子树、香蕉园以及"种着山药和白薯的小块园地"。[252]

当然,各个锄耕地带之间有着明显的差异。例如,非洲草原上的水牛和黄牛等大牲畜也许是由阿比西尼亚的农民从古代辗转流传下来的。锄耕地带历来种植的和特有的香蕉树(香蕉树不用种子而用插枝繁殖,这个事实是它种植历史悠久的证据)在一些边缘地区很少见到,例如在苏丹的尼日尔河以北地区和新西兰。新西兰的恶劣气候不宜香蕉的生长;在公元后9至14世纪期间,波利尼西亚人(毛利人)驾着独木船冒险航行,当他们被风暴卷上新西兰海岸时,曾对这里的恶劣气候深感惊奇。

但是,主要的例外还是哥伦布发现新大陆前的美洲。那里的锄耕农民体现着安第斯山和墨西哥高原的脆弱而姗姗来迟的文明,他们原属亚洲人,很早分批穿越白令海峡来到美洲。现已找到的最古老的人类踪迹约在公元前48 000至前46 000年之间……但考古发掘仍在进行中,这条标线迟早会被推翻。以下事实似乎无可争议:美洲人的历史相当悠久,明显地具有蒙古人的特性,美洲印第安人在取得成功前曾有过一段闻所未闻的漫长历史。狩猎和捕鱼促使他们分批从事在我们看来迹近荒唐的迁移。他们从北到南穿过整个大陆,约在公元前6000年左右来到了火地岛。在这"天涯海角",当时居然还有马匹存在,而在新大陆的其他地区,马已消失了几个世纪,此事岂不令人诧异?[253]

来自北方的人们(也许再加上一些来自中国和日本海岸或波利尼西亚群岛、被风暴推过太平洋的船民)在美洲大陆的空旷土地上分散成较小的集团,各居一方,日趋独立,并因互不往来而形成自己的文化和语言。奇怪的是,其中有些语言竟挤进其他语言的范围,在地理分布上呈插花状态。[254]来自亚洲的人数不多,这便于理解,当地的一切都从无到有(与远方亲戚有关的个别文化特征除外)。新来的人经过长期努力,利用了和开发了当地资源。只是后来,才建立起农业,种植木薯、白薯、土豆和玉米;特别是玉米,它无疑产自墨西哥,它异乎寻常地导致了锄耕向北美和南美温带地区的扩展,远远超出了生长木薯的热带地区。

三、近期的混杂。——随着航海事业把世界连成一体,人种的混杂带来了文化的混杂,相互影响也变得越来越多,原始的锄耕地

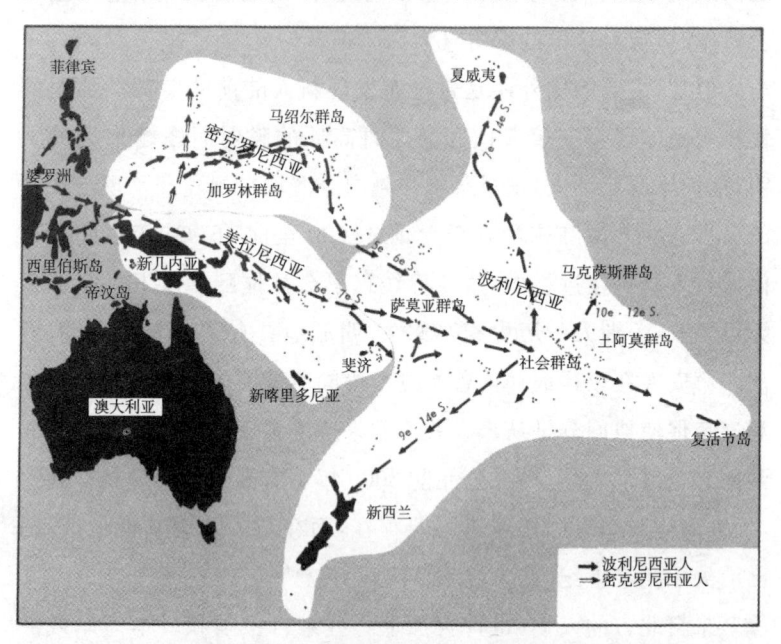

19. 美拉尼西亚人和波利尼西亚人 14 世纪前的历次迁移
波利尼西亚人在夏威夷群岛、复活节岛和新西兰之间的三角地区航行,海域范围之广值得重视。

区也不例外。我曾指出,木薯、白薯、花生和玉米被传到刚果,这是葡萄牙航行家和商人的功劳。新作物只要适宜生长便与旧作物同时并存:玉米和木薯加上红白各色的小米,渗入搅和,用于制造一种名叫波伦塔的面饼。这种面饼烤干后可保存两至三天。"它充当面包,丝毫不伤身体。"[255] 同样也由葡萄牙人引进的蔬菜——白菜、西葫芦、莴苣、香芹、菊苣、蒜头——同当地作物豌豆和蚕豆相比通常不算成功,但并未消失。

最具特色的要算来自非洲的木本粮食作物:可乐果树、香蕉树和棕榈树,后者尤其品种繁多,可提供油、酒、醋和纺织纤维,甚至树叶也有用处。"棕榈树的恩赐到处可见:住房的篱笆和屋顶、捕猎的陷阱、渔夫的网篓、通用的钱币(刚果用布片充当货币)、衣着、化妆品、药品和食物。""用形象的语言来说,棕榈树属于雄性,在一定意义上代表高贵。"[256]

总之,我们切莫小看了这些建立在简单而又充满活力的农业基础上的社会和居民。我们不妨想到波利尼西亚人的扩张,他们早在13世纪就占有从夏威夷群岛到复活节岛再到新西兰的大三角形海域,这是一个不小的壮举。但是,文明人把他们挤到了远远落后的次等地位,抹煞和贬低了他们的成就。

还有原始人

锄耕的人在我们的阶梯上并非属于最后一级。他们的作物、工具、种植、房屋、航行、畜养和其他成就显示了不容忽视的文化水平。最后的一级留给那些尚无农业、依靠采集捕猎为生的人。他们所占的地域相当广阔,在戈登·休斯的地图上编号为第1至第

27。森林、沼泽、洪水、猛兽、成千上万的鸟、冰冻、恶劣的气候在同他们争夺对无边无际的土地的利用。他们征服不了周围的自然界，至多在自然界的种种障碍间设法求生而已。在历史的坐标上，他们的位置等于零；有人甚至说，原始人没有历史，这种说法是不准确的。

然而，从"共时"的观点看，还应该在15至18世纪的世界上给他们一席之地。否则，我们提供的解释性分类图表就不能完整展开，甚至会丧失意义。但我们又很难像观察法国农民和西伯利亚的俄罗斯垦殖者那样，用历史学家的眼光去观察原始人！除了目击者——过去的人种学家——试图了解他们的生活结构曾留下一些记载之外，各种材料均付阙如。但是这些旅行家和探险家全都来自欧洲，醉心于猎奇，往往把自己的经验和认识强加给他人。他们的判断是用类比和对比得出的。更何况，就连这些尚有争议的形象也过于稀少，很不完整。读他们的材料，有时不易分辨他们所谈的究竟是些生活在石器时代的真正原始人，或是些我们以上说到的从事锄耕的人，后者同"原始人"的距离不亚于他们同居民密集的文明社会的差别。墨西哥北部印第安族的切奇梅卡人曾使西班牙人伤透脑筋，他们在弗南多·科尔特斯登上大陆前，早已同定居的阿西德克人为敌。[257]

阅读麦哲伦、塔斯曼、布甘维尔和科克周游世界的著名游记，那只会在空旷无边的大海上迷失方向，尤其是单独占了地球表面一半的南海。那主要是听水手们诉苦，听他们讲述纬度、船上的食物和淡水、船帆和船舵的状况以及船员的疾病和心血来潮……碰巧望见的陆地有时刚被发现或被认清便立即消失掉。对它们的描

第二章 一日三餐的面包

述也很不准确。

塔希提岛的情形不同:这个位于太平洋中心的天堂于1605年被葡萄牙人发现后,于1767年被英国人赛米尔·韦利斯再次发现。第二年,即1768年4月6日,布甘维尔登上了该岛;几乎正好再过一年,即1769年4月13日,詹姆斯·科克来到这里,该岛从此名声四传,成为"神秘太平洋"上的第一个基地。但他们描述的野人就是原始人吗?根本不是。"一百多条大小不等的独木船〔在布甘维尔的两艘大船下锚停靠该岛前一天〕,围着大船驶来。独木船满载椰子、香蕉和当地的其他水果。我们诚心实意地用各种小玩意儿换取这些鲜美的水果"。[258]当科克乘坐"恩迪伏尔号"到达时,也见到同样的场面。航行日记说:"我们才刚下锚,成群土人就驾着满载椰子和其他水果的小船向我们的船驶来。"[259]他们像猴子一样机灵,争先恐后地爬上大船,顺手扒窃,但也接受和平的交换。这种善意的接待,这种以物换物以及毫不犹豫的讨价还价,足以证明他们已经开化,并具有一定的社会纪律。确实,塔希提人不是"原始人":尽管水果和野生植物相当充裕,他们还种植西葫芦、白薯(大概由葡萄牙人传入该岛)、山药和甘薯,全都生吃;他们还大批饲养猪和家禽。[260]

真正的原始人,"恩迪伏尔号"后来才遇到,那是在它穿越麦哲伦海峡或前往霍恩角的途中,也可能在新西兰岛南部海岸停留期间;"恩迪伏尔号"曾在澳大利亚海岸停靠,以便储存淡水和木柴或修整船身,那次它肯定有过同样经历。总之,它每次遭遇原始人,必定都脱离了世界地图上标出的锄耕文明的腰带范围。

科克及其随从在美洲南端勒梅尔海峡远远望见一小群野人,

一名英国水手在新西兰用一块手帕换取一只龙虾。该画摘自1769年随科克旅行的一名船员的日记。

后者穷得几乎一无所有,因而不可能同他们真正打交道。他们身穿海豹皮,除渔叉、弓箭外没有其他工具,住在不能御寒的棚屋中:"一句话,这也许是今天世界上最贫苦的人"。[261] 两年前,即在1767年,赛米尔·韦利斯也曾遇到过这些一无所有的野人。"我们的一名水手正在钓鱼,他把刚钓到的一条比普通鲱鱼略大一点的活鱼送给了一个美洲人,这美洲人像狗得到一块骨头那样把鱼贪婪地要了过去;他在鱼鳃附近猛咬一口,先把鱼咬死,接着连头带尾地吃了起来,鱼刺、鱼鳍、鱼鳞以及腑脏全不吐掉。"[262]

科克及其伙伴从容观察的澳大利亚原始人也是些野人。野人

第二章 一日三餐的面包

们一无所有,四处漂泊,间或从事狩猎,更多地在退潮时去水坑边捕鱼为生。"在他们的国土上,我们从未见到过一寸耕地。"

显然,在北半球的内陆地带,我们可以发现更多的、同样有代表性的例子。直到今天,西伯利亚仍是一个无与伦比的人种学博物馆,关于这方面的情形,我们下面会再次谈到。

最便于观察的地点毕竟应该是宽广的北美大陆,欧洲的殖民者向这块大陆的猛扑既造成了破坏,又带来了光明。在这方面,我以为最没有比普列服教士的《美国面面观》[263]给人更多的启示了。因为,在概括夏勒伏瓦神父的著作和广采尚普兰、莱斯卡博、拉翁当和波特里各家之言的基础上,普列服描绘了印第安人如何在从路易斯安那到哈得孙湾的辽阔土地上逐渐分化成几个互不相干的集团。这些"野蛮民族"之间存在着"绝对的差异",表现为各不相同的节日、信仰和习俗。对我们说来,首要的差异也许不在于他们是否吃人肉,而在于他们是否种地。凡在印第安人种植玉米或其他作物的地方(这类工作由妇女担任),只要能见到有人使用小锄、木棍或本地长铲,或用各种土办法煮食玉米,或者见到有人在路易斯安那种植土豆,在西部地区种植"野燕麦",我们就可以说这些印第安人已是定居或半定居的农民,尽管他们还是那么粗野。在我们看来,这些农民同以狩猎捕鱼为业的印第安人已有天渊之别。何况,他们越来越少捕鱼,欧洲人的入侵无意中把他们从盛产鱼类的大西洋海岸和东部河网地区赶走,后来又在他们的猎区捣乱。巴斯克人放弃他们原来的捕鲸生活后,不就很快改营皮毛贸易了吗?这种商业"不费很大开支和力气,却能获得更多的利益"。[264]而在那个时代,鲸鱼还沿圣洛朗河逆流而上。"有时数量很多"!

于是,印第安猎人就在皮毛收购商的追逐下,或在哈德孙湾或圣洛朗湾诸要塞的遥控下,过着贫困的游牧生活,在雪地上设伏诱捕各种动物:麋、猞猁、石貂、白鼬、麝鼠、狸、野兔。欧洲的资本家正是用这个办法获得了美洲的大批皮货,很快就有实力同遥远的西伯利亚森林里的猎人相竞争。

我们还可以举出大量类似事例证明,无论回到几千年以前的时代或沿着它那似乎止步不前的曲折发展过程,人类历史总是不可分割的整体,是历时性和共时性相会合的整体。"农业革命"不单在几个得天独厚的地点实现,例如在公元前第 7000 或第 8000 年时的近东。它必定要向外扩张,它的发展也远非一次完成的。沿着同一条道路前进的还有其他的经历,不过相距几个世纪而已。今天的世界还没有消灭所有锄耕的人。还有些原始人散处自然条件恶劣的地区,自然条件的恶劣反而保护了他们的生存。

第 三 章
奢侈和普通:饮食

麦子、稻子和玉米是多数人的主食,它们提出的问题相对说比较简单。可是只要涉及不经见的食物(肉类已经包括在内),多样化的需要以及服装和住房,问题就变复杂了,因为在这些领域内必需和多余之间的交错和对抗永无休止。

如果多数人的解决方式——大众的食物,大众的住房,大众的服装——和以奢侈为标志、由少数享有特权的人采用的解决方式一开始就截然划开,问题可能会清楚一点。只要涉及平均水平和例外情况,我们势必运用一种显然有点棘手的辩证法。我们不得不在二者之间来回奔忙,从黑到白,又从白到黑,再从黑回到白……因为从来没有一劳永逸的分类办法:奢侈的本性就是变动,它难以捉摸,种类繁多,自相矛盾,不可能一经认定就永远不变。

糖在16世纪以前是奢侈品;17世纪末以前,胡椒也是奢侈品;烧酒和最早的"开胃酒"在卡特琳·德·梅迪契时代,"天鹅羽绒"软床或者俄国贵族的银酒杯在彼得大帝以前,都是奢侈品;弗朗斯瓦一世于1538年向安特卫普一个金银餐具商订购的第一批平底盘子在16世纪是奢侈品;最早的所谓意大利式的凹形盘子,

1653年在马扎林枢机主教的财产清单上曾经登录,也是奢侈品;叉子(我说的确实是叉子)或者普通的窗户玻璃,二者都来自威尼斯,在16和17世纪仍是奢侈品。但是从15世纪起玻璃生产过程中不再使用碳酸钾,改用碳酸钠,结果得到的材料透明性更佳,容易碾平。到下一个世纪由于使用泥炭加热,窗户玻璃的生产在英国大为推广,以致今天一位历史学家竟想当然地以为,威尼斯的叉子穿过法国领土与英国的玻璃相遇。[1] 另一个出乎意料的实例:椅子甚至在今天,在伊斯兰国家和印度仍是稀罕的、引人注目的奢侈品。第二次世界大战期间驻守意大利南部的印度士兵对当地的富裕心醉神迷;你瞧:家家户户都有椅子!手帕也是奢侈品;埃拉斯姆在《礼貌篇》中解释说:"乡下人用帽子或袖子擦鼻涕;糕饼师傅用胳膊或肘弯;至于用手擤鼻子,如果擤完了又不经意地把手伸到袍子上去擦,都不是文明行为。用手帕接受鼻子的排泄物,同时对正派人略为背转身子,这才是规矩的做法。"[2] 橙子在斯图加特王朝时代的英国还是奢侈品:这种水果到圣诞节前后才上市;人们视为珍品,并要保存到明年四五月份。到此为止我们还只字未提服装,这可是说不完的话题。

可见,奢侈的表现因时代、国家或文明而异。反之,几乎不变的是既无开场也无结局的社会喜剧,而奢侈则是这部喜剧的关键和主题,它为社会学家、精神分析学家、经济学家和历史学家提供了出色的场面。当然特权享有者和观众,即观赏他们的群众之间必须有某种默契。奢侈不仅是稀奇物品和虚荣心,它也是社会上令人艳羡的成功标志,是穷人有一天也能够实现的梦想。可是梦想一旦实现,奢侈也就黯然失色。不久前一位兼做医生的历史学

第三章 奢侈和普通：饮食

家写道："某种稀有的、长期可望而不可即的食品一旦为大众力所能及，消费便会骤增，好比长期受到压抑的食欲突然爆炸。这种食品一经普及（取这个词的双重含义："失去威望"和"推广"），很快就丧失魅力〔……〕形成某种饱和局面。"³ 富人就是这样注定为穷人的未来生活作准备。这也正是富人自我辩解的理由：他们先去试验各种乐趣，大众迟早会有享受的机会。

在这类享乐游戏中充斥着无聊的心思、过分的要求和古怪的癖好。"18 世纪的英国作者对龟肉汤颇多不近情理的赞美。这种食品鲜美无比，对治疗消瘦和体弱有奇效，并能使人大开胃口。没有龟肉汤，就不成其为宴席（类似伦敦市长的盛宴）。"⁴ 还拿伦敦做例子，我们不妨想象烤羊肉嵌牡蛎这道菜是什么滋味。西班牙用银币向野蛮的北欧国家购买假发，这在经济上是近乎荒唐的行为。乌斯达里茨在 1717 年指出⁵ "可是我们又有什么办法呢？"西班牙人同时用巴西的黑烟草换取北非几个酋长的输诚。如果亨利四世的顾问拉夫马的话可信，许多法国人"用珍宝交换种种小摆设和古怪的商品"；⁶ 在这方面，他们同野人没有区别。

同样，印度支那和南洋群岛用金沙、香料、珍贵的檀香木或桃花心木、奴隶或大米，换取中国的小杂货：梳子、漆合、搀铅的铜钱……不过我们不必惊慌：中国也有相似的疯狂行径，它需要北圻、交趾支那和爪哇的燕窝，或者"来自暹罗、柬埔寨或鞑靼的腌制熊掌或其他多种野兽的脚掌"。⁷ 最后我们再回到欧洲。塞巴斯蒂安·迈尔西埃在 1771 年惊呼："崇尚瓷器之风委实可悲！猫爪闯下的祸竟超过 20 顷土地受灾的损失。"⁸ 然而，从那个时候起，中国瓷器的价格开始下跌，不久以后它被驶回欧洲的船舶当作不值

威尼斯的盛宴:魏洛奈兹作《加拿的婚礼》细部,1563年。

钱的压舱物。我们从中得出平平常常的教训:任何奢侈品都会衰老、过时。可是奢侈还会死灰复燃,从失败中再生。它其实是社会鸿沟的反映,任何东西都不能填平这条鸿沟,任何运动只会使它重新产生。这是一场永恒的"阶级斗争"。

这场阶级斗争同时也是文明之间的斗争,不同的文明互送秋波,为对方表演奢侈的喜剧,正如富人向穷人展示奢侈一样。由于这场戏双方互为演员和观众,便出现了一些奢侈风尚,加剧了近距离或远距离的交换。总之,马赛尔·莫斯写道:"推动社会迅速发展的力量并非来自生产:奢侈风尚才是伟大的动力。"加斯东·巴歇拉尔认为,"获得多余物品较之获得必需物品的欲望给人们更强烈的刺激。人是欲望的产物,不是需要的产物。"经济学家雅克·吕埃夫走得更远,他说:"生产是欲望的女儿。"当今社会甚至大众都染上奢靡之风,想必没有人会否认这种冲动,这些已成为必需的要求。事实上,没有不同的消费水准就不成其为社会。然而今天和昨天一样,社会地位最细微的差异莫不以奢侈为显著标志。

威纳尔·桑巴特曾强烈主张,西方宫廷(阿维尼翁教皇的宫廷为其典型)开创的奢侈风尚造就了最早的现代资本主义。[9]我们不能附和他的说法,还是应该认为:在 19 世纪的众多发明问世以前,千姿万态的奢侈风尚与其说是一种增长因素,不如说表明发动机经常空转,因为当时的经济不能有效地使用积累起来的资金。有人因此认为,奢侈曾经是并且只能是旧制度的一种病症,是一个社会在其成长过程中——这在工业革命前是如此,至今有时依然是如此——对其"过剩"产品不正当的、不健康的、华而不实的、违背经济规律的使用方式。美国生物学家 Th.多勃兹汉斯基这样回答无条件为奢侈风尚及其创造能力作辩护的人:"有些社会组织曾把大多数人当作上足肥料的土地来使用,以便让一种细巧、精致的文化绽开稀有的、优雅的花朵。对我来说,这样一种社会组织的消亡并非憾事。"[10]

饭桌:奢侈菜肴与大众消费

说到饭桌,一眼就能看出对峙的两岸:奢侈与贫困,过剩与匮乏。交代了这一点,我们先去看奢侈这一头。对于今天坐在安乐椅里的观察家,这是最显眼,最有条理,也是最吸引人的景象。另一头却令人神伤,不论人们对米希勒式的浪漫主义怎样反感,这种浪漫主义在这里其实倒是非常自然的。

迟到的奢侈

虽然一切都随估价标准而改变,我们还是可以说15或16世纪以前欧洲谈不上真正奢侈的菜肴,或者,如果有人喜欢另一种说法,没有讲究的菜肴。西方在这一方面曾经落后于旧大陆的其他文明地区。

中国烹饪今天已经征服西方许多餐馆。这是一项非常古老的传统,一千多年以来几乎没有改变,遵循相同的规则、礼仪和巧妙的食谱,十分注重味道的配伍,并给人感官和文学的享受。恐怕只有法国人(以截然不同的风格)对吃的艺术的崇敬可与中国人并驾齐驱。最近出版的一本好书[11]强调指出中国的饮食花式繁多,能保持各种营养成分的平衡,可惜这笔财富还没有引起重视。这部集体著作引用了许多实例。不过我认为,其中由F.M.莫特撰写部分洋溢的热情需要由K.C.张和J.斯本塞执笔的篇章加以缓和。中国菜肴诚然卫生、鲜美、花式繁多、富于创新,尤善就地取材,协调不同养分的比例:新鲜蔬菜和大豆蛋白补偿肉类的不足,各种保存食品的诀窍提供了附加手段。可是我们同样可以赞扬法国外省的烹饪传统。四五个世纪以来,法国外省在烹调艺术上富有独创,讲究口味,巧妙地应用丰富多样的土产:肉类、家禽和野味、粮食、酒、奶酪、菜园和果园的产品,外加黄油、猪油、鹅油、橄榄油和核桃油的不同香味,以及久经考验的家庭保存食品的方法。不过问题不在这里。要问的是:这些食品是否属于大众食品?在法国肯定不是。农民出售的食物往往超过他的"剩余产品",特别是他自己不吃最好的产品:他吃小米或玉米,出售小麦;他每周吃一次腌猪肉,把家禽、蛋品、羊羔、牛犊送到市场上销售……和中国一样,只有过节时的大吃大喝才打破日常饮食的单调和不足。当然民间烹调艺术全赖节日宴庆才得以流传。可是农民,即大多数居民的食物与供特权人士使用的烹调书中提到的食物毫不相干,与一位美食家1788年开列的法国名菜表也没有瓜葛。这张表上有:佩里戈尔的块菰火鸡,图卢兹的肥鹅肝酱,奈拉克的钵制红山鹑,土伦的鲜金枪鱼酱,贝兹拿的肥云雀,特鲁瓦的烧猪头肉,东勃的山鹬,戈的阉鸡,贝荣纳的火腿,维埃松的烧口条,还有斯特拉斯堡的腌酸菜配肉……[12]中国无疑存在同样情况。享用精致而又多样化的菜肴,甚至简单的餍足,只限于有钱人。从一些民间俗语我们可以推断,有酒有肉便是富家翁,而对于穷人来说,谋生有方只是"有嚼谷"而已。约翰·巴罗1850年宣称,就饮食领域的贫富差距而言,世界上没有别的国家比中国更大;张和斯本塞一致认为他这个判断没有错。斯本塞引用著名的18世纪中国小说《红楼梦》的一段情节为证:年轻、富有的男主人公偶尔光临他的一个使女家的陋舍。待到那位使女端出一个托盘,上面很美观地摆着她家里最好的食物:糕点、干果、核桃,她竟伤心地觉得"总无可吃之物"。[13]

我们讲到昔日世界的高级烹调的时候,总是站在奢侈这一边。还需要指出,凡在成熟的文明地区,如5世纪时的中国文明,11到12世纪左右的穆斯林文明,直到15世纪才在富庶的意大利城市出现的西方文明,这种讲究的饮食变成一门昂贵的艺术,配有成套的格言和排场。威尼斯元老院很早就出面指责青年贵族一掷千金的盛宴;它在1460年明文禁止每人破费超过半个杜加的宴会。不用说,这种宴会照常举行。马林·萨努铎曾在他的日记中记下狂欢节期间几次豪华宴庆的费用。好像事有巧合,人们照例可以从中找到市政会议禁止食用的菜肴:山鹑、野鸡、孔雀……此后不久,奥当西欧·兰第在1550年威尼斯初版,1590年再版的《意大利奇闻异事录》中,竟难以罗列当时意大利各城市的老饕倍加赏识的珍馐佳肴:波洛尼亚的香肠,莫德纳的夹心肘子,费拉拉的圆馅饼,勒佐的榅桲酱,皮亚琴察的奶酪和蒜味烙面,锡耶纳的小杏仁饼,佛罗伦萨的三月奶酪,蒙扎的细香肠和肉糜,契亚威那的野鸡和栗子,威尼斯的鱼和牡蛎,甚而帕多瓦的精制面包本身就是一种奢侈品,且不说名声日隆的各种美酒。[14]

到这个时代,法国已成为最讲究烹调的国家,发明的新的菜式,并且收集来自欧洲各地的宝贵食谱;美食家的盛宴同时注重食物精美和格调高雅,菜肴的外观和上菜的方式趋于尽善尽美。法

第三章 奢侈和普通：饮食

国烹饪的丰富多彩足以使一个威尼斯人也惊奇不已。基洛拉摩·里包玛诺1557年出使巴黎，那里普遍的富足使他倾倒。"有些饭馆能拿出各种价格的菜单供您挑选。一人1个退斯通、2个退斯通、1个埃居、4个、10个甚至20个都有，只要你愿意。出到25埃居，他们可以用吗哪做汤或者端出烤凤凰。"[15]不过高等法国烹饪也许要晚些时候，直到摄政时期摄政王倡导的活泼高雅趣味取代了不辨精粗一味狼吞虎咽之风以后，才算正式确立。甚至还要往后推到1746年墨农的《布尔乔亚厨娘》问世。有理也罢，无理也罢，这本宝书的再版次数肯定超过巴斯噶的《外省书简》。[16]法国，或者更确切地说是巴黎，从此将以烹饪时尚自诩。一个巴黎人1782年声称："人们知道怎样吃得讲究，不过是最近半个世纪的事情。"[17]另一位在1827年提出："烹调艺术近30年来的进步胜过以前的一个世纪"。[18]因为，巴黎几家大"饭店"的豪华场面（不久以前巴黎的"饭铺"改称"饭店"）就摆在他的面前。时尚确实像支配服装一样支配烹调。原先有名的调味汁某一天会声价大跌，人们提到它们的时候，从此带股勉强迁就的劲儿。《警世词典》（1768年）的作者是位爱绷着脸说话的人，他写道："新法烹调保留全部浓汤原汁。"从前的大汤谁也瞧不上眼了。他又说："汤，或曰大汤。从前人人都吃，今天被视作市民习气太重、太老式的菜点，因而无人理睬，理由是稀汤会使胃的纤维肌松弛。""菜汤"也被人嗤之以鼻。"本世纪的精致口味视之为平民食品，严加摈斥……但白菜并不因此降低养分、丧失滋味"，而且所有的农民一辈子都吃这种菜。[19]

另一些细微的变化几乎是自动产生的。比如火鸡在16世纪从美洲传入,荷兰画家若阿钦·布埃德卡莱尔(1530—1573)想必是最早把火鸡当作静物画题材的画家之一,他这幅画今天保存在阿姆斯特丹的理日克博物馆里。有人说,亨利四世恢复了国内和平,火鸡便在法国大量繁殖。对这位伟大君王爱吃的炖鸡,我不知道应该作出什么新的解释。不过有一点是确定无疑的:一个法国人 1779 年写道:"鹅从前在我们的餐桌上最受重视,现在可以说火鸡取代了鹅的位置。"[20] 拉伯雷时代的肥鹅莫非已成为欧洲饕餮史上的陈迹?

有些名词一直沿用下来,但意义变了多次,如头道菜、中间菜、炖肉等等。通过这些名词富有启发性的词义变迁史,我们也可以窥见风气的转移。自然还可以评论"好"的和"坏"的烤肉方法。不过,朝这个方向讨论下去,我们就永无止境了。

肉食者的欧洲

我们说过,欧洲在 15 世纪末以前还没有讲究的烹饪。读者不要受历史上某些有名的宴会,如勃艮第的瓦洛阿家族豪华的宫廷筵席的迷惑:美酒像泉水一样流淌,房间里陈设豪华,化装成天使的儿童拴在绳子上从天而降……那个年代炫耀的是数量,不是质量。最令人艳羡的也不过是酒池肉林而已。这种宴会的主要特点是尽情吃肉,富人的餐桌上将长期摆满肉食。

肉以各种形式:白煮、烧烤、配菜、配鱼,堆成"金字塔",装在巨大的盘子里,一古脑儿端到餐桌上。它在法国名叫大菜(mets)。"层层叠叠的各种烤肉组成一道大菜,每种烤肉有专用的调味汁,另外放置。有时人们干脆把全部菜肴装在同一个大容器里。这道无所不包的大杂烩,也叫大菜。"[21] 流传至今的 1361 和 1391 年出版的法文烹饪书里,大菜也叫大盘:一顿饭有六道大菜或者大盘就得换六次餐具。每道菜的分量之大,我们往往意想不到。试举《巴黎居家大全》(1393 年)推荐的四道大菜中的一道为例,光是这一道就包括:牛肉糜、油炸酥合、七鳃鳗、两种肉羹、白鱼汁,外加用黄油、奶油、糖和水果汁配成的名叫阿布拉斯特的调料……[22] 每一道菜都附有做法,不过今天的厨师最好不要如法炮制。在这方面做过的试验都没有成功。

像这样靡费肉食在 15、16 世纪并非有钱人独享的奢侈。早在 1580 年,蒙田注意到上德意志的客店里使用分格的托盘,侍者每次至少可以同时上两道肉菜,换菜也十分方便;他记下某一天一共上了七道菜。[23] 鲜肉和烤肉极其丰富:牛、羊、猪、鸡、鸽子、羊羔……至于野味,一本可能写于 1360 年的烹饪书为法国的野味开了好长一个单子;野猪肉在 15 世纪很普遍,在西西里的售价比屠宰场出来的鲜肉还便宜;拉伯雷列举野禽简直没个完:苍鹭、白鹭、野天鹅、麻鳽、鹤、小山鹑、岩鸽、鹌鹑、野鸽、斑鸠、野鸡、乌鸫、肥云雀、红鹳、黑水鸡、鹏鹨……[24] 根据奥尔良食品市场(1391—1560年)冗长的价目表,除了大动物(野猪、鹿、麋子),其他野味常年供应:野兔、鹭、山鹑、山鹬、云雀、鸽、野鸭……[25] 16 世纪的威尼斯市场同样琳琅满目。由于当时的西方有一半土地无人居住,这种现象难道不在情理之中?在 1763 年的《法兰西新闻报》上可以读到一条柏林消息:"由于此间缺少家畜",国王命令"每周运进城 100 头鹿、20 头野猪,以供居民消费用"。[26]

关于贫苦农民缺少食物,富人"抢走他们的酒、小麦、燕麦、牛、羊、牛犊,只留下黑麦面包"这类怨言往往只是文学描写,我们不能当真相信。我们拥有相反的证据。

15世纪的荷兰,"人们普遍食用肉类,一场饥荒之后对肉类的需求也减少甚微",而到16世纪后半期,消费有增无减(例如设在里埃尔的不发愿女修道院的医务所)。[27] 在德国,萨克森公爵1482年发布敕令"晓喻众人,工匠应于午餐及晚餐时共计食用四道菜。不逢斋日,应得一汤、两肉、一素菜;如逢星期五斋日,应得一汤、一鲜鱼或咸鱼、两素菜。如需延长斋期,应得五道菜:一汤、两种鱼类及两份配菜。早晚外加面包"。另外还得加上清啤酒。有人或许会说,这是工匠的食谱,是城里人的食谱。可是,1429年在阿尔萨斯的奥伯赫格海姆,如果服劳役的农民不愿与大家一起在总管的农庄里进餐,总管必须把"两块牛肉、两块烤肉、一份酒及价值两芬尼的面包送达该农民家中"。[28] 我们在这方面还有别的见证。一个外国观察家写道,1557年在巴黎,"猪肉是穷人,实实在在的穷人常吃的食物。至于工匠和商人,家境再差,只要不逢斋日,总想与富人一样吃鹰子和山鹑"。[29] 当然这些富人都是有偏向的证人,每当穷人稍有奢侈的表现,便遭到他们的责难。好像奢侈已经成风,杜瓦诺·阿波(1588年)写道:"现在没有一个小工不想在举行婚礼时有双簧管和大喇叭演奏助兴。"[30]

为使餐桌上堆满肉类,必定要从附近的农村或山区(瑞士各州)取得经常供应。更有甚者,德国和北意大利的供应来自东欧地区:波兰、匈牙利和巴尔干国家到16世纪还向西方运送牲畜,其中一半还是野生的。魏玛附近的布茨台特有德国最大的牲畜市场,

第三章 奢侈和普通：饮食

阿尔巴公爵为庆贺阿斯杜里亚公主诞生，于1707年在巴黎举行的宴会。大斯各丹根据台马雷茨原作制作的版画。

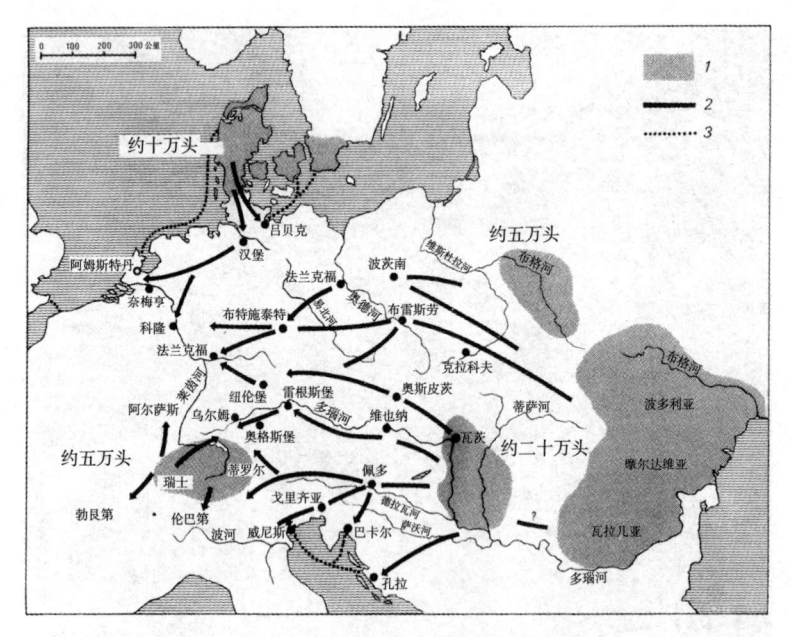

20. 北欧和东欧 1600 年间的大牲畜贸易

1.畜牧区。2.陆路。3.海路。巴卡尔即从前的布卡里。1600 年左右,通过陆路和海路供应中欧和西欧屠宰场的大牲畜数量可观(400 000 头)。但是 1707 年巴黎市场上(见本书第二卷第 24 页)每年销售的牛近 70 000 头,这就证明除远程贸易外,还有本地及地区性贸易保证欧洲的肉食供应。(沃尔夫冈·冯·斯特罗迈:《欧洲中西部》,见《文化与技术》,1979 年第 2 期,第 42 页;转引渥斯马尔·皮克尔。)

"16 000 头至 20 000 头的庞大牛群"同时涌向市场已不足为奇。[31] 东方的畜群从陆路或者经达尔马提亚的海路抵达威尼斯;途中牲畜要在列多岛小憩,这个小岛也用作火炮发射试验场和可疑船舶监押所。动物的头、蹄子、内脏,尤其后者,是圣马克城穷人的日常食物之一。1498 年马赛的屠户远到奥弗涅地区的圣弗路尔去购买绵羊。这些辽远的地区不仅提供牲畜,也输出屠夫;18

第三章 奢侈和普通：饮食

17世纪荷兰肉摊。顾客全属市民阶层吗？版画。

世纪在威尼斯操屠刀的往往是格里松斯的山民，他们一有机会就在出售下水时开高价；在巴尔干国家，阿尔巴尼亚人和埃皮鲁斯人直到今天还移民到远方国家去开鲜肉店或下水铺。[32]

从1350到1550年，欧洲大概经历过一段个人生活的幸福时期。黑死病的灾难过去之后，人力缺少，活下来工作的人必定享有良好的生活条件。实际工资从来没有像那个时期那样高。1388年，诺曼底有几位司铎需要雇工种地，他们抱怨找到的工人"无不要求相当本世纪初六个人的工资"。[33]我们有必要强调这一反常现象，因为一般人都简单地相信，越接近中世纪，人们的生活越贫困：事实上，假如我们要谈论民众，即大多数人的生活水平，情况恰恰

17世纪下半期,农家每餐只有一盘素菜。还有更糟的:仍旧在荷兰,农民喝粥度日(1653年;参见本书第111页)。埃格倍特·梵·希姆斯刻克的油画。

相反。有一个千真万确的细节:1520到1540年以前朗格多克地区人口尚少,农民和工匠都吃白面包。[34]离开中世纪的"秋天"越远,生活水平越见下降,这一势头一直维持到19世纪中叶。在东欧某些地区,特别在巴尔干国家,直到20世纪中期生活水平依然下降。

1550年起肉食减少

在西方,16世纪中期起肉类消费已受限制。海因里希·缪勒1550年写道,在施瓦本,"农民的伙食今非昔比。过去天天有吃不完的肉类和其他食品;过狂欢节和举行宴会时,菜肴堆积如山,压坍桌子。今天一切都变了。几年以来,天灾频仍,百物腾贵。最富裕的农民也不如从前短工和仆人吃得好"。[35] 历史学家对这类反复提供的证词不予理睬是错误的,他们坚持认为,那不过是人们赞美过去的一种病态需要。布列塔尼一名老农(1548年)感叹:"乡亲们,想当初哪怕过一个小节日,主人若不邀请全村人赴宴,吃他的鸡、鹅、火腿、初生的羊羔和刚落地的乳猪,总会于心不安。"[36] 一位诺曼底贵族1560年写道:"我父亲在世那时候,家家每天有肉吃,菜肴丰盛,饮酒像喝水一样随便。"[37] 宗教战争以前,一位证人记载,法国"村民十分富足,各种财物应有尽有,家具满屋,禽畜满栏,简直过着王侯的日子"。[38] 事情变化很大。1660年左右,上萨克森曼斯菲尔德的铜矿工人挣的工资只够吃面包、粥和蔬菜。纽伦堡的织匠帮工待遇优厚,他们在1601年抱怨每周只有三顿饭吃肉,然而按规定他们每天都有权吃肉。东家回答说,六个克罗采的伙食费不允许他们天天用肉塞满帮工师傅的肚子。[39]

从那个时候起,市场上粮食的价格上升。谷价昂贵,就缺钱购买额外食物。肉类的消费将长期减少。这个趋势,我们重复一遍,一直保持到1850年前后。奇怪的倒退!当然也有缓和时期和例外情况,如三十年战争结束后,德国人丁稀少,存栏家畜的总数很快恢复原额。又如1770到1780年,肉价不断上涨,麦价下跌,诺曼底的两个重要地区奥热和贝圣,越来越多的人转向饲养业,不种粮食;这种局面至少延续到 1785 年发生的饲料危机。其结果是相当合乎逻辑的:大部分小农应付不了人口增长的严重后果,他们失业,沦为乞丐或到处流浪……[40]可是这些插曲历时很短,何况例外不能推翻规律。对于耕作业和小麦近乎疯狂的迷恋始终不衰。在下凯西的一个小城镇蒙比扎,肉铺的数目不断减少:1550 年有 18家;1556 年 10 家;1641 年 6 家;1660 年 2 家;1763 年 1 家……即使居民的数目在同一时期也有所减少,减少的比例总到不了 18:1。[41]

有关巴黎的一些数据表明,1751 到 1854 年,平均每人每年消费 51 到 65 公斤肉。不过巴黎毕竟是巴黎。拉瓦锡确定大革命前巴黎的肉消费量高达每人每年 72.6 公斤,然而他估计同一时期法国平均消费量为 23.5 公斤。所有的评论家都认为这个数字过于乐观。[42]同样地,18 世纪的汉堡(供应肉类的丹麦近在咫尺),每人每年肉消费量达 60 公斤(其中只有 20 公斤鲜肉),但是整个德国的平均消费量 19 世纪初期低于每人每年 20 公斤(中世纪末期为 100 公斤)。[43]主要的事实仍是不同城市之间的差异(巴黎显然到 1851 年仍享有特殊待遇)和城乡之间的差异。一位观察家在 1829 年直截了当地写道:"法国十分之九地区的穷人和小自耕农一周只吃一回肉,吃的还是咸肉。"[44]

近几个世纪以来,食肉的欧洲的特权大为缩小。真正有效的补救办法要等到 19 世纪中叶才出现,那时候人工牧场普遍推广,科学饲养业发达,遥远的新大陆经营畜牧业供应欧洲。欧洲将有很长一段时期吃不饱肚子……1717 年,布里的默伦财政区共有

18 800公顷土地,其中14 400公顷是耕地,草地仅有814公顷,等于没有。这还不算,"农民仅保留为自己继续经营必不可少的部分",他们在巴黎廉价出售饲料(用于喂养首都为数众多的马匹)。每公顷耕地遇到好年成确实可以出产12到17公担小麦。这样的竞争和诱惑是无力抵御的。[45]

我们曾说过,这个倒退现象有程度上的差别。地中海国家倒退比较显著,北方地区有肥沃的牧场,情况好一些。波兰人、德国人、匈牙利人、英国人受的限制似乎比别人少。英国到18世纪,在农业革命内部甚至将发生一场真正的肉食革命。一位西班牙大使说过,在伦敦巨大的肉类市场(1778年),"一个月出售的肉类超过西班牙一年的消费量"。然而,即便在荷兰这样一个据"官方"统计(就算不很精确)食肉量很高[46]的国家,在18世纪末得到改善之前,食物配伍也是不平衡的:豆角、少许咸肉、面包(大麦或黑麦)、鱼、少许猪油,碰巧有点野味……可是野味通常只有农民和领主老爷享用。城里的穷人不知野味为何物:"他们只配吃萝卜、炸洋葱、干面包,有时还得吃发霉的面包",或者吃粘黑麦面包,喝"清啤酒"("双料啤酒"是有钱人或酒鬼的饮料)。荷兰资产者自己的生活也很淡泊。荷兰的国菜烩什锦诚然有点牛羊肉,可是肉的分量很少,剁得极细。晚餐往往只是用吃剩的面包泡牛奶。[47]就在那时,医生之间对于肉食有益还是有害的问题展开了争论。路易·勒姆里(1702年)四平八稳地写道:"虽然不想卷入所有这些无补实际的争论,我以为不妨说,有节制地食用动物的肉还是适宜的……"[48]

随着鲜肉供应的减少,熏肉或咸肉的消费显著增长。威纳尔·桑巴特指出,海员的食物构成从15世纪末期起发生了一场革

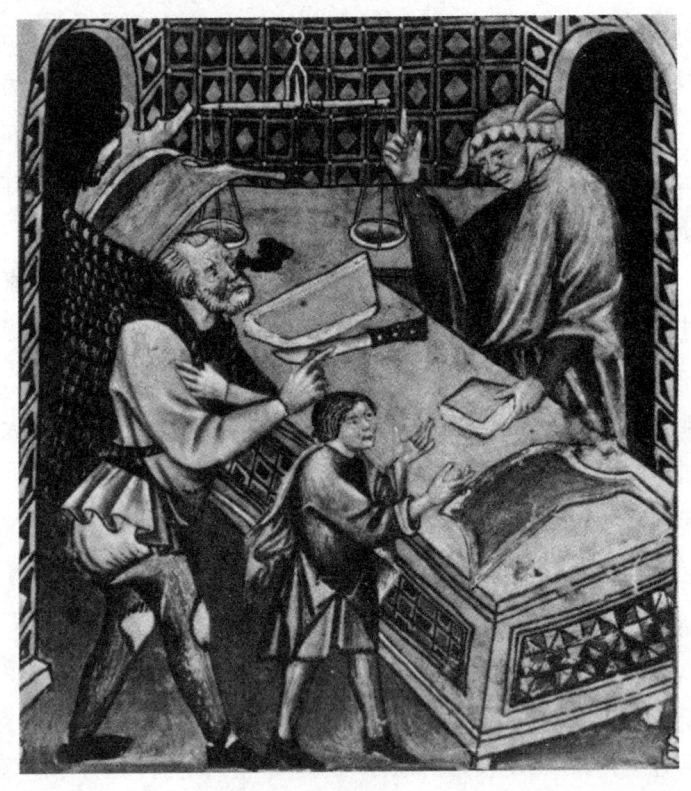

卖咸肉。(医学健身秘方,15世纪初)

命;他这样说并非没有道理。咸鱼,尤其是传统的硬饼干,至今仍为地中海水手航行期间的主要食品。从卡迪斯起,面临浩瀚的大西洋,咸牛肉几乎成为西班牙供应部门从16世纪起就配给船员的唯一海上食物。咸牛肉主要来自北方,特别是爱尔兰。爱尔兰也输出咸黄油,不过并非只有航海供应部门采购咸货。既然鲜肉逐渐成为奢侈品,咸货也就成为穷人(不久也包括美洲的黑奴)的日常食品。在英国,由于缺少新鲜食物,不仅在夏天,"咸牛肉也是冬令标准菜"。在18世纪的勃艮第,"猪肉是农民的大宗肉食。盘点财产时,很少不提到咸肉缸里的大块肥肉。鲜肉是养病期间食用的奢侈品,而且价格昂贵,不是想要就能得到的"。[49]在意大利和德国的城市里常见走街串巷卖腊肠的小商贩。从那不勒斯到汉堡,从法国到圣彼得堡附近,咸牛肉,特别是咸猪肉,为欧洲的穷人提供他们菲薄的肉食定量。

当然这里也有例外。主要的、重大的例外乃是英国人。P.J.格洛斯雷1770年写道:"英国人赖肉类为生。一个法国人每天吃的面包够四个英国人吃。"[50]不列颠岛在这个领域是欧洲唯一的"发达"国家。但是,它让一些相对落后的地区分享这种待遇。蒙邦西埃小姐1658年讲到她的东勃领地上的农民时说:"他们穿得很好……不交人头税";她补充说:"他们一天吃四顿肉。"[51]这个说法有待证明,但相当可能,因为17世纪的东勃尚属蛮夷之地。然而野生动物或家畜正是在人控制较松的地方繁殖最快。对我们20世纪的人来说,彼得大帝时代里加的伙食,或者达维尼叶时代贝尔格莱德的伙食(面包、酒、肉、多瑙河和萨沃河出产的肥大的白斑豹鱼和鲤鱼,一切都"价廉物美")[52]很可能比当时柏林、维也纳,甚至巴黎的伙食更对胃口。许多贫困国家在生活享用方面不比富裕国家差。生活水平取决于人口的数量和可支配的资源数量之间的关系。

得天独厚的欧洲

欧洲的优越地位即便缩小了,毕竟依然存在。我们只消拿它和其他文明作比较。一个西班牙人(1609年)说:"日本人只有猎获野兽时才吃得上肉。"⁵³在印度,幸亏居民厌恶肉食:据一位法国医生说,莫卧儿帝国统治者奥朗则布的士兵对伙食要求不高:"他们只要有淡红黄油浇在名叫吉斯利的菜饭上,就心满意足了。"这种吉斯利完全是"大米、蚕豆、小扁豆煮熟捣烂后的混合物"。⁵⁴

中国人吃肉很少。几乎没有为屠宰而饲养的家畜。用残羹剩汤,有时加一点米喂养的猪和家禽,加上野味,再算上狗,经过"褪毛或油煎"在专门的肉店或城门口出售,或者像乳猪和西班牙山羊羔一样装在笼子里运输:拉斯戈台斯神父说,这些为数不多的动物不能满足一个天性爱食肉的民族的需要。除了蒙古人习惯吃煮羊肉,中国人吃肉总要加点别的东西。肉切成能一口吞下的小块,有时甚至剁成馅,作为"菜"的配料使用。按照传统,中国人吃饭时有许多小盒装"菜",其中的鱼或肉配着蔬菜,佐以酱油和其他调料。不管这种烹调事实上多么讲究,多么精打细算,它还是叫欧洲人吃惊:在欧洲人眼里它仍是太少了。拉斯戈台斯神父写道:即使有钱人,也不过"好像只是为了增加食欲才夹几块猪肉、鸡肉或别的肉吃……不管他们多么有钱,地位有多高,他们消费的肉食为数甚微。如果他们像我们欧洲人一样吃肉,他们拥有的各种肉食无论如何不够他们的需要……会把整个国家吃穷的"。⁵⁵那不勒斯人热梅利·卡勒里曾从广州到北京又从北京回广州穿行中国,1696年他对客店供应的素菜大为恼火,按他的口味这些菜索然寡味。他不得不在宿处附近和在集市上碰运气另购食物:鸡、蛋、野鸡、兔子、火腿、山鹑……。⁵⁶1735年左右,一位欧洲观察家断定:"中国人很少大块吃肉。"他接着说:"他们因而只用很少的土地来饲养家畜。"40年以后,一位在北京工作的传教士说得更加明确:"欧洲近代哲学家们没有想到人口过多带来的种种不便和后果",而人口过多却迫使中国人"不养牛羊,因为供牛羊生活的土地必需用来养活人"。于是"田里缺少肥料,饭桌上缺少肉,打仗缺少马""为收获同等数量的粮食需要付出更多的劳动,使用更多的人"。他总结说:"相对而言,法国与中国的养牛数量至少为 10∶1。"⁵⁷

中国文学作品提供了类似的证词。清代一个当岳父的洋洋得意地夸耀说:"前日小婿来家,带两斤干鹿肉来见惠,这一盘就是了"。一个屠夫对一位家里的银子"说起来比皇帝家还多些",至少养着几十个亲戚和仆人的大人物煞为羡慕,他有不容反驳的证据:那位老爷"一年就是无事,肉也要用四五千斤!"某次宴会的全部菜

讲究的中国烹调。绢本画。

肴只有"燕窝、鸡、鸭,此外就是广东出的柔鱼、苦瓜……"一位爱使性子的年轻寡妇对饮食十分挑剔:"每日要吃八分银子药……头一日要鸭子,第二日要鱼,第三日要茭儿菜鲜笋做汤;闲着没事,还要橘饼、圆眼、莲米搭嘴;酒量又大,每晚要炸麻雀、盐水虾,吃三斤百花酒……"[58]这一切并不排斥,反而促成讲究的饮食,甚而一种极端讲究、靡费的饮食。但是欧洲人之所以不能理解中国烹饪的奢侈所在,这是因为对于他们肉是奢侈的同义词。在中国只有北京皇宫前和城里几处广场上才能看到堆积如山的肉。这都是来自鞑靼的野味,在寒冷的冬季可以保存两三个月,"价钱便宜,一头麂子或野猪只卖一块本洋。"[59]

在土耳其,我们遇到同样的节省和淡泊。干牛肉不仅是野战士兵的食物。16到18世纪的伊斯坦布尔,除了苏丹的后宫大量消费羊肉,市民每人每年消费量约为一头或三分之一头羊。伊斯坦布尔毕竟是伊斯坦布尔,享有特殊供应……[60]埃及从表面上看是富足的粮仓。1693年一位旅行家记载:"土耳其人的生活方式无异于不间断的苦修。他们中即使最有钱的人也只吃劣质面包、大蒜、洋葱和酸奶酪;有时加一点煮羊肉,便是大开荤了。他们从来不吃鸡和其他禽类,虽说市场上售价很便宜。"[61]

如果说欧洲人的优裕生活在他们自己的大陆上正在缩小,部分欧洲人却不在其他地方重新开创优裕的生活,其丰足程度犹如中世纪重临。或在东欧,如匈牙利;或在美洲殖民地,如墨西哥、巴西(圣法朗西斯科山谷野兽成群,白人与混血儿得以在那里建立强有力的食肉文明);或者再往南,在蒙得维的亚或布宜诺斯艾利斯周围,那里的骑手为了吃一顿饭就要杀一头野兽……这样滥杀还不足以灭绝阿根廷多得出奇的、在自由状态下生活的畜类,但是同样的天赐良物在智利北部很快就绝迹;科金博附近,16世纪末起只有野狗得以幸存。

晒干肉(巴西的 carne do sol)立即成为沿海城市和种植园的黑奴的食物。阿根廷的腌肉场生产的去骨干肉(供奴隶和欧洲穷人食用)基本上是19世纪初的发明。就在从马尼拉返航阿卡普尔科的大帆船上,经过七八个月(1696年)的航行后——简直是天报应——一位脾胃娇贵的旅客逢到"开荤日"竟只剩"晒干的牛肉和羊肉片可吃……这肉那么硬,不用木棍长时间敲打根本咬不动,不服大量泻药无法消化。"更令人恶心的是这种食物长满了蛆。[62] 食肉的需要显然不遵循任何法则,或者说法则即便有也不多。例如,安的列斯群岛的海盗尽管并不爱吃猴肉,但还是像非洲黑人一样捕杀猴子,尤其是幼猴。罗马的贫民和穷苦犹太人从专门的肉店购食一般人厌恶的水牛肉。在普罗旺斯地区的艾克斯,到1690年左右才开始宰杀和食用公牛,长期以来这种大型肉用动物一直蒙有不洁的名声。[63] 一位法国旅行者不无恶心地写道,在丹麦"市场上出售马肉"。[64]

暴 饮 暴 食

15、16世纪以后,欧洲至多只有少数特权享有者在餐桌上穷奢极欲。尤为荒唐的是他们大量消费罕见的菜肴。主人吃剩的归仆人享用,最后剩下的,即便已经变质,还要转卖给小商贩。还有胡闹的事:从伦敦运一头乌龟到巴黎(1782年),"这道菜值1000埃居,供七八个老饕饱餐一顿",相比之下,烤野猪成了普通菜。同一位证人说:"我亲眼看到野猪搁在烤架上:圣洛朗的野猪个头不大。人们烧起炽热的炭火,在野猪肚子里塞进肥肝,外面抹上优质动物油,用火点燃,然后浇上上品美酒。最后整只野猪连同猪头一块儿端上餐桌……"[65] 客人仅仅品尝一下野猪身上的不同部位……王公大人不过借此寻开心而已。国王和名门贵族的供应商在送货用的背篓里装满市场上最好的食物:肉、野味、鱼。下脚料则卖给"小老百姓",而且要他们付出比贵族更高的价钱。更有甚者,这种商品往往掺假。"大革命前巴黎的肉铺老板把牛身上最好的部位卖给高门大户;次等部位卖给百姓,还要搭上骨头,并且挖苦地把骨头叫做喜庆肉。"最次的部位和剔下的碎肉归穷人吃,不在肉铺出售。[66]

还有别的稀有菜:松鸡或雪鸦。孔第公主的婚宴(1680年)上,人们吃掉16 000斤雪鸦。[67]这种鸟在葡萄园里栖息,塞浦路斯岛有大量繁殖(16世纪时该岛向威尼斯出口醋渍雪鸦),意大利、普罗旺斯、朗格多克也有出产。[68]绿牡蛎也是稀有菜。还有10月份从迪耶普或康加尔运到巴黎的当年生牡蛎。还有草莓。还有在巴黎地区的暖房里栽培的香蕉。巧妙地甚至挖空心思地配制的调味汁也归富人独享,凡是想得出来的配料都加进去了:胡椒、香料、杏仁、龙涎香、麝香、玫瑰汁……还不能不提宝贵的朗格多克厨子,他们是全巴黎的翘楚,非出高价雇请不到。穷人如果也想参与这种盛宴,他只需要跟仆人们搞好关系,或者去光顾凡尔赛的"剩菜店"。那里出卖从国王饭桌上撤下来的食物,凡尔赛城四分之一的居民吃残羹剩菜而不以为耻:"某人腰佩长剑走进店铺,购一大菱鲆和一鲑鱼头,后者乃不可多得之佳肴。"[69]也许更明智、更吸引人的办法是到拉丁区于赛特街一家烤肉店,或者到瓦雷河滨道(专卖禽类和野味)去买一只盐焖鸡。但见一个钩子底下高悬一口长年不歇火的铁锅,锅里煮着许多焖鸡,顾客要哪一只就捞出哪一只。或者带回家去热吃,"或者就在离锅子很近的地方,配上勃艮第酒美餐一顿……"[70] 不过这都是市民阶层的行径。

怎样摆设餐桌

奢侈也体现为餐桌、餐具、银器、桌布、餐巾、蜡烛光和饭厅的布置。巴黎16世纪就有租一所漂亮房子招待朋友的习惯。更巧妙的办法是买通看守者,占用空房子。饭馆老板自会送菜上门。东道主有时候会赖下来不走,直到真正的业主出面撵他。一位大使(1557年)说:"我在任时,宗座大使萨尔维亚第大人被迫在两个月内搬家三次。"[71]

既然有豪华的宅第,也就有豪华的客店。蒙田(1580年)写道,在马恩河畔的沙隆,"我们下榻的皇冠客店美轮美奂,餐具皆为银制"。[72]

现在让我们提出问题本身:若要"隆重款待30名身份高贵的客人",应该怎样摆台面?答案在1654年出版的一部烹饪书里,作者为尼古拉·德·包纳丰。书名出人意料,叫做《乡居乐事》。答案如下:两边各置14副餐具,由于餐桌是长方形的,"上首"可坐一人,"下首坐一至二人",客人与客人之间"相隔一张椅子的距离"。"桌布应四边垂地。桌子中央应备若干带枨的盐瓶和供搁置菜肴的托盘"。共上八道菜。以最后一道菜为例,计有果酱、果脯,小碟装果冻、麝香糖、凡尔登糖杏仁,添入"麝香、龙涎香及其他香料"的

为加拿的婚宴摆设的餐桌。J.波希作油画。
鹿特丹的博依曼博物馆。

糖霜……餐厅总管腰间佩剑,发令更换碟子,"至少每道菜换一次,餐巾则每两道菜换一次"。这番描写十分详细,甚至规定每次换菜时应怎样从餐桌上"撤下"菜盘,却忘了说明每个客人的"餐具"是怎样摆的。当时,一套餐具肯定包括一个碟子、一把勺、一把刀,是否每人都有专用的叉子就不好说了。客人面前肯定不摆酒瓶和酒杯。礼仪规则尚未最后确定,作者把用凹形碟子喝汤作为一种文雅举止向大家推荐,以便客人一次盛完,"免得一再把勺伸到汤盆里,惹别人讨厌"。

至于我们今天摆设餐桌的方式和我们在进餐时的举止,这些细节都是在应用过程中一项一项地慢慢形成的,而且因地而异。勺和刀的历史相当久了。可是使用勺以及提供餐刀的习惯到16世纪才普及:在这以前,客人需自备刀勺。同样,每人面前有专用的酒杯也始于16世纪。以前的礼貌要求客人喝完杯中的酒,然后把杯子递给邻座,后者也照此办理。或者由仆人应客人的要求,从餐桌附近的酒架或酒桌上取来酒或水。蒙田于1580年横穿德国南部。他解释说:"每人座位前有一银杯。侍者等客人把杯中酒喝干后,立即从远处把锡制或木制酒壶拿来,斟满酒杯,不劳客人动手。"[73]办法固然漂亮,而且也很省事,但是每位宾客面前必须有专用的酒杯才能办到。还是在蒙田时代的德国,每个客人都有专用的锡制或木制盘子,有时在这个盘子底下放一个木汤盆,在上面放一个锡碟子。我们有证据表明,德国乡下某些地方,大概还有别的地方,直到19世纪还在使用木头碟子。

这些讲究都是后来的事情,在这以前很长一段时期,客人面前只有一块木板或一大片面包,他们把肉摊在上头吃。[74]那时候一道大菜应有尽有,足够大家食用:人人用手指各取所需。关于瑞士人,蒙田有如下记载:"他们使用的银把木勺的数目与人数相等(意为:每个客人都有专用的勺子),而且瑞士人必带餐刀,吃什么都离不开刀,从不把手伸进菜盘。"[75]博物馆里保存着带金属把的勺子,不一定都是银把,还有各种形状的餐刀。凡此种种,都是古老的工具。

叉子的情形不同。大型的双股叉由来已久,它用于在餐桌上向客人上肉、在炉火上或在厨房移动肉块。至于个人专用的小叉子,尽管有这样那样的例外,却并不古老。

它大约起源于16世纪,从威尼斯和意大利全境慢慢向外传播。一位德国传道士谴责这一魔鬼发明的奢侈品:假如上帝要我们使用这个工具,他又何必让我们长上手指?蒙田不用叉子进餐,他曾说过自己吃饭太快,"匆忙之中不免咬到手指"。何况他承认自己"少用勺、叉"。[76]维亚蒙老爷在1609年详细描写土耳其人的烹饪和饮食习惯之后,补充说:"他们不像伦巴第人和威尼斯人那样使用叉子"——他没有提到法国人是有道理的。同一时期,一位英国旅行家汤姆斯·考列埃特在意大利发现叉子,把玩不已,后来也用它进餐,招致友人的嘲弄。朋友们送他一个外号,就叫"叉子手"。[77]是否食用草莓的习惯迫使有钱人使用叉子?未必如此。以英国为例,早于1660年的财产清单没有列上叉子。到1750年前后叉子才普遍使用。奥地利的安娜终生保留用手抓肉吃的习惯。[78]维也纳的宫廷至少直到1651年仍旧用手进餐。路易十四的宫廷里有谁用叉子呢?是蒙多西埃公爵,圣西门说他"有洁癖"。国王不用叉子,圣西门称许他善用手指把鸡块啃得干干净净!勃艮第公爵和他的兄弟们某次获准与国王共进晚餐,他们根据学会的礼节拿起叉子,国王却禁止他们使用。帕拉丁娜公主得意洋洋地转述这段轶闻。至于她本人,她声称自己"吃饭总是用刀子和手指……"[79]因此17世纪的宴席上要为客人提供大量餐巾,虽然根据蒙田的说法,使用餐巾的风气到他那个时代才传到私人家里。[80]用一把壶和一个盆洗手的习惯也渊源于此,吃一顿饭要洗好几次手。

建立礼仪需很长时间

这些变化意味着一套新的礼仪逐渐被大家接受。专用的饭厅本身就是一种奢侈,16世纪才普及到法国富人家里。领主早先是在开间很大的厨房里吃饭的。

进餐的全套规矩需要在厨房里和客人身边使用大量仆人。并非只有凡尔赛宫讲究礼数。国王进餐时,或者沿用人们当时的说法,"国王用肉"时,大厨房和小厨房里忙个不停。这一新起的奢风要到18世纪才传遍整个法国和英国。杜克洛在1765年左右写道:"倘使60年前死去的人重返人间,饮食、穿着和风气方面的变化会使他们认不出巴黎。"[81]这句话无疑也适用于整个欧洲。奢靡之风无所不在,甚至刮到欧洲的殖民地。欧洲人总想把自己的习惯原封不动搬到殖民地去。正因为这样,西方旅行家对世界各地的殊风异俗颇多鄙视,根本看不上眼。热梅利·卡勒里对他的东道主,一位颇有地位的波斯人在餐桌上的举止大为惊讶(1694年)。那位波斯人"不用勺而用右手抓饭,送到〔客人的〕盘子里去"。[82]再看拉巴神甫(1728年)关于塞内加尔的阿拉伯人所说的话:"这些人根本不懂在桌子上吃饭……"[83]只有文雅的中国人得到这些严厉的法官的宽容。

中国人围桌而坐,使用上釉的碗盏;他们在长袍的腰带上佩插小刀和装在套子里的筷子,用筷子进食。1760年左右在伊斯坦布尔,托特男爵风趣地描述了"首席通事夫人"在乡间别墅举办的招待会。这位夫人属于为苏丹效劳的那个富有的希腊人阶层。这些希腊人接受了许多当地风俗,但又立意要与当地人有所不同。"一张圆桌,四周放着椅子,勺、叉俱全,唯独缺少使用它们的习惯。这里的人对我们的习俗可谓亦步亦趋。我们的习俗得到希腊人的欢心,犹如我们喜爱英国人的习俗。我眼见一位妇人吃饭时用手指抓住橄榄,然后插到叉子尖上,学法国人的样子送进嘴里"。[84]

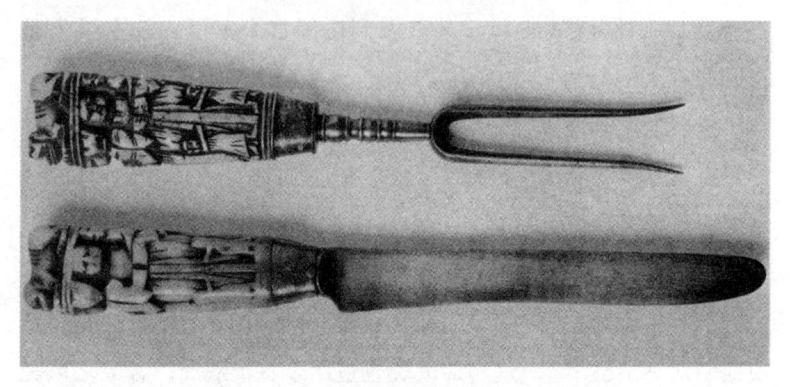

象牙柄餐具,17世纪。慕尼黑国立博物馆。

然而1624年,奥地利朝廷在为驻守阿尔萨斯大公领地的青年军官发布的敕令中,仍需为他们规定赴大公宴请时应遵守的礼节:衣冠整洁,不得于入席时已喝成半醉,不得每吃一口菜即喝一次酒,饮酒前须将胡子和嘴擦拭干净,不得舐手指,不得在碟子里吐痰,不得用桌布擤鼻涕,不得作"牛饮"……读者看到这些训令就不难想象黎塞留时代欧洲达到什么文雅程度。[85]

在基督的餐桌上

饮食方面的种种讲究形成很晚。在我们这个走向过去的旅程中,前于这个时期制作的绘画最有启发意义。这类描绘古代就餐场面的画作不计其数。尤其是基督最后的晚餐,自从西方有画家以来,已被画过几千遍。此外基督在西蒙家里进餐、加拿的婚礼、埃玛于斯朝圣者的餐桌,也是画家常用的题材……假如我们把目光从画面十分动人的人物身上移开一时片刻,转而注意桌子、绣花桌布、座位(方凳、椅子、长凳),特别是碟子、盘子、刀子,我们会发现,1600年以前不见叉子,几乎没有勺子。代替碟子的,是一大片面包,圆形或椭圆形的木板,略呈凹陷的锡制圆盘——德国南部的绘画上常见蓝色锈点。干面包片往往放在一块木板或金属板上;它的用途是吸干食物切割后流淌的汁水。饭后这块"面包碟"就施舍给穷人。桌子上至少有一把刀。假如全体客人合用一把刀,那么这把刀一定很大;经常出现个人独用的小餐刀。酒、面包和羊羔自然在这圣餐上经常出现。这顿饭并不丰盛,谈不上奢侈。画的主题既然不是表现人的食物,不必在这方面落墨过多,然而基督及其门徒吃饭的方式与乌尔姆或奥格斯堡的资产者没有两样,因为画家表现的无论是加拿的婚礼,希罗德的盛宴,还是某一在全家人和殷勤的仆人围绕下进餐的巴塞尔市民,或者那位在1593年与友人一起庆祝新居落成的纽伦堡长者,我们看到的场面都大同小异。据我所知,在用基督最后的晚餐做题材的画上出现叉子,最早见于雅各波·巴萨诺的作品(1599年)。

最后的晚餐。纽伦堡壁毯细部,15世纪。慕尼黑国立博物馆。

日常食物:盐

现在让我们翻过奢侈这一页,看看人们的日常食物。盐会把我们的讨论引回正题,因为这是世界各地居民的必需商品,对于维持人、畜的生存和腌制咸肉咸鱼均不可缺少,尤为重要的是政府参与盐的贸易。欧洲和中国一样,盐是国家和商人的一大财源;我们下文还要说到这一点。正因为盐是生活必需品,它能冲破一切障碍,利用一切方便:譬如说,作为重货,它使用河道(溯罗纳河而上)和航行大西洋的船只。没有一座岩盐矿不被开采,也没有未经开发的盐田。地中海或大西洋边上的盐场都位于信奉天主教的南部地区,北欧信奉新教的渔民需要布罗阿日、锡图巴尔或巴拉美达的桑吕卡出产的盐。尽管有战争,交换始终在进行,组织庞大的盐商集团大发其财。同样,撒哈拉的盐块由骆驼队穿过沙漠运到黑非洲,换取那里的金屑、象牙或者黑奴。没有比这些事实更能说明人们对这项贸易不可抑制的需要。

瑞士小小的瓦莱州也用经济学和距离的概念说明这一需要。这个地区贴近罗纳河上游河谷,资源和人口的关系十分平衡,唯独缺少铁和盐,特别是后者。居民需要用盐饲养家畜、做奶酪和腌制食物。盐必须从很远的地方运到阿尔卑斯山区供他们消费。从870公里外的贝该(朗格多克)经过里昂;从1300公里外的巴列塔经过威尼斯;从2300公里外的特拉巴尼同样经过威尼斯。[86]

盐作为主要的、无法取代的食物,具有神圣性("古希伯来语和当代马尔加什语把加盐的食物当作是神圣的食物的同义词")。在欧洲人吃乏味面糊的那个时代,盐的消费量很大(每人每天20克,等于今天的两倍)。16世纪法国西部曾发生农民抗盐税暴动。一位当医生的历史学家认为这场暴动的原因在于缺乏食盐,而税务当局偏偏制造麻烦。[87]何况我们还能从某一细节获知,或者出乎意料地重新获知,盐还有许多人们一下子想不起来的用途:例如腌制普罗旺斯的鲻鱼子,还有18世纪流行的家庭腌菜技术:芦笋、鲜豌豆、蘑菇、伞菌、羊肚菌、朝鲜蓟心……

日常食物:奶品、油脂、蛋

在奶酪、蛋、奶和黄油方面,也无奢侈可言。巴黎的奶酪来自布里、诺曼底(勃雷地区的小块干酪、利瓦罗干酪和蓬莱韦克的软干酪……)、奥弗涅、都兰、皮卡第,主要由食品零售商销售。他们什么都卖,也从邻近的修道院和农村进货:蒙特勒依和文森的奶酪在那里零售,"装在柳条或灯心草编的小篮子里的新鲜干酪块"。[88] 在地中海地区,撒丁岛的奶酪,椭圆奶饼[89]或者咸奶酪,运销各处:罗马、那不勒斯、里窝那、马赛、巴塞罗那;这两种奶酪还从卡利亚里整船整船地装运出口,售价甚至高于荷兰奶酪,后者到18世纪最终侵入欧洲和全世界的市场。从1572年起,成千种荷兰奶酪走私运到西属美洲。在威尼斯出售达尔马提亚奶酪和康提亚巨大的奶酪圈。马赛1543年消费的奶酪中有奥弗涅的产品。[90]奶酪在奥弗涅省出产丰富,在16世纪成为当地居民的主食。15世纪时多菲内的查尔特勒大修道院生产的奶酪众口交誉,人们把它熔化后抹在烤面包片上食用。瑞士出产的"正宗格律耶尔奶酪"早在18世纪以前就被法国人大量消费。1750年前后,法国每年从瑞士进口三万公担。"在弗朗什-孔代、洛林、萨瓦和多菲内有人假冒",这些仿制品的声誉和价格不如真货,但是销售甚广。相反,诺曼底有人仿制帕尔马干酪的试验没有成功。[91]

奶酪作为廉价的蛋白质来源,是欧洲民间的主要食物之一。被迫远离故土、在得不到奶酪的异乡生活的欧洲人无不思之若渴。1698年左右,法国有些农民因向在意大利和德国作战的部队供应奶酪而发财致富。然而,特别是在法国,奶酪历时很久以后才被视为席上珍品,取得"高贵身份"。烹饪书里留给它的篇幅不多,既不介绍它的特性,也不列举各种特殊名称。山羊奶酪被人瞧不起,品级低于绵羊奶酪和牛奶酪。直到1720年,在勒姆里医生的眼里还只有三种奶酪:"罗克福尔、帕尔马奶酪和多菲内省萨色那日的产品……有资格登上最讲究的餐桌。"[92]当时罗克福尔奶酪的年消费量超过6000公担。萨色那日是牛奶、山羊奶和绵羊奶煮沸后的混合物。对帕尔玛奶酪(以及后来不再流行的佛罗伦萨出产的"玛素林")的嗜好是查理八世远征意大利的部队带回法国的。不过,不管勒姆里怎么说,驻节伦敦的杜布瓦枢机主教1718年给侄儿写信时要求从巴黎给他寄去什么东西呢?三打蓬莱韦克软干酪,三打马洛尔奶酪和一些布里干酪——外加一副假发。[93]名牌奶酪已有它们的忠实主顾和爱好者。

穿过伊斯兰国家直到印度,牛奶、黄油、奶酪这些价格低廉但是营养丰富的食物占有重要位置。一位旅行家在1694年记载,波斯人开支很省,他们"只吃一点奶酪和蘸酸奶的面包,那种面包薄如圣体饼、无味、掺许多麸皮;早餐还吃一点白米粥或肉粥"。[94]再说只有富人的餐桌上才有肉粥。土耳其必定也是这种情况,那里的穷人几乎以简单的奶制品为唯一食物:顿顿吃酸奶,随着季节变化伴有甜瓜、洋葱、大葱、干果粥。除了酸奶,还要提到凯马克(略加盐分的煮沸奶油),以及做成圈状、球状、用皮袋保存的奶酪,如瓦拉基亚山民生产的有名的卡斯加瓦尔。这种奶酪和撒丁岛及意大利的椭圆奶饼一样,用绵羊奶经过多次煮沸后做成,远销伊斯坦布尔,甚至意大利。

不过我们不要忘记,在东方,中国形成巨大的、坚持不变的例外:它根本不知道牛羊奶、奶酪和黄油;那里饲养的牛羊仅供肉用。那么吉涅先生自以为在中国吃到的"黄油"到底是什么东西呢?[95]中国只有少数几种糕点使用黄油。日本和中国一样对奶制品抱有反感:甚至在农村里,牛只用于耕作,日本农民至今仍认为奶制品

"不干净",拒绝食用;他们从大豆取得他们必需的少量食油。

相反,西方城市消费大量牛奶,以致供应成为问题。伦敦每到冬天,有钱人家都回到首都过冬,牛奶的消费量就增加;到夏天,由于相反的原因,消费量就下降。无论冬夏,都存在十分普遍的作假现象。转售者甚至生产者在奶中掺进大量水分。据说:〔1801年〕萨里一位大地主〔在他的乳品作坊里〕有一台有名的水泵,因为漆成黑色,被人叫做黑母牛。人家肯定说,"这头黑母牛提供的牛奶比所有奶牛生产的奶加在一起还要多。"[96]倒是前一个世纪巴利阿多里德的日常景象更叫人喜欢:400多头骡子挤满大街小巷,每天从附近农村运来供这个城市消费的结皮奶酪、黄油和奶油,其价廉物美曾使某位葡萄牙旅行家赞不绝口。这个城市富极一时,那里应有尽有:禽类市场上每天售出7000只家禽,羊肉的质量世界第一,面包极好,酒极佳,奶制品供应充足——这是一项奢侈,因为奶制品在西班牙特别罕见。[97]可是菲力浦三世不久却偏偏迁都马德里。

从北非到埃及的亚历山大以及更远地区食用带哈喇味的黄油。除开这一大片地带,黄油的食用限于欧洲北部。欧洲大陆其余部分乃是猪油、肥肉油、橄榄油的天下。法国在地理上被两种不同的烹调用油一分为二。卢瓦尔河流域简直可说黄油成河;巴黎和巴黎以北地区使用黄油已成规例。路易·勒姆里(1702年)说:"法国几乎没有不带黄油的调味汁。荷兰人和北方民族用黄油比我们还多,有人说他们的肤色鲜嫩得力于此。"[98]事实上,即便在荷兰,普遍使用黄油也是18世纪的事情。这是有钱人家的膳食的特征。被迫在北方国家生活或路过那里的地中海居民往往因此犯

第三章 奢侈和普通:饮食

愁,他们认为食用黄油会诱发麻风病。因此豪富的阿拉贡枢机主教1516年在荷兰旅行时特地让厨子随行,并在行李中携带足够数量的橄榄油。[99]

18世纪的巴黎物阜民康,黄油供应充裕:有新鲜黄油,也有爱尔兰和布列塔尼的咸黄油,还有时髦的洛林溶化黄油。相当部分新鲜黄油来自迪耶普附近的一个名叫古尔奈的小城。当地的商人收到生黄油后还要再加工一次,以便清除其中残剩的奶清。"然后他们把产品做成重40到60斤的大块,发送巴黎。"[100]任何领域都逃不脱赶时髦的习气:根据《警世词典》(1768年)的说法,"上等人只敢提及两种黄油:旺夫和弗雷瓦莱出产的",[101]这两个地方都在巴黎附近。

蛋的消费很普遍。医生们反复推荐萨雷诺医学院的古老箴言:煮蛋别太熟,鲜蛋莫久放。各种蛋品保鲜法广为流传。不管怎么说,蛋的价格具有重大意义;作为一种大众商品,蛋的价格紧紧追随行情的上落,根据佛罗伦萨鸡蛋的几个售价,一位统计学家[102]推算出这个城市在16世纪的生活程度。蛋价本身确实足以有效地指示某个城市或某个国家的生活水平或银价。17世纪的埃及,有个时期"花1个苏可以买到30枚鸡蛋,或者两只鸽子,或者1只肥墩墩的小母鸡";从马涅西亚到布尔萨的大道上(1694年),"食物不贵:用1个巴拉〔等于1个苏〕可买到7枚鸡蛋,10巴拉换1只母鸡,2巴拉买1只冬蜜瓜或者足够吃一天的面包";1697年2月,同一位旅行家在新西班牙的阿卡普尔科记载:"店主要我付1块本洋〔32苏〕做1头母鸡的代价,鸡蛋则每枚索值1苏。"[103]由此可见鸡蛋乃是欧洲人的日常食品。故此蒙田才在德国的客店里大吃一惊。他写道:那里"餐桌上从不见蛋,除非煮老后切成四块添在生菜里"[104]孟德斯鸠在从那不勒斯回罗马的路上(1729年)同样感到奇怪:"在这古老的拉齐奥,旅客吃不到嫩鸡、雏鸡,往往连鸡蛋也找不到。"[105]

可是上述情况在欧洲显系例外,不比在素食的东方却是常规。中国、日本、印度得不到这一丰富、平常的食物补充。蛋品在这些国家奇缺,不是民众食物的组成部分。有名的中国咸鸭蛋需要在卤水里浸泡30天左右,仅是有钱人的美食。

《老妇人与鸡蛋》,委拉斯开兹的油画,作于1618年,离开故乡塞维利亚之前。苏格兰国家画廊。

日常食物：海鲜

海洋在食物供应中起巨大作用，其实它还可以发挥更大的作用。世界上广大地区根本不去利用，或者很少利用近在咫尺的海生食物。

新大陆几乎不知享用鱼类资源。安的列斯群岛的渔场有十分丰富的鱼鲜。碰上好天气，驶向维拉克鲁斯的渔船有时达到的捕获量近乎奇迹。纽芬兰沿海的鱼产量神话般丰富，捕获的鱼几乎全部运往欧洲，至少也是优先供应欧洲（18世纪有若干吨鳗鱼运抵英国殖民地和南美的种植园）。成群的鲑鱼溯流而上，游入加拿大和阿拉斯加寒冷的河流。小小的海湾地中海资源丰富，来自南方的寒流带来大群鲸鱼，因此捕鲸业发达，17世纪已出现巴斯克鱼叉手……在亚洲，唯有日本和从长江口到海南岛的中国南部有捕鱼业。别的地方似乎只有零星的渔船，如马来亚和锡兰周围。波斯湾阿巴斯港附近（1694年）的渔夫间或也采集珍珠等稀奇物品，但他们"与其采集商人收购的珍珠，更喜欢捕捞〔在阳光下晒干，作为日常主食〕沙丁鱼，因为他们认为捕鱼更加可靠，也比较容易"。[106]

在中国，淡水养鱼业和捕捞业的收益甚丰（长江流域的湖泊和白河出产鲟鱼）；保存办法和北圻一样，往往让鱼自动发酵后制成鱼卤。但是海产未能深入中国大陆腹地，那里的消费量至今仍微不足道（每人每年0.6公斤）。只有日本普遍食鱼，这一习性一直维持下来，今天日本人吃鱼（仅次于秘鲁的世界第二渔船队为每人每年提供40公斤）堪与欧洲人吃肉媲美。日本不但拥有渔产丰富的领海，而且虾夷和萨哈林的渔场就在附近，巨大的暖流和寒流在那里汇合，正如海湾暖流和拉布拉多寒流在北大西洋的纽芬兰相遇一样。暖寒流中的浮游生物使鱼类得以大量繁殖。

欧洲没有这样得天独厚，但也能就近和从远处取得多种补给。由于教会规定许多斋日（直到路易十四时代，每年有166天斋日，其中历时40天的封斋期严禁吃肉），鱼对欧洲尤为重要。四旬斋期间，只准向持有医生和神甫双重证明的病人出售肉类。为了便于控制，巴黎只有"封斋期肉铺"特许在主宫医院的围墙内出售禁用的肉食。[107]因此对于鲜鱼、熏鱼和咸鱼的需要大增。

然而并非欧洲各地近海都有丰富的鱼类栖息。众口交誉的地中海只有有限几种鱼大宗出产：博斯普鲁斯海峡的金枪鱼，俄国河流的鲟鱼（鱼子酱是远达阿比西尼亚的基督教国家守斋期的最佳食物），希腊群岛的章鱼干（自古以来的天赐良物），普罗旺斯的沙丁鱼和鳀鱼……北非、西西里、普罗旺斯、安达卢西亚和葡萄牙的阿尔加夫省也用建网捕捞金枪鱼；拉各斯港向地中海或北非整船整舱地输出桶装咸金枪鱼。

作为比较，北方的英吉利海峡、北海、波罗的海这些小型地中海，尤其是大西洋，那里的渔产资源就要丰富得多。欧洲中世纪，大西洋沿岸的渔业相当活跃（鲑鱼、鲭鱼、鳕鱼）。波罗的海和北海从11世纪起便有大的鲱鱼捕捞场。先是汉萨同盟，后来是荷兰和西兰岛的渔民因此致富。据说是一个名叫威廉·贝凯尔松的荷兰人在1350年发明了迅速掏出鲱鱼内脏并在渔船上腌制后立即装桶的办法。[108]可是14、15世纪之间鲱鱼离开了波罗的海。[109]从此以后，荷兰和西兰岛的渔船要到英格兰和苏格兰沿海的多格浅滩，

第三章 奢侈和普通：饮食

甚至远到奥尔卡达斯群岛去捕捞鲱鱼。别国的渔船也赶往这些得天独厚的渔场。16 世纪瓦洛阿家族和哈布斯堡家族争夺霸权时，双方约定在鲱鱼汛期停止交兵，并且大致上遵守信约，从而保证欧洲不至于失去这个天赐的食物。

捕鲸图。18 世纪代尔夫特瓷盘画。卡那瓦莱博物馆。

鲱鱼经由海路、通过江河、利用车载畜驮输往南欧和西欧各地。有三种鲱鱼远达威尼斯：腌制的白鲱鱼、熏制鲱鱼和半熏半咸鲱鱼……经常有所谓"海鲜贩子"急急忙忙驱策一头劣马奔往巴黎一类的大城市；这是穷人的营生，马背上驮着新鲜的鱼和牡蛎。我们现在还能在音乐家雅纳庚编制的《巴黎市声录》中听到"新鲜鲱鱼，刚出网的！"在伦敦，年轻、节俭的萨米埃尔·佩皮只需小小破费，便可请妻子和朋友们吃一筐牡蛎。

可是我们不要以为光是海鱼就足够欧洲人消费了。离海岸越远，离中欧和东欧的大陆国家越近，对淡水鱼的需求就越为迫切。凡是大江小河，甚至巴黎的塞纳河也不例外，必有领执照的渔夫。遥远的伏尔加河鱼类资源极其丰富。卢瓦尔河以鲑鱼和鲤鱼闻名。莱茵河的鲈鱼也负盛名。一位葡萄牙旅行家17世纪初看到巴利阿多里德的海鱼供不应求，而且由于长途运输，鱼的质量有时不佳。那个城市一年到头有箬鳎鱼、沙丁鱼和牡蛎，有时还有无须鳕；封斋期有来自桑坦德的上品鲷鱼。可是市场上每天出售的肥美鳟鱼的数量却使这位旅行家大吃一惊。这些鱼来自布尔戈斯和里奥塞科城，有时足够城里一半居民食用，而当时巴利阿多里德是西班牙的首都。[110]在波西米亚，我们已经说过有人工开挖的鱼塘，还提到南部富饶的领地上经营的养鱼业。在德国鲤鱼是普遍的食物。

捕 鳕 鱼 业

15世纪末年起在纽芬兰的浅滩上大规模捕捉鳕鱼，其后果不亚于一场革命。巴斯克人、法国人、荷兰人、英国人相互角逐，结果是强者赶走弱者。西班牙的巴斯克人因此被淘汰，只有海上强国：英国、荷兰和法国有权进入渔场。

最大的问题在于保存和运输捕到的鱼。鳕鱼或在纽芬兰的船上加工腌制，或在岸上晒干。咸鳕鱼即"曝腌鳕鱼"，"刚经腌制仍带水分"。专门生产这种鳕鱼的船都是小吨位，配有十来名渔夫，外加在底舱切割、加工、腌制鳕鱼的水手；底舱里堆积的鳕鱼往往

第三章 奢侈和普通：饮食

高及甲板大梁。这些渔船通常到达作业场所后就随波逐流。相反，大吨位的帆船则负责运回"干"鳕鱼，即加工后的鳕鱼。帆船到达纽芬兰海岸后即抛锚停靠，另有小船专司捕捉。鱼在陆地上用一套复杂的办法晾干，萨伐里对之有详细描述。[111]

每艘帆船在出发前都要充分装备，把盐、食物、面粉、葡萄酒、烧酒、钓线和钓钩装上船。17世纪初，挪威和丹麦的渔夫还到塞维利亚附近，巴拉美达的桑吕卡买盐。商人当然给予贷款；借款人从美洲回来后用鱼偿还。[112]16、17世纪，拉罗歇尔全盛时期，便发生这种情况。每年春天，许多帆船在那里停泊；由于需要宽大的底舱，这些船只的吨位往往在100吨上下："鳕鱼占据的舱位大大超过一般货物。"船上有20到25名水手，这说明捕鱼是项费力大而得益少的事。供应商与船主在公证人面前立约，前者赊给后者面粉、工具、饮料和盐。光是拉罗歇尔附近小小的奥洛纳港每年都要装备上百条帆船，向大洋彼岸派出好几千名水手。由于这个小城本身只有3000居民，船主势必要在别的地方，有时还在西班牙招募海员。无论如何，一旦渔船启航，城里的供应商不无冒险地整笔垫出去的钱就在海上漂流。吉凶如何，要看捕获量的多寡和航行是否平安。一直要等到6月以后，渔船陆续归来，才谈得上还债。最早回来的船只能得到一笔数目大得惊人的奖金。得胜的船主在客店里遭到市民的包围，人们热烈争论，甚至动武……这个胜利能意味着大笔收入。人人都在等待新上市的鱼："新鲜不就是质量优秀吗？"优胜者有时能以高达60里佛的价格售出100条（根据不同习惯，也有以110条做计算单位的）鱼，而几天以后，1000条鱼只值30里佛。通常是一条奥洛纳的船赢了这场速度比赛，最早归来，因为当时的船员有一年航行两次，赶"早""晚"两"季"的习惯。他们这样匆匆忙忙赶回，如果遇上坏天气，不免要冒点风险。[113]

鳕鱼捕之不尽。纽芬兰大浅滩是一大片刚刚被海水淹没的大陆架，鳕鱼"在这里聚会〔……〕；不妨说它们来这里过节，其数量之多竟使从世界各国赶来的渔夫都忙不过来。渔夫们从早到晚下线、收线、给上钩的鱼开膛，然后把取出的内脏穿在鱼钩上，再去钓下一条鱼。有时一个人一天能钓上 300 到 400 条鱼。一旦吸引它们到这个地段来的食物告竭，鳕鱼就各奔前程，转而向它们特别爱吃的牙鳕开战。后者在鳕鱼前面逃窜；多亏鳕鱼的追逐，才经常有牙鳕回到我们的〔欧洲〕海岸。"[114]

一位马赛人在 1739 年欢呼："是上帝赐给我们纽芬兰的鳕鱼。"一个世纪以前，一位法国旅行家以同样赞赏的心情宣称："欧洲最好的生意是去捕鳕鱼，因为不下本钱〔其实也不一定〕就能得到鳕鱼，只要肯出力气捕捉和推销，干这项营生能赚到西班牙的大钱币，法国有 100 万人以此为生。"[115]

100 万人显然是个荒唐的数字。18 世纪末的一份统计表提供了有关法国、英国和美国捕鳕鱼业的几个零碎的数字。1773 年法国出动 264 条船（2.5 万吨，1 万名船员）；1775 年英国出动 400 条船（3.6 万吨，2 万名船员）；同年美国出动 665 条船（2.5 万吨，4400 名船员）。共计 1329 条船，8.6 万吨，5.5 万名船员；总捕获量约为 8 万吨鱼。加上荷兰和欧洲其他国家的渔船，至少有 1500 条船，每年捕获量少说也有 9 万吨。[116]

柯尔贝尔时代，翁弗勒尔一位商人[117]告诉我们怎样区分鳕鱼的品级。个头特别大的上品鱼叫做"加夫"；其次是"马尚德"；再次是"兰格"和"拉盖",即小个头曝腌鳕鱼;最次是拣剩下来的大量"等外品",不是腌得咸淡不均就是在堆放时有所破损。曝腌鳕鱼是论条出售的,不比干鳕鱼论斤出售,所以需要雇人"拣选"。一般凭眼力就能区别质量的好坏,并且估计重量。鳕鱼商还要关心一个问题:阻止荷兰鲱鱼侵入翁弗勒尔的市场(课以重税),尤其要阻止少数讨厌的诺曼底渔夫在圣诞节后的禁渔期捕捉鲱鱼上市,这个时期的鱼质量不佳,数量很多,因而售价极低:"这种鲱鱼一上市,一条鳕鱼也卖不出去了",因此规矩的捕鳕渔民莫不赞同国王的禁令。

根据被供应地区的不同嗜好,每个渔港专门提供某一品种的鱼。迪耶普、勒阿弗尔、翁弗勒尔供应巴黎人爱吃的曝腌鳕鱼;南特供应卢瓦尔流域以及有道路与卢瓦尔河相通的地区,那些地方的居民口味较杂;马赛每年吸收法国捕到的鳕鱼的一半,再把其中相当一大部分运往意大利,但是圣马洛也有许多船只从17世纪起就直接驶往意大利,特别是热那亚。

关于巴黎的曝腌鳕鱼(或者叫白鳕鱼,今天还有人这么说)供应情况,我们了解许多细节。首批渔获(1月出发,7月返航)供应的鱼量不多,第二批渔获(3月出发,11、12月返航)供应较多,但是维持不到第二年4月。这以后,法国全国有三个月(4、5、6月)缺少鳕鱼,"偏偏这个季节蔬菜短缺,蛋价昂贵,淡水鱼上市也不多"。[186]因此英国人在本国沿海捕捉的鳕鱼陡然身价百倍,从迪耶普中转运往巴黎。[118]

每遇为争夺世界霸权而发生海战,几乎所有的渔船都被迫停止作业:西班牙王位继承战争、奥地利王位继承战争、七年战争、美国独立战争中莫不如此……只有最强大的国家能继续消费鳕鱼。

我们知道鳕鱼捕获量在逐渐上升,但不能精确测定其上升幅度。渔船的平均吨位肯定大大增加,虽然航行时间未见缩短(往返航程一样,需一个月或六周)。纽芬兰的奇迹在于鳕鱼能在这里找到极其充裕、取之不竭的食物。鳕鱼群捕食浮游生物和其他鱼类,特别是它们最爱吃的牙鳕。它们周期性地把牙鳕从纽芬兰水域驱向欧洲海岸,供欧洲的渔民捕捞。似乎中世纪时代欧洲海岸也有大量鳕鱼活动,后来它们才向西方逃窜。

欧洲扑向这个天赐美食。1791年3月有54条英国船驶达里斯本,据说船上载有48110公担鳕鱼。"单是这一项食物就使英国人发了多大一笔财!"[119] 1717年,西班牙仅为消费鳕鱼就支出187 240万比亚斯特。[120] 然而,与所有供消费者食用的鱼一样,鳕鱼在运输途中会腐烂变质。甚至为洗去鱼身上的盐分而用的水也很容

捕鳕鱼。在陆地上生产"干鳕鱼"的操作过程(18世纪)。比亚里茨海洋博物馆。

易发臭,不到天黑人们无权把洗鱼水倒进阴沟。[121]这样我们就能理解据说出自一位女仆之口的一句有报复性的话(1636年):"我讨厌封斋期,喜欢开斋的日子〔……〕;与其吃一块发臭的鳕鱼,不如在锅里煎一段肥肠加四块火腿!"[122]

事实上,鳕鱼无非是封斋期迫不得已的食物和穷人的食物。一位16世纪作者说这是"留给干粗活的人吃的"。出于同样的道理,鲸鱼的肉和脂肪比鳕鱼粗得多(鲸鱼舌头是例外,昂勃卢瓦兹·巴雷说它鲜美无比),却一直是穷人在封斋期的食物。[123]后来用鲸鱼脂肪熬成的油广泛应用于照明、制皂及其他制造业,鲸鱼肉也从市场上消失了。1619年的一部论著指出,只有"好望角附近半开化的卡菲尔人还在吃鲸鱼肉"。不过它还提到,咸鲸鱼脂肪在意大利叫做"封斋油",仍被食用。[124]无论如何,工业需求足以使捕鲸业不仅维持下来,而且愈益兴旺。如荷兰人便从1675年到1721年派出6995条船到斯匹次卑尔根群岛周围作业,共计捕获32908条鲸鱼,以致这一带海域鲸鱼绝迹。[125]汉堡的渔船为寻找鲸鱼油,经常光顾格林兰海面。[126]

1650年以后胡椒失势

胡椒在饮食史上占据特殊地位。今天我们把它看作一种普通的作料,并非必不可少。殊不知几个世纪以前,当香料是西方与地中海东岸地区贸易的主要项目时,胡椒也被视作香料。那个时代有句俗话:"贵如胡椒。"[127]

这是因为欧洲有很长一段时期对胡椒和辛香作料,如肉桂、丁香、肉豆蔻和生姜嗜之若狂。不要匆忙下结论,说这是欧洲人独有的怪癖。除了伊斯兰国家,中国和印度也有同样嗜好:每个社会在饮食方面都有强烈的偏爱,好像某些食物少了就不行。原因是人们需要打破单调,换换口味。一位印度作家写道:"清水煮熟、不加作料的米饭委实难以下咽,此时人们自然向往油脂、盐和香料。"[128]

今天不发达国家最寒酸、最单调的饭桌上消耗的辛香作料最多,这是事实。所谓辛香作料,指的是当今使用的一切作料(包括名目繁多、来自美洲的辣椒),不仅是地中海东岸地区名声显赫的香料。中世纪欧洲穷人的饭桌上也有辛香作料:百里香、牛至、月桂叶、风轮菜、茴香、芫荽,尤其是大蒜。13 世纪一位名医阿尔诺·德·维勒纳弗称大蒜为农民治疗毒蛇咬伤的良药。在这些本地出产的香料中,只有藏红花是奢侈品。

罗马帝国从普劳图斯和老卡托时代起,就迷上利比亚的 silphium,这一神秘植物公元 1 世纪从罗马帝国消失。公元 49 年恺撒搜括国库时,发现库中藏有 1500 磅,即 490 公斤 silphium。这以后流行一种波斯香料,名叫 asa foetida,"因其有大蒜臭味,得到'魔鬼屎'的别名"。波斯人至今在烹饪时仍使用这种作料。胡椒和辛香作料传入罗马的时间较晚,"不早于瓦鲁斯和贺拉斯,而且普林尼很奇怪胡椒会如此走运"。胡椒和辛香作料被普遍采用,价格相对说来也不贵。根据普林尼的说法,细香料甚至比胡椒还便宜,后世再也没有这种情况。最后罗马发展到有专用的胡椒仓库。阿拉里克于公元 410 年攻陷罗马时,虏获 5000 磅胡椒。[129]

西方世界继承了罗马人对香辛作料和胡椒的嗜好。后来查理大帝时代和地中海对基督教世界处于准封闭状态时代,西方可能

第三章 奢侈和普通：饮食

短缺这两种货物，但是局面很快改变过来了。12世纪人们无疑对香料趋之若狂。西方为之消耗不少贵金属，并且为了得到香料，不惜航行地球半圈与东方从事艰辛的贸易。这种狂热无法克制，人们得不到真正的胡椒——带深色外皮的黑胡椒，剥去外皮则为白胡椒——，便甘心接受同样来自印度的荜拨。后者像从15世纪起几内亚海岸出产的假胡椒一样，是一种代用品。[130] 笃信天主教的斐迪南二世以"大蒜尽可调味"为理由反对进口肉桂和葡萄牙胡椒（引起白银外流），但没有起到任何作用。[131]

烹饪书籍提供的佐证表明，对香料的癖好席卷一切：肉、鱼、果酱、汤和高等饮料莫不掺入香料。谁也不敢违背杜埃·达西早在16世纪初就推荐的做法，在烹调野味时不"趁热加胡椒"。《巴黎家政大全》（1393年）则劝告"投入香料越迟越好"。下面是这本书推荐的血肠配料："备齐生姜、丁香及少许胡椒，合并捣烂之。"至于"传自西班牙的名菜""奥依"，这是鲜肉、鸭、山鹑、鸽子、鹌鹑和喂肥的小母鸡的混合物（显然就是今天民间的"罐焖肉块"）。同书规定在制作时应加入多种来自东方或其他地方的香料：肉豆蔻、胡椒、百里香、生姜、罗勒……香料也以糖渍和磨碎的形式被大众消费，从而满足各种医药配方的需要。各种香料确实都有"祛风""生精"的名声。[132] 在西印度群岛经常用红辣椒代替胡椒。当地人做的肉上铺着厚厚一层红辣椒，新来乍到的外地人一口也吃不下去。[133]

总之，这种靡费与罗马帝国初期有节制的消费不可同日而语。罗马帝国最初确实消费肉类不多（西塞罗时代，肉仍是限止奢侈法适用的对象）。中世纪则相反，肉食充裕。那么我们是否应该推

土人运送香料。G.勒台斯杜编撰的《寰球志》,16世纪。巴黎战争博物馆图书馆。

测,由于肉的质地并非始终鲜嫩,加之保存不易,才需要放置大量胡椒、香料等调味品?这正是补救肉质不佳的办法。或者,是否像今天医生们说的那样,在口味上存在一些怪癖?有人喜欢"呛人的、类似动物身上的膻味,如大蒜、洋葱……另有人偏爱更细巧的、芬芳馥郁如花香的作料"。[134] 两种口味似乎相互排斥,正是后一种在中世纪取得优势。

事情无疑没有这么简单。无论如何,16世纪华斯哥·达·伽马开辟了航行路线以后,香料来货激增,消费也相应增加,而在这以前香料一直是奢侈品。特别是北欧购买的香料大大超过地中海国家。因此并非单纯出于商业和航行方面的原因香料集散市场才从威尼斯的"德意志商馆"经里斯本转移到安特卫普,后来又迁往阿姆斯特丹。路德自然夸大其辞,他说德国的香料比麦粒还多!无论如何,北欧和东欧国家总是香料的大主顾。1697年,荷兰人认为"对于寒冷国家",香料是仅次于货币的最佳商品,俄国和波兰消费的香料"数量惊人"。[135] 也许胡椒和香料传入一个地方越晚,人们对它们的需要就越加殷切?或者因为它们在俄国和波兰是一种新的奢侈品?马布利教士来到克拉科夫,发现饭桌上有匈牙利葡萄酒佐餐,"饭菜极为丰盛,倘若俄国人和波兰人把这些香草统统取消,味道也许可口。此地人和德国人一样滥用肉桂和豆蔻,简直要毒死旅客"。[136] 据此,似乎到了这个时代东欧国家仍保留中世纪的对辛辣作料和香料的嗜好,而西欧国家却多少丧失了古老的烹饪习惯。不过这只是印象,并非确定不移的事实。

无论如何,当香料降价,开始出现在家家户户的餐桌上,而使用香料不再成为财富和奢侈的标志的时候,它们的用途就减少,威望也同时下落。从1651年的一本烹饪书(作者弗朗索瓦-彼埃尔·德·拉瓦莱纳),或者布瓦洛挖苦滥用香料的那首讽刺诗(1665年)里,我们可以了解到这一情况。[137]

荷兰人一旦抵达印度洋和南洋群岛,他们就致力于重建和维持对他们有利的胡椒和香料垄断买卖。他们的对手先是逐渐衰落的葡萄牙商业,不久便是英国、法国或丹麦的竞争。他们也力图把持对中国、日本、孟加拉和波斯的供应;有时候他们能以兴隆的亚洲贸易弥补在欧洲的营业不振。很可能到17世纪中叶为止,通过阿姆斯特丹(以及别的市场)收到的胡椒数量一直递增,然后维持在一个高水平上。在荷兰人走运以前,1600年前后欧洲每年胡椒到货量约为2万公担(今制),即1亿欧洲人平均每人每年消费20克。我们能否把1680年的消费量估计为5万公担,即葡萄牙垄断时代的一倍多?从1715到1732年荷兰东印度公司的销售数字来看,似乎已经达到某个极限。胡椒肯定不再在商品中独占鳌头,不再像在普里乌利或萨努铎描述的威尼斯全盛时期那样带动香料消费。1648到1650年胡椒在阿姆斯特丹的东印度公司贸易中占据首位(总营业额的33%),到1778至1880年降为第四位,次于纺织品(丝绸和棉布,32.66%)、"细"香料(24.43%)、茶叶和咖啡(22.92%)。[138]这是否由一种奢侈消费品过渡到大众消费品时必定出现的典型现象?要不然就是人们不再漫无节制地使用胡椒?

把胡椒地位下降的原因归咎于新的奢侈品兴起,如咖啡、巧克力、烧酒、烟草,倒也持之成理;甚至还可以用新品种蔬菜(芦笋、菠菜、叶用莴苣、朝鲜蓟、豌豆、扁豆、菜花、西红柿、辣椒、甜瓜)增多,西方餐桌上的菜肴日益多样化来解释。这些蔬菜大多来自欧洲本地,特别是意大利的菜园(如查理八世从意大利带回的甜瓜),有的原产亚美尼亚,如罗马甜瓜,或者原产美洲,如西红柿、扁豆和土豆。

最后还有一个老实说不太可靠的解释。1600年或更早一些时候起,肉类消费普遍减少,过去的食肉习惯有了明显的改变。与此同时,至少在法国,富人的饮食趋于简单。德国和波兰的烹饪可能没有赶上这个变化,肉类供应较好,所以对胡椒和香料的需求较大。不过这个说法仅是表面上似乎可信而已;在得到新的材料之前,上文列举的解释已足以说明问题。

证据表明欧洲市场存在某种程度的饱和。根据一位德国经济学家(1722年)和一位英国见证人(1754年)的说法,荷兰人"有时把大量胡椒、肉豆蔻烧毁或投入大海……以保证价格不跌"。[139]何况除了爪哇岛,欧洲人不再控制胡椒产地。彼埃尔·波瓦弗尔在担任法兰西岛和波旁岛总督期间(1767年)推广种植胡椒的努力只是昙花一现,在法属圭亚那的类似企图也没有成功。

天下事从来不那么简单。17世纪的法国已与香料决裂,却又迷上香精。香精侵入炖肉、糕点、酒类和调味汁:龙涎香、鸢尾、玫瑰露、橙花汁、牛至、麝香……人们甚至把"香水"浇在鸡蛋上!

糖征服世界

甘蔗原产恒河三角洲与阿萨姆之间的孟加拉海岸。野生甘蔗后来进入菜园;长时期内,人们栽培这种作物是为了取得糖浆和药物用糖:波斯萨桑王朝时代的医生处方里就有糖。同样,在中世纪的拜占庭,糖和蜂蜜同为常用药物。10世纪萨莱诺医学院的药典上也列有糖。在这以前,印度和中国已开始把糖作为食品。甘蔗于8世纪引入中国,很快就适应了广东省广州附近的丘陵地带的水土。择定这个地点本是自然不过的事情。广州当时已是古老中国最大的港口;它的腹地林木葱郁,而生产食糖需要大量燃料。连续几个世纪,广东是中国的主要食糖产地。17世纪时,荷兰东印度公司顺利地组织中国和中国台湾的糖向欧洲出口。[140]下一世纪末,中国本身以低廉价格从交趾支那进口食糖,而中国北部似乎还不知道享用这一奢侈品。[141]

10世纪埃及已有甘蔗,并用巧妙的工艺生产蔗糖。十字军在

15世纪糖块和糖浆的生产。莫德纳埃斯丹斯图书馆。

叙利亚见到糖。圣让达克尔堡垒陷落以后,十字军失去叙利亚(1291年),基督徒在行李中携带的糖传到塞浦路斯后风靡一时。美丽的卡特琳·科拉诺,吕西尼昂家族末代传人的妻子和塞浦路斯岛最后一位王后(威尼斯人于1479年取得该岛),裔出威尼斯的科拉诺家族。这一名门望族曾是"食糖大王"。

食糖在塞浦路斯风行之前,阿拉伯人已把它运到西西里和巴伦西亚,在这两个地方它也广为流行。15世纪末,食糖传入摩洛哥南部地区,到达玛德拉群岛、亚速尔群岛、加那利群岛、几内亚湾的圣多美岛和普林西比岛。1520年,它传入巴西,到16世纪下半期已确立地位。从此,食糖史翻开新的一页。奥台利乌斯在《天地大剧场》(1572年)中写道:"从前只有药铺里卖糖,专供病人服用",今天"人们一馋就吃糖。〔……〕从前的药品现在成为食品"。[142]

由于荷兰人于1654年从累西腓被赶走,也由于教廷迫害葡萄牙的犹太人,[143]甘蔗与榨糖"机具"在17世纪传入马提尼克、瓜德罗普、荷属库拉索、牙买加和圣多明各,1680年左右上述地点成为重要蔗糖产地。糖产量从此有增无减。除非我算错,15世纪塞浦路斯年产糖少则数百,多则数千"轻"担(等于50公斤)。[144]圣多明各一地在17世纪全盛时期年产7万吨。1800年,英国每年消费15万吨糖,差不多是1700年消费量的15倍。1783年锡菲尔爵士正确地指出:"食糖消费可望大大增加。半个欧洲几乎吃不上糖。"[145]大革命前夜巴黎每人每年食糖消费量为5公斤(假定首都只有60万居民,不过我们怀疑这个数字):1846年的人均消费量仅为3.62公斤这个数字较可靠。1788年法国全国平均消费量估计为每人1公斤。[146]但是我们可以确信,尽管公众嗜好吃糖,糖价相对说来也较低,食糖仍是奢侈品。法国许多农家把圆锥形糖块挂在餐桌上空。用法如下:把杯子靠近糖块,让糖在水里溶解片刻。事实上,如果我们编制一幅食糖消费地图,就会看到消费很不平衡。以埃及为例,16世纪时制作果酱和果脯的行业盛极一时,甘蔗种得那么多,以致甘蔗皮被用作熔金的燃料。[147]相反,两个世纪以后,欧洲大片地区还不知道吃糖。

食糖产量上不去的另一个原因是甜菜种植业很晚才得到推广,虽说从 1575 年起甜菜就为人所知,德国化学家马尔格拉夫 1747 年就已从中分离出固态糖。甜菜到大陆封锁时期开始发挥作用,往后还要经历将近一个世纪才取得重要地位。

栽培甘蔗限于气候温暖地区,因此它在中国不能越过长江。甘蔗的生产和远销还有特殊要求。制糖需要大量人工(在美洲使用黑奴)和昂贵的装置。这种装置在古巴、新西班牙和秘鲁叫 yngenios,相当于巴西的 engenhos de assucar,法属岛屿的 engins 或糖磨,英国属地的 engines。甘蔗需用畜力、水力、风力带动的石碾挤出糖汁。有时用人力,如在中国,甚至连石碾也不用,全凭腕力,如在日本。蔗汁尚需经过加工处理,在铜釜内长时间熬煎后得到的块状结晶物即为粗糖。经用白土过滤之后,即为"土糖"或粗红糖,从中可以提炼十种不同产品,外加烧酒。粗糖通常在欧洲各地精炼,如安特卫普、威尼斯、阿姆斯特丹、伦敦、巴黎、波尔多、南特、德累斯顿等处;炼糖收益几乎与生产原料相等。因此炼糖厂主与"糖农"之间发生冲突。后者系产糖各岛上的欧洲殖民者,他们希望就地生产一切,或者用当时人的说法"以白立业"(生产白糖)。从事种植和制糖需要资金和中间环节。凡在中间环节尚未完全建立起来的地方,食糖销售很难超出本地市场的范围,如秘鲁、新西班牙和古巴直到 19 世纪为止一直打不开局面。各产糖岛屿和巴西海岸之所以繁荣,原因在于它们与欧洲的距离对当时船舶的航速和运载能力来说并非太远。

有一个附加的障碍:雷纳尔教士说过:"需要欧洲一个省的农作物才能养活美洲一个殖民地",[148] 因为甘蔗挤掉了粮食作物的地盘,产糖殖民地的粮食不能自给。这正是单一发展糖料作物给巴西东北部、安的列斯群岛和摩洛哥南部地区(考古学家在那里发掘出从前大规模的制糖设施)带来的悲剧性后果。1783年,英国向英属西印度(首先是牙买加)输送16 526吨咸牛肉和咸猪肉,5188副猪白膘,2559吨桶装下水。[149]巴西的奴隶主要食用纽芬兰的桶装鳕鱼,内地出产的"本地肉",不久以后便是由船舶从南里奥格朗德运来的"干肉"。安的列斯群岛得天独厚,有英属美洲殖民地供应咸牛肉和面粉。后者用这两种食物交换食糖和朗姆酒,但是不久自己也能生产。

不能轻易断言糖引起了一场食物革命。食糖出现较早,但发展极其缓慢。直到19世纪初,糖的发展仍未达到革命的规模。我们不能说当时家家户户的餐桌上都有食糖。虽然如此,我们马上又会想到,大革命时期由于实行限价法,食糖短缺曾在巴黎引起骚乱。

饮料和"兴奋剂"

即便对饮料的历史只作简要叙述,我们势必会提到各种饮料——原来的和后来的,大众的和讲究的——及其在岁月流逝过程中的演变。饮料不仅是食品,而且自古以来起着兴奋和消愁的作用:有时候,像在某些印度部落里那样,酒醉甚至是人和神鬼沟通的一个途径。无论如何,就我们考察的这几个世纪而言,欧洲的酗酒现象越来越严重。后来又出现来自异国的兴奋剂:茶、咖啡以及既非食物又非饮料因而无法归类的"兴奋剂"——烟草。

水

我们必须从水开始,这样做似乎有点不近情理。人们并非始终有足够的水以资饮用;尽管医生们对于患什么病应该饮用什么样的水有明确的劝告,人们只能满足于就近取水:雨水、河水、泉水、蓄水池的水、井水;考虑周到的人家还用木桶或铜制容器存水。在极端情形下,还用蒸馏海水取得饮水,例如16世纪西班牙在北非的驻军就用这个办法,否则就要从西班牙或意大利远道运来。1648年,一批穿越刚果的旅客在饥饿和劳累交迫之下陷于绝境,他们不得不躺倒地上"去喝味同马尿的水"。[150]淡水供应是令船员最头痛的问题,尽管他们想了多少秘不外泄的诀窍,却无法使存水永不变质。

有些城市虽然十分富庶,但饮水供应却严重不足。威尼斯便是如此。威尼斯的广场上或府邸内院的水井并非如人们想象的那样挖到潟湖底下的淡水带,它们只是些一半装满细沙的蓄水池,渗入地下的雨水经过澄清后再从水池中央的井底冒出来。倘使连续数周不下雨,蓄水池便告干涸,斯丹达尔在旅居威尼斯期间曾碰上这种情况。遇到暴风雨,咸水又会灌进蓄水池。平时蓄水池的容量不足供应全城生齿日繁的居民,需用船只而不是通过渡槽从外地运水。运水船在布伦塔河装水,每天驶入威尼斯的运河。"运水夫"人数众多,在威尼斯组成独立的行会。荷兰所有城市的处境同样不妙,饮用水取自蓄水池、深度不够的水井和浑浊的运河。[151]

总起来说,可供引水的渡槽为数不多。伊斯坦布尔的渡槽名不虚传;建于罗马时代的塞哥维亚渡槽号称"臭水沟"(1841年整

第三章 奢侈和普通：饮食

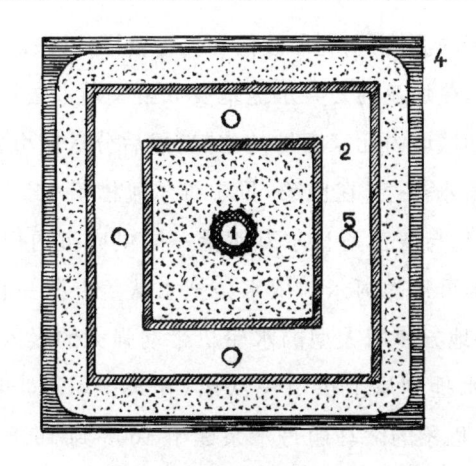

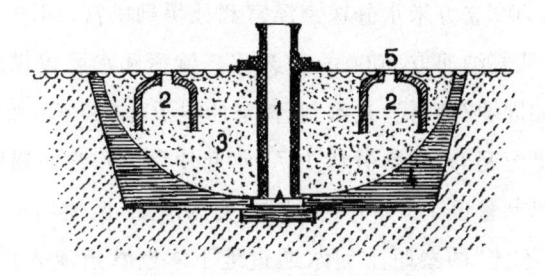

21. 威尼斯一口水井的剖面和断面
1.井中心。2.汇集雨水的蓄水池。3.沙滤层。4.黏土外层。5.蓄水池的开口，俗称"圣水盆"，过滤水在井中心冒出。威尼斯今天拥有供水管道，但是公共广场上和住宅院内的古井依旧存在。（据 E.R.特林卡纳托）

修），游客叹为观止。葡萄牙的渡槽数量最多：科英布拉、托马尔、贡代城、爱尔瓦斯等地17世纪全靠渡槽引水。里斯本于1729到1748年新建的"活水"渡槽直达市郊的拉多广场。人人争用这股泉水；水夫到这里来灌满带铁把手的红色水桶，扛上肩背，运回城去。[152]马丁五世于教会大分裂之后重主梵蒂冈，顺理成章办的第一件事情是修复罗马一条已被毁坏的渡槽。后来到16世纪末，又新建两条新的渡槽：费利沏渡槽和保禄渡槽，以保证罗马这座大城市的水源。热那亚的公共水池主要取给于斯古法拉渡槽；引来的水首先推动城墙内几家磨坊的水轮，然后分送城市各区。城西另有泉水和蓄水池。[153] 在巴黎，贝尔维尔渡槽于 1457 年整修后，直到 17 世纪仍与普雷圣日尔万渡槽一同供应市内用水；由玛丽·德·梅迪契重建的阿尔勾依水渠把水从兰吉斯一直引到卢森堡宫。[154] 有些地方使用大型的水轮机带动强大的吸入泵和压力泵，以便把河水提到岸上供市民饮用（托莱多，1526 年；奥格斯堡，1548 年）。巴黎的萨马丽丹水泵建于 1603 到 1608 年，每天从塞纳河吸取 700 立方米水分送卢浮宫和杜伊勒里宫；1670 年圣母院桥的水泵从塞纳河取 2000 立方米水。渡槽和水泵提供的水由陶制管道（如同罗马时代）或木制（掏空的树干套在一起，如意大利北部从 14 世纪起，布雷斯劳从 1471 年起使用的）、甚而铅制管道输送各处；铅制管道于 1236 年首先在英国出现，但使用不广。1770 年，"质地不佳"的泰晤士河水通过地下木制管道流入伦敦各家。不过这种供水系统不同于今天的自来水："河水每周定期供应三次，供应量视各家消费量而定〔……〕居民用套铁箍的大桶储存之"。[155]

巴黎的最大水源仍是塞纳河。由水夫出售的塞纳河水据说具备各种妙用。其中一项用途与饮用无关：河水浑浊多泥（1641 年一位葡萄牙使者有所记载），便于行船；至于说河水有益健康，人们颇有理由怀疑。一位证人（1771 年）写道："许多染坊每周三次把染料倾入贝勒吉埃滨河道的两座桥之间的河湾〔……〕热夫尔滨河道上的桥洞是导致河水恶臭的根源。这一带城区的居民无不饮用脏水。"[156]令人宽心的是这一境况不久便得到补救。就是这样,塞纳河水还比左岸的井水要好,因为这些水井从来不能防止有害物质的渗透,而面包师傅就用井水做面包。饮用这种河水容易使人腹泻,确实"对外国人不便",但是外国人可以在水里加上几点醋,购买经过过滤的"改良"水,甚而所谓的"御用水",或者比其他一切水都好的布里斯托尔水,"这种水的价格更贵"。1760年以前,人们还不知道有这么多讲究:"大家喝〔塞纳河〕水,没有太多讲究。"[157]

巴黎两万名水夫虽说收入菲薄,却赖此为生。他们每天30"趟"(每次两桶),把水提到石级最高处,然后以每"趟"两苏的代价出售。所以1782年佩里埃兄弟在夏约设置两架火力泵,不啻宣告一次革命:这些"古怪的机器""单凭蒸汽的力量"能把水从塞纳河面提到110法尺高处。这不过是模仿伦敦:英国首都几年前已有九台火力泵。巴黎最富有的圣奥诺雷区最肯为这项进步出钱,自然最早用上自来水。不过人们不免担心,这种机器日益增多,两万名水夫的生计又该怎样维持呢?这项实业不久果真变成金融界的丑闻(1788年)。尽管如此,饮用水的供应问题在18世纪已明确提出,解决方案也已找到,有的已付诸实现,并且不限于首都。乌尔姆城的供水方案(1713年)足资佐证。

进步毕竟来得很晚。在这以前,世界各城市都离不开水夫的服务。菲力浦三世时代的巴利阿多里德,饮用水装在各样各色的陶坛或陶罐中出售,我们那位葡萄牙旅行家赞扬这种水的质地极佳。[158]中国水夫和他们的巴黎同行一样使用两只水桶;他们把水桶挂在扁担两端以保持平衡。但是在一幅1800年的图画上我们看到,北京也有安装在轳辘上的大水桶,放水孔开在桶的后部。同一时代的一幅版画显示"埃及妇女运水的方式"。她们使用两个类似古代尖底瓮的瓦罐:大的水罐顶在头上,用左手扶住;小的水罐平放在右手上,胳膊弯曲的姿势非常优美。在伊斯坦布尔,由于教规要求每日多次用活水做大、小净,全城各地设有喷泉。那里的饮用水想必比别处干净。是否因为这一点,今天土耳其人夸耀自己能辨别不同泉水的味道,就像法国人自命能辨别不同产地的葡萄酒一样?

至于中国人,他们不仅认为水因其来源不同——普通雨水、暴雨水(有害)、初春雨水(有益)、雹子或冬天的冰霜溶化后得到的水、在钟乳石洞里采集的水(对治疗疾病有神效)、河水、泉水、井

17世纪的起居设备。厨房里可以汲水。委拉斯开兹的油画。

水——而具有不同特性,并且讨论污染的危害;他们主张生水必须煮沸后方能饮用。[159]中国人只喝热水,这个习惯(街上有出售开水的商贩)[160]必定对居民的健康大有裨益。

相反,伊斯坦布尔街头夏季出售雪水,价格异常便宜。葡萄牙人巴托洛美·宾海洛·达·韦加十分赞叹,17世纪初在巴利阿多里德,酷暑季节花很少一点钱就能享受"凉水和冰镇水果"。[161]不过多数情况下雪水是仅供有钱人享用的奢侈品。例如法国,亨利三世开了一个玩笑以后人们才开始嗜好雪水。地中海周围各国也是如此,装运雪水的船只有时需要长期航行才能驶达目的地。例如马耳他骑士团从那不勒斯取得雪水。他们1754年写的一份请求书上说,如果得不到"这种威力无比的良药"[162]来治疗他们的热病,他们唯有死路一条。

葡 萄 酒

整个欧洲都喝葡萄酒。但是欧洲只有某些地区生产葡萄酒。虽然在亚洲、非洲,尤其在人们固执地按照欧洲的面貌塑造的新大陆,葡萄种植(且不说葡萄酒)都已取得成功,但唯有狭小的欧洲大陆才真正值得重视。

欧洲的葡萄酒产区包括全体地中海国家以及由于葡萄种植者坚持不懈的努力才得以向北方伸展的一片地带。让·博丹说过,"在北纬49°以远,葡萄即因气候寒冷不能生长"。[163]若从流入大西洋的卢瓦尔河到克里米亚,再往远到格鲁吉亚和外高加索划一条线,即可认为是种植商品葡萄的北界。商品葡萄种植业是欧洲以及欧洲以东地区经济生活的一个重要环节。在欧洲实行大面积种植的葡萄在克里米亚却局促于田边地角,一直等到19世纪,才有力地发展起来。[164]但是,克里米亚的葡萄园历史十分悠久。早在古代,那里的葡萄农入冬前就把植株埋进土里,使之免受来自乌克兰的寒风袭击。

葡萄酒跟随欧洲人的足迹传遍世界各地。人们用尽心机使葡萄适应墨西哥、秘鲁、智利(1541年登陆)和阿根廷(自1580年第二次建立布宜诺斯艾利斯起)的水土。在秘鲁,为了满足豪富的利马城的需要,葡萄园很快在附近温暖、炎热的山谷里蓬勃发展。由于土壤和气候适宜,智利的葡萄园更加兴旺:圣地亚哥建城伊始,葡萄就在第一批屋群间生长。1578年,德雷克在瓦尔帕莱索附近的海面截获的一条船上满载智利葡萄酒。[165]同一个地方出产的葡萄酒还用骡子或羊驼运往波托西高原。要等到17世纪末和18世纪,西班牙帝国向北方最后一次扩张时,加利福尼亚才出现葡萄园。

但是最辉煌的成就来自位于新旧大陆之间的大西洋诸岛(既是欧洲的新疆土又是美洲的前哨)。首先要提到马德拉群岛,那里的红酒生产逐渐取代了制糖业;其次是亚速尔群岛,各国商船只用一半航程就能在那里搞到度数很高的葡萄酒;由于政治因素(1704年梅森爵士与葡萄牙签订的条约),用这种酒代替拉罗歇尔或波尔多的法国酒有利可图。最后是加那利群岛,特别是特纳里夫岛,向盎格鲁-撒克逊或伊比利亚在美洲的属地,甚至向英国大量出口。

葡萄在东欧和南欧遇到伊斯兰国家的顽固抵抗。尽管如此,在伊斯兰教控制的广大地区仍有葡萄园,而葡萄酒则是那里不知疲倦的秘密旅客。伊斯坦布尔兵工厂附近的酒店老板每天向希腊

第三章 奢侈和普通:饮食

"一醉方休"。瑟兰河畔的蒙特利尔教堂内神职祷告席上的雕刻,里戈雷兄弟作(16世纪)。

海员出售葡萄酒;功业彪炳的苏里曼的儿子塞里姆嗜好塞浦路斯的葡萄甜烧酒。在波斯(当地的嘉布遣会修士有自己的葡萄架和并非仅用于弥撒的葡萄酒),设拉子和伊斯法罕出产的葡萄酒各负盛名,并有固定的买主。伊斯法罕还制造用柳条套子保护的大玻璃瓶,用这种瓶子装运的酒远销印度。[166] 1526年后取代德里苏丹的历代莫卧儿皇帝竟对波斯的烈性葡萄酒尚不满足,宁愿畅饮伊拉克的米酒,这是多么不幸呀!

可见,欧洲本身足以概括葡萄酒提出的问题。我们现在不妨回到从卢瓦尔河口到克里米亚这条漫长的北方边界。界线的一边是生产葡萄的农民,他们历来消费本地产品,熟知酒的好坏;另一边是大买主,他们喝酒不一定内行,但是有自己的要求,通常偏爱度数较高的酒。例如英国人早就揄扬康提亚和希腊诸岛出产的摩奈姆瓦西亚葡萄烧酒。[167]后来他们推崇波尔图、马拉加、马德拉、赫雷斯和马撒拉这些含酒精成分高的著名葡萄酒。17世纪起,荷兰人使各种烧酒大出风头。总之,他们的脾胃与口味与众不同。南方人以嘲弄的神情看待北方酒徒,认为他们不会品味,只知道一口气喝干。路易十二时代的编年史作者让·多东目击德国士兵在抢劫伏里城堡时突然"碰杯"庆贺。[168]1527年,谁没有看到德国兵在洗劫罗马时打穿酒桶底畅怀痛饮,不一会儿就烂醉似泥?16、17世纪表现农民过节的德国版画上总有一个坐在长条凳上的客人背转身子,吐出过量的酒食。巴塞尔人费利克斯·普拉台尔1556年在蒙彼利埃醉倒在酒桶底下,成为例行恶作剧的现成对象。[169]

北方的大量消费促成来自南方的巨额贸易:塞维利亚和安达卢西亚到英国和佛兰德可走海路;或者顺着多尔多涅河和加龙河直到波尔多和吉伦特;从拉罗歇尔或者卢瓦尔河口出发;沿着荣纳河和勃艮第运河通往巴黎,然后直到更远的卢昂;沿莱茵河航行;穿过阿尔卑斯山(每年收完葡萄,就有意大利人叫做"桶车"的德国大车来装运蒂罗尔、布雷西亚、维琴察、弗里乌尔和伊斯特里亚的新酿酒);从莫拉维亚和匈牙利运往波兰;[170]不久又开辟新的路线,从葡萄牙、西班牙和法国经由波罗的海到达圣彼得堡,满足外行的俄国人的强烈渴望。当然不是北欧全体居民都喝葡萄酒,只有富人喝得起。佛兰德的市民或领俸禄的教士早在13世纪,波兰贵族在15世纪,都认为像农民那样喝家酿啤酒有失体面。1513年困居尼德兰的巴亚尔常设宴招待宾客,席间的葡萄酒价格昂贵,

"某日他光是酒钱就花去 20 埃居"。[171]

如此这般旅行的是当年酿制的新酒,各地无不期待它的到来,而它抵达时总要引起一片欢腾。因为隔年的酒难以保存,容易变酸,而滗清、装瓶、循例使用软木瓶塞等保存方法在 16 世纪,甚至可能到 17 世纪时还没有发明。[172] 所以 1500 年前后一桶波尔多陈酒只值 6 个图尔,一桶好的新酒却值 50 图尔。[173] 到了 18 世纪,情况才恰好相反;伦敦的无赖把捡拾旧酒瓶转卖给酒商视作一项生财之道。用木桶(木板围成桶后用铁箍加固)运输葡萄酒的做法由来已久,不再像从前罗马时代那样用尖底陶瓮(个别地方遗风犹存)。这种酒桶(起源于罗马统治下的高卢)不能长期保持酒质不坏。蒙台雅尔公爵 1539 年 12 月 2 日规劝查理五世皇帝,不应为舰队购存大批葡萄酒。既然这些酒"必定自动转化成醋,与其归陛下保存,不如留在卖主手里"。[174] 18 世纪时,一部商业词典对下列事实感到奇怪:罗马人相信"酒越陈越好,而今天法国人却认为葡萄酒到第五年或第六年就泄劲了(甚至最易于保存的第戎、努依和奥尔良的葡萄酒也不例外)"。《百科全书》干脆说:"个别人赞不绝口的四年五年陈酒其实都已泄劲。"[175] 吉·巴丹为庆祝自己荣任医学院院长宴请 36 名同事,他有如下记述:"我从未见过平时正颜严色的人笑得那么狂、喝得那么多。〔……〕我为这次宴会准备了最好的勃艮第陈酒。"[176]

直到 18 世纪,各种名酒的声誉迟迟不见确立。最有名的酒之所以出名,与其说是由于质量高,不如说因为附近的道路,尤其是水道提供了运输方便(朗格多克海岸弗隆迪尼昂小葡萄园的产品与安达卢西亚、葡萄牙、波尔多或拉罗歇尔大葡萄园的产品莫不如

修士用餐图：饭菜简单，但是不排斥葡萄酒，因为后者是地中海国家的日常必需品。锡尧雷利作壁画，15世纪，锡耶纳的蒙岱奥利维多修道院。

此）；要不然就是因为邻近有大城市：巴黎一地就消耗了奥尔良出产的十万桶酒（1698年）；那不勒斯王国的"希腊酒""拉丁酒""芒吉亚盖拉"和"基督泪"就近供应人数极多的那不勒斯顾客，甚至销到罗马。至于香槟酒这种带气泡的白葡萄酒，18世纪上半期才开始生产；它的名声还不能马上压倒老牌的红、灰、白葡萄酒。但是到18世纪中叶，大局已定：今天的各种名酒业已确立声誉。塞巴斯蒂安·迈尔西埃1788年写道："请品尝罗马奈、圣维旺、西多、格拉弗的红、白葡萄酒〔……〕如果你有幸碰到，请特别留意杜凯酒，因为我以为这是世界上最美的酒，只有世界的主人才配享用。"[177]
萨伐里的《商业词典》在1762年列举法国出产的全部葡萄酒，香槟和勃艮第产品居于首位。随后是"沙布里……波马尔、尚贝尔丹、波纳、勒克洛德伏戈、伏勒奈、罗马奈、努依、缪尔索。"[178] 显然,随着各地名酒发扬各自的特色,葡萄酒越来越成为一种奢侈品。就在同一时代(1768年),根据《警世词典》,当时出现了"畅饮香槟酒"这个说法:"佻傥之徒间流行的表达方式,意为匆匆吞下。"[179]

追溯这些美酒的历史会把我们引得太远,然而我们更感兴趣的是普通酒徒,他们的人数不断增长。16世纪酗酒现象到处加剧,如在巴利阿多里德。这一世纪中叶每人每年消费量达到100公升。[180] 1598年,威尼斯市政会议不得不重新取缔聚众轰饮。在法国,17世纪初拉夫马对这个问题采取的立场毫不含糊。城市里这种普遍的酗酒从不需要高档酒;供应一般市民的葡萄园从此按照常规只种植高产的粗质葡萄。到18世纪这一习尚传入农村(乡村小酒店使农民倾家荡产),同时在城市里越演越烈。这个时期,巴黎各城门外面开设的酒店兴隆起来。那里出售的酒免上"助税",而"一瓶只值三个苏的酒入城时需要交纳四个苏的税金……"[181]

> 小市民、手艺人和风流女工
> 统统走出巴黎,光顾小酒店:
> 两块船板当桌子,不用餐巾和桌布,
> 开怀痛饮四大杯,只付一半钱。
> 酒神宠爱此地,大家喝个够,
> 肚里装不下,两眼流出的也是酒。

这首打油诗刻在当时一幅版画的下端,是给穷人读的广告;诗中所说并无诳语。巴黎近郊的这类酒店因此发财。大名鼎鼎、开在贝尔维尔"栅栏"附近的田园酒家便是其中之一。一位同时代人说,这家酒店的创始人朗波诺老爷的名声"对老百姓来说比伏尔泰和布丰还要响一千倍"。另一家是伏吉拉尔"有名的穷汉沙龙",男女老少在一片尘土和喧嚣中光脚跳舞。"伏吉拉尔客满,〔星期天〕百姓便涌到小让蒂依、波什隆和田园酒家:第二天,酒店门前可以看到几十只空酒桶。这帮人把一星期的酒都喝下去了。"[182]马德里情况相同,"人们在城外喝的酒又便宜又好,因为不必交付比酒价还高的税金"。[183]

难道真的出现酗酒现象?我们以为情形还没有那么严重。大革命前夕巴黎每人每年消费量为120升,不算过分。[184]葡萄酒事实上已成为廉价食品,尤其是劣质酒。每当小麦价格过高,葡萄酒的价格甚至会相对下降。一位乐观的历史学家维托德·库拉认为,每逢面包紧缺时葡萄酒(烧酒亦然)可以作为一种补偿,提供廉价的热量。我们是否同意他的看法,或者更简单地说,由于饥馑时期百物昂贵,人们囊空如洗,酒找不到买主只能降价出售?无论如何,我们不能单凭表面的靡费来判断生活水平的高低。需要想到,不管葡萄酒是否提供卡路里,它往往能使人逃避现实,今天卡斯蒂利亚的农妇仍把酒叫做"忘忧物"。这便是委拉斯开兹画中(布达佩斯博物馆)两个酒徒手里的红酒,或者荷兰绘画中常见的那种比较名贵的、盛在高脚酒杯和华丽的蓝色鼓肚酒杯里的金黄色酒液。在后一种场合,饮酒人兼备各种享乐:酒、烟草、轻佻的女人和17世纪流行的由乡村小提琴师演奏的音乐。

啤　　酒

谈到啤酒,除了个别例外,我们仍旧离不开欧洲。上文偶然提及的美洲玉米啤酒,在非洲黑人的宗教仪式上与西方人的面包和葡萄酒起同样作用的小米啤酒,我们这里姑且不谈,也不去过分强调这些古老饮料的遥远起源。古代巴比伦和埃及确实一直知道酿造啤酒。中国在公元前2000年末期,即从商代起,就生产啤酒。[185]罗马帝国不喜此物,只是在远离地中海的地方,如公元前133年遭受西庇翁围困的努曼西亚,或者高卢,偶然接触到啤酒。背教者尤利安皇帝(361—363年在位)喝过一次啤酒,[186]还着实挖苦一番。可是到6世纪,特里尔城已出现供穷人和蛮族饮用的大桶啤酒。查理大帝时代,帝国各地都有啤酒;他的宫殿里有酿酒师傅"专司生产优质啤酒"(cervisam bonam … facere debeant)。[187]

18世纪巴黎城外最有名的田园酒家。

生产啤酒可用优质小麦、燕麦、黑麦、小米或大麦发酵,甚至似双粒小麦也可作此用途。加工上述任何一种粮食时总要掺入别的原料;今天啤酒酿造者在大麦芽中添加啤酒花和大米。从前的配方五花八门,含有丽春花、蘑菇、香料、蜂蜜、糖、月桂叶等。中国人也在用小米或大米酿造的酒中加入香料甚至药物。今天西方普遍采用的啤酒花(它使啤酒带苦味,易于保存)大约起源于8、9世纪的修道院(822年首次见诸文献记载);12世纪在德国出现;[188] 14世纪初见于荷兰;15世纪初才抵达英国,[189]有不无夸张的歌词叠句为证(但是1556年以前啤酒花一直被禁用):

> 啤酒花、啤酒、宗教改革和桂冠
> 同年一起降临英格兰。[190]

啤酒在葡萄的领地之外,在从英格兰到尼德兰、德意志、波西米亚、波兰和莫斯科大公国等北欧的辽阔地域安身立业。中欧的城市和领地也生产啤酒,而"酿酒师傅惯于欺骗主人"。波兰农民每天啤酒消费量可达三公升。自然,啤酒王国没有明确的西部和南部边界。它以相当快的速度向南方开拓,尤其在17世纪凭借荷兰人的势力扩大疆域。波尔多是葡萄酒的王国,设立啤酒厂阻力很大,[191]进口啤酒在荷兰人和其他外国移民甚多的沙特隆近郊区的酒店里像水一样流淌。[192]更有甚者,塞维利亚作为葡萄酒的大本营也是国际贸易中心,早在1542年就有啤酒厂。广阔的西部边境界线不明,啤酒厂的设立从未给人发生一场革命的印象。如洛林地区的葡萄园产品不佳,收入也不可靠,但是啤酒厂并不多见。

直到巴黎都是这种情况。根据勒格朗杜西(《法国人的私生活》，1782年版)的看法，啤酒是穷人的饮料，每逢时世艰难，其消费量必然增加；反之，经济景气的年代，原来喝啤酒的就改饮葡萄酒。接下去他引用几个过去的例子，然后补充说："我们自己难道没有看到七年战争(1756—1763)产生相似的后果？好些原来只喝葡萄酒的城市学会饮用啤酒，据我所知，香巴尼的某城市一年内就开办了四家啤酒厂。"[193]

然而从1750到1780年(仅从表面上看是矛盾现象，因为从长期看这一时期在经济上是繁荣的)，啤酒将在巴黎遇到危机。啤酒酿造厂的数目从75家降为23家，产量从7.5万缪特(1缪特等于286公升)降为2.6万。啤酒酿造商的处境实在困难，他们每年都要关心苹果的收成，力图从苹果酒上头找回在啤酒上受的损失！[194]从这个角度来看，大革命前夜的局势未见改善；葡萄酒依旧是大赢家：从1781到1786年，巴黎平均年消费量高达7130万公升，而啤酒消费量仅为540万公升(13.5∶1)。但是后来发生的情况将证实勒格朗杜西的论点：1820到1840年为明显的经济困难时期，巴黎葡萄酒消费量与啤酒消费量的比例为6.9∶1。啤酒消费有相对进展。[195]

但是喝啤酒的并非都是穷人！啤酒也并非总是伴随"冷肉"和"燕麦饼"的英国家酿"小啤酒"。除了只值半个小钱的民间啤酒，尼德兰有钱人早在16世纪就饮用从莱比锡进口的高级啤酒。1687年，法国驻伦敦大使定期给塞涅雷侯爵寄去英国淡啤酒，"此乃所谓兰别特淡啤酒"，并非"既不对法国人脾胃，又与葡萄酒一样容易喝醉、价格同样昂贵的烈性啤酒"。[196] 17世纪末不伦瑞克和不来梅出口的优质啤酒远届东印度。[197]在德国全境,在波西米亚和波兰,城市里的啤酒酿造作坊经常达到工业生产规模,挤走农家或贵族领地自制的、往往不用啤酒花的轻啤酒。我们拥有关于这个问题的大量文献资料。啤酒制造和零售已成为立法对象。[198]市政当局监督它的生产;如在纽伦堡,只有从圣米歇尔节到圣枝主日这一段时期内准许酿造啤酒。声名显赫的啤酒的名目一年超过一年,出了好些书专门赞扬它们的功效。亨利希·克诺斯特[199] 1575年发表的书中开列这些名牌啤酒的名称和别号,说明它们对饮用者有何疗效。可是没有长存不衰的名声。莫斯科公国的一切都比别处落后,1655年消费者只有在"公共食堂"才能觅到啤酒和烧酒;在那里,他们同时还购买咸鱼、鱼子酱或者以阿斯特拉罕和波斯进口的染黑羊皮,以充实经营垄断买卖的国家的钱柜。[200]

1627年哈勒姆的"特里莱陵"啤酒厂,J.A.马达姆作画。哈勒姆的弗朗茨·哈尔斯博物馆。

因此世界各地有几百万个"啤酒肚子"。但是葡萄产地的农民仍喝葡萄酒,他们对这种北方饮料嗤之以鼻。一位参加诺特林根战役的西班牙士兵对啤酒从不沾唇,"因为它总有一股马尿味"。五年以后,他冒险试验一次,偏偏当晚上吐下泻,像是吃了"泻药"一样。[201] 查理五世皇帝对啤酒喜爱入迷,他在退居尤斯特修道院期间仍不顾意大利医生的劝告,嗜饮如初。[202] 这表明他是个道地的佛拉芒人。

苹　果　酒

关于苹果酒简单说两句。它起源于比斯开,果实专供酿酒用的苹果树也是从那里传来的。科唐坦、卡昂乡下和奥热地区 11 或 12 世纪出现这种苹果树,到下一个世纪出现苹果酒。不过需要说明,这些地方虽然位于"商品"葡萄的界线以北,但仍有葡萄种植。苹果酒的竞争对手不是葡萄酒,而是啤酒。而且它击败了对手,因为啤酒需要粮食酿造,为了喝啤酒有时就得少吃面包。[203]

苹果树和苹果酒因而赢得地盘,于 15 世纪末和 16 世纪初开始传到东诺曼底(塞纳河下游和戈地区)。1484 年的三级会议上,一位外省代表还能说下诺曼底和上诺曼底(东部)的重大区别在于前者有苹果树,后者没有。苹果酒在上诺曼底曾遇到啤酒,尤其是葡萄酒(如塞纳河河湾地段的葡萄园的产品)的抗拒,直到 1550 年方才获胜,喝它的当然都是平民百姓。[204] 苹果酒在曼恩河下游取得的成绩较为显著,因为从 15 世纪起,至少在这个省份的西南部,苹果酒将成为富人的饮料,而穷人依旧喝啤酒。不过在拉瓦尔,富人的抵抗一直坚持到 17 世纪;他们在投降以前宁可自己喝劣质葡萄酒,把苹果酒让给石匠和男女仆人。[205]这个小小的变革是否应由17世纪的经济衰退负责?诺曼底离巴黎很近,苹果酒自然也要在首都走运。不过我们不要夸大事实:1781至1786年,一个巴黎人平均每年消费121.76升葡萄酒、8.96升啤酒、2.73升苹果酒。[206]后者屈居末位。它在别处也不居优势,如在德国还遭到野苹果酒———一种质量很差的饮料———的竞争。

烧酒在欧洲较晚走运

另一场革新或革命也在欧洲(我们还要等一会儿才能跨越它的疆界)发生:葡萄烧酒和粮食烧酒,一句话,就是烧酒。不妨说烧酒发明于16世纪,发展于17世纪,普及于18世纪。

葡萄烧酒是葡萄"加热"提炼的产品。这项操作需要一种工具:蒸馏器(alambic,来自阿拉伯语 al 和希腊语 ambicos,可以蒸馏溶液的长颈瓶)。古希腊和古罗马时代只有蒸馏器的雏形。但有一个事实不容置疑:西方在12世纪以前已有蒸馏器,也就是说存在蒸馏各种含酒液体的可能性。不过长时期内只有药剂师蒸馏葡萄酒。初次蒸馏和二次蒸馏所得的烧酒原则上都是"不含任何水分"的酒精,作"药物"用。烧酒可能就是通过这种途径于1100年左右在意大利南方被发现的,那里的"萨莱诺医学院当时曾是最重要的化学研究中心"。[207]至于把首次蒸馏烧酒归功于1315年逝世的雷蒙·吕勒,或者这位奇怪的江湖医生阿尔诺·德·维勒纳弗(据说他在蒙彼利埃和巴黎教过书,1313年死于从西西里到普罗旺斯的旅途中),这都是子虚乌有之谈。阿尔诺·德·维勒纳弗留下一部名字漂亮的著作:《驻颜术》。根据他的说法,烧酒,又名

第三章 奢侈和普通:饮食

生命之水,有驱邪活血之功效,能治腹痛、水肿、瘫痪、四月热;镇定牙痛;预防瘟疫。然而正是这剂神药使声名狼藉的"恶人查理"死于非命(1387年):医生们用浸透烧酒的被单把他紧紧裹起来,还用粗针缝上封口以便加强疗效。为了弄断一根线,一个仆人移近一枝蜡烛:被单和病人统统着火……[208]

烧酒在长期内始终是一种药物,特别用来治疗瘟疫、风湿病和失音症。1735年的《化学通论》还宣称"酒精恰当使用便是万应灵药"。[209]其实到这个时代,酒精早就用于制造甜烧酒了,不过15世纪德国用煎熬香料的办法生产的烧酒仍被当作药品。到这一世纪末和下一世纪初才发生变化。1496年在纽伦堡并非只有病人才喝烧酒,既然市政当局不得不禁止节日期间自由出售烧酒。1493年一位纽伦堡医生写道:"鉴于现在人人都喝烧酒,正经人必须记住自己的酒量,量力而行。"毫无疑问,烧酒、暖心酒或者文献里提到的美味醇酒那时早已诞生了。[210]

不过烧酒摆脱医生和药剂师的控制并非旦夕之功。1514年,路易十二特许酿醋作坊蒸馏烧酒,从而把药品变为普通商品。1537年,弗朗斯瓦一世让醋商和汽水制造商分享这一特权,由此引起的争执证明经营烧酒的赢利很大。这场变革在科尔马来得更早:从1506年起市政当局即监督烧酒生产和销售,税单和报关单上已列有这项商品。烧酒生产在那里发展很快,达到面向全国的规模。由于这个地区的葡萄园很发达,酒桶制造业势力很大,最初由酒桶工场主生产烧酒。正因为他们的赚头太好,1511年起商人们就企图把这笔买卖夺过来。50年后商人们如愿以偿。不过纠纷并未了结,1650年酒桶制造业重新获得生产烧酒的权利,不过

啤酒、葡萄酒和烟草。J.冉茨·凡德维尔德作静物画(1660年)。海牙"莫里茨之家"。

有个附带条件:产品必须交给商人销售。我们还发现,科尔马的名门望族无一不是烧酒商人。由此可以断定,这项生意已经取得重要地位。[211]

遗憾的是这类资料我们掌握不多,不足以勾勒出早期烧酒生产的地理分布和年代次序。从有关波尔多地区的某些材料来看,早在16世纪加亚克似乎已有一家烧酒作坊,生产的烧酒1521年起就远销安特卫普。[212]不过我们对此没有十分把握。在威尼斯，至少在海关税率表中，到1596年才出现烧酒。[213]巴塞罗那17世纪前谈不上烧酒。在这些线索之外，我们还可以认为，北欧国家——德国、荷兰、卢瓦尔河以北的法国——在这个领域比地中海国家起步更早。荷兰的水手和商人即便不是烧酒的发明者，至少也是推广者。他们在17世纪把烧酒生产技术带到欧洲大西洋沿岸各地。由于他们经营当时最大的葡萄酒贸易，常为运输、保存、添加糖分等问题伤透脑筋；质量最次的葡萄酒只消掺入烧酒便会变得醇厚。烧酒比等量的葡萄酒值钱，运输费用也省。且不谈当时的嗜好……

由于需求增加，也因为运输烧酒比葡萄酒省事，在离海岸很远的卢瓦尔河流域、普瓦图、上波尔多、佩里戈尔和贝亚恩（汝朗松葡萄酒中掺有烧酒）的葡萄园里也设立蒸馏烧酒的作坊。赫赫有名的高涅克酒和阿马涅克酒便在17世纪为满足外部要求应运而生。一切有利条件都凑在一起成全这两种名酒：葡萄的品种（如夏朗德的"无名火"和"白衣疯女"）、木材资源和就近的水道。1728年起，高涅克财政区每年通过托奈-夏朗德港输出约27000桶烧酒。[214]甚至洛林省默兹河流域的劣质葡萄酒也从1690年起（可能更早）和葡萄榨渣一样被蒸馏成烧酒，顺着默兹河运往尼德兰。[215]不久以后，凡有原料的地方都生产烧酒；就这样一站一站传下去，南方的葡萄酒产区必将涌出烧酒，如赫雷斯附近的安达卢西亚、加塔洛尼亚和朗格多克。

产量很快上升。塞特港1698年仅出口225000公升烧酒；1725年达3750000公升（即蒸馏16875000公升葡萄酒）；七年战争前夜的 1755 年为 6 592 600 公升（折合 29 666 700 公升葡萄酒），创最高记录，此后由于战争大受打击。同时烧酒的价格下跌：1595 年每维尔热（等于 7.6 升）烧酒的售价为 25 里佛；1698 年为 12 里佛；1701 年为 7 里佛；1725 年为 5 里佛；1731 年以后逐渐回升，到 1758 年每维尔热烧酒值 15 里佛。[216]

显然需要顾及各种烧酒的纯度。[217] 纯度的下限由所谓"荷兰试验"来测定，办法如下：从处于蒸馏过程的烧酒中提取样品，灌满小玻璃瓶的一半。用拇指堵住瓶口后，将瓶子倒置、摇动：如果进入酒液的空气形成某种形状的气泡，烧酒即达到商业纯度，即 47°到 50°。低于这个标准的称为"浑酒"，需要扔掉或重新蒸馏。平均纯度称为"五分酒"，含酒精 79% 到 80%；最高纯度为"八分酒"，即"纯酒"，含酒精 92% 或 93%。

生产工艺始终很难掌握，停留在手工业阶段。在魏格尔特发明双流冷却（1773 年）之前，人们仅凭经验对蒸馏器作出收效甚微的改进。[218] 使一次蒸馏成为可能的决定性改革以及 1768 年出生的一位不出名的发明家爱德华·亚当的革新，都是以后的事情。这些改革将降低成本，有助于烧酒在 19 世纪广为流行。[219]

烧酒消费增长很快。向即将上阵的士兵分发烧酒已成惯例，根据 1702 年一位医生的说法，这不会产生"不良效果"！[220] 简单说，士兵变成了酒徒，烧酒生产趁机也变成军需工业。一位英国军医（1763 年）甚至担保说，葡萄酒和含酒精饮料有利于消灭"恶疾"，因而为士兵健康所必需。[221] 同样，巴黎中央菜场的苦力不分男女都习惯喝兑水、并用荜拔提味的烧酒；这样他们就不必消费因为抽入城税而价格偏高的葡萄酒。爱吸烟的工人据说生性懒惰，

第三章 奢侈和普通：饮食

卖克瓦斯的商人。克瓦斯是俄国穷人的烧酒，用大麦发酵制成，有时甚至用吃剩的面包或酸水果酿造。J.-B.勒普林斯作版画。

他们常去烟酒铺消磨时间，那里的顾客喝的也是兑水的烧酒。[222]

另一种出售方式是各种掺香料的烧酒。这类酒被叫做拉塔非亚，我们毋宁直呼其名为甜烧酒。路易·勒姆里医生在《食物通论》里写道："一点就着的烧酒略带涩味，往往还有焦臭味，〔……〕为了去掉这种令人不快的味道，人们发明几种配方，取名为拉塔非亚，其实不过是在烧酒或酒精中掺入香料。"[223] 17世纪这类甜烧酒风行一时。吉·巴丹总爱嘲弄同时代人的癖好，当然不会放过有名的从意大利传来的"日光之露"："日光之露只能给人烈日炙烤的感受。"[224]甜烧酒最终被社会接受了，17世纪末出版和流行的市民实用手册，如《治家良方》，少不了记载"以意大利方式〔……〕制作各种甜烧酒的正宗做法"。[225] 18世纪巴黎出售的烧酒混合饮料的种类不胜枚举：塞特水、八角水、法朗吉巴纳水、浅色水（制法与"浅色"葡萄酒一样，即用香料浸泡）、用水果做原料的拉塔非亚酒，用糖和朗姆酒做原料的巴巴多斯水、旱芹水、茴香水、千花水、石竹花水、神水、咖啡水……生产这类"水"的最大中心是蒙彼利埃，朗格多克的葡萄甜烧酒近在咫尺。最大的主顾当然是巴黎。蒙彼利埃商人在巴黎的位于谢特街设有大仓库，以半批发方式供应各家酒店。[226] 16世纪的奢侈品现在已变成日常消费品。

并非只有葡萄烧酒在欧洲和全世界不胫而走。安的列斯群岛开始用糖生产朗姆酒。这种酒在英国、荷兰以及英国在美洲殖民地比在欧洲其他地方更加走运。我们应该承认它是一名劲敌。葡萄烧酒在欧洲遇到的对手是苹果酒（17世纪起用苹果酒生产出无与伦比的卡尔瓦多酒）、[227] 梨酒、李酒和樱桃酒；来自阿尔萨斯、洛林和弗朗什-孔代的基尔什樱桃酒1760年前后在巴黎"作为药物"使用；扎拉的酸樱桃酒于1740年前后以马拉斯甘酒出名，这是威尼斯的专利产品，制法秘不外传。还有品质较次，但构成严重威胁的竞争对手：葡萄榨渣烧酒和粮食烧酒。1690年开始在洛林用葡萄榨渣蒸馏烧酒。蒸馏葡萄烧酒需用文火，而蒸馏葡萄榨渣烧酒需用急火，因此消耗大量木材。洛林地区丰富的木材资源派上用场。后来这种蒸馏方法慢慢传播到别的地区，如勃艮第，那里的葡萄榨渣被公认为品质最佳。意大利各葡萄园也有自己的名酒佳酿。

葡萄烧酒的劲敌是粮食烧酒（两者之间的关系类似啤酒与葡萄酒）：康伯兰德、伏特加、威士忌、杜松子酒和刺柏子酒。我们不知道它们什么时候在"商品"葡萄的界线以北初次出现。[228]它们好在价格低廉。18世纪初伦敦社会无分贵贱都以饮杜松子酒为能事。

自然,沿着葡萄种植的北界排列的国家口味较杂:英国既对大陆的葡萄烧酒和美洲的朗姆酒(潘趣酒是在美洲初露头角的)一视同仁,又爱好本国的威士忌和杜松子酒;更典型的例子是荷兰,世界上各种葡萄烧酒和粮食烧酒,外加库拉索和圭亚那的朗姆酒,都在那里汇合。各种烧酒在阿姆斯特丹交易所里都有牌价:朗姆酒居首位;随后是葡萄烧酒;粮食烧酒远远落在这两种贵族酒后面。莱茵河和易北河之间的德国同样兼嗜葡萄烧酒和粮食烧酒:1760年,汉堡从法国进口4000桶葡萄烧酒,每桶500公升,合计约200万公升。要到易北河彼岸和波罗的海周围才真正开始出现单纯消费粮食烧酒,或者很少消费葡萄烧酒的地区。同一年(1760年),吕贝克仅进口400桶法国葡萄烧酒,坎尼斯堡进口100桶,斯德哥尔摩也是100桶。吕贝克"进口甚少,而且都是为普鲁士进口的"。萨伐里解释说,波兰和瑞典虽说"并不比别的国家对这种灼人的饮料更持保留态度〔……〕但与其喝葡萄烧酒,人们更喜欢粮食烧酒"。[229]

无论如何,欧洲异常出色地完成了自己的烧酒革命。它在烧酒里找到日常兴奋剂、廉价的卡路里和一种容易到手但是后果严重的奢侈品。国家不放过一切有利可图的事情,不久也将从烧酒中得到好处。

欧洲以外的烧酒消费

事实上,没有一个文明未曾为饮料问题,特别是含酒精饮料问题找到自己的一种或多种解决办法。植物产品经发酵后都产生酒精。加拿大的粗糖为印第安人提供酒精；墨西哥在被科尔特斯征服之前和之后都有"像葡萄酒一样醉人"的龙舌兰烧酒；安的列斯群岛和南美洲最穷苦的人喝玉米或木薯烧酒。让·德·莱里1556年遇见里约热内卢海湾的图比南姆巴人：这个部族虽说尚未开化，过节时也有一种用捣碎发酵的木薯制成的饮料。[230]别处的棕榈酒实为经过发酵的棕榈汁液。北欧有桦树汁饮料和粮食啤酒。发酵的蜂蜜水15世纪前一直在欧洲，尤其是北欧畅销。远东早就有米酒，用糯米酿造的品质尤佳。

是否因为欧洲拥有蒸馏器，便对所有这些民族而言具备一种优势，即有可能选择生产一种含酒精成分特高的烧酒？朗姆酒、威士忌、康伯兰德、伏特加、卡尔瓦多斯、葡萄榨渣烧酒、葡萄烧酒、杜松子酒，统统来自蒸馏器的冷却管。为了解答这个问题，需要调查远东的大米或小米烧酒起源于欧洲出现蒸馏器之前还是之后，而欧洲有蒸馏器是11到12世纪的事情。

欧洲旅行家显然不能为我们提供答案。他们17世纪初在海盗盘踞的阿尔及尔看到阿拉克酒。[231] 1638年，一位名叫芒代尔斯罗的旅行家在古吉拉特声称，"当地人从棕榈树提取的戴利酒……是一种有甜味、很上口的烧酒"。他接着说："他们从稻子、糖和椰枣提取阿拉克酒，这种烧酒比欧洲生产的更烈性、更好喝。"[232] 康普费尔医生这样一位行家认为他在日本喝到的"清酒"（1690年）是一种大米啤酒，"其烈性等于西班牙葡萄酒"；相反他在暹罗尝到的"劳酒"则是一种烧煮过的酒，除此之外旅行家还发现当地人喝粕酒。[233] 同样地，耶稣会士的书信中说中国人用大米做的酒是"地道的啤酒"。人们往往在酒里加入"新鲜、糖渍或者晒干"的水果，因此有"椴梓酒、樱桃酒、葡萄酒"各种名目。但是中国人也喝一种烧酒，此种酒"通过蒸馏器制得，入口辛烈，其灼人如酒精"。[234] 稍晚一些时候，乔治·斯吞通在中国喝到"一种黄酒"，即大米酒，"以及烧酒，后者似较黄酒为佳，因黄酒色浑、乏味，且易变酸。烧酒性烈、色清、极少焦臭味"。这种烧酒"有时度数甚高，测试之乃高于酒精"。[235] 直到1738年，才由一位在西伯利亚探险的德国人格墨林为我们描述中国人使用的蒸馏器。[236]

但是，蒸馏烧酒始于何时，却是一大问题。我们差不多可以断定波斯在萨桑王朝时代已使用蒸馏器。9世纪时，铿迭不仅提到用蒸馏法提炼香精，而且描写了作此用途的器具。他还谈到樟脑，众所周知这是樟木蒸馏后的产品。[237] 中国早就生产樟脑。再说没有任何材料足以反证中国在9世纪还没有烧酒。唐代有两首诗谈到9世纪四川的烧酒很出名，我们正是从中得出这个结论。但是必须认为这个问题尚待澄清，因为在同一本集体编写的著作（1977年）里，E.H.沙非尔先生提出烧酒最早见于9世纪，M.弗里曼先生则认为蒸馏技术肇始于12世纪初，而F.M.莫特却把同一技术视作12或13世纪的新发明。[238]

因此，在这个问题上很难断定是西方还是中国领先。烧酒起源于波斯的说法也许比较可信，特别因为中文表示烧酒的名词中有一个是阿拉伯语"粕酒"的仿造语。

反过来，不能否认葡萄烧酒、朗姆酒和 agua ardiente（甘蔗烧酒）是西方送给美洲文明的下了毒的礼物。蒸馏剑麻心得到的梅兹卡尔酒含酒精成分比蒸馏剑麻得到的比尔克酒高得多，这两种酒也是西方带给美洲的。印第安人深受其害。墨西哥高原的文明一旦失去它的制约力量和古老的禁忌，对于这一诱惑似乎毫无抵抗能力，以致烧酒从1600年起在那里造成了令人难以置信的灾难。我们只需想一想，比尔克酒在新西班牙为国库带来的收入等于银矿收入的一半！[239] 这本是新主人有意推行的政策。1786年，墨西哥总督贝尔拿多·德·加尔韦兹称赞烧酒的功效；他指出印第安人贪饮杯中物，建议让墨西哥北部还不知饮酒的阿巴什部族也染上同样的嗜好。这不仅是一大财源，还是使他们产生"一种新的需要，迫使他们承认对我们的依附"[240]的最好办法。英国人和法国人在北美洲已经这样做了：前者传播朗姆酒，后者则不顾国王的禁令推广葡萄酒。

巧克力、茶、咖啡

欧洲是世界上各种新鲜事物的中心。与烧酒同时或略有先后，它发现三种新的有提神强身作用的饮料：咖啡、茶、巧克力。这三种饮料都从海外传入：咖啡来自阿拉伯（先在埃塞俄比亚种植），茶来自中国，巧克力来自墨西哥。

巧克力于1520年，从新西班牙、即墨西哥传入西班牙时被制成圆块或长条形状。因此，毫不奇怪它在西属尼德兰出现比在法国早一点（1606年）。玛丽·泰莉莎（她与路易十四结婚是1659年的事情）因为不能割舍在西班牙养成的习惯而偷偷喝巧克力的轶闻也有几分可信。[241] 在这以前几年把巧克力真正引进巴黎的人，据说是黎塞留枢机主教（黎塞留首相的兄弟，里昂大主教，死于1653年）。这也可能，不过当时巧克力兼任药物和食物。后来有

第三章 奢侈和普通：饮食

巧克力风行西班牙……：巧克力午餐，佐巴朗（1568—1664）作。贝桑松博物馆。

一位证人说："我听他〔枢机主教〕的一名仆人说，他用巧克力治疗脾火过旺，这个秘方是由几个西班牙修女传入法国的。"[242] 1657年，巧克力从法国抵达英国。

巧克力最初是私下、几乎偷偷摸摸地被带到法国的。塞维尼夫人的书信里提到，[243]巧克力在宫廷里有时走红有时冷落，完全因时因人而定。她本人就对这种新饮料是否危险感到担心，因而像旁人一样养成在巧克力里掺入牛奶的习惯。事实上，直要等到摄政时代巧克力才被人接受。摄政王是它的福星。那时候，"去喝巧克力"的意思是侍候亲王起床，得到他的宠信。[244]不过我们也不要夸大这个成绩。1768年巴黎有人说："大人物偶尔饮用巧克力，老人常喝，平民百姓从不问津。"说到底，只有在西班牙巧克力才大获全胜：马德里居民以饮用添加肉桂的浓巧克力为一大乐趣，外国人对之无不嘲弄。一位犹太商人阿隆·高拉斯，1727年在贝荣纳开设商行并非毫无道理。他的来往信件保存至今。他与阿姆斯特丹和经营殖民地食品的市场（特别是加拉加斯的可可经常走这条意想不到的弯路）都有联系，以贝荣纳为据点注视伊比利亚半岛的市场。[245]

1693年12月，热梅利·卡勒里在士麦那向一位土耳其将领殷勤奉上一杯巧克力：不料好心遭到恶报，"或者他喝巧克力喝醉了〔我们表示怀疑〕，或者烟草把他熏醉了，他冲着我大发雷霆，说我灌他烧酒，企图使他迷糊，失去判断力……"[246]

茶叶随葡萄牙人、荷兰人和英国人从遥远的中国来到这里。但在10至12个世纪以前，中国业已普及饮茶。茶传入欧洲的过程既漫长又艰难：必须输入茶叶、茶壶、瓷质茶杯，然后引入对这一异国饮料的嗜好。欧洲人首先在印度尝到茶，那里饮茶已经成为风气。第一箱茶叶大概是由荷兰东印度公司于1610年运达阿姆斯特丹的。[247]

茶树（在17和18世纪称作茶叶树，但该词未被大众采用）是一种灌木，中国农民采摘它的叶子。初生的叶片小而娇嫩，可制作贡茶，叶片越小身价越高，叶片焙干后即为绿茶。经日光晒干后发酵、变黑，即为红茶。绿茶和红茶均用手工揉制，装入有铅皮或锡皮夹层的大木箱外销。

根据德拉马尔的说法，这一新饮料1635或1636年在法国出现，不过还远没有被社会普遍接受。1648年有人为取得行医资格提出一篇关于茶叶的论文，因此吃足苦头。吉·巴丹写道："我们有几位博士把文章付之一炬，医学院院长因通过这篇论文备受责

第三章 奢侈和普通：饮食

意大利：巧克力，隆吉(1702—1785)作。

难。你将来读到它的时候一定会捧腹大笑"。然而十年以后(1657年)，另一篇由掌玺大臣塞吉埃(他本人嗜茶)推荐的论文却使公众信服这一新兴饮料的效用。[248]

荷兰人和伦敦的咖啡店主把茶传入英国，后者在1657年促成饮茶之风。萨米埃尔·佩皮1660年9月25日初次品茗。[249]东印度公司于1669年开始从亚洲进口茶叶。[250]事实上，欧洲的茶叶消费到18世纪20年代才达到可观的程度，那时候欧洲和中国开始直接贸易。这以前，大宗的茶叶生意都在巴达维亚中转。这个港口是荷兰人1619年开辟的，中国帆船运来通常的货物以及数量不多的粗茶，只有这种茶叶能经过长途运输不变质。短时期内，荷兰人曾经做到不用白银购买，而是用大包鼠尾草交换福建的茶叶。

鼠尾草在欧洲也用于制作一种有疗效的饮料。不过中国人没有受到诱惑；茶在欧洲却交上好运。[251]

英国人很快超过了荷兰人。1766年起，广州输出茶叶分配如下：英国船600万磅；荷兰船450万磅；法国船210万磅；合计1500万磅，约7000吨。专门运输茶叶的船队逐渐建立起来；数量越来越多的茶叶箱在设有"东印度公司码头"的世界各大港口卸货：里斯本、洛里昂、伦敦、奥斯坦德、阿姆斯特丹、哥德堡，有时还有热那亚和里窝那。数量激增：1730到1740年广州每年出口28 000担（一担约等于60公斤）；1760到1770年为115 000担；1780到1785年为172 000担。[252]如果我们像乔治·斯吞通一样把起点定为1693年，可以得出一个世纪以后茶叶消费量"增加四百倍"的结论。斯吞通时代最穷困的英国人每年消费五到六磅茶叶。[253]这一下我们就明白这项奇特的贸易到底是怎么一回事了：只有西欧的一小部分，荷兰和英国，迷上这一新兴饮料。法国至多消费它自己的船队运载的茶叶的十分之一。德国偏爱咖啡。西班牙对茶叶更少兴趣。

英国政府为了抵抗来自大陆的巨额进口，曾经免课杜松子酒生产税。新兴的茶是否在英国接替了杜松子酒的地位？茶是否成为医治乔治二世时代伦敦社会不容否认的酗酒风气的对症良药？或者1751年对杜松子酒突然课税，[254]同时粮食价格普遍上升，为新来者大开方便之门？何况茶还享有治疗风湿病、坏血病和各种热症的名声。霍加斯的"杜松子酒"似乎从此衰落。总之是茶打了胜仗，国家税务部门因而密切监视茶叶贸易（和北美殖民地一样，后来北美殖民地正是在茶叶贸易上找到起义的借口）。闻所未闻

第三章 奢侈和普通：饮食

茶：一幅18世纪中国画的细部。吉美博物馆。

的走私活动随即兴起，每年从大陆经由北海、英吉利海峡或爱尔兰海走私入境的茶叶达到六七百万磅。所有的海港，各国的东印度公司，阿姆斯特丹和别处的高级金融界，无不有份。包括英国消费者在内，人人都是同谋。[255]

下面这幅图画只涉及欧洲西北部，缺少一名主要的主顾：俄国。可能早在1567年俄国就有人饮茶，但是《尼布楚条约》（1689年）签订以前，特别是1763年在伊尔库茨克以南的恰克图设立交易集市以前，饮茶尚未普及，在列宁格勒档案馆一份18世纪末的文件（用法文书写）中可以读到。"中国人带来的〔商品〕……是一些绸缎、漆器，少许瓷器，大量我们叫做南京细布而俄国人叫做希特里的广东布料，以及数量可观的绿茶。这种茶叶的质量远远胜过欧洲经过长途航海收到的茶叶，因此俄国人不得不以高达每斤20法郎的价格收购，而他们转售时的价格很少超过15或16法郎。为了弥补这项损失，他们从不错过机会抬高皮货的价格，这几

18世纪出岛的日本人描绘的荷兰人与中国人一起饮茶的场面。法国国家图书馆版画部。

乎是他们唯一能为中国人提供的货物。不过政府在这个花招中比商人得到更多:俄国政府对每笔交易抽取25%的税"。[256]然而到18世纪末,俄国进口的茶叶每年不到500吨。比起欧洲消费的7000吨差远了。

作为有关茶在西方传播情况的这一章的结束语,我们指出欧洲在今后很长一段时期内不知道引种茶树。第一批茶树1827年在爪哇种植,锡兰出现茶园则在1877年以后,适逢一场灾难几乎毁尽岛上的咖啡树。

茶在欧洲交好运,即便局限于俄国、荷兰和英国,也是一大革新,但是从世界范围来看,这件事的重要性就有所逊色。直到今天,中国仍是茶的最大生产者和消费者。茶在中国与葡萄在地中海沿岸起的作用相同,凝聚着高度发达的文明。这两种植物都有自己的地理疆域,它们的起源古老,栽培技术逐渐改进,臻于完善。为了满足世世代代的内行消费者的要求,种植者必须小心翼翼地、频繁地照料作物。茶在纪元前已出现于四川,13世纪征服整个中国。[257]比埃尔·古鲁说:"中国人品茶的本领高超,足以区别不同产地的茶叶,并且精明地评定上下品级。〔……〕这一切特别使人想起旧大陆另一端的葡萄种植业,它也是一种定居农民的文明经过几千年发展后取得的成果。"[258]

任何凝聚着文明成果的作物都使种植者受它的奴役。他们需要疏松茶园的土壤,播下种子,修剪树枝,使茶树的生长停留在灌木阶段,不至于发育成乔木,"如它们在野生状态那样";小心翼翼地采摘树叶;当天就动手加工;在日光下晒干或用火焙干茶叶;揉制茶叶,然后再一次焙干……在日本,茶叶的焙干揉制操作可以重复六七遍。这样制作的茶叶获得某些特性(产品的优劣程度取决于茶的品种和栽培土壤,更取决于采摘的时令,春天的嫩叶比其他季节的叶子更香;最后还取决于加工方式,绿茶和红茶的区别在于加工方式不同,等等)之后,便能以极高价格出售。日本人用品质最佳的绿茶制成的茶粉能在沸水中溶化(不是浸泡),这种茶用于有名的茶道。茶道本系中国古法,在中国却已失传。一部18世纪的回忆录中提到,茶道的仪式异常复杂,为了掌握这门艺术,"在那个国家里需要有人教授,就像在欧洲为了学好跳舞和行礼也需要请教师一样。"[259]

这是因为茶和葡萄酒一样,和任何一种体面的、凝聚着文明成果的作物一样,自有一套规矩。在中国和日本,穷人家里也在白昼任何时候都有沏茶的开水备用。[260]中国的富裕家庭招待客人必定奉上一杯茶。1762年有人为我们提供如下情况:"喝茶有一套非常方便的器具,如一张带装饰的桌子〔传统的茶几〕、桌旁一个小炉子、几个带抽屉的盒子、水瓮、茶杯、茶托、糖勺、做成榛子大小的冰糖块等等。喝茶时可把冰糖块含在嘴里,少量的糖不至于改变茶的香味。伴随这一切的,还有各种果脯和果酱,中国人制作美味开胃的甜食的本领远比〔欧洲糖果商〕高明"。[261]不过需要补充,根据19世纪在中国北方旅行的一位人士的说法,由于北方不易生长茶树,"下层居民视茶叶为奢侈品,他们嗅闻开水时的喜悦心情不亚于有钱人品尝绿茶,而且他们满足于把开水叫做茶"。[262]是否饮茶的风尚促成把开水当作奇怪的代用品?或者是因为中国和日本按例只喝热的饮料,无论是茶、清酒、大米或小米烧酒,以至水本身?看到拉斯戈台斯神父喝生水,他周围的人大惊失色,劝他放弃这一如此危险的习惯。[263]一本通情达理的书(1762年)写道:"西班牙人一年到头嗜冰如迷。如果他们也像中国人那样喝热的,他们国中就不会有那么多的疾病流行,他们的气质也不会那么生硬。"[264]

茶在中国和日本是家常饮料,但是在远东其他地方还没有普及到这一程度。为适应长途运输,茶叶被制成茶砖,从很早时候起便由牦牛队从扬子江经过世界上最坏的路运往西藏。铁路未建成以前,由骆驼队把茶砖运往俄国。茶砖至今仍是苏联某些地区的日常消费品。

茶在伊斯兰国家也是一帆风顺。摩洛哥的重糖薄荷茶已成为民族饮料,但是它在18世纪才由英国人传入,到19世纪它才广为

第三章 奢侈和普通：饮食

流行。对于茶在其他伊斯兰国家的传播路线，我们不甚了然。不过凡是茶取得成功的地方，如北欧、俄国和伊斯兰国家，都不种葡萄，这一事实难道不应该引起注意？能否作结论说，这两种凝聚着文明成果的作物相互排斥？乌斯达里茨便是这么想的。他于1724年宣称不必担心茶的势力扩张到西班牙，北欧之所以消费茶只是为了"弥补葡萄酒的不足"。[265] 反过来，欧洲的葡萄酒和烧酒也没有征服远东。

伊斯坦布尔一咖啡馆内景。法国国家图书馆版画部。

过去人们说咖啡树[266]可能原产波斯，其实更可能起源于埃塞俄比亚；无论如何，1450年以前见不到咖啡树和咖啡。到1450年亚丁有人喝咖啡。15世纪末咖啡传到麦加，但是1511年麦加禁止消费咖啡，1524年再次禁止。1510年开罗出现咖啡，1555年它始见于伊斯坦布尔，从此周期性地被禁止，然后又开禁。同时它在土耳其帝国广泛传播,出现在大马士革、阿勒颇和阿尔及尔。不到16世纪末,它已经在整个穆斯林世界取得稳固地位。不过在信奉伊斯兰教的印度,达维尼叶时代咖啡还不经见。[267]

西方旅行者在伊斯兰国家遇见咖啡,有时见到咖啡树。如一位意大利医生,普罗斯贝罗·阿尔比尼,[268]1590年居留埃及时,或者这位喜欢吹牛的旅行家,彼特罗·台拉·瓦雷,1615年在君士坦丁堡,便有此发现。后者写道:"土耳其人另有一种黑色饮料。这种供热饮的饮料,夏天喝下去会生凉意,冬天喝了会感到温暖。〔……〕他们不是在进餐同时,而是在饭后大口啜饮,也有像尝甜食一样慢慢品味,以便与友人舒适地交谈。当地人士聚会很少不喝这种饮料的。为此他们特地生一个火,火旁放置若干盛有此种混合物的小瓷碗。饮料煮热,就有专门管这件事的人把小瓷碗端给全体客人,同时向每人奉上几枚瓜子,可以嚼来消磨时间。有了瓜子和这种叫做'加乌埃'的饮料,他们便以谈话作消遣〔……〕有时长达七八小时"。[269]

咖啡1615年抵达威尼斯。1644年,马赛商人拉洛克先生最早把咖啡豆带到他的城市,同时带来的还有珍贵的杯子和咖啡壶。[270]1643年,新饮料已在巴黎出现;[271]在伦敦出现的日期可能是1651年。[272]但是这些日期只标志咖啡初次不引人注目的出现,并不表示它开始出名或成为大众消费品。

事实上,咖啡交上好运多亏巴黎对它的接待。1669年,生性高傲但是礼数周到的土耳其大使,苏里曼·穆斯塔发·拉卡经常举办招待会,请巴黎客人喝咖啡:他的外交使命失败了,咖啡却成功了。[273]1671年在里昂出版的无名氏著作《论咖啡、茶与巧克力的用途》(作者可能是雅各·斯蓬)列举当时人们派给新饮料的各种效能:"其性清正,能祛寒去湿,驱风强肝,消除水肿;对疥癣及败血症同样有灵效;清心活脉,缓解胃痛并增进食欲;主治风寒、受潮及头疼。其热气能医治双目淌水与耳鸣;对气短、风湿入肺、脾痛及蛔虫有奇效。能消除饮食过度后之不适,尤宜大量食用水果者饮用"。[274]但是别的医生及公众舆论认为咖啡抑制性欲,是"阉鸡的饮料"。[275]

多亏这些宣传,咖啡无视这类指责在巴黎节节推进。[276] 17世纪最后几年出现串街走巷出售咖啡的小商贩;他们都是亚美尼亚人,一身土耳其装束,头裹缠巾,挂在胸前的货筐里装有咖啡壶、杯和烧着的炉子。亚美尼亚人哈达里翁,人称巴斯噶,1672年在圣日耳曼市场的一个铺面开设第一家咖啡零售店。这个设在圣日耳曼修道院附近,并归修道院管理的集市已有几世纪的历史,它的位置相当于今天的炉灶街和圣苏尔比斯街。巴斯噶的营业不佳,后来搬到塞纳河右岸的卢浮宫学校滨河道,得到几个地中海东岸地区人士和马耳他骑士的光顾。以后他迁居英国。他虽然失败了,别的咖啡馆却相继开张。另一位亚美尼亚人开办的马里邦咖啡馆最初设在布西街,后来迁到菲鲁街。最出名的、近代风格装修的咖啡馆是弗朗西斯科·普罗科比欧·科尔戴里开办的。他1650年生于西西里,原来是巴斯噶的小伙计,后来改名普罗戈普·古铎。他最初在圣日耳曼市场开店,后来搬到图尔农街,最后于1686年迁往圣日耳曼壕沟街。这第三家咖啡馆取名普罗戈普,今天还在。它的位置毗邻当时巴黎活跃、优雅的中心地区,即布西十字路口或新桥一带(18世纪时市中心转移到罗亚尔宫一带)。咖啡馆1688

年开始伊始,碰巧法兰西喜剧院就在对面演出。加上这位西西里人善于经营,生意自然兴隆。老板拆掉两所房子之间的隔墙,在四壁悬挂壁毯和镜子,天花板上安装分枝吊灯,不仅出售咖啡,兼营糖渍水果和烧酒。他的店铺成为游手好闲者、饶舌者、清谈客、才智之士(未来的学士院秘书夏尔·拉弗洛即为座上常客)和漂亮女人的聚会场所;剧院近在咫尺,普罗戈普在那里租有包厢,出售清凉饮料。

咖啡成为时髦后,就不能局促于一条街或一个区。何况城市的发展趋势逐渐把繁华地带从塞纳河左岸移到右岸。一幅简明的18世纪巴黎咖啡馆分布图足以说明这一点,当时共有700到800家咖啡馆。[277] 1681年在罗亚尔宫广场开张的摄政王咖啡馆(由于广场扩展,后来该店搬到圣奥诺雷街的今址)当时声名显著。面对如日初升的咖啡馆,酒店的地位逐渐下降。德国、意大利、葡萄牙同样饮咖啡成风。里斯本的咖啡和砂糖来自巴西,价格便宜。一位英国人说,当地咖啡馆放在杯子里的砂糖多得足以插进小勺子。[278]

咖啡作为时髦饮料不会被高雅人士独占。当物价普遍上涨的时候,热带岛屿极其丰富的咖啡产量使一杯咖啡的价格基本上维持稳定。1872年,勒格朗杜西解释说:"法国的消费增长两倍;没有一个市民家庭不以咖啡敬客;没有一个女店员、厨娘或者侍女早餐时不喝牛奶咖啡。在首都的市场和几条大街小巷,有妇女开设的店铺向居民出售她们的所谓牛奶咖啡,即用咖啡渣上色的劣质牛奶,而咖啡渣则是她们从王侯府邸的管家或咖啡馆老板那里买来的。装这种溶液的白铁桶配有龙头,以便随时取用,另有炉子供保温之用。女老板的小铺子边上通常设有木制长凳。突然你会惊奇地发现中央菜场的一个女摊贩或者一个苦力走过来要咖啡喝。[222] 女店主把饮料灌在叫做'日尼欧'的大陶杯里端给他们。可敬的主顾站着就喝,不放下背篓。除非为了仔细品味,他们才愿意卸下重负,在长凳上坐下。从新桥到卢浮宫盖了一批棚屋;从我居住的美丽的滨河道〔新桥附近的卢浮滨河道〕的临街窗口,我经常能看到棚屋里这种场面。有时候画面之美使我遗憾自己没有德尼埃或卡洛的妙笔。"[279]

这位其貌不扬的巴黎市民描绘的图景虽然美妙,但不如说,最入画或者应该说最动人的场面是串街走巷、天一亮就向上工的工人们兜售咖啡的女商贩。她们背负白铁桶,遇有生意,则把咖啡倒在陶杯里端给主顾,"每杯两个苏。搁糖不多……"。这门生意极为成功;工人们"认为这种食品比任何别的食品更实惠,更长劲儿,[223] 更有味。因此他们喝下的咖啡数量骇人,他们说自己全靠它才能顶到晚上。于是他们一天只用两餐:中午的正餐和晚上的香芹便餐……"[280]即几片冷牛肉加上香芹、植物油和醋。

18世纪中叶起,咖啡消费量猛增,而且不限于巴黎和法国,这是因为欧洲自己组织了咖啡生产。只要世界市场以阿拉伯的莫卡附近的咖啡树为唯一供应来源,欧洲的进口量必定有限。然而1712年已在爪哇种植咖啡树;1716年,波旁岛(留尼汪岛)继起;1722年,卡宴岛(咖啡树已越过大西洋)出现种植园;1723到1730年,马提尼克岛;1730年,牙买加岛;1731年,圣多明各。以上日期不是咖啡园投入生产的日期。1730年法国开始从热带岛屿进口咖啡。[281]必须等到咖啡树长大、繁殖以后,才谈得上出口。1731

高雅人士的聚会场所普罗戈普咖啡馆及其著名顾客肖像（从左上角起按逆时针方向）：布丰、吉培尔、狄德罗、达朗贝尔、玛蒙台尔、勒坎、J.-B.卢梭、伏尔泰、比隆、霍尔巴赫。

年，夏勒伏瓦神父解释说："人们因看到咖啡给我们的岛屿（圣多明各）带来财富而沾沾自喜。这里的咖啡树已经如此茁壮〔……〕跟土生土长的一样，但是需要给它适应水土的时间。"[282] 圣多明各的咖啡最晚进入市场，它始终是标价最低、数量最大的品种：1789年的产量为6000万磅，而欧洲50年以前的消费量可能只有400万磅。就质量和价格而言，莫卡始终占首位，然后是爪哇和波旁岛的咖啡（形容质量高，就说"颗粒小、呈蓝色，像爪哇咖啡"），其次是马提尼克和瓜达罗普产品，最后是圣多明各。[283]

但是我们得留神不要夸大消费数字：只需稍作精确的检验，我们便会持审慎态度。[284] 1787年，法国进口约38 000吨咖啡，其中

36 000 吨转运它国，而巴黎仅留下 1000 吨供自身消费。[285] 外省某些城市还不接待这一新兴饮料。利摩日的市民仍把咖啡"当药"喝。只有某些社会类别，如北方的驿站主事，追逐潮流。

因此需要寻找可能的主顾。马提尼克咖啡在马赛转口，1730 年以后征服了地中海东岸地区，夺走阿拉伯咖啡的地盘。[286] 波斯和穆斯林印度仍旧消费莫卡咖啡，供应这两个国家咖啡的荷兰东印度公司有意向它们推销过剩的爪哇产品。如果在 1 亿 5000 万欧洲人之外加上 1 亿 5000 万穆斯林，18 世纪潜在的咖啡市场代表 3 亿人，即世界人口的三分之一喝咖啡，或者可能喝咖啡。这只是一种设想而已。不过咖啡和茶一样成为"王牌商品"和致富手段，倒是顺理成章的。资本主义的一个活跃部门介入咖啡的生产和流通，同它的成功与否休戚相关。巴黎的社会和文化生活因而受到严重的冲击。咖啡馆成为高雅人士和闲人的聚会地点，也是穷人的避难所。塞巴斯蒂安·迈尔西埃（1782 年）写道："某人上午 10 时进咖啡馆，夜间 11 时〔警察局规定的闭门时间〕离开；他喝了一杯咖啡当正餐，吃一块冷冻甜点心当消夜。"[287]

从一件轶事可以测知咖啡在民间推广速度之缓慢。卡图什即将被处决（1721 年 11 月 29 日），监刑的法官习惯喝牛奶咖啡，就建议他也喝一杯。"他回答说，这不是他的饮料，他宁可要一杯葡萄酒加一点面包。"[288]

刺激品：烟草的盛况

新饮料遇到了众多的抨击。有人说英格兰将"因占有印度而亡国"，[289] 这其实是说，愚蠢的饮茶嗜好将带来亡国之祸。塞巴斯蒂安·迈尔西埃曾设想在一位"哲人"引导下畅游公元 2440 年时的巴黎,"哲人"明确对他说:"你们法兰西人常用的三种毒品——烟草、咖啡和茶已被我们取缔。你们把一种粉末状的坏东西塞进鼻孔,结果使本已不多的记忆力丧失干净。你们用咖啡刺激肠胃的蠕动,灼伤了这些器官。神经病在你们中间如此普遍,原因在于你们喝茶太多,冲走了滋养身体的精华。"[290]

事实上,任何文明都需要奢侈的食品和一系列带刺激性的"兴奋剂"。12 和 13 世纪迷上香料和胡椒;16 世纪出现烧酒;然后是茶、咖啡,还不算烟草。19 和 20 世纪将有新的奢侈品,将出现它们特有的、有益或有害的药物。不管怎么说,我们很喜欢这篇 17 世纪初的威尼斯税务文件。文件中既合乎情理又不乏风趣地规定,对冰水、咖啡、巧克力、茶和其他饮料抽税的规定适用于一切类似的、"已经发明或有待发明"的东西。[291] 米希勒认为,从摄政时代起,就能预见咖啡将是大革命时代的饮料,[292] 这样说未免过甚其词。不过,审慎的历史学家们在谈到法国 17 世纪盛世和 18 世纪时竟不提肉食危机、烧酒革命和咖啡革命,他们同样也不够公允。

我们的观察是否有错呢?我们认为,根据人类生活的常规,食品严重匮乏的持续或加剧势必需要取得补偿。

烟草便是一种补偿品。但是应该把它归入哪一类呢?"皇家科学院院士,巴黎大学医学院院长"路易·勒姆里毫不犹豫地在《食品通论》(1702 年)中提到烟草,并且指明,这一植物可"用鼻子嗅、吞吸其烟雾或是放在嘴里咬嚼"。他也谈到古柯叶,说它形似香桃木叶,具有"止饿、镇痛、强身"的效能。对金鸡纳霜他只字不提,虽说他也言及鸦片,说土耳其人比西方人消费更多这一"服之

第三章 奢侈和普通：饮食　　　311

有毒"的药物。[293]但是他不知道鸦片从印度到南洋群岛，沿着伊斯兰教的主要扩张路线之一向前进，并且已经抵达中国，正在从事巨大的冒险事业：1765年以后，孟加拉被征服，英国东印度公司对于曾是莫卧儿王朝一大财源的罂粟种植业取得垄断权，鸦片贸易将发生重大转折。所有这些事实，路易·勒姆里在18世纪初当然不能预见。他也不知道有印度大麻。这些麻醉剂、食品或者药物都是大人物，它们注定要改变、困扰人们的日常生活。

我们只讲烟草。16至17世纪，烟草征服全球。它交的鸿运超过茶和咖啡，委实非同小可。

烟草原产新大陆：哥伦布1492年11月2日抵达古巴时看到土人卷烟草吸用。这一植物带着它的（加勒比或巴西）名称传入欧洲后，曾长期留在植物园里供好奇者观赏，也许因为它被认为有药效才为人所知。西班牙国王派驻里斯本的大使让·尼古于1560年寄给卡特琳·德·梅迪契一些治疗偏头痛的烟草末，这本是葡萄牙人的用法。另一位把烟草引入法国的人，安德烈·特凡，担保巴西土人用它来清除"多余的脑分泌物"。[294]巴黎一位名叫雅克·戈霍利（卒于1576年）的人一度把它誉为万应灵药。[295]

烟草从1558年起在西班牙种植，很快传入法国、英国（1565年）、意大利、巴尔干国家和俄国。1575年，它和"马尼拉大帆船"一起抵达菲律宾；1588年它引入弗吉尼亚，但是大规模种植始于1612年；1590年进入日本；1600年到达澳门；1601年到爪哇；1605年到1610年之间传入印度和锡兰。[296]烟草的迅速传播并非因为它一开始就有某个生产市场充当后盾，我们指的是有一种文明做凭借，如胡椒在其遥远的起源地印度，茶在中国，咖啡在伊斯兰国家,甚至巧克力也曾在新西班牙依托一种高度发展的"文化"。烟草来自美洲的"野人";因此在享受它以前先得保证它的生产。烟草有它独特的长处:它对不同气候和土壤的适应性很强,即便在小块土地上种植也有利可图。在英国它特别在小农户中间得到迅速推广。[297]

虽说鼻烟最晚到1558年已开始在里斯本流行,烟草作为商品在里斯本、塞维利亚,特别在阿姆斯特丹销售的日期不会早于17世纪头几年。有三种利用烟草的方式(嗅闻、吸烟、咬嚼),以前两种为主。视配料不同,很快就有多种"烟草末"问世:可以加入麝香、龙涎香、香柠檬或橙花。有所谓"西班牙式""马耳他味"或"罗马味"烟草,"贵妇与达官贵人一样闻鼻烟"。同时流行供吸用的烟草。最初长时期使用烟斗;后来用雪茄烟(西班牙美洲殖民地土人把烟叶卷成"蜡烛一般长",[298]但欧洲人没有立即模仿。西班牙是个例外,萨伐里在那里看到"不用烟斗,卷成尖角状后吸用"的古巴烟叶,但是他似乎认为这样做是不经见的[299]);再往后才有卷烟。后者无疑首先在新大陆出现,因为一个法国人1708年写的回忆录里提到那里从欧洲输入"无数纸张",用于"制作小纸卷以便包裹剁碎后供吸用的烟草叶"。[300]拿破仑战争时期,卷烟从西班牙向外传播,当时习惯用一种特制的小块纸来卷烟叶。后来卷烟纸传入法国,尤为年轻人喜爱。同时纸质变薄,到浪漫主义时代卷烟成为日常用品。乔治桑提到在威尼斯给缪塞治病的医生时感叹说:"他的烟斗统统加起来也不及我的一支卷烟。"[301]

我们从各国政府颁布的严厉禁令(后来它们才想到借此开辟

第三章 奢侈和普通：饮食

"酒逢知己千杯少"。1774年的英国版画。无暇交谈，只顾抽烟喝酒。

可观的税源：1674年法国建立烟草包税所）推知烟草最早被大量消费的日期。这禁令绕地球走了一圈：1604年英国禁烟，1607年到1609年轮到日本，1611年为奥斯曼帝国，1617年为莫卧儿帝国，1632年为瑞典和丹麦，1634年为俄国，1637年为那不勒斯，1640年为西西里，1642年为中国，1642年为意大利的教皇辖地，1649年为科伦选侯国，1651年为符腾堡。[302]当然这些禁令徒具空文，特别是在中国，当局直到1776年反复重申禁烟。1640年起，直隶普遍吸烟。在福建（1664年），"人人嘴里唧一根长烟管，点着以后便吞云吐雾"。[303]中国的大片土地用于种植烟叶，甚至向西伯利亚和俄国出口。18世纪末，中国不分男女贵贱，人人吸烟，"二尺童子亦谙此道，世风之变乃如斯！"浙江一位文人因此不胜感慨。[304]朝鲜于1620年从日本引进烟草后，1668年起发生与中国类似的情况。[305]不过18世纪里斯本的顽童不是也嗅鼻烟吗？[306]中国知道并且接受各种品种的烟叶及其不同吸食方式，甚至消费17世纪起由荷兰东印度公司从南洋群岛和福摩萨运来的掺鸦片的烟叶。1727年的一份通告重申："带到东印度去的最佳商品是烟草末，不管是塞维利亚还是巴西的产品。"无论如何，中国和印度对烟草的嗜好始终没有间断，而欧洲18世纪有一段时期曾对抽烟（不是吸鼻烟）减弱兴趣，可是我们对这件事情所知不多。这一兴趣减弱现象自然是相对的：同一时期勃艮第全体农民以及圣彼得堡所有的有钱人无不以吸烟为乐。[307]早在1723年，英国已动用200艘船从弗吉尼亚和马里兰每年进口三万桶烟叶，然后把其中至少三分之二转输荷兰、德国、瑞典和丹麦。[308]

至于非洲，至少我们应该说烟草在那里日益风行。搓成绳状并涂上废糖蜜的劣质黑烟草直到19世纪一直促成巴依亚和贝宁湾之间活跃的贸易往来,而两地之间的秘密黑奴买卖维持到1850年。[309]

《快乐的酒徒》,丁·莱斯特作画(1629年)。画中有全套吸烟设备:烟斗、烟草、长柄火柴和炭炉。阿姆斯特丹里日克博物馆。

第 四 章

奢侈和普通:住宅、服装与时尚

在上一章里,从食肉到吸烟,我们试图划出奢侈靡费与普通消费之间的界线。为了走完我们的旅程,剩下来只需要考察住宅和服装,我们不妨再借此机会就富人和穷人作个比较。有什么能比住房、家具、服装更适宜于讲究奢侈?奢风之盛在这里触目皆是,好像一切都是理所当然。我们还可以比较不同的文明:各种文明采取的解决方式都不相同。

世界各地的住宅

关于15到18世纪的住宅,我们勉强可以归纳出几条总的特征。这些特征不容置疑,但也普通平常。逐个考察这一时期的全部住宅是不可能的事,我们连想也不必去想它。

幸亏,除了1%的例外,这个时期的住宅都体现某些恒久因素;即便有演变,也很缓慢。18、16或15世纪的许多住宅,甚至年代更早的住宅,原封不动或经过整修后保存至今,如布拉格的赫拉钦区的黄金街,又如桑坦德附近那个迷人的桑提亚那村。1842

年,一位观察家声称没有一座城市保存的古代建筑比博韦更多,他描绘了"40来座建于16到17世纪的木结构住宅"。[1]

此外,任何住宅都是依据传统范本建成或重建的,因循守旧在建筑领域比在其他领域势力更大。1564年巴利阿多里德大火之后,有钱人需要重建住宅,应召前来工地的泥瓦匠不自觉地继承了穆斯林工匠的古老传统。[2]因此,漂亮的新房子古风犹存。习惯与传统到处施加影响:这份古老的遗产谁也摆脱不了。伊斯兰国家的封闭式住宅便是个例证。一位旅行家提到1694年的波斯时,说那里有钱人的住宅"千篇一律。房子中央必定有一个约30平方法尺的大厅,大厅中心凹下,呈池塘形,注满水,四周环以地毯"。[3]对于世界各地的农村来说,这一持久性尤为明显。目睹1937年里约热内卢北部维多利亚地区的贫苦农民建造单薄的木结构房子,[4]等于掌握距今几百年前即已生效的一份古代文献。游牧民族简单的帐篷何尝不是如此:他们往往还在使用原始织机织出的帐篷布,帐篷的式样千百年来没有任何变化。

总之,一所"住宅",不管位于什么地方,总能传之久远,并且证明人类的文明和文化的演变是多么迟缓,又是多么顽固地保存、维持、重复过去。

有钱人的建筑材料:石和砖

由于建筑材料很少变化,每个地区在这方面必定受到某些限制,建筑式样的重复更成为自然而然的事情。当然这不等于说人类文明受到石料、砖头、木材和泥土的绝对制约。不过这类限制经常历时甚久。一位旅行家记载:"由于缺乏石料〔我们补充说:缺乏

231

1659年,德尔夫特一条街。砖砌房屋,木制护窗板,不能启闭的玻璃窗。阿姆斯特丹里日克博物馆。

第四章 奢侈和普通：住宅、服装与时尚

木料〕，人们〔在波斯〕不得不用泥土修造城垣和房舍。"实际使用的是烧制的砖头，更常用的是在阳光下晒干的土坯。"有钱人为美化起见，在墙垣外部涂一层石灰、莫斯科绿和树胶的混合物，使它呈银色。"[5]外表虽然漂亮，终究还是土墙。地理环境可以解释为什么要这样做，不过不能解释一切。人在这里面也起作用。

石头是高级材料，需要出大价钱。否则就得采取折中、取巧的手段：或者混用石料和砖头，罗马和拜占庭的泥瓦匠曾经这样做过，土耳其和中国的泥瓦匠今天通常还这么做；或者同时使用木料和石料，或者石料仅用于修建寺庙和王侯的府邸。印加人时代的库斯科，一切建筑无不用石料砌成。但在玛雅人那里，只有天文台、神庙和运动场特许使用石料。旅行者可以想像，当年散布在这些宏伟建筑物附近、用树枝和夯土筑成的平民住所，与他今天在尤卡坦的契臣伊扎或巴朗克废墟周围看到的茅屋没有区别。同样地，印度德干高原上四方形布局的城市里名声显赫的石头建筑向北伸展，遇到印度河—恒河平原的柔软土层就停止不前了。

在西方和地中海地区，一种以石头建筑为特色的文明历时几世纪才得以确立。为此需要经营采石场，选择易于加工、加工后能在空气中变硬的石料。必须在数百年内连续投资，才能建成石头文明。

巴黎周围有数不清的矿场出产砂岩、沙子、粗质石灰岩和生石膏……城市还没有建成，地下已经掏空了。巴黎城建立在巨大的石洞上面，"夏约、帕西、旧奥尔良大道一带"，"整个圣雅克关厢，哈普街甚至图尔农街"……[6]下面都是采石场的遗址。直到第一次世界大战前，粗质石灰岩被大量开采，在远郊火车站锯开，然后用成串的大榻车运往巴黎市内各处。不过我们不要因为这些情景而误会：巴黎并非有史以来就是石头建造的城市。15世纪起，成群结队来自诺曼底的木匠，无数屋面工、铁器打造工、利穆赞泥瓦匠（他们惯于干粗活）、专做细活的裱糊匠以及粉刷匠曾付出巨大的劳动，才使巴黎有今天的面貌。塞巴斯蒂安·迈尔西埃时代，人们每天晚上可以根据粉刷匠留下的白色足迹辨认他们回家的路线。[7]那个时代，许多房屋仅用石料做墙基，上面各层仍用木料盖造。1718年4月27日小桥失火，木屋无一幸免，那场景"像一座大石灰窑在燃烧，但见房梁整条整条地坠毁"。为数不多的石头房子起到屏障作用，隔断了火势。一位见证人记载："全亏小夏特莱堡造得好，于赛特街和加朗德街那一边的房舍得以保全。"[8]

可见，巴黎长期曾与许多别的城市一样，市内建筑以木结构为主，如在1547年毁于火灾的特鲁瓦，17世纪仍有草顶木房的第戎。石头到17世纪开始成为主要建筑材料，同时出现屋瓦，特别是一种镀金的瓦片。[9]在洛林，城乡的屋顶都铺木板，后来才用圆瓦，虽说有人相信一种顽固的但是没有根据的传说，认为圆瓦是罗马时代的遗风。[10]在美因河附近的韦特洛地区的某些乡村里，17世纪禁止用麦秸或不规则的木板覆盖屋面。这样做想必是为了防火患于未然。萨瓦地区的火灾如此频繁，以致撒丁国王派驻该地的行政长官1772年建议，"在城、镇和大村庄里"，灾民如不用瓦片或石板重修屋顶，则不予救济。[11]总之，不管什么地方，需要通过强制手段，甚而颁发奖赏，才能使人们同意用石料和瓦片充当主要建筑材料。18世纪在索恩河平原，房顶覆盖瓦片依旧是"富裕的象征"；[12]直到1815年，瓦房在法国农民住房中仍不经见。[13]纽伦堡

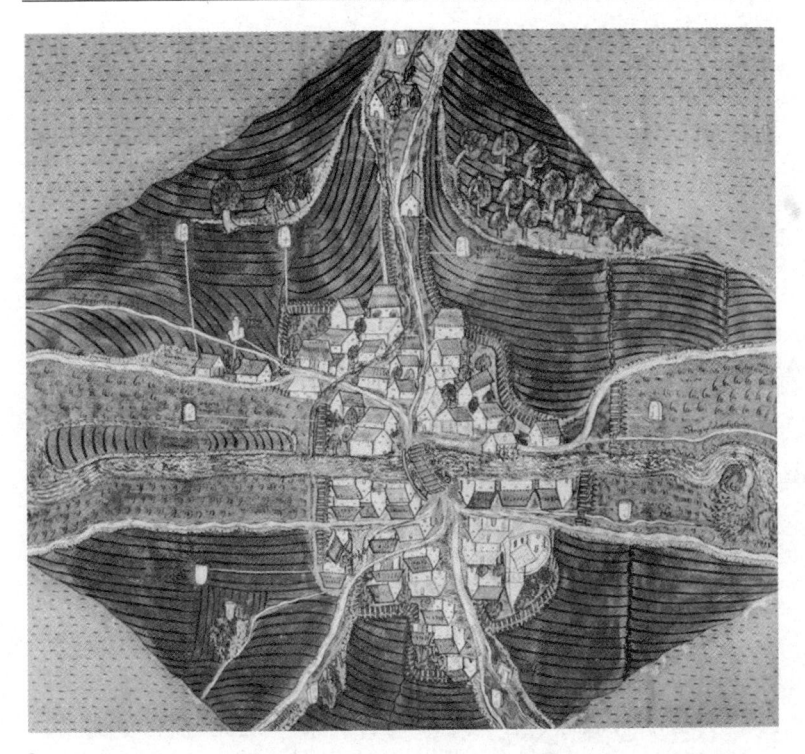

第四章 奢侈和普通：住宅、服装与时尚 321

1660年纽伦堡附近的一个大村庄。近50所房屋中约40所为茅草顶（深色），约10所为瓦顶（浅色）；另有两磨坊（其中一座有两部风磨）、草地、耕地，村子四周设有一道篱笆。

博物馆有一份地图精确地标出一所村庄的全部住宅，图中瓦顶用红色，茅草顶用灰色表示。我们可以打赌说，这是预先区分贫苦农民和富裕农民的办法。

从英国到波兰，砖头通常取代了木结构，但也不是一下子取胜的。砖头在德国取得成功较早，这一过程始自12世纪，虽说进展很慢。

正当巴黎变成一所石头城市的时候,伦敦从伊丽莎白时代起采用砖头。1666年的大火毁掉伦敦全城四分之三,共计12 000多所房屋。事后人们大规模地、各行其是地重建住宅,砖头终于完全取代木材。同样地,17世纪阿姆斯特丹所有新建房舍都用砖头。这种砖头涂有褐色的焦油保护层,与白石的门楣或挑檐适成对照。莫斯科也发生同样情况。1662年,那里的房屋还是木结构,但在几年以后,"或者出于虚荣心,或者为了预防频起的火灾",砖房"大量"兴建。[14]

各种材料就这样在时间顺序上依次更替,这一过程标志着进步和致富的路线。但是,几乎在世界各地,各种建筑材料同处共存。以中国为例,木料被广泛使用,夯土构筑常见,同时砖头在城市和某些富裕的乡村的住宅建筑里占重要地位。城墙通常用砖砌,桥梁多为石结构,有些道路铺有石板。广州的住房低矮、无楼层,这本是中国建筑的常规。这类房子几乎不打地基,用土坯或砖头草草修筑,外表涂有掺入稻草的石灰浆。[15]既无石料,更无汉白玉;二者只归王公大人享用。北京的皇宫有巨大的城墙围绕,其中汉白玉的露台、台阶、栏干连绵不断,"所有建筑均用〔一人高的〕暗红色大理石奠基"。[16]檐角高翘的屋顶铺砌著名的琉璃瓦,由木柱和"无数金碧辉煌的斗拱"承重。[17]中国建筑中,大理石和木材混合结构仅见于皇宫,而皇宫本身便是一座特殊的城市。一位旅行家到过浙江省的绍兴府。这座城市"位于世界上最美丽的平原之一,很像威尼斯",城中河道纵横,桥梁众多,街巷"铺以白石"。作了这番描写之后,旅行家补充说:"部分房屋用洁白的方石块盖造,在中国其他城市几乎没有同例可寻。"[18]

其他建筑材料：木、土、织物

凡是地理环境和传统对它有利的地方，如皮卡第、香巴尼、斯堪的纳维亚国家、莫斯科大公国和莱茵河流域，木材成为主要建筑材料，或者单独使用，或与黏土或夯土结合使用。这些地区越落后，木结构房屋保持也越长久。15世纪科隆画派所画的房屋无一不是木屋顶和灰墙。莫斯科的预制木构件房屋几小时内就能装配完毕，甚至直接搬到买主指定的地方。[19] 一望无边的森林向居民提供并且强迫他们使用木材。还有必要另找门路吗？波兰和莫斯科大公国一样，林木铺天盖地。农民为了修建房屋，"砍倒几棵松树，运走树干，把它们竖劈为二，然后留心剖面朝里，把劈开的树干平放在占据正方形地基四角的四块大石头上；他在每片树干的两端抠出槽子，以便它们在四角相交时尽量不留空隙；就这样，他搭起一个6尺高12尺宽的木笼子，预先留出两个出口，一个供采光用，约1尺高，另一个供出入，约4到5尺高；镶上两三块玻璃或糊上油纸，便是窗户。房基一角竖起四根木杆，形成无顶锥形的棱边，缠上树枝，涂上黏土：这个装置权充屋内炉灶的排烟管道"。全部工作都借助"唯一的工具"斧子完成。[20] 这一类型的房屋并非东欧特有，在法国或意大利的阿尔卑斯山区也能见到。在北美，凡具有类似条件的地方，"开拓者"的住房与此差别不大。

木材缺乏——因而变成奢侈品——的地区，人们只能求助于泥土、黏土和麦秆。1639年，葡属果阿附近的房屋"都是用麦秆造的，很小，仅开一个又矮又窄的门。家具只有几张灯心草席子，供人坐卧或进餐。〔……〕他们在墙上涂一层牛粪，因为他们相信这

1620年巴黎的图奈尔木桥。马当绘画。

能驱除跳蚤"。[21]今天在印度的许多县,这幅图画仍然属实:那里的房舍极其狭小,不设炉灶,不开窗户;牲畜没有畜栏栖息,在乡村小巷里横冲直撞。

中国北方的农村房舍,如马戛尔尼或吉涅描写的那样,"〔大部分〕用土坯建造,土坯乃用木模压制土块并在日光下不充分晒干后所得。〔……〕墙壁或以荆条编成,抹上黏土。屋顶常铺茅草,间有铺草皮者。屋内用隔扇隔开,并悬挂神像或对联。每一房舍四周皆有空地,围以篱笆或高粱秆。"[22]今天的房屋式样可与这些古老的描写相印证。最简单的格局是一长方形;讲究一些的,是两三个长方形排列在一个有围墙封闭的院子边沿。门和窗——如果有窗——开向院子,至于材料,南方大致采用砖瓦(财富的标志,或者为了遵循传统),北方用夯土和茅草(高粱秆或麦秆)。

然而,无论砖房还有土房,几乎都以木结构做框架。直到今

第四章 奢侈和普通：住宅、服装与时尚

日本房屋。中国古代房屋的格式与此相同。

天，中国的建筑不是还叫"土木工程"吗？中国缺少木材，特别是北方林木奇缺。兴造规模较大的建筑，必定在木材供应上耗费巨额财力和人力。16世纪一位官员引用四川俗谚为证："千人入山伐木去，生还仅伍佰。"同一位证人提到，在湖北和四川，每逢朝廷宣布为建筑皇家宫室需要木材，农民无不"痛哭悲号，以致昏厥……"[23]

中国以及在某种程度上受到中国文化影响的四邻地区，一般习惯在地面建筑"结实的"房舍，虽说一切都是相对的。相反，东南亚（老挝、柬埔寨和越南的汉化地区除外）的住宅和粮仓通常用桩基架空底层，因此这类建筑必定是轻便的竹木结构，板条和柴泥构成四壁，房顶由所谓"茅舍草"铺成，相当于我们的茅顶。[24]中国建筑用材的相对结实性或许可以证明它的乡村经济比较稳定和巩固？

伊斯兰国家盖房也用坚硬的建筑材料，夏尔丹骑士曾指出波斯建筑有此特色。这位骑士过细的记述有时引人入胜，有时不免

16世纪德国农村茅屋;近景有一小车及一带桔槔的水井。塞巴斯吉安·蒙斯台尔著《寰球志》的木刻插图,1543年,纽伦堡国立日耳曼博物馆。

烦琐。由于他对波斯一往情深,没有别的观察家对这个国家的了解可与他相比。虽然波斯不缺石料,砖头却是主要建筑材料;不管是平砌还是竖砌,砖头满足一切要求,连房屋顶部的穹顶也用砖砌成。只有大建筑物偶尔采用由木质明柱或壁柱支撑的天花板。不过无论是经过烧制的坚硬的红砖(每100块值1埃居),还是阳光下晒干的土砖(仅值2到3苏),都脆而易碎。因此波斯的房屋"外观远不如我们的漂亮",还十分容易坍塌。即便是宫殿,如不加维修,也难逃劫数。穷人或富人如继承到一所房屋,通常把它推倒,另建新屋。[25] 我们看到,世界各地的建筑材料有高低之分,由此可以确定各种营造方式之间的等级关系。

最不结实的是游牧民族的帐篷。帐篷的材料(毡子,山羊毛或驼毛织物)、形状和各部分之间的比例有所不同,但是这一脆弱的建筑历尽岁月,流传至今。居住帐篷是出于必需还是万不得已?只要有条件和有机会,游牧民族总是愿意立即定居,改变他们的房舍。在某种范围内,罗马帝国末期大概曾出现过这种情形。更加可以肯定的是,土耳其人征服巴尔干国家后,便毅然决定在那里定居。昨天殖民地时代的阿尔及利亚和今天的伊斯兰国家同样如此。

欧洲农村住房

我们早就知道世界上的住房分成两大类:城市住房和农村住房。后者显然占大多数,它们与其说是住宅,不如说是栖身之所,仅能满足人和家畜最基本的需要。一个西方人很难想象,过去伊斯兰地区和亚洲的农村住房具体是什么样子。在这一方面和别的方面一样,从历史上看,欧洲大陆得天独厚,虽说这个特殊待遇并不见得特别优厚。

我们不妨认为文献中没有关于欧洲农民住房的记载。诺埃·杜·法依在16世纪中叶对布列塔尼一座房屋的经典描述仅系草草勾画的速写。[26]对圣彼得堡(1790年)附近一所芬兰农庄的描述也失之简略,但在有些方面异常精确:一组简陋的小木屋业已大部倾圮;有一间烟熏火燎的正屋;另有两座牲畜棚,一间蒸汽浴室,一个用于烤干小麦或黑麦的炉灶。至于家具,只有一张桌子,一条长凳,几个泥制或木制的盘子,一把斧子,一柄锹,一把切白菜的刀子。[27]

从画家的图画上,我们反而对整座村庄的面貌,或者对人畜共居的大房舍内部陈设有更多的了解。如果留心乡村建房约定俗成的规则,我们还能了解更多。

村民兴建或修理一座房屋,必须获得居民共同体或领主的批准，否则无权到采石场去采掘石料或黏土，也不能到森林中去砍伐"木材"。15世纪在阿尔萨斯每修造一所房屋需要砍倒5棵大树，盖一所谷仓需要的木料与此相等。[28]这些建筑规则为我们提供大量知识，诸如在屋脊上编织灯心草、芦苇或者麦秸的方式；怎样在山区房屋的木盖板（作瓦片用）上压放石头以防大风刮走；长期风吹雨淋后的茅草顶相对来说着火的危险性较小；修理茅草顶时，换下来的茅草可作优质肥料使用；灾荒时期，旧茅草可以用作饲料（如18世纪在萨瓦）；[29]怎样混合使用木材和黏土，怎样铺置主室的地板；以及客店用一个铁箍或用王冠（如德国）做招牌的习俗。村里有一广场，全村房屋往往围在一圈墙垣里面，教堂通常造得和堡垒一般坚固，河水、泉水或井水提供水源，农家住宅中住房、畜栏和谷仓各占什么位置：我们从而得知种种细节；而这些情况一直维持到19世纪甚至更晚的时代。勃艮第一个有乡村情调的小城瓦尔齐（涅夫勒），那里富人的住宅式样与农舍完全一致，17世纪编制的财产清单上标明这类住宅只有一间可住人的大房间，兼作厨房、卧室和起坐间。[30]

近20年来在苏联、波兰、匈牙利、德国、丹麦、荷兰和英国，以及近几年在法国对被抛弃的村庄遗址进行发掘，逐渐补足了我们的知识。这以前，我们对农村住宅一直所知甚少，在匈牙利或其他地方的土层中发现的古代房屋为我们展示了一些注定传之久远的形式和细部（如砖砌的炉灶）。法国首批发掘（1964和1965年）三所被抛弃的村庄。蒙岱古（阿韦龙）、圣让勒弗洛瓦（塔恩）、德拉西（科多尔）。第一所遗址占地广阔；第三所遗址出土大量各类物品；第二所遗址经过清理，人们已能恢复原来的围墙，壕沟，进村大路，

第四章 奢侈和普通：住宅、服装与时尚 *329*

勃艮第葡萄产区的一座村庄德拉西，1400 至 1429 年之间被居民遗弃。考古发掘出约 25 所住宅。图示其中两所。前面那一所有典型性，包括一个食物贮藏室（上层即为谷仓）和一大间地面夯实的住房；展宽的窗洞开在很厚的墙壁里。

铺石子、有排水沟的街道，一个住宅区；两座（看起来像是三座）教堂，一座叠在另一座上面，其规模大于最后建造、今天仍露出地面的小教堂，以及附属的坟地……[31]

这些考古发掘告诉我们，大小村庄都有相对的移动性，它们建立起来，扩展，缩小，也会迁移。有时候，如德国历史学家和地理学家们曾经指出的那样，村民抛弃自己的庐舍后远走他乡，永不回头。更常见的情况是一个地区内部发生重心转移；人、畜、家具、石料，统统从被遗弃的村庄搬到几公里外另一个地点。在这一曲折演变过程中，村庄的形状也可能改变。洛林布局紧凑的大村庄似乎肇自 17 世纪。[32] 旺岱沼泽地带用树木围隔的田地始于同一时代,彼此隔绝的分成制租佃大农庄的出现改变了这一地区的景观。[33]

但是许多古老的村庄或房屋虽说已非原貌,却能保存至今。除了博物馆城市,还有博物馆村庄。在这些村庄里我们可以回溯到遥远的古代,然而在这一追踪历史的过程中,精确测定各阶段的年代殊非易事。在意大利全境和法国进行的大规模调查(关于前者的结果业已公布,[34] 关于后者的结果,计1759份专题报告,[35] 尚待发表)为我们提供的线索,日后倘有可能,可以成为着手重建的依据。在生活变革不快的地区,如撒丁岛,往往能找到维持旧观不变的农家住宅。视岛上不同地区而异,这些住宅以不同方式与它们的功用及居住者的富裕程度相适应。[36]

再说,不必进行学术调查,哪位旅游者或旅客不会自己去发现古代房屋?如在因斯布鲁克博物馆,他会看到山区住宅的内景,在萨瓦他会注意某所依然屹立原地的老房子,以及屋里熏制火腿和腊肠的木制烟囱:为满足度假者的爱好而改变原有一切的风气至今还没有毁掉这所房屋。人们同样可以在伦巴第看到宽敞的17世纪农民住宅,在加塔洛尼亚看到15世纪用优质石料建造、有拱顶和法圈的漂亮房子。[37] 当然在这两个场合我们遇到的都是富裕农民的住宅,实属罕见。

城市住宅和住房

拜访城里的富人肯定比参观农村住宅要方便一点。我们指的是欧洲,因为在欧洲以外地区,由于建筑材料不结实,古代房屋除了王公的府邸几乎没有一座能保留下来。何况我们也缺乏有关这

第四章 奢侈和普通：住宅、服装与时尚

方面的见证。因此我们只能把考察范围限制在狭小的欧洲大陆内。

在巴黎，索邦大学对面的克吕尼博物馆（历届克吕尼修道院院长的公馆）建于1498年（不到13年内建成），建筑师雅克·昂博瓦兹是长期担任路易十二的大臣的昂博瓦兹枢机主教的兄弟。1515年，这所公馆一度归路易十二的妙龄遗孀英格兰的玛丽居住。吉斯家族自1553至1697年在马莱区的住宅今天是国家档案馆，而马扎林从1643到1649年居住的房子今天成了国立图书馆。萨缪埃尔·贝尔纳（路易十四时代欧洲最有钱的商人）的儿子雅克-萨缪埃尔·库倍尔伯爵的住宅位于巴克街46号，离圣日耳曼大街只有几米远。该宅建于1741到1744年。九年以后，1753年业主破产，伏尔泰受到牵连……[38]假如我们考察的不是巴黎，而是一座保存完好的古城如克拉科夫，我们可以去拜访查托里斯基亲王，或者这位14世纪的大富商维埃尔齐奈克，他的房子在市场广场，今天人们还可以在屋里进餐。在布拉格，不怕迷失方向的话我们可以去参观伏尔塔瓦河畔瓦伦斯坦的豪华府第。在托莱多，莱尔玛公爵博物馆，肯定比格雷科的旧宅更加货真价实……

级别较低的是16世纪的巴黎套房。多亏国家档案馆的公证文书原件保存处，我们得以像为供买主参考而提供资料那样画出这类住房的平面图。平面图本身足以说明问题，不必再加解释，不过这并非平民百姓的住房。[39]虽然当时人认为17、18世纪的巴黎住房发展速度太快，穷人的居住条件却仍然恶劣，甚至比今天还坏，这就说明情况十分糟糕。

巴黎带家具出租的房间通常由酒商或假发匠经营，污秽不堪，

241

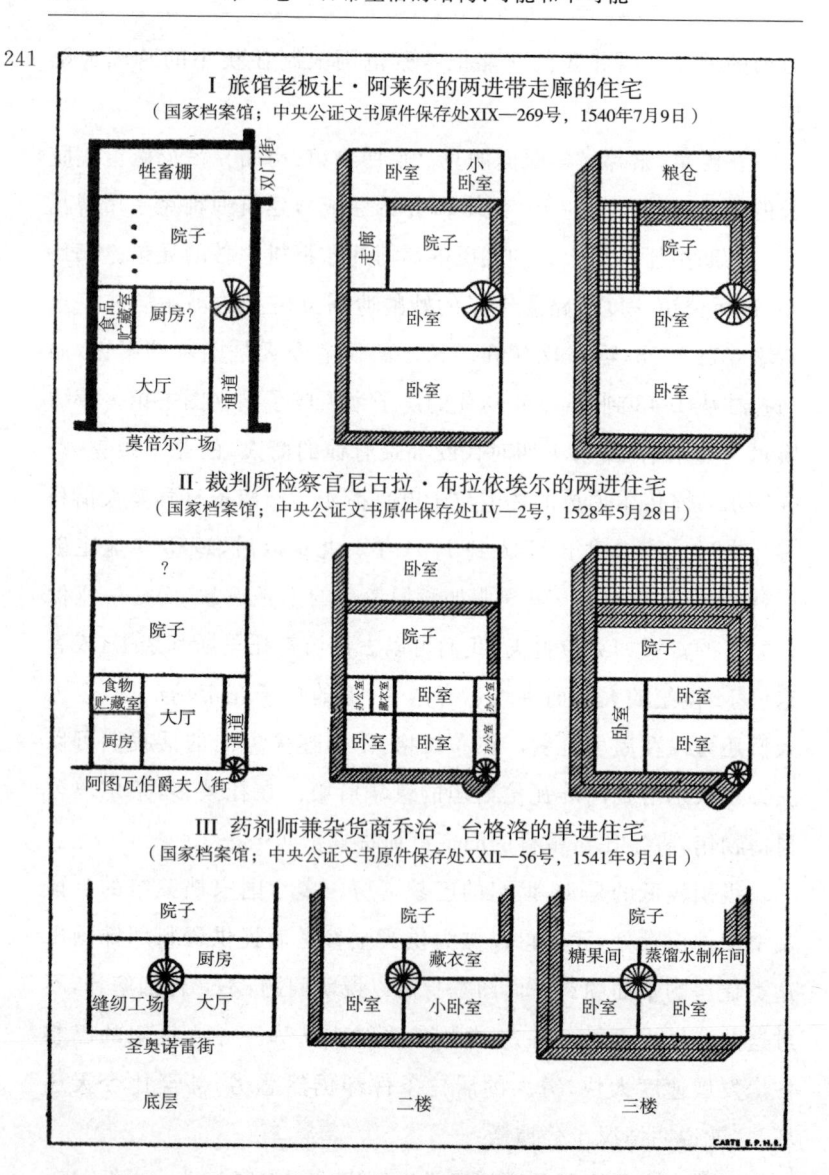

I 旅馆老板让·阿莱尔的两进带走廊的住宅
（国家档案馆；中央公证文书原件保存处XIX—269号，1540年7月9日）

牲畜棚	双门街		卧室	小卧室		粮仓	
院子		走廊	院子			院子	
食品贮藏室	厨房？		卧室			卧室	
大厅	通道		卧室			卧室	

莫倍尔广场

II 裁判所检察官尼古拉·布拉依埃尔的两进住宅
（国家档案馆；中央公证文书原件保存处LIV—2号，1528年5月28日）

？		卧室		院子	
院子		院子			
食物贮藏室	大厅	办公室 藏衣室 办公室	卧室	面室	卧室
厨房	通道	卧室	办公室		卧室

阿图瓦伯爵夫人街

III 药剂师兼杂货商乔治·台格洛的单进住宅
（国家档案馆；中央公证文书原件保存处XXII—56号，1541年8月4日）

院子		院子		院子	
	厨房		藏衣室	糖果间	蒸馏水制作间
缝纫工场	大厅	卧室	小卧室	卧室	卧室

圣奥诺雷街

底层　　　　　　二楼　　　　　　三楼

CARTE E.P.H.E.

22. 16世纪巴黎的套房

充满臭虫和跳蚤,供妓女、罪犯、外国人、身无分文刚从外省来的年轻人作栖身之所。警察搜查这类住所时毫不客气。经济略为宽裕一点的人住在廉价翻造的、位于楼层之间"宛如地窖"的阁楼,或者住在房屋的顶层。一般说,房客住得越高,他的社会地位越低。穷人在7层、8层,在顶层和屋顶下的暗楼子里安身立命。有的人后来脱离苦海,格雷兹、弗拉戈纳尔、维尔奈都有过这种经历,并且"不以为耻",但是其他人呢?在最糟糕的"圣马赛尔关厢",1782年"一家人〔往往〕只住一间房间……简陋的床不挂帐子,炊具乱摊在地上,与尿盆为邻"。每当交付房租的日期,交不出钱的就得含羞忍辱,流落街头。"一个苦力用几把钩子便可把一个穷人的全部家私——床、草垫、椅子、桌子、柜子、炊具——捆起运走。穷人把全部财产从一座房子的六层楼上搬下来,又搬到另一座房子的七层楼上去〔……〕。此话不虚,圣奥诺雷关厢一座房子〔1782年左右〕里的现金抵得上圣马赛尔区各家的钱加在一起……"这个贫民区还定期受到比埃芙尔河河水泛滥的威胁。戈白林皇家工场就在这条河边上。[40] 小城市里局促不堪的房屋同样不适宜居住。博韦的木顶房屋"楼下两间,楼上两间,每间各住一家"![41] 第戎的房屋也是土木结构,"向纵深伸延,临街仅有一狭窄门面",山墙上部呈尖形"如小丑的帽子"。[42]

情况到处相同。如在荷兰城市和阿姆斯特丹本地,穷人住在低矮的房屋里或比街面低的房间里。17世纪普遍致富以前,荷兰的穷人住房按常规只有两间:"前间和后间"。这类房屋扩建成"资产者"住宅以后,门面仍旧很窄,所不同的是通常归一家独住。并尽可能向高处和深处发展,利用每个角落,增建地下室、楼层、"悬空房间",房间之间用台阶或像活动梯子一样狭小的楼梯相连接。[43]伦勃朗的家里,客厅后面便是卧室,他的妻子莎士基亚在里屋的床上养病。

18世纪具有决定意义的奢侈现象,首先体现为富人的住宅一分为二。这一变化的后果也影响到穷人,不过这是另一个问题。一面是住房,即吃饭、睡觉、养育子女的地方。妻子只需要扮演主妇的角色;由于劳动力过剩,众多的仆役挤在一起干活或装出干活的样子,他们叽叽喳喳,存心险恶,但也无时不生活在恐怖之中:一句话,一个怀疑,一次盗窃,就能使他们坐牢,甚至上绞刑架……另一面是工作场所,卖东西的店铺,或者是人们在那里度过一生最好时光的公事房。[44]在这以前,工作和生活地点不分:主人在他的房屋里开店设厂;工人和学徒住在他家里。由此形成巴黎商人和工匠房屋的特殊格局:这类房屋高而狭小(由于地价昂贵),底层是铺子,上面是主人住房,再上面是工人的房间。同样地,1619年伦敦每个面包师傅都在自己家里安置子女、女仆和学徒。所有这些人组成一个"家庭",面包师傅本人则是家长。[45]路易十四时代,甚至国王的秘书有时也在家里办公。

到18世纪,一切都变了。应该相信在大城市发展过程中必定会产生这一合乎逻辑的制约,因为我们兴味十足地在广州(与在巴黎或伦敦一样)发现同一现象:18世纪,与欧洲人有联系的中国商人的铺子和住宅是分开的。北京也是一样,富商们每天晚上离开店铺,回到妻儿老小居住的住宅区。[46]

我们力图对全世界的面貌作出正确的估计,不幸的是我们的好奇心在欧洲以外地区得不到满足。关于伊斯兰国家、中国和印度的房屋,我们所得的形象似乎虚无缥缈;事情也确实如此,我们甚至看不到城市(读者请参看本书有关北京的部分)的真实面目。主要因为向我们提供情况的旅行家们没有蒙田那种巨细不遗的好奇心;他们设想自己的游记读者期待他们描写大场面,因此不去察看开罗的住宅,而是去参观金字塔;在北京或德里,他们不去记载街道、商店,连官僚士绅的府第也不在他们眼中,只对紫禁城或莫卧儿皇帝的宫殿感兴趣。

城市化的乡村

从世界范围来看,把住宅截然分为城市住宅和农村住宅两大类显然过分生硬。财富使这两类住宅汇合起来,因为乡村发生的变化乃是城市奢侈生活的反映和后果。当然也有个别例外,如16、17世纪英国农村房舍全部更新,蔚为壮观。[47]城市里积累的钱太多了,就要把多余的钱重新存放,投资到近郊。拥有土地便能获得贵族头衔,乡村司法制度保证业主得到优厚的、至少是可靠的收入,贵族府第宽敞舒适:即便这些好处不足以打动有钱人,城里的游资也还会流向周围的农村。

这一返乡现象在西方非常突出。17世纪形势转换,有钱人变本加厉地向农村投资。贵族和资产者在城市周围的产业如雪球般越滚越大。只有边远地区躲过他们贪婪的野心,保全了古朴的农村风貌,因为城里的业主需要就近监视他的财产、地租和权益。业主从自己的农庄运来小麦、葡萄酒和家禽;他有机会就在那里小住,往往为了个人用途翻造部分建筑,合并小块土地,建立四周围有篱笆、墙垣或壕堑的"园地"。[48]

巴黎周围之所以有那么多的领主农庄、主人住宅和"乡村别墅",原因正在于此。普罗旺斯乡下、佛罗伦萨郊外以及威尼斯附近布伦塔河谷出现的大量住宅也在这里得到解释。佛罗伦萨郊外从 16 世纪开始形成的住宅区,其豪富堪与佛罗伦萨城匹敌;古老的威尼斯城的财富都被吸引到郊区别墅。18 世纪,人们厌倦了城市里的宫殿,更喜欢居住乡间别墅。当然,这样做也是因为其中有利可图。里斯本、拉古萨、第戎、马赛、波尔多、米兰、纽伦堡、科隆、汉堡、海牙、伦敦郊区,莫不如此。18 世纪,英国农村普遍兴建昂贵的住宅。1779 年出版的一本集子[49]描述了 84 座类似的"城堡",并附插图。重点描述的是牛津公爵位于诺福克郡霍顿的城堡。该城堡由沃尔波尔于 1722 年开工兴建,1735 年竣工,堡中有极大的厅堂、大理石装饰和长廊。不过,假如我们有意作一次考察古代住宅建筑的旅行,最好去寻找那不勒斯郊区直到托雷-德尔格雷科的 18 世纪新古典主义别墅,这在今天仍是最佳路线之一(但是为时已晚)。游人可从巴拉到圣乔治山口;从克雷玛诺到王宫附近的波蒂奇;从雷西纳到托雷安农齐亚塔。所有这些豪华的别墅都是维苏威山坡与大海之间的避暑胜地。

乡村沦为城市的殖民地,这一现象在西方彰明较著,在世界各地同样存在。伊斯坦布尔的有钱人在博斯普鲁斯海峡两岸广营住宅,[50] 阿尔及尔的权贵则在萨赫勒的小山上兴造附有"世界上最美丽的花园"的别墅。[51] 在远东这一现象不那么明显,原因更多在于乡村里不安全,而不是因为我们缺乏资料。贝拿第诺·德·爱斯加朗特根据别的旅行家的叙述写成一本书(1577 年),书中提到中国富人的"园林"饶有"花园、林木、禽栏、池塘"之胜。[52] 1693 年

第四章 奢侈和普通：住宅、服装与时尚

特雷比欧的梅迪契别墅，位于阿尔诺河一条支流锡耶韦河谷。图中有小教堂、花园和乡村建筑。中世纪风格的堡砦可作临时避难所使用。该别墅属于科斯姆的父亲托斯卡纳首任大公黑帮约翰，此人死于1528年。

11月，莫斯科公国的大使抵达北京近郊，赞叹"京城的官员和居民拥有许多别墅或华美的府第〔……〕每所房屋前面有一宽广的水渠，上架石桥"。[53]这里讲到中国一个古老的传统：至少不晚于11世纪，中国文学已赞美这类环水建造的住宅的优雅妙趣，宅畔总有一口盛开"姹紫嫣红"的莲花池塘。在那里安置书房，观赏天鹅戏水或者"白鹭逐鱼"；窥视"狡兔出窟"，待它们甫离洞口便引弓射杀——人世间还有比这更大的快乐吗？[54]

屋 内 设 施

从外部看一所房子，这仅是第一场戏；从里面看，这是第二场。

谁也不能说第二场戏不如第一场复杂。事实上，有关分类、解释以及从世界全局观察等问题统统又重新提出。无论在室内或在室外，只要看到经久不变的或变化缓慢的因素，就能描绘出大致的轮廓。每当我们的考察对象是穷人（不管他们住在什么地方），或者是停滞不前、处于封闭状态的文明（贫困的或由富变穷的文明），我们就发现住宅内部设施极少改变。唯有欧洲在这一领域处于不断变革之中。这本是主人的特权。

穷人没有家具

穷人家徒四壁，这第一条规律是不言而喻的。我们只消弄清楚最富有、最善变的欧洲文明，其他文明的情形便不在话下了：西方的穷人，不管住在城市还是农村，一身之外无长物。他们没有任何家具，或者几乎没有。直要等到18世纪，一些初级奢侈品，如椅子（人们以前一直满足于使用长凳）、[55]羊毛床垫和羽绒被子才开始传布，某些地区的农民开始拥有描花或精雕细刻的装饰性家具。不过这是1‰的例外。死后开列的财产清单作为最具真实性的文件，证明这一点。18世纪勃艮第，除了为数甚少的富裕农民，短工和小自耕农的家私极其贫乏："挂锅铁钩、安在灶上的铁锅、炸锅、长柄平底锅、揉面盆、带锁的箱子、四柱木床、羽绒枕头、压脚被、长枕、偶尔还有毛毯；粗呢短裤、上衣、裹腿；几件工具〔锹、镐〕……"但是，18世纪以前的财产清单上还没有这么多名目，仅有几件破衣服、一个凳子、一张桌子、一条长凳、一副铺板、几袋麦秸……16到18世纪的勃艮第，笔录里经常提到有人"睡在草垫上〔……〕没有床和家具""与猪圈仅隔一道篱笆"。[56]我们没有看花眼：昂德里安·布鲁威(1605—1638)的一幅画上,四个农民在一间陈设简陋的房间里齐声合唱。屋里只有四张凳子、一条长凳、一个当桌子使用的木桶;桶上有一块抹布、一个大圆面包和一个水罐。这种场面绝非偶然。旧木桶剖成两半,甚而改装成靠背椅子,在乡村酒店里具有多种用途;17世纪荷兰画家特别喜欢画这个题材。在J.斯蒂恩的一幅油画上,一条木板搁在木桶上便形成一个青年农民的书桌,他的母亲站在他身边看他写字。这个农民还不算是最穷的,因为他周围还有人能读会写!13世纪一篇古老文献只用寥寥数语便描出一幅真实的图画:在"富有白面包和上品红酒"的加斯科尼,农民却"围火而坐,惯于不用桌子吃饭,轮流用同一个杯子喝酒"。[57]

这一切都在情理之中:贫困无所不在。1669年法国颁布的一道敕令很有特点,它命令拆除森林边缘"流浪者用木杆搭建的无益房屋"。[58]这类陋屋使人想起几位幸免1666年伦敦瘟疫之灾,逃到树林里藏身的英国人建造的木屋。[59]城市里的景况同样凄惨:在巴黎圣马赛尔关厢,甚至在圣安东关厢,只有几位细木匠过得不错;在勒芒和博韦,织工家里一无所有。亚德里亚海滨的小城俾斯卡拉仅有1000居民,1564年的一份调查报告表明,四分之三的家庭来自邻近山区或巴尔干国家,实际上没有住所,在窝棚里栖身(当时已有贫民窟)。然而这个意大利小城有自己的堡垒、驻军、集市、港口和盐场,而且在16世纪下半期与西班牙合作经营繁荣的大西洋贸易和冶金业。[60]在豪富的热那亚,每年冬天总有无家可归的穷人自愿卖身为奴,到帆桨船上充当划手。[61]在威尼斯,穷人携家带眷住在码头近处破烂的小船上,或者睡在桥洞底下。他们堪称以帆船或舢板为家的中国工匠的兄弟。这些中国匠人一年到头在流经城市的河道上漂浮,带着全家老小、家畜和家禽往上游或下游寻找工作。

传统文明或不变的屋内设施

第二条规律:传统的文明忠于它们习惯的生活场景。如果我

"俄国晚餐":在这座 18 世纪的木屋中,几乎没有家具;摇篮悬在空中。勒普林斯作版画。法国国家图书馆版画部。

们忽略不计某些差异——瓷器、绘画、青铜器——,一所15世纪中国房屋的陈设与18世纪的相同;传统的日本房屋——除了18世纪开始出现的彩色版画——在16世纪或17世纪与今天没有差别。印度也是一样。借助最近的图片,我们可以想象从前穆斯林住宅内部是什么样子。

除开中国文明,非欧洲文明使用的家具种类相当贫乏。印度基本上没有桌椅:泰米耳语的 mecei 来自葡萄牙语的 mesa。黑非洲没有椅子,贝宁的艺术家们只能模仿欧洲的椅子。伊斯兰国家和接受伊斯兰影响的国家也没有椅子和高腿桌子。在西班牙,佩雷兹·德·辛松在《反可兰经》(1532年)中对摩尔人大肆攻击,其中有段古怪的话可以证明欧洲人的优越感:"我们基督徒坐在合适的高度,不像畜生一般坐在地上。"[62] 在南斯拉夫今天信奉伊斯兰教的地区,如莫斯塔尔,20年以前遇有宴庆,客人必定围绕一张矮桌坐在垫子上;某些恪守传统的家庭和许多农村继续使用矮桌。[63] 1699年,人们劝告到莫斯科公国的荷兰商人随身携带质地坚固的纸张,因为俄国人很少有桌子,他们常在膝盖上写字,需要厚实的纸张。[64]

当然,西方对于世界其他地区而言并非没有短处。后者为住宅和家具问题找到聪明的解决方式,往往比欧洲的办法省钱。它们自有它们的长处:伊斯兰国家有继承自罗马的公共浴室;日本普通人家的室内无不雅致、洁净,利用空间搁置物品尤见巧思。

奥斯曼·阿加历尽磨难,终于获释后(十年前,利波瓦陷落时他被德国人俘虏,实际上沦为奴隶),1699年春天在返乡途中经过布达(1686年被基督徒重新攻占),因为能到"城里华美的浴室"去洗澡而不胜喜悦。⁶⁵这里指的当然是多瑙河畔、设防市区下方的土耳其浴室,奥斯曼帝国统治时期人人可以免费入浴。

罗德里戈·维韦罗,⁶⁶1609年见到日本的房屋。他认为虽然从街上看日本房屋的外表不及西班牙房屋漂亮,但其室内布置之美远远超过后者。在最简朴的日本房屋中,清早起一切物品都归置妥帖,好像是为了不让外人看见。如铺床用的垫子就被收起来;草席铺满地板,房间之间的隔断擦得干干净净,一切井井有序。

然而缺点也太多了! 没有取暖设备。和在南欧一样,主要靠日光供暖。可是日光有时候很不尽职。土耳其统治的全部地区没有壁炉(伊斯坦布尔后宫的巨大壁炉是个例外)。唯一的解决办法是,当人们有钱买木炭或木柴时就点个火盆。今天南斯拉夫的穆斯林房屋仍旧没有壁炉。波斯的富室都有壁炉,但是炉膛很窄,"因为波斯人为了避免烟熏和节省昂贵的木柴,是把木柴竖起来烧的"。⁶⁷反之,印度和南洋群岛没有壁炉(那里也未必用得着)。日本冬季寒冷,但也不设壁炉:炊烟"只有开在屋顶上的一个洞做出口";火盆给四面漏风的房间带来微弱的暖意,⁶⁸家家都用木柴烧一大锅热水,既供洗澡,也为了取暖。

中国北方与西伯利亚一样寒冷,堂屋里生火取暖:"屋子尽头有一平台,人们在平台上睡觉;台口置一小炉灶供生火用。北京富人家里的炉子较大,热气通过房间底下,可在屋外生火"。简单说这是一种暖气设备。但是穷苦人家往往只能满足于原始的火盆:"一种烧煤的炉子"。⁶⁹波斯的情况相同,那里常有严寒。⁷⁰

可见,除了个别例外,欧洲以外地区很少取暖,或者根本不取暖。很少或者没有家具。伊斯兰国家的居民有几口珍贵的雪松木箱供存放衣服、衣料和财物;他们在必要时也使用矮桌,有时用搁在木头架子上的大铜盘代替。至少在土耳其和波斯住宅内,卧室的壁龛当作柜子使用。但是"没有我们这里的床和椅子;没有镜子,没有桌子,没有独脚小圆桌,没有厕所,没有画幅"。只有晚上铺开、白天收起的床褥,无数坐垫,以及色彩鲜艳、令人羡慕不已的羊毛地毯。[71]有时地毯一铺就是好几层,自古以来就是基督教世界狂热追求的对象。总之这是游牧民族的家具。

我们在伊斯坦布尔各家博物馆中窥见的财富,是往往绣有郁金香花图案的珍贵衣料,螺旋形酒杯(俗称"夜莺眼"),华贵的镶铜、银、螺钿或珊瑚的水晶、象牙、胡椒木汤匙;塞浦路斯瓷器或更高级的中国瓷器,华丽的首饰,两三个奇特的、嵌满红宝石、翡翠、绿松石和珍珠的宝座。1655年7月土耳其军队没收一位库尔德王子的财宝后,即予拍卖。那份详细的拍卖品目录留给我们同样印象:象牙、紫檀木和柏木箱子,镶嵌光彩夺目的宝石的小箱子,光芒四射的玫瑰香水瓶,香炉,西方的印制书,饰以宝石的可兰经,名家法书,银烛台,中国瓷器,玛瑙杯子,伊兹尼克的碗碟,在《一千零一夜》里仅见的珍贵武器,钢刃锋利无比,配有金银镶嵌的刀鞘的宝刀,银制大锤,绣金马鞍,几百张虎皮,无数地毯……[72]

中国的双重家具

在我们考察的这几个世纪里,中国的家具没有显著变化。但是与其他非欧洲国家不同,这个国家在这一领域经历着潜在的复杂化过程。中国的家具种类繁多,式样讲究,往往采用从远方运来的珍贵木料。诸如漆器、柜子、间隔巧妙的多宝橱、桌椅茶几、长凳

18世纪的中国瓷碗：书房里，一位儒生坐在椅子上读书。很可能是一部小说里的情节。巴黎吉美博物馆。

短几、挂帐子的床(有点像西方从前的款式)，在欧洲以外地区确系例外。中国最大的特点(这也意味着一种生活方式)，肯定是桌、椅、凳子配合使用。需要指出这并非中国最初的习俗。日本照搬中国唐代文明(619—907年)的全部器具时，还没有高腿桌子和椅子。事实上，当代的日本家具和中国古代家具完全一致：矮桌、为踞坐方便而设置的扶手、铺在高低略有差别的平台上的席子(日本"榻榻米")、低矮的搁物架和成套箱笼、垫子：一切都是为了贴近地面的起居方式而准备的。

椅子大概于公元2或3世纪传入中国，历时很久才成为常用家具(最早的椅子图像见于公元535至540年的一座石碑，现藏美国堪萨斯城博物馆)。不管椅子经过什么途径到达中国(通过波

第四章 奢侈和普通：住宅、服装与时尚 345

斯、印度或者华北），它的起源地必定是欧洲；何况椅子在中国最早被叫做"胡床"，这个名称至今还在使用。很可能椅子最初在寺庙里或世俗人家视作荣誉坐位。在不久前的中国，它仍是贵客和老年人的专用物。像中世纪欧洲一样，矮凳则被普遍应用。

重要的是椅子和矮凳要求的坐姿，即一种生活方式，与古老中国的一系列习惯相反，也与亚洲其他国家及所有非欧洲国家的习惯相反；如果说椅子经过波斯或印度传入中国，它在这两个国家却没有像在中国那样得到广泛传播。举例说，一轴作于13世纪的中国画展现一条通向城市的乡间道路；我们看到无论乡村酒店还是城市店铺里都有高腿桌子和各式各样的椅子、凳子。

对于中国来说，接受椅子意味着接受一种新的生活艺术。这一生活艺术并不排斥旧的生活方式，因此尤见新颖。结果是中国将拥有两套家具：低层家具和高层家具。中国北方特有的堂屋里

两种坐法（见以下两图）。右图：精细画师，相传是尚蒂勒·贝里尼（1424—1507)画的一个土耳其人物的波斯摹本。J.杜塞收藏。

陈设的家具就分两个层次：属于低层次的，有椅子、凳子、长凳和相配合的桌子、柜子（常有抽屉），不过中国从未有过五斗橱，除非是晚期在个别地方出现19世纪欧洲家具的仿造品；旧式家具，或日本式家具，陈设在高层次上：屋里另一部分，相当于长凳的高度有一砖砌的宽大平台，即由内部管道采暖的"炕"；炕上铺席或毡，置有垫子和色彩绚丽的毛毯，配以炕桌，低矮的柜子和箱子。居民冬天躺在炕上睡觉、取暖，坐在炕上饮茶陪客；妇女在炕上做针线活或织地毯。中国人上炕前必须脱掉鞋子，只穿白底蓝布袜，习俗要求袜底始终保持干净。中国南方取暖并非必需，但是也有两类家

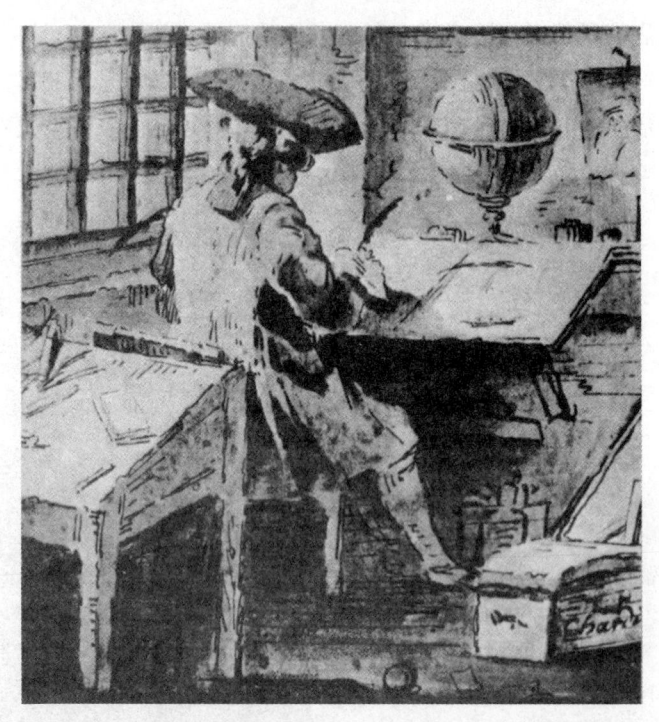

图为夏尔丹（18世纪）画的作家。法国国家图书馆版画部。

具。拉斯戈台斯神甫描绘17世纪初他在广州地区见到的景象时指出,中国人坐在椅子上,围着方桌子吃饭。他又为我们介绍一顶轿子。尽管这种用轻质木料制造的轿子与欧洲的轿子区别很大,两者的构造原理却是一致的。

上文简略的介绍仅是指出,家具演变的问题远没有解决。这一演变给人留下深刻印象。如果人们在这段历史里只注意椅子的遭遇以及这一家具引入中国后产生的众多后果,那是对问题作一种简单化的解释,这类解释在古代技术史著作里比比皆是。现实(我们将在下一章予以探讨)总要复杂得多。事实上,中国(约在13世纪以前)曾经历一个生机蓬勃的时期,起居方式因而分成端坐式和席地蹲坐式两种。后者是家常方式,前者则在正式场合采用。皇帝的宝座、官员的座位、学校里的长凳和椅子……这一切都有待解释和研究,但并非我们力所能及。有意义的是发现世界上有两种日常起居方式:坐式和蹲式,后者通用于西方以外的世界各

"印度斯坦妇女"进餐,精细画,马奴西著《印度史》的插图。法国国家图书馆版画部。

1665年,阿兰胡埃斯一次猎取黄鹿活动。宫廷的贵妇们以穆斯林方式坐在垫子上,观看这场狩猎。猎获的黄鹿将在她们就座的高台底下被宰杀。马蒂内兹·台尔·马佐的油画《阿兰胡埃斯狩猎图》的细部。马德里普拉多博物馆。

地,只有中国同时采用两者。欧洲为什么采用独特的方式,其根源要上溯到希腊、罗马时代的西方文明。

这里有几幅画,足资说明。搭乘日本牛车的旅客理所当然没有座位。一帧波斯的装饰画上,一位王子盘腿坐在宽大的宝座上。从前开罗的出租马车上,埃及车夫把一捆干草放在座位前面,自己曲起双腿,其实他本可以把两腿伸直的。说到底,这里的差别几乎是生理性的:[73]像日本人那样跪坐在脚跟上休息,或者像伊斯兰国家和土耳其那样盘腿而坐,要不像印度人那样蹲坐,对欧洲人来说是办不到的,至少是很困难的。欧洲人的坐姿在日本人眼里显得如此古怪,以致他们用了一个有趣的说法:"悬腿高坐"……这里还有一件轶闻:1693年冬天,旅行家热梅利·卡勒里搭乘土耳其马车,其实是保加利亚马车,从加利波利前往安德里诺波尔。车上没有座位。旅行家写道:"由于我不习惯像土耳其人那样交叉双腿席地而坐,我在这辆不设座位的马车里感到极不舒适。这种车辆的构造足以使任何欧洲人都像我一样受罪。"两年以后,同一位旅行家在印度坐轿子时,"不得不像在床上一样躺下"。[74]我们认为这一次他可能好过一点。北京的车辆往往也不设座位。约翰·巴罗像热梅利·卡勒里一样埋怨说:"对欧洲人来说,想不出比这更坏的车子了。"[75]

只有中国人对这两种坐姿同样习惯(虽然满族一般说来少用桌子和椅子;正是由于这一点,北京的内城和外城甚而在起居方式上有所不同)。一位法国人1795年作为荷兰使团成员在北京受到接见。他说:"官员们本想让我们盘腿而坐。看到我们很不习惯这种姿势,他们就把我们领到一间设有桌椅的大厅里去";那间屋子的家具较为讲究,"炕台上铺着厚毛毯,底下生着火"。[76]在西方,伊比利亚文化和伊斯兰文化在西班牙一度重叠,曾经产生类似局面。我们已经引用过佩雷兹·德·辛松关于穆斯林"像畜生一般坐在地上"的话,他以另一种形式再次表述这个想法:"像女人一样坐在地上"。乍一看这不好理解。其实西班牙妇女长时期内(直到17世纪)继续像阿拉伯人一样坐在垫子上。因而当朝廷一位贵妇有权在王后面前坐下时,就有"赐垫子"这一说法。查理五世皇帝时代,大客厅里设一平台,台上摆设专供妇女使用的坐垫和低矮家具。[77]这情景简直和中国一样。

黑 非 洲

人的贫困或文明的贫困,结果是一样的。对于各种"文化"[78]来说,则两者兼有——双重的贫困——,贫穷世世代代延续下去。人们在黑非洲看到的正是这一景象。为了证实我们的论断,我们不妨在此稍作逗留。

在欧洲商业资本侵入并且安顿下来的几内亚湾沿岸,没有西方式或中国式的人口密集的城市。当地的农民,我不说他们是不幸的(这个词本身没有什么意义),但肯定是贫穷的。到过离海岸最近的一批村庄的旅行者们的叙述可以作证。

实际上,没有像样的住房,仅有用木杆和芦苇加固的土屋。这种"圆如鸽舍"的房子极少刷石灰,屋里没有家具(除了土壶和篮子),不开窗口,每天夜里必定用烟仔细熏一遍,以便驱逐叮人十分厉害的库蚊。拉巴神甫(1728年)写道,"并非人人都同他们〔黑人〕一样习惯于像火腿一般受烟熏火燎,也并非人人都乐意染上那种令人恶心的烟味。你刚开始接触黑人,便会感到有点恶心。"[79]这且说过不谈,我们不必过分当真。巴西一些历史学家和社会学家告诉我们(不过谁也没有义务相信他们),19世纪在独立的共和国定居下来的逃亡黑奴,甚而住在城区陋屋里的黑人,其居住方式都比他们的种植园主人或城里的主人卫生。[80]

我们若多加注意,会在非洲普通的小屋附近发现几座刷上石灰的白房子。与多数人的命运相比,不管改进多么微小,这已是一种奢侈了。更显眼的是数量极少的"葡萄牙式房屋",因为这种房屋的式样来自从前的征服者。当地的"王子"今天还在讲后者的语言。这种房屋有"敞开的前厅",甚至(为了招待客人坐下)还有"非常干净的木制小马扎"和桌子,招待贵客必定奉上棕榈酒。美丽的混血女人住在屋里,她们能任意摆布酋长,或者某个英国富商,而后者的权势与前者也不相上下。这位玩弄巴尔"国王"于股掌之上的美女上穿一件"葡萄牙式缎子紧身背心",下系一条"产自圣雅格岛或佛得角的漂亮缠腰布,权充裙子〔……〕这缠腰布不可小看,因为只是有身份的人才用它;因此她们确实很美、很有气派"。[81]这幅有趣的、在我们眼前一晃而过的图画表明,甚至在辽阔的浑为一体的非洲土地上,照样存在对峙的两岸:生活的正面和反面,贫困和奢侈。

西方及其品种繁多的家具

与中国和世界其他地区相比,西方在家具和室内布置方面的独特之处在于它的爱好经常变化。西方在这两方面的演变速度,为中国望尘莫及。一切都在变。虽说变化并非旦夕之间完成的,但是千姿百态的变化席卷一切。在博物馆里多走一步,或者进入一个新的展厅,景色顿时改观;从欧洲一个地区到另一个地区,景观也大不相同。各地共同经历一些重大的变化,虽然在时间上有早有晚,模仿和影响的自觉程度也不尽相同。

因此在欧洲的共同生活中混杂着各不相让的不同色彩:北方不同于南方,西欧不比新大陆,旧欧洲也不是那个向东一直延伸到荒凉的西伯利亚的新欧洲。家具便是这些对抗的见证;西方世界分成若干小部分,各部分通过不同的家具确立自己的个性。更有甚者——但是我们必须反复强调——社会因素始终在里面起作用。最后要说,家具,或者更精确地说,整个室内设施的演变,是把欧洲推向进步的一场波澜壮阔的经济和文化运动,即所谓"启蒙"运动。

地板、墙壁、天花板、门窗

如果我们把熟悉的当代生活环境作为考察的起点,我们稍加思索便会发现,一切都是古人留给我们的遗产:我用来写字的书桌、存放衣服的柜子、糊墙纸、坐椅、镶木地板、石膏天花板、房间的布局、壁炉、楼梯、装饰用的小摆设、版画以至油画,莫不古已有之。从今天一个普通房间的内部陈设出发,我可以在想象中重现古老的进化历史,倒放电影胶片,把读者引向往昔的但是姗姗来迟的奢侈。这样做不过是树立一些标记,描述家具史的基本概念。但是我们总该从头开始。

一间住房自古以来就有四堵墙、地板、天花板、一扇或多扇窗、一扇或多扇门。

长时期内,底层的地面一直由夯土建筑,后来改铺石板或花砖。古代精细画上往往画出华丽的花砖:作为实物是奢侈品,画在画上却毋须破费。14 世纪就采用镶砖铺地;16 世纪出现"铅釉砖"(涂有石墨釉料);17 世纪普遍应用陶制地砖,小户人家也不例外。但是 17 世纪末以前没有镶嵌花砖,至少法国还没有。至于现代意义的"地板",即所谓"镶木地板",是 14 世纪出现的,到 18 世纪才广为流行,并产生许多款式,如"嵌花式""匈牙利式"……[82] 对木材

第四章 奢侈和普通：住宅、服装与时尚

的需求因此增大。伏尔泰得以写道："橡树从前在森林里自生自灭，今天被制成地板。"

天花板曾长期被叫做"地板"：事实上它的确是房顶的暗楼子或者顶层的地面，支撑它的大梁和搁栅都露在外面，普通人家用未经加工的原木，有钱人家则把木料刨光、加以藻饰或用帐幔遮盖。17世纪初从意大利传入时髦做法，用雕刻、镀金、绘有神话故事的木制藻井覆盖原来外露的大梁和搁栅。18世纪方始流行素色天花板。石膏和灰墁掩盖了木构件；在一些老房子里，剥开层层堆积的石膏和灰墁，今天还能找到三个世纪以前绘有花卉和涡形装饰的大梁和搁栅。[83]

到16世纪为止（甚至更晚），习俗之奇特莫过于冬天在房屋底层和卧室的地板上铺满麦秸，夏天则铺满青草和鲜花："麦秸街乃文学院与理学院之摇篮，得名于当年铺在教室地上的麦秸。"[84]王侯宅第同染此风。1549年6月，巴黎市为宴请卡特琳·德·梅迪契，事先在宴会厅的地板上"遍撒香草"。[85]一位无名画家以茹阿约斯公爵的婚礼舞会为题材绘制的油画上（1581—1582年），舞厅的地板上也撒有鲜花。问题在于需要不时更换这些鲜花、香草和芦苇。在英国，人们并不经常更换，至少埃拉斯姆是这么说的，以致地板上的垃圾自动积累起来。尽管有这些不便之处，某位医生1613年仍推荐用青草铺地的做法："漂亮卧室四壁需覆以席子或毯子，地下需铺以迷迭香、除蚤薄荷、牛至、茉乔栾那、熏衣香、洋苏草及其他香草"。[86]后来席子与毯子兴起，取代了沿墙置放麦秸、青草、灯芯草或菖兰的乡村装饰习惯。人们自古以来就会编织席子，发明席子后不久就学会配色和织出图案。毯子的起源也很早；它的质地

15世纪德国南部一所市民住宅内景,无名画作。巴塞尔艺术博物馆。

厚重,色泽鲜艳,用于铺地,铺桌子(有时长可及地,遮住桌子腿)、箱子甚至柜子顶部。

  油漆或刷胶的内壁上,花卉、树枝和灯芯草让位给壁毯。壁毯可用"各种材料制作,诸如天鹅绒、缎纹布、锦缎、小花锦缎、布鲁日缎子、卡迪斯粗斜纹呢",但是萨伐里(1762年)认为,壁毯这个名称可能应该专用于"贝尔加姆老式挂毯,即西班牙古已有之的镀金皮革,巴黎和卢昂生产的羊毛挂毯以及用人字斜纹布制作的其他新式挂毯,后者用各种颜色相当成功地模仿挂毯上的人物和树木草地"。[87]这类织有人物的挂毯15世纪初开始流行,出自佛兰德的

第四章　奢侈和普通：住宅、服装与时尚

能工巧匠之手，后来经巴黎戈白林工场在技术上予以改进，臻于完善。不过它们的成本昂贵，不利销售。18世纪家具增多，也限制了挂毯的使用。塞巴斯蒂安·迈尔西埃做过解释：若在挂毯前面放一个五屉柜或餐具柜，挂毯上的人物就被腰斩。

糊墙花纸或称"多米诺"，由于价格便宜，得到迅速推广，占领市场。印刷这种花纸的技术与印刷纸牌相同。"这种纸制挂毯〔……〕长时期内仅由乡下人和巴黎小百姓用来装饰和覆盖他们的陋室、铺子和卧室里有限几个地方；但是〔……〕17世纪末糊墙花纸的外观和质量已达完善，不仅大量运销国内主要城市，巴黎本地最豪华的房屋也有个别场所，如藏衣室或某一更加隐蔽的房间，用花纸糊墙以求产生赏心悦目的装饰效果"[88]（1760年）。故此，顶楼住户必用花纸糊墙，有时图案极为简单，仅系平行的黑白条纹。这是因为糊墙花纸的质量大有高低，并非所有产品都像慕尼黑国立博物馆里陈列的某件仿中国风格的样品那样精美华丽。

条件合适时，也有用木板覆盖内墙的。14世纪起，英国细木工即用丹麦橡木制作这种护壁板，这同时也是一种御寒的办法。[89] 护壁板或者干净利落，如德国富格尔家族（16世纪）一所房子内狭小的办公室里所见到的，或者精雕细刻、彩绘镀金，如18世纪法国客厅里遇到的。后一种豪华的大幅护壁板将成为包括俄国在内的整个欧洲模仿的对象。

现在该轮到门窗了。直到17世纪为止，门一直很窄，向里开，仅容一人进出。后来才出现有两扇门扉的大门。至于窗户，年代稍久一些的（或者以18世纪某些农村房舍为例）只是一块不留缝隙的活动木板。玻璃窗最初只有在教堂里才能见到，后来进入私

人住宅。凹凸不平、镶有铅条的玻璃块太重、太贵,所以这种玻璃窗不能制成活动的。作为变通,人们就在固定不动的玻璃窗上开一活动的小窗口,如德国人的做法,或者给固定的玻璃板配上活动的木板,如荷兰人的做法。在法国,玻璃窗的窗框通常是固定的,蒙田曾记载:"〔德国〕窗玻璃之所以特别亮,是因为他们的窗户不像我们这里无法启闭",他们可以"经常擦拭"。[90]也有蒙上羊皮纸、浸过松节油的布、油纸或薄石膏片的活动窗户。透明窗玻璃要到16世纪才真正出现,然后以不同速度向各地传播。它在英国传播很快:15世纪60年代,由于农业发展提供了大量财富以及玻璃工业的发达,玻璃窗已在农家普及。[91]但是同一时代(1556年),查理五世皇帝从佛兰德赶往埃什特里马杜拉,途中却以购买玻璃为一项要务。[92]蒙田到德国去旅行,他记下从埃皮纳尔起"没有一所乡村小屋不装玻璃窗的"。[93]60年后,斯特拉斯堡人勃拉肯豪斐尔[94]关于奈韦尔和布尔日有相同的印象。然而1633年两位从荷兰出发到西班牙去的旅客却指出,靠南边存在一条界线:他们在索米尔越过卢瓦尔河以后,再也看不到玻璃窗了。[95]同一时期,在靠东的日内瓦,最讲究的住宅也只用糊窗纸。1779年,巴黎收入最低的工人住的房间已用玻璃窗采光,而在里昂和某些外省城市,据勃拉肯豪斐尔说,人们仍旧使用油纸。[96]特别是丝织工人无意改变,因为透过油纸的光线"更加柔和"。[97]在塞尔维亚,玻璃窗到19世纪中叶才普遍出现:1808年它在贝尔格莱德还是稀罕之物。[98]

窗框的构造也在经历缓慢的演变。受到玻璃的尺寸以及框架的抗力的限制,窗框上最初有许多木制小窗格,整块大玻璃窗要到18世纪才被普遍采用,至少出现在有钱人的住宅里。

窗户的现代化过程很晚才得以完成。如同我们期待的那样，画家们对此留下许多各不相同的见证。欧洲各地的窗户并非在某一时期都遵照划一的格式，如典型的荷兰窗户上部是固定不能开阖的玻璃，下部是整块可以活动的木板。在申戈埃尔的《天神报喜图》上，我们看到这种格式的窗户，但是同时代的另一扇窗户上只有一条狭窄的玻璃可以启闭；另一种固定的窗户配有一块从外部启用的护窗木板；根据不同情况，护窗板或者只有一块，或有两块，等等。一些窗户里面有窗帘；另一些则没有。总之，问题不仅在于通风、采光，还在于御寒和防止太强的光线刺激睡眠者。对于这个问题可以有一系列解决方式，一切视气候和习惯而异。德国"用以抵御风霜雨露的，仅有光秃秃的玻璃窗"也就是说没有外部或内部的护窗板，蒙田对之大不以为然，再说德国客店的床铺不设床帐！……[99]

壁　炉

约 12 世纪以前，还没有壁炉。到这一时期为止，仅在厨房中央有一圆形炉灶。人们用火盆或"脚炉"取暖。[100] 过不久，从威尼斯到北海，从莫斯科公国的边境到大西洋，住宅的主要房间莫不装有壁炉，人人都到那里去躲避寒冷。威尼斯画家常以本地高耸的壁炉烟囱为题材。

壁炉的炉膛最初铺砖，后来从 17 世纪起覆以金属板；另有柴架支撑木柴。炉膛最深处叫"炉心"，有一块竖立的铸铁板名叫"护心"，覆盖"炉心"。"炉心"常带图案装饰，有些非常美丽。壁炉内设一环，套住挂锅铁钩。铁钩备有卡槽，便于调节高度。火上常置

西班牙火盆。圣埃洛阿的诞生,P.努尼作画(细部)。巴塞罗那加塔洛尼亚艺术博物馆。

一口大铁锅供应热水。菜肴在火堆前方的炉灶上烹制,既可利用附近的火焰,又可把炽热的木炭摊在铁制锅盖上。长柄锅也便于充分利用热量。

有钱人家的壁炉自然变成大厅里的重要装饰品。炉台饰以浮雕,通风罩上绘着画,炉腿做出线脚,雕成蜗形或立柱形。15世纪末布鲁日一座壁炉的通风罩上绘有钱拉·大卫画派的《天神报喜图》。[101]

这类壁炉美则美矣,但其内部构造却长期停留在原始阶段,技术上与20世纪初农民住宅内的壁炉毫无二致:竖立的烟道极其宽大，必要时可容纳两个扫烟囱的人同时操作；空气流动剧烈，以致待在火堆一边的人担心烤焦，待在另一边的人却有冻僵之虞。因此人们倾向于增大壁炉体积，以便在通风罩下的炉膛两边设置石头长凳。[102] 炉火将尽，仅余炭火时，人们便坐在长凳上，在"炉台底下"聊天。

这种构造体系用于烹饪还勉强可以，用于取暖却收效甚微。冬天来临后，冰凉的住房里只有炉火周围尚堪栖身。凡尔赛镜厅两端的壁炉不足以烧暖整个大厅巨大的空间。还是穿裘皮御寒比较可靠。不过裘皮真的管用吗？1695年4月3日，帕拉丁娜公主写道："国王的餐桌上，杯子里的酒和水冻结成冰。"不用再举其他例子，这一例子足以说明，17世纪的房屋何等不舒适。那个时代，严寒可以成为一场灾害：河流结冰，水磨停止转动，饥饿的狼群四出觅食，瘟疫流行。遇到特大寒流，如1709年那一次，巴黎的"老百姓像苍蝇一样冻死"（3月2日）。帕拉丁娜公主说，从一月份起由于缺乏取暖设施，"演出和诉讼一概停止"。[103]

不过到1720年左右一切都变了："摄政王治国以来，人们要求冬天不再挨冻。"由于扫烟囱工人和砌炉工人的努力，"壁炉学"大有进步，这一目的确实达到了。人们发现了通风的秘密。炉床缩小、加深；炉台降低；烟囱管弯成弧形，从而解决了直筒烟囱不断排烟的问题。[104]（回过头来看，我们很想知道，伟大的拉斐尔受命制止埃斯特公爵的壁炉冒烟时，他是怎样交差的。）这些进步应用于加布里埃尔公馆那种开间合理的房间，而不是芒萨尔宫那样硕大无比的厅堂，成效尤为显著。装有多个炉床（至少有两个）的壁炉甚至使仆人房间也能升温。就这样，取暖领域的革命虽然姗姗来

炉子前的妇人,伦勃朗作蚀刻画,17世纪荷兰。法国国家图书馆版画部。

迟,毕竟还是完成了。

但是我们切莫像一个世纪以前,即1619年出版的《节省木材》的作者一样,认为燃料因而得到节约。因为新式壁炉既然效能高,其数量就奇迹般地增多。冬天来临之前,每个城市都忙于运输和锯开取暖用的木材。还在大革命前夕,每当十月中旬,巴黎"城里各区响起一片新的喧闹声。数以千计的车辆满载木材,各奔前程,街巷为之堵塞。人们忙于卸车、锯木、转运,行人一不小心就会被车辆撞倒、碰伤,或者压断双腿。卸车工粗暴地从车顶上匆匆扔下木柴,石子路面砰然作响。他们一味蛮干,只顾尽快卸完货物,砸破行人的脑袋也在所不计。然后是锯木工上场,他运锯如飞,把锯开的木柴扔在四周,旁若无人"。[105]

同一场面出现在所有的城市。罗马的木柴商人牵着小驴送货上门。纽伦堡四周虽说有茂密的森林,1702年10月24日的敕令责成管区内的农民把家中贮存木材的半数送到市场上出售。[106]波洛尼亚街头,以劈柴为生的工人正在寻找主顾。

炉　　灶

蒙田说德国"没有壁炉",未免下结论太仓促。确切地说,是客店的卧房或住宅的大厅里没有壁炉。厨房里总有一座壁炉。不过,德国人"讨厌别人进他们的厨房"。旅客只能在宽敞的大厅里取暖、进餐,那里有瓷砖砌成的火炉。[107]其次,德国的壁炉式样"和我们的不一样":"他们在厨房中央或一角建一火炉,几乎整个厨房就是火炉的烟道。炉子开口处面积可达七八平方尺,直通房顶;这样他们就有足够的地方在某处设置帆篷,该帆篷在我国壁炉的通风管里占据位置太大,以致排烟不畅。"[108]所谓"帆篷",乃是借助上升的烟气和热空气推动的风车翼,用于旋转烤肉铁钎……但是不必多作解释,我们只消看一眼下页的插图便能明白。即使不能弄清这个机械装置,至少可以看到烤肉铁钎、升高的炉台,明白德国主妇因此不必像在法国、日内瓦[109]或荷兰那样弯腰做饭。

德国以远,在匈牙利、波兰、俄国,不久在西伯利亚,都能遇到火炉。这都是石砌、砖砌,乃至黏土堆成的普通炉灶。德国从14世纪起,出现用陶土砌成的轻便火炉。贴在炉灶表面的瓷砖常有图案装饰。炉前设一长凳,可供坐卧。埃拉斯姆解释说:"在有火炉的房间你尽可脱去靴子,换上鞋子,如果你愿意,也可以换衬衫;

不必弯腰就能做饭：德国的高炉床壁炉（1663年）。摘自《孟代尔基金会同仁手册》，纽伦堡国立图书馆。

你把被雨水打湿的衣服挂在炉旁，然后凑近来烤干自己的身体。"[110]至少，像蒙田说的那样，"人们不至于烤糊脸或靴子，也不会像在法国那样饱受烟呛。"[111]波兰没有客店，旅客一概由住户接待。弗朗索瓦·德·巴维因此得与主人全家以及其他过客同睡在灶间宽大的长凳上。长凳沿四壁安放。备有枕头和皮裘。意大利人奥克塔维安特意选贴近主人家一位妇女的铺位睡下，"时而得到芳邻殷勤接待，时而被她抓破皮肤"，而这一切都在暗中悄悄进行，没有吵醒任何人！[112]

釉陶火炉约于马里尼亚诺战役五年后（1520年）在法国出现，但要到17世纪方始得宠，到下一个世纪才被普遍接受。1571年，巴黎还很少有壁炉,[113]往往需要用火盆取暖。18世纪巴黎穷人仍用泥炭生个火堆御寒,因此常有中毒事件。[114]无论如何,壁炉在法国起到的作用将大于火炉,后者主要用于东欧和北欧的寒冷国家。塞巴斯蒂安·迈尔西埃1788年写道:"壁炉与火炉有霄壤之别!一见到火炉,我的想象力就熄灭了。"[115]

还要指出,西班牙"任何一套房间里既没有火炉,也没有壁炉;……当地人只用炭盆取暖"。说这番话的奥诺阿伯爵夫人补充说:"这个国家缺乏木柴,幸运的是他们也没有取暖的需要。"[116]

英国在壁炉的历史上占有特殊地位,因为从16世纪起,由于木材不足,人们日益使用泥炭作燃料,从而对炉床作出一系列改进。最重要的改进在19世纪末由伦福德完成,运用折射原理加热整间房子。[117]

从家具匠说到买主的虚荣心

不管有钱人多么喜新厌旧,屋内陈设与家具的变化始终不快。时尚当然在变迁,但是速度缓慢。原因很多:更新家具所费不赀;更重要的是生产能力有限。最晚1250年以前没有水力推动的机械锯;[118] 16世纪以前,一般说除了橡木没有别的材料;核桃木和来自海外的木料16世纪开始在安特卫普风行。更重要的原因是一切都取决于生产某一产品的行业是否存在。家具行业发展甚慢。15、16世纪之交,细木匠从粗木匠行业中分离出来;然后,17世纪高级细木工又脱离细木匠自成一行,在这以前他们一直被叫做"镶贴或镶嵌细木匠"。[119]

粗木匠既营造房屋、又管制造家具的情形延续几个世纪,因而

"哥特式家具"体积庞大,用料结实,有一种毫不掩饰的粗犷作风。这类家具的代表如笨重的挂在墙上的柜子,巨大、窄长的桌子,比板凳更常见的条凳,用粗糙的宽木板拼接并用钉子和铁箍固定、配上牢固的锁头的箱子。[120]说是家具,其实也能当行李托运,不惮旅途颠簸。板材仅用斧子削平:刨子这一古老的工具在古埃及、希腊和罗马已被使用,但要到13世纪才在北欧重振旧威。起初用铁钉联结板材,后来才慢慢出现镶榫和鸠尾榫;木钉和销钉起源更晚,这是一大改进;铁螺丝钉虽然古已有之,但18世纪以前尚未广泛使用。

各种工具,诸如大小斧子、凿子、木槌、铁锤、弩机式车床(用于车制桌子腿一类的粗活)、手摇或脚踏曲柄车床(用于细活),由来已久,也是古罗马时代留下的遗产。[121]意大利还保存着古代的工具和工艺,在那里我们可以看到硕果仅存的早于1400年的家具。意大利在这个领域再次领先,凌驾别国之上;它向各地传播家具成品、家具款式以及制造方法。我们只消参观慕尼黑国立博物馆,便能信服这一点。那里陈列的16世纪意大利箱子配有座子,其雕工之复杂,木料之光洁,造型之讲究,同时期欧洲其他地区的产品不能望其项背。抽屉也是从南方通过莱茵河谷,很晚才在阿尔卑斯山以北出现,抵达英国更是15世纪的事情了。

16世纪以前,甚至17世纪,习惯对家具、天花板和墙壁施以彩绘。我们应该想象王宫、民宅和教堂里精雕细刻的古代家具无不漆上金色、银色、红色或绿色。这一做法证明,采光不良的阴暗房间的住户不顾一切追求光明和鲜艳的色彩。人们在上漆前往往先用细布或石膏包裹家具,以便遮盖木料上的疵点。从16世纪末开始,家具仅打蜡或上清漆。

我们怎样才能跟踪每一种家具的复杂历史呢？它们出现,发生变化,但最后并不完全退隐。它们始终承受着建筑风格和房间布局强加给它们的限制。

很可能,由于在壁炉前面安放长凳,连带要求设置长方条桌;客人用餐时坐在一边,背向炉火,腹部顶住桌子。根据亚瑟王的传说,圆桌的发明取消了坐位尊卑问题,但是圆桌只有和椅子相配才能卓见成效,而椅子的定型、被大众接受并大量生产却是较晚的事情。原始的"高座"是一种硕大无比的椅子,屋内仅设一把,专供中世纪的领主使用;其他人只配坐长凳、凳子、马扎,很晚才有椅子。[122]

有权裁决家具之间这种相互牵制和配合关系的是社会,也就是说,往往是人们的虚荣心。以餐具架为例,这本是一种厨房家具,一种餐具桌,即一张普通的桌子,用于搁置将于就餐时依次端上餐桌的众多盘碟。在领主的宅第里,后来有第二个餐具架进入大客厅,用于陈列金、银、银质镀金盘碟、水盆、水壶和酒杯。这种餐具架设有搁板,其层次多寡视主人的身份而异,男爵仅有权用两层,爵位越高则搁板越多。[123]某幅表现希罗德宴请群臣的油画上,出现一个有八层搁板的餐具架,属于最高等级,标志帝王无与伦比的威严。更有甚者,圣体瞻礼节时人们把餐具架搬到街上,放在"披花结彩的住宅"前面。英国旅行家汤姆斯·考列埃特1608年在巴黎街头看到大量饰满银器的餐具架,叹为观止。[124]

姑举一例,我们可以简单地勾勒"柜子"的历史,从古代笨重的、用铁箍加固的柜子起,直到17世纪已经"市民化"的柜子为止;谈到这种柜子的一位历史学家对路易十三时代的"三角楣、柱顶盘、圆柱和壁柱"这类装饰很不喜欢。[125] 柜子的尺寸越来越大,人们最终下决心把它剖成两截,由此产生"下柜"这种新家具,不过它的流行不广。柜子于是变成一种意在抬高主人地位的家具。有条件时便精雕细刻、装饰富丽。到18世纪,它失去这个作用,至少在华贵的住宅里身份下跌,降为贮存衣服的家具,不再在客厅里露面。[126] 但是在这以后的几个世纪里,它仍将是农民住宅和寻常百姓家引以为骄傲的宝物。

先是盛极一时,然后销声匿迹,家具的沧桑与时代风尚的变迁有关。"收藏柜"的历史足以说明这一点。这种带抽屉或分成间隔的家具用于置放梳洗用具、文具、纸牌和首饰。它在哥特式艺术风行时代已经存在,到16世纪开始走运。文艺复兴式镶嵌玉石的收藏柜或者德国式收藏柜曾在法国大出风头。路易十四治下,有些收藏柜的尺寸大得出奇。在这个风气影响之下,18世纪轮到"文件柜"交上好运。这种家具上有一块活动木板,翻下来可作写字台使用。

不过我们最好还是看看,五斗橱是怎样走运的。这种家具不久将取得首要地位,完全取代柜子。18世纪头几年,它在法国问世,通过某一布列塔尼农村家具或某些米兰家具我们可以想象最早的柜子乃是把大箱子"竖"起来的结果。同样地,五斗橱的设想来自把若干小箱子重叠起来。不过这一设想及其实现都比较晚。

在一个崇尚高雅趣味的世纪,五斗橱应时而起,立即成为一种

第四章 奢侈和普通：住宅、服装与时尚 367

15世纪的餐具架及金餐具。《伟人亚历山大史》。巴黎，小宫博物馆。

线条讲究的奢侈家具。它的或直或弯、或上下一律或中间鼓出、或庄重或纤巧的造型，它使用的贵重木料，它要求的细木镶嵌活，铜活和漆活，莫不密切追随变化多端的时尚。"中国小摆设"盛行时，五斗橱的装饰作风也有所反映。从"路易十四式"到"路易十五式"或"路易十六式",更是花样翻新。五斗橱虽是基本家具,最初却只有有钱人用得起,到19世纪才得到普及。

不过,逐一考察这些家具的历史之后,我们是否真正了解室内布置的历史?

重要的是整体布置

不,一种家具不管有多大特色,它不能创造或者揭示一个整体。只有整体才起作用。[127] 博物馆里孤立的展品通常只能告诉我们一部复杂的历史的基本概念。关键不在家具本身,而在于它们的布置是任意的还是不得不然的,在于一种气氛和一种生活艺术。这种气氛和艺术既体现在陈设家具的房间内部,又洋溢在房间外部,弥漫在整所房子里,而房间只是房子的一个组成部分。在这些奢侈的小天地里,究竟人们怎样生活,怎样进餐和怎样睡觉?

最早的确切见证与晚期哥特式风格有关,主要见于荷兰或德国绘画。画家用全副心思画出家具和摆设,笔触之精细不亚于画人物,好像把一系列静物画插入整个画面。扬·梵·艾克的《圣约翰的诞生》或者梵德尔威登的一幅天神报喜图能使我们对15世纪普通房间里的气氛有具体了解。各间房间连贯相通,因此只要房门开着,我们就能猜到厨房里的活动或者仆人们的紧张忙碌。当然题材本身有利于这种表现。一幅天神报喜图或圣母诞育图,不管是卡巴契欧、老霍尔本还是申戈埃尔的作品,总要画出床、箱子、一扇敞开的漂亮窗子、壁炉前的一条长凳、新生儿洗澡的木桶、端

第四章 奢侈和普通：住宅、服装与时尚 369

17世纪荷兰一所市民住宅内景：室内明亮、简洁，宽敞的公用房间里风琴放在挂帐子的床对面；各间房间相通。鹿特丹的博依曼博物馆。

给产妇喝的肉汤。这些细节帮助我们了解居住环境，犹如基督最后的晚餐为题材的绘画帮助我们了解进餐的规矩。

尽管屋里的家具数量不多，结实之余带有村俗作风，这类晚期哥特式住宅至少在北欧国家给人以温暖亲切之感：门窗严实，帘帐帷幕皆用奢侈织物制作，色彩鲜艳，熠熠生光。床帐、被子、壁衣、柔软的靠垫之类，是屋里唯一的真正奢侈品。15世纪的挂毯色泽分明，在淡色底子上布满花卉和动物图案，同样证明当时人对色彩的嗜好和需要，好像当时的住宅是对外部世界的回答，又好像住宅与"回廊四合的内院、设有防御工事的城堡、环以城墙的城市和圈在围墙里的花园"一样，是为对付隐约感觉到的物质生活之艰难而

17世纪佛兰德住宅内景。装修奢华、繁复的主厅里应有尽有:大壁炉、带天盖的床、客人正在用餐的饭桌。巴黎装饰艺术博物馆。

采取的防卫措施。

然而,同一时期意大利已开始文艺复兴,它在经济上遥遥领先,宫廷里崇尚新的气派,极尽炫耀之能事。于是在意大利半岛上出现一种截然不同的生活环境,庄重但是比较拘泥,建筑和家具式样力求产生宏伟壮丽的效果,力求显示主人高贵的社会地位,因而三角楣、挑檐、圆雕饰和雕塑无不重复相同的图案和相同的线条。15世纪意大利住宅内有柱廊、带天盖的雕花大床和豪华的大楼梯,已开法国17世纪盛世风光的先河。法国路易十四时代的宫廷生活专事炫耀,讲究戏剧性的排场。显然奢侈在那个时代已成为一种统治手段了。

我们一下子跳过200年。到17世纪,虽有例外——如荷兰和德国的住宅比较简朴——住宅的内部装饰以方便社交生活和显示主人的社会地位为唯一目的,不惜为此牺牲其他一切。法国、英国乃至信奉天主教的尼德兰地区,莫不如此。礼宾大厅开间极大,天花板很高,门窗增多;室内气氛故意搞得很庄重,有大量装饰、雕刻和多件场面家具(雕工繁缛的餐具橱、架),家具上还陈列着各种银器。墙上挂有盘子、碟子和图画,墙壁本身也画有复杂的图案(如鲁本斯画的客厅有奇形怪状的背景装饰)。挂毯一直受宠,到这个时代已变为趋向某种浮华风格,无休止地追求色调的浓淡差异,因而造价昂贵,但是作品有时却相当乏味。

话说回来,这间气派非凡的主厅兼作其他用途。我们在许多佛兰德绘画——从梵德巴森到阿伯拉罕·包斯和叶洛尼姆斯·扬森——的背景中都能见到床。这张床通常放在壁炉边上,用大帐子遮起来。同一间屋子里,客人到齐了,正在大吃大喝。另一方面,17世纪的奢侈不知道为住户创造各种各样的舒适,首先是屋子不暖和。其次是还不注意维护各人的隐私。在凡尔赛宫,路易十四本人若要去拜访蒙台斯邦夫人,先得穿过前任情妇拉瓦里埃尔小姐的卧房。[128]在17世纪的巴黎,一座公馆的第二层是整幢房子最好的部分,归主人居住。这一层所有的房间——候见厅、客厅、走廊、卧室——同样间间相连,有时还不好分辨。包括执役的仆人在内,每人都要穿过所有的房间才能抵达楼梯口。

18世纪正是在这一方面有所革新。欧洲到了18世纪并不放弃社交生活的豪华排场,它比过去任何时候更重视交际,但是个人从此开始努力保护自己的私生活。住房和家具发生变化,因为个人要求、渴望这种变化，也因为大城市是他们的同谋。个人只要随大流就行了。在伦敦、巴黎、圣彼得堡这些迅速发展的城市里，物价越来越贵；奢侈如野马脱缰；地皮奇缺；建筑师必须最大限度地利用尺土寸金的有限面积。[129]于是现代住宅和现代套房便应时而起，它们是为一种不那么壮观，但更加惬意的生活而设计的。路易十五时代，巴黎有张广告招租套房："内有十间，分为候见室、饭厅、起坐间、冬天用第二起坐间〔因此有取暖设备〕、小图书室、小客厅以及带藏衣室的卧室"。[130]类似广告在路易十四时代是不可能出现的。

当时一位作者解释说，一所府第从此分成三套房间：一套用于社交，可以愉快地接待友人；另一套为了排场；第三套用于家庭生活，以便亲人朝夕晤对。[131]由于住房功能分解，从此人人可以生活得称心一点。配菜间与厨房分开，饭厅不再兼作客厅，卧室自成一个小天地。路易斯·蒙福特认为的房事本是夏天的勾当，从此不再受到季节的限制。[132]谁也没有义务非相信他不可（民事登记册上记载的出生日期甚至作出反证），不过1725年前后确实出现所谓"住房内部布局"，无论罗马、梅迪契时代的托斯卡纳，还是路易十四时代的法国，都未曾经历过这种事情。新的房间布局"巧妙地隔出成套的房间，使主人和仆人住起来都很舒适"；[133]这不仅是为了追随时尚。这种"小型住房里房间数目较多……人们可以在有限空间内拥有许多东西"。[134]塞巴斯蒂安·迈尔西埃写道："我们的小套房布置得像光滑的圆贝壳一样。从前屋里不讲采光，空间虽大，却白白浪费了，现在人们住在敞亮的房间里，心旷神怡。"[135]一位明白人补充说："老办法〔大而无当的住宅〕太费钱了；今天的

人没有那么富。"¹³⁶

反过来,追求奢侈的风气集中到家具上,于是出现无数精工制作的小家具。它们不像老式家具那样占地方,与女主人专用客厅、小客厅和小卧室的开间大小相称,特别能满足新产生的对于舒适和私生活的需要。各种各样的小桌子、半桌、牌桌、床头柜、书桌、中心桌等,应运而生,宛如不会说话的仆人为主人提供方便。18世纪初同时兴起五斗橱和多种柔软的安乐椅。这些新家具都有新发明的名称:牧羊女、侯爵夫人、公爵夫人、土耳其女人、守夜婆、窥视女郎、雅典女人、轻便马车安乐椅、飞翔安乐椅……¹³⁷室内装修同样讲究:雕刻或彩绘的墙裙、豪华但是往往装饰过多的银器、路易十五式的青铜器和漆器、珍贵的进口木料、镜子、壁灯和烛台、窗间壁饰、丝绸帐幔、中国瓷器、萨克森瓷器摆设。当时,法国和德国盛行的洛可可风格以各种形式影响了整个欧洲,英国出现了大收藏家罗伯特·亚当用仿大理石制作的装饰图案,根据1774年《世界报》一篇文章的说法,则是中国摆设和所谓哥特式装饰作风共治天下,"两种风格水乳交融,相得益彰"。¹³⁸总之,建筑上新兴的朴素风格并没有引起室内装修的简洁化。恰恰相反,后者踵事增华。宏伟风格消失了;取代它的却往往是矫揉造作。

奢侈与舒适

这一奢侈并非始终有我们称之为"真正的"舒适相伴随。取暖设备仍不完善,通风极差,烹饪条件与乡村无异,有时使用可以移动的炭炉,这种炉子"用砖砌成,外层用木条加固"。套房里并非都有英国式厕所,虽说约翰·哈林顿爵士1596年已作出这项发明。

即便套房里有厕所,为了消除屋里的臭味,还需要设置唧门或虹吸系统,至少要有通风口。[139] 1788年,巴黎的毛坑掏不干净,成为一大问题,连科学院也表示关注。人们一如既往地从窗口倾倒便壶;街道成了垃圾场。巴黎人长期惯于在杜依勒里宫花园"一排紫杉树下大小便";瑞士卫兵把他们从那里赶走以后,他们就到塞纳河两岸去行方便,于是塞纳河畔"既不雅观,又臭不可闻"。[140]这是路易十六治下的景象。所有的城市,无论大小,同样不洁,仅有程度上的差别。列日、卡迪斯、马德里与上奥弗涅的小城市同样肮脏。通常有一条运河或一道激流流经这些小城市,名曰:"粪河","居民什么东西都往河里扔"。[141]

17、18世纪的城市里,洗澡间是极为罕见的奢侈享受。跳蚤、虱子和臭虫占领了巴黎和伦敦的住房内部,不分居民的贫富贵贱,一律肆虐。至于室内照明,蜡烛和油灯一直沿用到19世纪初期,才被煤气灯的蓝色火焰代替。但是各式各样巧妙的原始照明用具,如我们在古代绘画见到的火炬、灯笼、壁灯、蜡烛盘或吊灯,都是很晚才出现的奢侈品。一项研究表明,这类照明用具到1527年才在图卢兹真正普及。[142]在这以前,居民几乎不点灯。"战胜黑夜"诚然值得骄傲,甚至炫耀,但是代价昂贵。为此需要点矿蜡、动物油脂、橄榄油(不如说是橄榄油的副产品,俗称地狱油)。18世纪,鲸鱼油越来越被用于照明,荷兰和汉堡的渔夫从中得利。后来到19世纪,则是梅尔维勒提到的那些美国渔港因而致富。

故此,如果我们作为不速之客走进往昔的住宅,我们很快就会感到不自在。古代房子里的种种奢侈设施不管如何华美——它们往往令人赞叹——却不能满足我们的日常需要。

服装与时尚

服装史似乎应该充满趣闻轶事,其实却没有那么多。一部服装史提出所有的问题:原料、工艺、成本、文化固定性、时装、社会等级制度。服装随心所欲地变化,在世界各地揭示社会对抗的剧烈程度。限制奢侈法诚然体现政府的明智决策,但它更反映社会上层阶级看到自己被暴发户模仿时怀有的愤恨心理。亨利四世和他周围的贵族绝不能同意巴黎资产者的妻女穿戴绫罗绸缎。但是谁也无法阻止向上爬的野心或者穿好衣服的强烈愿望,因为在西方,社会地位最细微的上升都要反映在服装上。再说政府从未阻止大贵族穷奢极欲,也没有禁止威尼斯妇女分娩时摆排场,或者不准那不勒斯人在举行葬礼时讲阔气。

甚至在最寒酸的角落里人们也讲究穿着,瓦朗西安附近有个佛兰德村庄叫吕末基,本堂神甫留下一本日记。根据他的记载,1696年当地有钱的农民为了穿着不惜牺牲一切:"青年男子头戴金边或银边的帽子,衣着与此相称;青年女子梳的发髻足有一尺高,其他服饰同样讲究……"。他们"每星期天大模大样地光顾酒店……"但是日子一天一天过去,同一位神甫写道:"他们只是星期天在教堂里或酒店里衣冠整洁,平时〔不分贫富〕穿得十分邋遢,看到女的足以医治男子的淫欲,看到男的能使女子不起邪念……"[143]这才恢复事情原来的秩序,一切又回到日常生活的轨道上去。塞维尼夫人1680年接见一位女佃农。但是这位"波德加〔布列塔尼〕的标致小农妇穿一件配上波纹绸里子的荷兰呢长袍,袖子上还有开缝……"塞维尼夫人对她这身打扮又是欣赏又有气,因为这位农妇欠着她8000里佛的债。[144] 当然这是例外;1680年德国一个村庄的农妇在庆祝主保瞻礼时戴的绉领也是例外。通常情况下,人人都打赤脚或者几乎不穿鞋。甚至在城市集市上,一眼就能分辨资产者和平民百姓。

假如社会稳定不变……

假如社会处于稳定状态,那么服装的变革也不会那么大。在这种社会里,即使上层人士也往往不在服装上翻新出奇。中国早在15世纪以前,从新定的首都北京(1421年)附近直到边远的四川和云南省,官员的服装相同。拉斯戈台斯神甫1626年画下来的那件锈金线的绸袍,我们可以在18世纪的许多版画上看到,而且配有同样的"诸色绸靴"。官员家居时穿简便的棉布衣服。他们在执行公务时换上这件闪光的官服,这既是他们的社会面具,又使他们的身份得到确认。中国社会基本上处于停滞状态,这顶面具延续若干世纪保持不变,甚至满洲人1644年起征服中国也没有打破古老的平衡,或者说破坏的程度极其有限。新主人强迫臣民剃去头发(仅保留一绺),放弃从前穿的宽袖大袍。仅此而已。总起来说不算多。一位旅行家1793年写道:"在中国,服装的式样很少跟随一时的风尚或者由于个别人的喜好而改变。什么身份的人在什么季节应该穿什么衣服,都有成式。妇女也谈不上时装,最多对头上插戴的花或首饰翻翻花样。"[145] 日本也是保守的国家。可能丰臣秀吉对外部世界作出强烈反应以后,日本不得已才采取保守政策。此后好几个世纪,日本人在室内穿的和服与今天的和服差别

中国官员,18世纪作品。

甚微;他们上街则穿"'阵羽织',一种背部绘有图画的皮衣服"。[146]

作为一般规律,在这类社会里,只有当政治动乱打乱了整个社会秩序时,穿着才会发生变化。印度基本上被穆斯林征服后,战胜者莫卧儿王公的服装(宽大的长袍和沙普坎)成为常服,至少为有钱人效法。"肖像上的拉吉普特王公〔有一例外〕都穿宫廷长袍,足证印度上层贵族一般说已接受莫卧儿君主的习惯和礼仪。"[147]在土耳其帝国我们看到同一现象。奥斯曼苏丹的武力及声威所达之处,上层阶级必定接受土耳其人的服装。遥远的阿尔及尔和基督教的波兰无不如此。在波兰,土耳其式服装很晚才被18世纪法国式服装取代,而且取代并不彻底。服装款式一经模仿,此后几个世纪很少变动,因为原型保持不变。穆拉吉·道松在1741年出版的《奥斯曼帝国大观》中指出:"欧洲妇女惟恐赶不上时髦,东方妇女却不必为之操心。她们梳的发型,穿的衣服的式样和用料,几乎一成不变"。[148]至少阿尔及尔是如此。这个城市1516年被土耳其征服,直到1830年摆脱土耳其人的统治,整整三个世纪妇女服装很少变化。埃多神甫1580年在阿尔及尔当囚徒,他对当时妇女的穿着作过精确的描述。这一描述"稍加修正便可移作1830年的版画的注脚"。[149]

假如只有穷人……

那么问题就不存在了。一切都不会变动。没有财富,就没有行动自由,也就不可能有改变。世界各地的穷人都不知道什么叫时装,他们的衣服不管是漂亮的那一身还是粗陋的那一身,都一成不变。漂亮的那一身过节才穿,往往是祖上传下来的。尽管各国、各省的民间服装千变万化,某一地方的民间服装却几百年没有变化。粗陋的那一身是日常劳动时穿的,用当地最便宜的材料制成,比漂亮的那一身更少变动。

科尔特斯时代,新西班牙的印第安妇女穿棉布长裙,后来穿羊毛长裙,偶尔还绣上花,到18世纪她们还是这身打扮。男人的服装无疑有所改变,那仅仅是因为征服者和传教士要求他们穿得像样一点,不得赤身裸体。秘鲁土人的穿着自18世纪至今没有改变:一块家织的四方形羊驼毛毯从中间开口,以便套头穿用,西班牙文叫蓬裕(poncho)。印度的服装亘古不变:印度教徒今天和昨天一样,和古代一样身缠腰布。在中国,"村民和市井小民"一贯用"各种颜色的棉布做衣服";[150]实际上这里说的是一件紧身小褂。日本农民1609年穿的絮棉花的和服,[151]想必几百年前就有了。伏尔奈在《埃及游记》(1783年)中对埃及人的服装大感惊奇:"这一幅布叠成好几折盘在剃光的脑门上;这件长袍从领子拖到脚跟,与其说它是衣服,不如说它是遮掩人体之物"。[152]这件衣服历史悠久,比有钱的马穆鲁克人的衣服还要古老,而后者已可上溯到12世纪。至于拉巴神甫描述的黑非洲穷人,既然他们基本上不穿衣服,又怎么谈得上改进呢?"他们没有衬衫,裤衩以上,仅用一块布包裹上身,然后束上腰带;大多数人光头赤脚。"[153]

欧洲的穷人穿得稍为好一点,但是也不肯为追求新奇而花钱。让-巴蒂斯特·萨伊1828年写道:"我得向你承认,土耳其人和东方其他民族固定不变的服式对我毫无吸引力。似乎因为服装式样不变,他们愚昧的专制制度也得以长存。〔……〕我国的村民对待时装的态度有点像土耳其人;他们因循守旧,不思变革。我们看到一些以路易十四时代进行的战争为题材的古老绘画,画中农夫村妇穿的衣服和他们今天穿的很少差别。"[154]这个见解也适用于更早的时代。我们不妨拿慕尼黑美术馆里彼得·艾特森(1508—1575)的一幅画和约翰·勃鲁盖尔(1568—1625)的两幅油画相比较，三者都表现一所市场上的人群。很有兴味的是，首先我们在三幅画中一眼就能认出态度谦卑的摊贩或渔民以及或为顾客、或来散步的资产者；两种人的穿着差别明显。但是我们观察到的第二点更加有趣：两位画家相隔约半个世纪，这期间资产者的服饰变化很大：艾特森笔下环以简单管状褶裥的西班牙式高领被勃鲁盖尔画中不分男女的真正绉领取而代之；然而民间妇女的服装（敞口翻领、紧身背心、罩在百褶裙上的围裙）没有任何变化，唯一的差别在于发型，那是因为地区不同。1631年，在上汝拉一个乡村里，一个寡妇根据她丈夫的遗嘱，"每两年将收到一双鞋、一件衬衫，每三年一件粗呢袍子"。[155]

农民的服装表面上一成不变，实际上某些重要细节将发生变化。13世纪在法国和其他国家开始穿内衣。18世纪在撒丁岛，丧礼规定一年内不得换衬衫；既然有此规定，农民必定已有衬衫，而且不换衬衫对他说来是一种牺牲。我们从14世纪的许多名画中知道，从前人无论贫富，都是脱光身子睡觉的。

18世纪某位人口学家指出："疥疮、头癣及其他以不洁为起因的皮肤病，过去所以流行，是因为人们不穿内衣"。[156]事实上，医学书和外科书籍证明，18世纪这类疾病没有完全消灭，不过它们确实大为减少。同一位18世纪观察家还指出，他那个时代粗羊毛衣服已在农村普及。他写道："法国农民穿得不好，他遮身的布片不足以有效地抵挡风霜雨雪；但在服装方面，他的处境似乎比过去已有所改善，上衣对于穷人不再是奢侈品，而是御寒的必要措施。许多农民都穿布衣服，御寒性能不佳〔……〕但是近几年来〔……〕更多的农民穿上羊毛衣服。证明这一点很容易，因为近来王国内

16世纪佛兰德农民在交谈。传为老勃鲁盖尔的作品。贝桑松博物馆。

部生产的粗呢料子数量增多,这些呢料既然没有输出,必然用来为更多的法国人制作服装。"[157]

这些改善产生很晚,范围也有限。法国农民服装的变化比英国农民明显落后。我们更不要以为全国农民的服装都跟上变化。大革命前夕,沙隆奈和布雷斯的农民穿用橡树皮"染黑的布料"。"该习俗传播甚广,树林为之毁伤"。传说"〔当时〕在勃艮第,服装并非〔农民〕预算中的重要项目"。[158]德国也一样,19世纪农民仍穿布料。1750年在蒂罗尔,牧羊人的打扮像是耶稣诞生时守在马槽周围的人物。他们穿的布大褂长可及膝,但是裸腿光脚,或者穿的鞋只有鞋底,用皮条拴在腿上。托斯卡纳素有富庶之名,那里的农民到18世纪依旧只穿家织布料,或为麻布,或为麻与羊毛混纺织物。[159]

欧洲对时装的癖爱

现在我们可以再看欧洲的富人和善变的时装,不必担心在那么多的奇嗜怪癖中间迷失方向了。首先,我们知道这些怪癖只涉及少数人,他们之所以装模作样和自命不凡,可能是因为其他人甚至最穷苦的人都在观看他们的表演,鼓励他们做出最荒唐的行径。

我们已知道,虽然时髦年年在变,却不能真正左右整个社会风尚。一位驻节亨利四世朝廷的威尼斯大使告诉我们:"一个人〔……〕如果没有25到30套各式各样的衣服就算不上有钱,有钱人必须每天换装。"[160]但是时髦不仅意味着衣服数量多。它还意味着到一定时间就改换式样。季节、日子、钟点变了,服装也要跟着变。1700年以前,"时髦"的统治还不像今天这样专横。到了这一年,该词才重葆青春,带着新的含义在全世界流行:趋附潮流。于是,"时髦"才像今天那样,具有各种表现。事情的发展毕竟还没有那么快。

事实上,如果我们追溯到很远的过去,我们必定会发现一潭死水,遇到与我们描写过的印度、中国或伊斯兰国家的境遇相似的情况。一成不变仍是普遍接受的规则,12世纪初欧洲人的服装与高卢和罗马时代一模一样。妇女穿的长袍拖到脚面,男子穿的长可及膝。也就是说若干世纪内毫无变化。每当发生某一变化,如12世纪有人加长男子的服装,立即遭到严厉的批评。奥德里克·维

第四章 奢侈和普通:住宅、服装与时尚

塔尔(1075—1142)对当时的奇装异服大为不满,他以为这纯属多余:"新发明几乎完全打乱了旧习惯"。[161]他这个论断是夸大其辞了。连十字军的影响也没有人们想象的那么大:十字军带回来丝绸和奢侈的皮裘,但是没有从根本上改变12、13世纪的服式。

重大的变革发生在1350年,男子的服装一下子缩短了。智者、老年人和传统的维护者视之为异端。纪尧姆·德·南吉的一位后裔写道:"这一年前后,男子,特别是新旧贵族及其侍从,一些市民及其仆役,爱穿又短又窄的袍子,露出知耻达礼者理应遮掩的身体部位。平民百姓见此装束不胜惊异。"[162]这种紧身服装将传之久远,男子再也不穿长袍了。至于妇女,她们的短上衣也将贴合身材,显出线条,同时领子开口加大——这也引起非议。

在某种程度上,我们可以把这几年看作时装首次出现的年代,因为变更服式从此将在欧洲成为规律。另一方面,传统服式在整个欧洲大陆几乎是统一的,短装的传播却不均衡,有时遇到阻力,有时需要变通,最终形成若干种相互影响的民族服式:法国服装、勃艮第服装、意大利服装、英国服装等。东欧则在拜占庭帝国解体以后越来越受土耳其的影响。[163]从此至少到19世纪为止,欧洲的服装五光十色,虽说人们也经常乐于承认某一优胜地区的领导地位,仿效那个地区的服装。

16世纪欧洲上层阶级莫不效法西班牙人穿的黑呢衣服,这一现象反映西班牙国王的"世界"帝国左右欧洲的政治局势。文艺复兴时代豪华的意大利服装(方口大开领、宽袖、发网、金银线刺绣、金线织锦、深红缎子和丝绒)曾在欧洲大部分地区风行,到这个时候被简洁的西班牙服装取代(下摆鼓起的黑呢紧身短上衣、短斗

达恩雷爵士及其幼弟穿的西班牙式黑西服(1563年)。汉斯·爱渥斯的肖像画,温莎堡。

篷、上端饰有小绉领的高领子）。17世纪则相反,用色彩鲜艳的丝绸制作、风度洒脱的所谓法国式服装逐渐战胜西班牙式服装。抵御法国时装的诱惑,当然以西班牙最为顽强。菲力浦四世（1621—1665年在位）敌视务求奢侈的巴洛克风格,强迫国内的贵族沿袭菲力浦二世时代朴实无华的服装。西班牙宫廷长期阻挡"艳色服装"的传播；外国人若非规规矩矩"穿一身黑",一概不予接见。贡岱亲王当时是西班牙人的盟友,他派去的使者换上硬性规定的黑衣服后才获召见。菲力浦四世死后,外国时装将于1670年打入西班牙的心脏马德里,菲力浦四世的私生子,奥地利的胡安第二借此大出风头。[164]但是加塔洛尼亚1630年即已接受新式服装,比这个地区奋起反抗马德里的统治还早十年。同一年,荷兰统领的宫廷也抵挡不住潮流,虽说顽固派的人数仍然不少。里日克博物馆藏有阿姆斯特丹市长别克1642年的肖像,画中人作传统的西班牙装束。这里必定也有辈份上的原因,因为在 D.梵·桑伏特1635年为市长狄克·巴斯·雅哥勃茨画的合家欢上,市长本人和他的夫人戴老式绉领,而子女们都是新派打扮（见第289页插图）。两种服式也在米兰发生冲突,但是这一冲突别有含义：米兰当时是西班牙属地；17世纪中叶一幅漫画上,一个穿传统服装的西班牙人似乎在训斥一个法国打扮的米兰人。我们能否把法国时装在欧洲传播作为测定西班牙势力衰落的一个尺度？

我们讲到莫卧儿服装在印度传播或者奥斯曼部落的服装在土耳其帝国传播时,曾提出过一个解释。各种服装式样相继在欧洲取得统治地位这一事实也在暗示同一个解释：尽管欧洲内部纠纷不断,或者也正因为如此,欧洲是个统一的大家庭。最令人神往的东西未必是最强大的,也未必如法国人设想的那样是最讨人喜欢的和最高雅的,但它却能发号施令。政治优势能够影响整个欧洲的局势,改变欧洲的前进方向或重心,但在服装领域却并不立即反映出来,难免会出现落后、差距、缺陷和反常。法国服装从17世纪起即占上风,但是要到18世纪才真正确立其统治地位。在1716年的秘鲁,西班牙人穷奢极欲,他们穿"法国服装,往往是一袭五色缤纷的丝绸上衣〔从欧洲进口〕"。[165]身穿时装的玩偶出现很早,巴黎时装借以传遍启蒙时代的欧洲各地。威尼斯在15、16世纪是时装和高雅趣味的古老中心,当地最古老的店铺之一名叫"法国玩偶",今天还用这个字号。1642年,波兰王后(西班牙皇帝的妹妹)要求一名西班牙信使去荷兰时顺便给她带"一具穿法国服装的玩偶,以便她的裁缝能如法缝制"。她不喜欢波兰本地的服装式样。[166]

明显的是,总会有人对时髦服装持保留态度。我们已经说过,广大穷人置身潮流之外。在风平浪静的海面上,也会冒出一些礁石,即区域性的阻力,或地区间的隔绝。服装史专家最为恼火的,必定是对总趋势的标新立异。瓦洛阿家族的宫廷位于勃艮第,离德国很近,他们独树一帜,无意追随法国宫廷的打扮。这个宫廷里的贵妇在16世纪普遍穿着用裙撑撑开的长裙,皮裘更盛行数百年之久,但是每人都有自己的穿法,绉领的式样多变,从规规矩矩的蜂窝状褶裥直到伊萨贝尔·勃兰特穿戴的硕大无比的花边绉领。鲁本斯为后者画过像,把自己画在她身边。布鲁塞尔博物馆藏有同一位画家为科内利斯·德·伏斯的妻子和两个女儿画的像,画中伏斯夫人戴着同样的花边大绉领,画家本人也出现在她们身边。

第四章 奢侈和普通:住宅、服装与时尚 387

"佐戈里",威尼斯妇女的小型高脚鞋,用于在街上积水处行走。16世纪这种鞋式一度在威尼斯以外地区流行。慕尼黑国立博物馆。

1581年5月的一个晚上,三个年轻的威尼斯旅客来到萨拉戈萨。他们出身高贵,长得一表人才,乐天敏感,聪明自信。适逢圣体瞻礼节,一列游行队伍从他们眼前经过,后面跟着一群男女。叙述者用语刻薄:"女人都似丑八怪,脸上涂满各色脂粉,神气古怪;她们足蹬高脚鞋,即威尼斯式的'佐戈里',[167] 肩披西班牙通行的大头巾。"好奇心驱使他们凑近去观看。这下轮到他们自己成为别人指点、观看的对象。从他们跟前走过的男女莫不纵声大笑,向他们报以戏弄。我们的叙述者弗朗赛斯科·贡塔里尼写道:"这一切,只因为我们戴的花边绉领比西班牙通行的式样要宽大一些。

巴伐利亚的玛德兰公爵夫人,人称天真汉的彼特·德·威特（1548—1628）作画。画中人服饰豪华。丝绸、黄金、宝石、珍珠、刺绣和名贵花边应有尽有。慕尼黑美术馆。

有的说:'荷兰全国都到我们城里来了'〔应理解为荷兰全国生产的布料,或者这里的'荷兰'是 olanda 的谐音,后者指一种用于制造床单和内衣的布料〕,也有人说:'瞧这一大堆乱七八糟的!'我们大大开心了一场。"[168] 洛卡台利教士没有那么自信,他于 1664 年从意大利到里昂,发现街上"孩童们指指戳戳跟在他后面跑",委实吃不消。"我不得不脱掉高顶宽边帽……和彩色长袜,换一身法国打扮",即"戴一顶查尼窄边帽,套一个更像医生的打裥领圈,法衣只能遮住小腿一半,配上黑袜子、〔……〕不系鞋带而用银扣子的瘦鞋。穿上这一套装束〔……〕我不相信自己还是一个神甫。"[169]

时装是否轻佻浅薄?

表面上看,时装的行动完全自由,可以随心所欲地变化。实际上它的道路是事先规定好的,而它的选择范围终究也有限制。

时装的演变过程属于文化转移的范畴,至少它的传播是遵循一定规律的。这类传播本质上必定是缓慢的,并且与某些带强制性的规律相联系。英国剧作家托马斯·德克(1572—1632)曾兴致勃勃地列举英国人在衣着方面从别的民族借来的东西:"男裤前面的开裆来自丹麦,紧身短上衣及其领子来自法国,窄袖的'翅膀'来自意大利,短背心来自荷兰鹿特丹的一位估衣商,肥大的短裤来自西班牙,靴子来自波兰"。[170] 这张来源单子不一定可靠,但是一套时装的组成部件来源各异是没有疑问的,一种能被普遍接受的穿着方式必须经过好几年酝酿才能最后完成。

18 世纪一切都加快,都活跃起来,但是在时装这个没有边境的王国里,轻佻浅薄并不因此成为规律。参与者和见证人莫不乐于谈论时装。我们且听一下塞巴斯蒂安·迈尔西埃的见证,不过不要闭着眼睛什么都信。他是位敏锐的观察家、出色的新闻记者,但不是很高明的思想家。他于 1771 年写道:"我怕严冬来临。〔……〕到了这个季节,人们总要聚在一起,言不及义地高谈阔论。各种无聊欲念将支配一切,委实可笑之至。庸俗轻佻将决定时装的样式。所有男子都撒娇献媚,迎合女人的癖好。""各种时髦服饰、新奇玩意和游艺娱乐又像潮水一样涌来,但都不能持久。"他还写道:"倘若我特发奇想,要写一部卷发艺术论,我会证明有 300 或 400 种给正经人理发的办法,从而使读者大吃一惊。"这段引文可以代表作者通常采用的口气,他喜欢说教,但始终不忘风趣。因此,当他评论他那个时代妇女时装的演变时,我们倒要比较认真地看待。他写道:我们"母辈"穿的用裙撑撑开的大裙子,用荷叶边开缝,"她们的裙箍、大如膏药的美人痣,这一切都消失了,唯有她们的高得出奇的发髻保留至今:这一发型尽管好笑,却未能得到纠正。不过把头发梳成如此优美的建筑,非有高雅趣味作指导不可,因此缺点也就情有可原了。总的说来,今天的妇女穿得比过去任何时候都好,她们的装束兼有轻盈、端庄、清新、优雅之美。轻质布料〔印花棉布〕缝制的袍子可以经常更新,不比绣金铺银的袍子做一件就要穿很久;布袍的花色可随季变化……"[171]

这个见证很有价值:时装起到除旧布新的作用,双重工作带来双重困难。布新,这里指的是原产印度的印花棉布,价格相对低廉。但是印花棉布也不是旦夕之间就风行欧洲的。纺织品的历史证明一切都有相互联系,参加时装舞会的客人并不像人们第一眼看到的那样自由自在。

说到底,时装是否那么轻佻浅薄?或者说,时装是否像我们认为的那样,深刻反映着特定社会、特定经济、特定文明的特征,反映着该文明的活力、潜力和要求,以及人生的欢乐?1609年,代理马尼拉总督罗德里戈·维韦罗乘一艘两千吨大船返回新西班牙的阿卡普尔科,途中在日本海岸失事获救。遇难者顿时变成日本诸岛的贵客,岛民们对外国人充满好奇心;然后又变成西班牙的特命大使,劝说日本不与荷兰通商,但是白费唇舌。他还建议从新西班牙调来矿工开采日本列岛的银矿和铜矿,同样枉费心机。需要说明,这个人颇讨人喜欢,聪明机智,富有观察力。有一天他在江户与幕府的书记官闲聊。书记官先是指责西班牙人太骄傲、矜持。顺着说下去,他对西班牙人的穿着也表示不满,说他们的服装花样太多,"他们在这一方面太缺乏常性,每两年就翻一次行头"。这么多的变化,怎能不归咎于西班牙人生性轻佻?他们的统治者允许这种过分行为,同样难辞其咎。至于书记官本人,他指出"有传统和古老的文件作证,他的民族两千多年没有改变过服装式样"。[172]

夏尔丹(1686年)在波斯住过十年,他的说法同样斩钉截铁:"我在伊斯法罕的珍宝库里见到帖木儿生前穿过的衣服,与他们今天缝制的衣服一模一样。"这是因为"东方人的服装丝毫不受时尚的影响,式样一成不变;〔……〕而波斯人〔……〕也不喜欢变换衣料、色彩、色调"。[173]

我不以为这类见解不足挂齿。不知是否纯属巧合,事实上未来属于这样一类社会,它们既关心改变服装的颜色、用料和式样这类琐事,又关心改变社会等级制度和世界秩序——就是说未来属于那些勇于与传统决裂的社会。因为一切都是相互关联的。关于这些"对新发明和新发现丝毫不感兴趣"的波斯人,夏尔丹不是说过:"凡是生活必需的和能为生活提供方便的,他们自以为应有尽有,毋庸他求。"[174] 传统既是美德,也是牢笼……革新则是一切进步的工具,为了敲开革新之门,社会也许对任何事物都必须有一种惴惴不安心理,连服装、鞋样和发型都不放过?也许,任何一种革新运动都要有一定的财富来扶持?

但是时装还有别的意义。我始终认为,时装在很大程度上起因于特权阶层不惜一切代价要与跟在他们后面的大众相区别,要在他们与后者之间树立障碍。一位1714年路过巴黎的西西里人写道:"只消看到世上最低贱的人也穿绣金衣服,王公贵族便会把绣金衣服弃若敝屣。"[175] 因此必须发明新的"绣金衣服"或新的服饰标志,但求新奇,什么都行;每当他们发现"一切都变了,资产者最新式的男女时装与贵族服装毫无差别",[176] 便要叹息世风不古(1779年)。追随者和模仿者的压力显然促使带头人跑得更快。造成这种局面的原因是经济繁荣使一定数量的暴发户受惠,推动他们得寸进尺。他们的社会正在上升,舒适的生活已经确立。没有这类物质进步做前提,任何事物都不会变得那么快。

工商业者自觉地利用时装扩充自己的业务。1690年,尼古拉·巴蓬高唱颂歌:"时装和服饰的变化……是商业的精神和生命";多亏时装,"庞大的商业机器持续运转",人们生活在永恒的春天里,"绝不会为他们的服装大兴悲秋之感"。[177] 18世纪里昂的丝绸厂主充分利用法国时装畅销的局面大量输出产品,排挤竞争者。他们生产的丝绸华美高雅,但是由于双方交换样品,意大利工匠不费力气就能仿制法国花式。里昂丝绸厂主找到对策:他们雇用人

第四章 奢侈和普通：住宅、服装与时尚

15世纪贝里尼画的这些土耳其人几乎不需改动就能出现在19世纪的画幅里。卢浮宫博物馆，罗特希尔德藏品。

称"丝绸画师"的图样设计师，责成他们每年彻底更新图样。意大利的仿制品在市场上出售时，早已过时，根据卡洛·波尼发表的商业信件，我们对里昂人使用的狡猾策略不再有疑问。[178]

时装，这也是为淘汰旧的语言而寻求一种新的语言，是每一代人用以否定前一代并与之相区别的方式（如果这一社会内部存在代与代之间的冲突）。1714年的一篇文献说道："裁缝发明新款式比缝制一般服装更伤脑筋。"[179]但是欧洲的问题恰恰在于创新，在于推倒陈旧的语言。教会和君主制等传统价值的代表者竭力保持与过去相同的面貌，至少保持相同的外观；修女穿的是中世纪女人的服装；本笃会、多明我会和方济各会修士忠于他们非常古老的服装。英国王室的礼仪至少可上溯到红白蔷薇战争。他们是故意逆流而行。这一点瞒不过塞巴斯蒂安·迈尔西埃。他写道（1783年）："我看见教堂执事就会想到：查理六世治下人人都是这副打扮……"[180]

关于纺织品的地理分布

在结束以前,一部服装史应该把我们引向纺织品的历史,引向生产和交换的地理学,引向织工煞费工夫的劳动以及原料缺乏引起的周期性危机。欧洲缺少羊毛、棉花和生丝;中国缺少棉花;印度和伊斯兰国家缺少优质羊毛。黑非洲用黄金和奴隶抵价,在大西洋或印度洋沿岸购买外国料子。这是贫穷民族当时购买奢侈品的唯一方式!

当然生产区域具有一定程度的稳定性。如羊毛产区从15到18世纪很少变动,美国试验推广质地极优的小羊驼毛和比较粗糙的羊驼毛可以视作例外情况。羊毛产区包括地中海地区、欧洲、伊朗、印度北部和寒冷的中国北部。

中国养羊,"羊毛普遍而且价格便宜"。但是"中国人不解生产欧洲式的呢绒",他们特别欣赏英国呢料,却很少购买,因为英国呢料在中国的价格"比最美丽的丝绸还贵好多倍"。中国的羊毛制品既厚又粗,实际上是毡子。[181] 不过中国人也会织造哔叽,此种织物"质地优良,很为名贵〔……〕通常作老人及有身份人士的冬季服装"。[182] 这是因为中国人在衣料上的选择范围太广了。他们有丝绸、棉花、外加两三种易于加工,但还说不上普遍生产的植物纤维。冬天来临,北方的达官贵人便穿貂皮,穷人可以披一张老羊皮。[183]

纺织原料作为最显眼的文化财富有迁移的本事,能到新的地区生根落户。羊毛将于19世纪在澳大利亚找到理想的土地。丝绸大概在图拉真时代(52—117年)抵达欧洲;棉花离开印度后,从12世纪起淹没中国;它由阿拉伯世界做媒介传入地中海地区的时间更早,约在10世纪。

纺织原料在全世界旅行,其中要数丝绸的经历最为出色。由于中国人严格保密,丝绸生产技术历时几个世纪才从中国传到地中海。最早是中国人毫无诚意传播这一技术,后来把中国和拜占庭隔开的波斯萨桑王朝不比中国人更热心,他们对来路和去路都严加把守。尤斯丁尼*皇帝(527—565年在位)不仅建造了圣索菲亚大教堂和制定了以他的名字命名的法典,他还是丝绸之帝,因为是他历尽周折之后终于把养蚕、种桑、缫丝及织绸技术引进拜占庭。东罗马帝国依靠丝绸生产发了大财,今后几个世纪它一直严加看守使它发财致富的秘密。

本书叙述的时代始于15世纪,当时丝绸在西西里和安达卢西亚已有近400年的历史。16世纪丝绸——桑树与之同时——在托斯卡纳、威尼西亚、伦巴第、下皮埃蒙特以及罗纳河谷推广。它在18世纪作最后冲刺,抵达萨瓦。若不是桑树和蚕房悄悄地向前推进,意大利国境内外的丝绸工业不会从16世纪起如此兴盛。

棉和棉花的经历不比丝绸逊色。欧洲很早就认识这一宝贵的纺织原料,从13世纪起由于牧羊业缩小规模,羊毛短缺,棉花更受重视。当时流行一种毛织物代用品,即用亚麻做经线、棉花做纬线织成的布料。羊毛代用品在意大利大出风头,在阿尔卑斯山以北尤为风行。威尼斯的势力远届阿尔卑斯山那一边。另一种叫粗斜纹布的代用品在乌尔姆和奥格斯堡成为抢手商品。威尼斯确实大量进口棉纱或成包原棉。15世纪,巨型货船每年两次从威尼斯出

---

* 即查士丁尼。——译者

盛产羊毛的英国：出自诺斯里奇（格洛斯特郡）的铜刻，表现商人威廉·密德温特（死于1501年）两脚分别踩在一头绵羊和一包有他的商标的羊毛上。

发到叙利亚去装运棉花。当然也有一部分棉花就地加工，如阿勒颇及其周围就有纺织工场，然后向欧洲出口。这种粗糙的蓝色棉布的质地与我们传统的厨房围裙相似，17世纪成为法国南方的民间衣料。后来，到18世纪，质地细致的印度印花棉布来到欧洲市场，深得女顾客的欢心。工业革命后英国生产的印花布堪与灵巧的印度织工的产品媲美，后者从此一蹶不振。

亚麻和大麻基本上没有离开原产地。它们往东略向波兰、波罗的海国家和俄国推进，但是没有脱离欧洲的范围。（中国也有大麻。）这两种纺织原料未能在西方国家（包括美洲）以外地区走运，但是它们立下的功劳不小：床单、桌布、餐巾、内衣、麻袋、工作服、农民的长裤、船帆、缆绳，都以其中一种为原料或兼用两种。至于别的地方，在亚洲甚而美洲，棉花一律取而代之，连船帆都是棉布制品,虽然中国和日本帆船更喜欢用竹片编成帆篷,航海专家们对之称道不已。

假如我们现在要叙述纺织品生产史,然后介绍无数种各不相同的衣料的特点,我们势必为之耗去许多篇幅,还需要有一大本词典帮助理解专门词汇。许多沿用至今的名词历史上所指的东西未必与它们今天所指的相同;有些名词到底指的是什么,我们今天已搞不清了。

不过在本书第二卷中,我们必定要腾出很长一章篇幅来重新讨论纺织工业。谈论每件事情都有适宜的时机。

广义的时尚和长期的摇摆

时尚不仅支配服装。《警世词典》这样下定义:"时尚:法国人穿衣服、书写和办事的一千种不同方式。变来变去,目的是为了显得更加优雅大方,但往往产生可笑的效果。"囊括一切的时尚,就是每种文明确定自身方向的方式。它既是思想,也是服装;既可以是一句妙语,也可以是一个媚人的姿态;既是招待客人用餐的方式,也是细心的封信方法。这也是讲话的方式。比如应该这么说话(1768年):"资产者用仆人,贵族用跟班,神父用听差"。这也是吃饭的方式。欧洲的开饭时间视地点和社会等级而异,也跟着时尚变化。18世纪的正餐,我们今天应该叫做午餐。"工匠〔上午〕九点用正餐,外省人十二点,巴黎人两点,生意人两点半,贵族三点。"至于他们的"宵夜",应是我们的晚餐。"小城市七点吃宵夜,大城市八点,巴黎九点,宫廷十点。贵族和银行家〔上流社会〕每晚吃宵夜,法官从来不吃,骗子手有条件就吃。"由此产生一个近乎谚语的语法:"穿袍子的用正餐,金融界吃宵夜。"[184]

时尚也包括走路的姿势和行礼的规矩。应该不应该脱帽致敬?法国人在国王面前脱帽的习惯据说是从那不勒斯贵族那里学来的,后者行礼如仪曾使查理八世大为惊讶,也给法国宫廷上了一课。

时尚,这也是在身体、脸庞、头发上用的心思。如果我们在这三方面略为多费一些笔墨,那是因为它们比别的对象更容易考察。我们将会发现,时尚在这方面也有缓慢的摇摆现象,类似经济学上的"趋势"。经济学家们从物价逐日变化这一急剧、不规则的运动中总结出某种趋势,对于时尚也可以这么做。这一快慢不等的摇摆现象也是15到18世纪之间欧洲的奢风和时尚的一个面目、一个现实。

这一历史阶段的各个时期,所有人的个人卫生都很成问题。一些特权享有者很早就指出穷人身上脏得令人却步。一位英国人(1776年)对法国、西班牙和意大利穷人"无法置信的不洁"惊讶不已:"他们身上太脏,因此没有英国穷人健康,样子也难看。"[185]需要补充说,各地的农民,几乎没有例外,都拿贫困做挡箭牌。他们有意展示自己的贫困,以免领主或者税吏过事征敛。但是,在欧洲范围内,特权阶层本身难道就那么注意个人卫生吗?

男人从前只穿一条夹短裤,到18世纪中叶才养成习惯"贴身穿条衬裤,每天更换以保持清洁"。我们已经说过,除了大城市,很少见到浴缸。在洗澡和个人卫生方面,西方从15到17世纪经历一大倒退。中世纪的欧洲保留了从遥远的罗马时代传下来的沐浴习惯。不仅私人家里有浴室,还有许多公共浴室,设有蒸汽浴间、浴缸和供躺卧的床铺,或者设有大型浴池,赤身裸体的男女相互混

第四章　奢侈和普通：住宅、服装与时尚　　399

15世纪的浴缸。福列斯特伯爵里齐亚偷看美丽的欧里盎入浴。后者的女仆被他买通,在墙上凿了一个窟窿。《紫罗兰传奇》的插图,法国国家图书馆。

杂。人们在公共浴室相见,就像在教堂里见面一样自然。这类浴室向社会各阶层开放,与磨坊、铁匠作坊、酒店一样,需向领主纳贡。[186]至于有钱人家,他们则在地下室辟有"澡房",内有蒸汽浴设备及若干与酒桶一样带铁箍的木桶。大胆查理有一银浴缸,这是罕见的奢侈品。他四出征战必以浴缸随身,格朗松大败(1476年)后,人们在他的营地里发现这个宝物。[187]

16世纪起,公共浴室越来越少,几乎消失,其原因据说是害怕梅毒传染。天主教和加尔文教的布道士想必也与此有关,他们猛烈抨击男女共浴为伤风败俗、无耻之尤的行为。私人家里的浴室仍将保持相当长的时间,但是洗澡将变成一种医疗手段,而不是卫生习惯。路易十四朝中,只有生病时才破例使用浴缸。[188]另一方面,巴黎继续营业的公共浴室到17世纪都转到兼作外科医生的理发师手里。唯独东欧,无论城乡,上公共浴室洗澡的风气依旧不衰,入浴者不怀邪念,犹存中世纪古风。西欧保留下来的公共浴室往往变成有钱人取乐的妓院。

1760年起,在塞纳河洗澡成为风气,有为此而专门建造的船只。后来是开设在圣路易岛附近的"中国浴室"历久不衰。但是这类场所名声不佳,个人卫生也没有因此取得决定性的进步。[189]根据雷蒂夫·德·拉勃勒东纳的说法,"巴黎几乎没有人洗澡,洗澡的人也不过每个夏天洗上一两次,也就是说每年一两次"(1788年)。[190]1800年,伦敦没有一家浴室。这以后很久,一位容貌出众的英国贵妇人,玛丽·蒙塔古夫人讲过一件事:某天有人对她指出她的手不太清洁,她回答说:"你认为这叫脏?假如你看到我的脚,你又该说什么呢?"[191]

实际情况既然如此,人们对肥皂产量不多就不会感到奇怪,虽说肥皂历史悠久,起源于罗马时代的高卢行省。肥皂奇缺引起一些问题,可能这是儿童死亡率高的原因之一。[192]地中海地区生产的含碱硬肥皂,包括那种"芳香馥郁、外观如大理石,堪供最漂亮的公子哥儿洗脸"[193]的香皂,用于盥洗。北欧生产的含钾液体肥皂用于洗涤床单及其他衣物。总的说,消费不多。然而欧洲却是肥皂应用最广的大陆。中国人不用肥皂,也不穿内衣。

至于妇女的化妆品,古代已有发明,到18世纪又有新的发现。

第四章 奢侈和普通：住宅、服装与时尚

爱俏的妇女不惜为梳妆打扮一连花掉五六个小时。往往由理发师，有时也由女仆侍候她们梳洗；她们本人则利用这段时间与神甫或与"情夫"聊天。最大的问题在于：头发梳得那么高，以致美人儿的眼睛好像长在身子正中间。打底的面油涂抹起来不惜工本，所以脸部化妆倒不大费事。唯独需要注意，到凡尔赛上朝应该抹色泽艳丽的胭脂："看你抹什么胭脂，就知道你是什么人。"香水种类繁多：紫罗兰、玫瑰、茉莉、黄水仙、香柠檬、百合、鸢尾、铃兰等等。而西班牙早就风行以麝香和龙涎香为原料的浓烈香水。[194] 一位英国人写道（1779 年）"每个坐在梳妆台前的法国女人都以为自己体现了世上最高雅的趣味，她认为凡是人们发明面部化妆品，没有一种不归她专用。"[195]《警世词典》也确认，妇女挖空心思从事修饰。它这样下定义："梳妆乃是集中使用各种香粉、香水、胭脂。所有这些化妆品均有戕害人的本性，使人变丑变老的特性，对年轻、漂亮女人也不例外。通过梳妆打扮，人们掩饰身材的缺点，画眉毛，安假牙齿，改容换颜，直至脱胎换骨。"[196]

不过最无谓的要数头发和胡子的式样，堂堂男子也受其挟制。[197] 比如说，男人应该留长发还是短发？留不留上髭下须？这纯属个人私事，但是个人在这方面的癖爱始终受到约束，我们看到这一点大为惊奇。

意大利战争初期，查理八世和路易十二留长发，剃光胡子。来自意大利的新式样要求留胡子，但剪短头发。据说提倡这种打扮的是教皇裘利斯二世，这未必可信。弗朗斯瓦一世（1521 年）和查理五世（1524 年）相继仿效。这两个年代也不一定可靠。确定无疑的是，全欧洲都接受了这个新式样。"1536 年，后来当上大法官

的弗朗斯瓦·奥里维埃被任命为最高法院审查官,赴最高法院就职。他那部大胡子吓坏了法庭全体成员,引起他们一致抗议。奥里维埃被要求剃去胡子,否则不予接纳。"教会比法院更强烈地反对"保养脸上毛发"的习惯。直到 1559 年,国王必须颁发上谕才能强迫不听话的教士会议接受某一留胡子的主教或大主教。教士们自己遵循传统,不留胡子。

当然他们不会获胜。但是胜利者本人后来对自己的战绩也不感兴趣了。这种那种新式样的流行时间最多不过一个世纪。路易十三统治初期,头发重新留长,胡子缩短。凡是跟不上时尚的,活该他们再一次倒霉。战斗的目标变了,但是它的意义没有变。不久以后,留长胡子的人觉得自己"在本国反而成了外国人。人们看到他们时,简直以为他们来自殊乡异域。苏利就有这种经历。〔……〕路易十三为咨询一件要事,召他进宫。这位昔日的英雄留着大胡子,穿一身过时的衣服,举止庄重,犹是前朝风范,一帮年轻朝臣看到他这副模样竟忍俊不禁。"理所当然,已经不入眼的胡子越缩越短,最后"路易十四彻底取消颔下的胡须。只有查尔特勒修会的修士依旧留胡子"(1773 年)。这是因为,根据它的本性,教会从来都是厌恶变化的。根据同样明显的道理,一旦某些变化被它接受,尽管已经事过境迁,它也还要坚持到底。1629 年,"人造头发"开始流行。不久就发展为假发和扑粉假发。教会又一次挺身而出反对时尚。神甫若戴着假发主持宗教仪式,他头顶上那个剃光的圆圈就看不出来了。容许不容许神甫戴假发,便成为激烈的争论题目。假发的传播并不因此受阻。18 世纪初,君士坦丁堡甚至向欧洲输出"供制造假发的加工山羊毛"。

这些事情本身都很琐碎,重要的乃是先后兴起的各种时尚的

第四章 奢侈和普通：住宅、服装与时尚

服装与辈分。在 D.梵·桑伏特画于 1635 年的这幅合家肖像里，狄克·巴斯·雅哥勃茨市长和他的妻子还是西班牙打扮：黑色衣服，绉领，浓髭长须；但是子女们已是新派的荷兰-法国式打扮：杂色窄短裤、细麻布和花边大翻领。长子理所当然留着不浓的上髭和隐约可见的胡子。阿姆斯特丹里日克博物馆。

延续时间。每一时尚约能风行一世纪。路易十四时代告终，胡子随之消失，到浪漫主义时代重新抬头，然后到 1920 年，第一次世界大战后再次消失。那么这次它又该隐退 100 年了？不然。1968 年，长头发和长胡子又纷纷出现。不过我们既不要夸大，也不要缩小所有这一切的重要性。英国 1800 年的人口不足一千万，如果税务报告内容属实，当时有 15 万人戴假发。为了使这个小小的例子能接受我们的观察尺度的检验，我们不妨引用 1779 年一篇法国文献的材料，后者的说法至少对法国而言是准确的："农民与普通百姓〔……〕一贯剃胡子，虽说不一定剃得干净；他们把头发剪得很短，又脏又乱。"[198] 我们不必死抠这个说法的字面，但是可以打赌说，规律再一次应验：一边是大多数人墨守成规,另一边是崇尚奢侈的少数人务求变革。

该做什么结论?

物质生活的所有这些现实——食物、饮料、住房、服装以至时尚——之间不存在一成不变的密切联系和相互制约关系。区分奢侈与贫困只是初步归类。这第一步工作相当单调,而且如果我们停留在这一阶段不再前进,我们取得的结果不会很精确。事实上,产生所有这些现实的原因并非只是必然性的逼迫:人要吃饭、住房子、穿衣服,因为他不能不这样做;但是话说回来,他也可以以另一种方式吃饭、住房子、穿衣服。时尚的来回变化以"贯时性"方式说明这一点,而过去和现在的每一时刻,世界在这个问题上发生的对立抗争又以"共时性"方式说明这一点。实际上,这个问题并非纯属物的领域,而是属于"物和词语"的领域。"词语"在这里的含义比它通常的意义要广,它包括人面对饭碗或者面包,不知不觉间成为语言的俘虏时,想用语言表示或暗示的所有东西。

为了能够沿着如马里欧·普拉兹的著作[199]这一类别开生面的研究成果指引的方向前进,最重要的是我们首先应该把这些物质财富、这些语言放到一个总体里去考察。毋庸置辩,应该把它们纳入广义的经济范围,无疑也应该纳入社会范围。如果说崇尚奢侈不是支撑或推动某一经济的好方法,它可以是控制、慑服某一社会的方法。最后,文明也在起作用:我们把文明看作财富、象征、幻想、幻觉、智能模式等的奇怪组合。总而言之,一种极其复杂的秩序制约着物质生活,深入到它的底层。各种经济、各种社会、各种文明不能明言的东西,它们的倾向、爱好和不自觉施加的压力,莫不参与这一秩序。